地质资料信息服务集群化产业化的理论与实践

颜世强　王黔驹　丁克永
连　健　许百泉　吴小平　等　著

科学出版社
北　京

内 容 简 介

本书摸清了国内外地质资料信息服务现状与发展趋势，厘清了地质资料信息服务集群化产业化（以下简称“两化”）的内涵与外延，研制了推进两化的关键技术和标准规范，构建了全国统一的地质资料信息服务集群体系，探索了适应多种类型城市地质和矿产地质工作的地质资料集群模式，开发满足了多种需求的服务产品，建立了产品体系，不断延长地质资料信息服务产业链，并开展了广泛的社会化服务。

本书可供地质资料开发研究人员、地质勘探工作者以及其他从事相关领域研究的人员阅读参考。

图书在版编目(CIP)数据

地质资料信息服务集群化产业化的理论与实践 / 颜世强等著. —北京：科学出版社，2014. 3

ISBN 978-7-03-040217-2

Ⅰ. ①地… Ⅱ. ①颜… Ⅲ. ①地质-档案资料-信息服务业-信息产业化-研究-中国 Ⅳ. ①G275. 3

中国版本图书馆 CIP 数据核字（2014）第 048979 号

责任编辑：刘 超 / 责任校对：钟 洋

责任印制：赵德静 / 封面设计：无极书装

科学出版社 出版

北京东黄城根北街 16 号

邮政编码：100717

http://www.sciencep.com

双青印刷厂 印刷

科学出版社发行 各地新华书店经销

*

2014 年 3 月第 一 版 开本：787×1092 1/16

2014 年 3 月第一次印刷 印张：19 1/4

字数：450 000

定价：120.00 元

（如有印装质量问题，我社负责调换）

序　一

地质工作的基本任务是为国家提供矿产资源和地质资料。地质资料是地质工作形成的重要基础信息资源，是地质工作服务于国家经济社会可持续发展的主要资本，而且它具有可被重复开发利用、能够长期提供服务的重要功能。100 年来，特别是新中国成立以来的60 多年，我国形成了海量的地质资料信息，为国民经济和社会发展提供了重要支撑。推动地质资料信息服务集群化和产业化是矿政管理的一项重要改革，是解决地质资料管理存在问题的一项根本性措施，是对传统服务理念、服务方式和服务能力的重大变革。在资料分散、研究程度不一、数字化信息化程度不高、服务能力不强等的情况下，中国地质调查局发展研究中心组织有关专家团结协作，及时编撰了《地质资料信息服务集群化产业化的理论与实践》一书，并即将付梓之际，可庆可贺。我有幸先睹了手稿，受益匪浅，倍感欣慰！

从全球视角看，地质资料管理与服务的主要趋势是由主动借阅服务向知识服务转变。当前，各国特别是地质大国高度重视地质资料信息服务工作，把地质资料信息服务作为政府公共服务的重要内容之一。满足社会需求、产品丰富多样、服务高效便捷已成为资料信息服务机构的基本准则。按照科学发展观和建立有中国特色社会主义市场经济的要求，地质资料管理和服务的“两化”工作是改革的方向。推进地质资料信息服务集群化和产业化有利于把地质工作与经济社会发展紧密结合，使地质工作更加积极主动地服务于经济社会发展，提高地质工作社会地位和社会影响力；有利于转变管理方式，提高公共服务能力；有利于避免地质工作重复投入、减少投资浪费；有利于推进地质资料馆藏机构建设，改善馆藏机构工作。

该书作者在项目工作的基础上，取得了系列成果：首次厘清了“两化”的内涵与外延，成为新的引领地质资料管理与服务上台阶上层次的抓手；研建了“两化”关键技术和标准体系的框架，为“两化”开展提供了技术和标准支撑；开展城市和重要成矿区带等地质资料信息服务模式与机制研究，开发了相关服务产品，建立了为城市建设、矿政管理、矿产勘查部署、矿产开发等服务的新模式；构建了国家、区域、省、市地勘单位参加的，集中与分散相结合的地质资料集群服务体系；研究了地质资料汇聚机制，建立并运行了全国统一的地质资料汇交监管平台，并开展了地质资料数据中心研究，取得试点建设成果。

该书是一项难度很大的地质资料研究成果。作者以翔实的基础资料阐述了地质资料工作的基本理论，对地质资料信息服务的“两化”工作进行了有益的探索，是指导我国开展地质资料信息服务集群化产业化的一部工具书。它不仅对地质资料工作人员具有重要的参考价值，而且对于地质工作部署及经济产业规划部署、矿产资源勘查及潜力评价、地质环境保护及地质灾害防治、国土资源规划与管理、典型矿床分析也具有重要的现实意义。

随着“两化”的持续推进，将为我国地学工作者打造一条获取地质资料信息的“无障碍通道”，让社会最大限度地利用既有地质资料信息，最大限度地发掘地质资料信息的潜在价值。

总之，该书内容丰富，资料翔实，分析科学，研究深入，具有重要的理论和实际应用价值。从书中精辟的论述足见作者用心之切，用功之深，可圈可点。作为一名老地质工作者，在这里谨向编著者表示敬意！并衷心期望地质资料及文献工作者既当忠实的搜寻者和奠基人，又做出色的研究者和尝鲜人。是所至盼，予为斯序。

中国科学院院士

序　二

地质工作的成果从某种意义说就是一种地质信息资料，或是一类地质信息资料的“数据包”，是通过开展地质工作形成的与地球系统有关的认知成果，其涉及学科广泛、形成成本高、应用范围广、可被重复利用。实现地质资料的共享，应该就是地质工作的终极目标。

进入二十一世纪，我国地质工作迎来了新一轮快速发展的黄金时期，矿业形势变好，地质工作投入大幅增加，对地质资料的需求显著增加，给地质资料工作带来难得的机遇与挑战。2009 年，国土资源部在总结上海城市地质系统建设和测绘地理信息产业发展经验的基础上，在地质矿产调查评价工程中设立“地质资料信息服务集群化产业化试点研究”计划项目。本书作者在项目研究的基础上，联合相关研究单位，共同开展理论研究和实践，对地质资料信息服务集群化产业化（简称“两化”）的内涵和外延进行分析，探讨了“两化”关键技术，提出了“两化”标准体系的基本框架，开展了城市地质资料和重要成矿区带等地质资料信息服务模式与机制研究，构建了全国范围集中与分布结合的地质资料集群服务体系，建立并运行了全国统一的地质资料汇交监管平台，并开展了地质资料数据中心研究，取得了系列成果，提出了全国开展“两化”工作的重要认识，为全国共同推广“两化”提供了技术支撑。

地质资料信息服务的集群化、产业化，是地质工作者长期以来的不懈追求，核心是推进海量的基础地质资料信息的开发、转化、应用，拓展国土规划、政务管理、服务社会、培育市场等综合功能，创造更高价值。所谓地质资料信息的“集群化”，就是把历史上沉淀的、正在采集与汇聚的、分散的、孤立的地质信息资料，汇集到统一的共享平台上来，通过数字化、标准化，进一步分类、整合、收藏、挖掘地质资料信息的内在价值，构建地质信息资料的社会共享机制，其特点是客观性和准确性。所谓地质资料信息的“产业化”，就是充分发挥政府的引导、服务功能，探索在社会主义市场经济条件下，推进服务机制创新和服务模式创新，发挥地质工作者的知识和智慧，发掘地质资料信息的转化潜质，实现地质资料信息由量变向质变的升华，其特点是多元性和普适性。

该书首先总结了国内外地质资料管理与服务现状及发展趋势，对我国开展地质资料工作具有重要的借鉴价值；从“两化”基础理论研究与工作部署入手，提出了我国开展“两化”工作的目标、基本原则和重点安排及部署；研究探讨了地质资料的汇交、管理、服务、产品开发等地质资料工作的基本环节，形成了地质资料信息资源汇聚机制和产品开发模式等基础理论；总结了计划项目取得的成功经验、技术和规范，在支撑构建全国统一的集群服务体系的同时，提出了城市地质资料和矿产地质资料信息服务产品开发的模式、机制和相关的技术、标准与规范，为全国“两化”工作开展提供借鉴。因此，该书提供的理论思考和经验总结，对于地质资料工作者乃至野外、室内的地质同行，是一部极有价值的参考书。

该书是一项难度很大的地质资料研究成果。作者以基础翔实的实证资料，探讨了地质资料工作的相关理论，对地质资料信息服务的“两化”工作进行了深入的研究，资料丰富，观点鲜明，理论性和实践性俱佳，是目前我国开展地质资料信息服务集群化产业化工作的一本指导书，同时也是一本重要专著，对于我国开展地质找矿、地质工作部署、经济产业规划部署、矿产资源潜力评价，地质环境保护、地质灾害防治、国土资源规划与管理、典型矿床分析、政府规划等也具有重要的现实意义。

国务院参事/国土资源部原总工程师

张洪涛

前　言

进入二十一世纪，我国地质工作迎来了新一轮快速发展的黄金时期，矿业形势转好，地质工作投入大幅增加，对地质资料的需求显著增加，给地质资料工作带来难得的机遇与挑战。为创新地质资料管理与服务方式，提高地质资料管理与服务能力，满足我国经济社会发展对地质资料的需求，挖掘地质资料潜在的巨大价值，减少地质工作重复。2009 年，国土资源部在总结上海城市地质系统建设和测绘地理信息产业发展经验，听取行业多位专家建议的基础上，要求在全国“推进地质资料信息服务集群化产业化”（简称“两化”）。基于此，中国地质调查局在地质矿产调查评价工程中设立“推进地质资料信息服务集群化产业化试点研究”计划项目，由全国地质资料馆牵头，组织上海、北京、山东、安徽、湖北、湖南、青海、辽宁、福建等省（市），国土资源实物地质资料中心、中国地质图书馆、中国地质调查局西安地质调查中心与武汉地质调查中心等专业和区域服务单位，联合北京大学、中国地质大学（北京）、山东科技大学、国家档案局、国家图书馆等研究单位，共同开展试点研究，主要目标是通过试点，“探路子、出经验、做示范”，为全国共同推进两化提供技术支撑。

本书是三年来项目研究工作及成果的集成，主要取得了以下八个方面的成果：第一，首次厘清了两化的内涵与外延，成为新的引领地质资料管理与服务上台阶上层次的抓手。第二，首次构建了“两化”关键技术框架，开展系列关键技术攻关示范，为两化开展提供技术支撑。第三，首次研建了两化标准体系框架，研究提出了从资料收集、信息化加工、数据库建设到数据更新维护、产品开发全过程的系列示范标准规范，并开展示范，促进了两化工作的标准化开展。第四，开展了城市地质资料信息两化试点，覆盖滨海三角洲沉积、湖滨沉积、山前冲洪积、矿业开发等不同类型、不同规模的城市，研建了“集中汇交、统一整理、分布入库”和“统一接口、分布部署、共享服务”的城市地质资料数据汇聚模式和相关标准规范与流程，推进地质资料数据的集群管理与服务，针对港口、地铁运营、城市供水等需求开发服务产品，开展服务，建立了城市地质信息服务城市发展的新模式，提出了《城市地质信息系统建设指南》修订建议，为城市两化提供支撑。第五，开展了重要成矿区带、重点勘查区、典型矿床的矿产地质资料两化试点，形成了《重要成矿区带地质资料信息服务集群化产业化工作指南》，为矿政管理、矿产勘查部署、矿产开发提供支撑。第六，研究了联合对外的服务模式，构建了国家、区域、省、市、地勘单位参加的，集中与分布相结合的地质资料集群服务体系。第七，研究形成地质资料汇聚机制，建立并运行了全国统一的地质资料汇交监管平台，实现了三大类的地质资料一体化管理与服务。第八，开展了地质资料数据中心研究，形成了《地质资料数据中心建设指南》，指导湖南等省完成试点建设。

参与本书编写的人员都是项目的负责人及具体科研人员、试点单位管理技术人员、软件系统架构和开发人员。主要参加人员有颜世强、王黔驹、丁克永、连健、吴小平、许百泉、庞振山、王占昌、万勇泉、杨丽君、贺安生、单昌昊、张惠、吴博、朱卫红、张红英、郭艳军、智改鸽、李珅、戴丽、杨敏、陈培章等。

本书共分为十一章，由颜世强、王黔驹、丁克永、连健、吴小平、许百泉牵头执笔，具体分工是：第1章从研究背景、研究范畴、取得成果等方面对全书内容作出概述，由颜世强执笔；第2章对国外发达国家地质资料管理与服务情况，包括地质资料汇交、产品开发、服务平台建设、重大计划实施、关键技术与标准应用情况等方面进行跟踪研究，由许百泉、郭艳军、朱卫红执笔；第3章针对我国地质资料管理与服务现状进行综合性分析及研究，由王黔驹、连健、张红英执笔；第4章开展地质资料信息集群服务化产业化基础理论研究，并进行工作部署，由颜世强、王黔驹执笔；第5章开展地质资料信息资源汇聚机制研究，并进行试点归纳总结，由连健、颜世强、王占昌执笔；第6章开展地质资料信息服务产品开发理论体系研究，并选择不同代表性的城市或区域开展产品开发试点，由颜世强、连健执笔；第7章构建了地质资料信息服务集群化产业化的标准体系，由王黔驹、吴博、吴小平执笔；第8章提出了地质资料信息服务集群化产业化关键技术体系框架，并针对性地开展关键技术研究工作，由吴小平、王占昌、万勇泉执笔；第9章开展地质资料数据中心建设研究，并进行了部分省、市的试点，由丁克永、吴小平、贺安生执笔；第10章总结了地质资料信息服务集群体系建设情况，由连健、王占昌、单昌昊执笔；第11章从城市地质、矿产勘查两个方面，对试点单位进行地质资料信息服务集群化产业化模式总结与分析，由许百泉、杨丽君执笔。全书由颜世强统稿。

在项目工作及本书编写过程中，国务院参事、国土资源部原总工程师张洪涛研究员，国土资源部矿产资源储量司许大纯研究员、刘斌高级工程师，中国地质调查局总工办徐勇研究员，中国地质调查局叶天竺研究员、王保良研究员、姜作勤研究员，中国地质调查局发展研究中心严光生研究员、邓志奇研究员、张新兴研究员、胡小平研究员，国土资源经济研究院姚华军研究员、贺冰清研究员、方敏研究员，国土资源部咨询研究中心李裕伟研究员，国土资源部信息中心李晓波研究员等专家多次进行指导和帮助，在此特向他们表示衷心感谢！

由于本书编写时间仓促，加上作者的水平有限，文中错误和不足之处，请专家不吝赐教。

著　者

2013年6月

目　　录

第1章 概 述

1.1 研究背景

进入二十一世纪，中国地质工作迎来了新一轮快速发展的黄金时期，矿业形势转好，地质工作投入大幅增加，对地质资料的需求显著增加，给地质资料工作带来难得的机遇与挑战。为创新地质资料管理与服务方式，提高服务能力，满足中国经济与社会发展对地质资料的需求，发掘地质资料的巨大潜在价值，减少地质工作重复，2009年国土资源部在总结上海城市地质系统建设和测绘地理信息产业发展经验，并听取业内多位专家建议的基础上，要求在全国推进地质资料信息服务集群化产业化（以下简称为“两化”）。

为落实国土资源部的总体部署，2010年中国地质调查局在地质矿产调查评价工程中设立“推进地质资料信息服务集群化产业化试点研究”项目。由全国地质资料馆牵头，组织上海、北京、山东、安徽、湖北、湖南、青海、辽宁、福建等地的国土资源实物地质资料中心、中国地质图书馆、中国地质调查局西安地质调查中心与武汉地质调查中心等专业和区域服务单位，联合北京大学、中国地质大学（北京）、山东科技大学、国家档案局、国家图书馆等研究单位，共同开展试点研究。主要目标是通过试点“探路子、出经验、做示范”，为全国共同推进两化提供技术支撑。经过三年的研究，项目取得丰硕成果，并按照“边研究边示范边推广”的思路，为全国推进地质信息集群化产业化开展提供了有力支撑。

本书是在“地质资料信息服务集群化产业化综合研究”（项目编号1212011220335）和“地质资料信息服务集群化产业化关键技术与标准体系研究”（项目编号1212011087156）项目成果的基础上，总结计划项目取得的成功经验和方法、技术和规范而写成的，在支撑构建全国统一的集群服务体系的同时，也能为全国范围的集群化产业化开展提供借鉴。

1.2 国内外地质资料工作形势的基本判断

从全球视角看，目前地质资料管理与服务的主要发展趋势是由借阅服务向知识服务转变。当前西方发达国家高度重视资料信息服务工作，把资料信息服务工作作为政府公共服务的重要内容之一。满足社会需求、产品丰富多样、服务高效便捷已成为资料信息服务机构的基本准则。从服务对象看，资料信息服务于社会大众，即服务每一个有需要的人；从服务方式看，其服务方式灵活多样，以协同共享服务机制为基础开展多层次、分布式和一站式的接口型知识服务，包括传统借阅，通过信函、传真、电话、电子邮件等方式定购，通过网络在线浏览、查询、编辑、下载服务、接口应用等；从服务内容看，可提供地学领域各学科、多种介质的多种产品，主要有地图产品、地学数据产品、出版物和科普产品等；从服务政策看，其核心是按照用户需求实施差别化的分类分级服务，主要表现在以下方面。

（1）地质资料服务成为地质工作的战略重点

将地质资料服务提到前所未有的高度是21世纪初发达国家地质工作的一大变化。美国地质调查局（USGS）将为国家提供可靠的科学信息服务作为其基本职能和工作重心，并强调采用所有可用的、新出现的信息技术，保证及时（实时）、有效、连续地为用户提供信息服务。在澳大利亚，作为“政府在线”运行框架的一种实践，澳大利亚地调局提出并实施了在线工作计划。加拿大地质调查局（GSC）基本职能是：通过获取、解释和传播地学信息，为加拿大的经济发展、公众安全和环境保护提供全面的地学基础知识。英国地调局提出要提供综合、客观、公正且最新的地学信息，以满足国内外用户的需要，为提高国家竞争力、加速社会发展及提高人民生活质量做出贡献。

（2）地质资料管理与服务体系和运行机制日益完善

在长期的地质信息服务实践中，为满足国家和社会对地质信息不断变化的需求，各发达国家已经建立了比较完善的地质信息服务体系。

为保证地质信息服务的顺利实施，美国、加拿大、澳大利亚和英国都制定了一系列国家和部门的信息服务政策。主要包括信息自由法、著作权和知识产权法、隐私法，以及规定信息服务的对象、内容、信息发布方式、客户关系、服务质量等方面的政策。对用户和产品进行分级分类管理，制定了明确的价格政策。

为更好地为用户服务，在确定发展战略和重点、制订计划和信息产品开发等阶段，采取各种方式听取客户意见，加大客户的参与力度，以提高客户的满意度。同时各国都设有专门的机构管理、协调和实施地质信息服务，使服务水平不断提高。

（3）针对不同需求的服务产品愈发丰富，接口型知识服务成为重点

随着社会进步和信息技术的发展，各国地调机构提供的服务内容更加丰富多样。从原来只提供专业地质信息发展到提供管理和科普信息；从提供单纯地质信息扩展到提供数据处理、应用软件、咨询、决策、培训等多个方面。

（4）利用信息技术开展地质资料集群服务成为重要发展方向

与传统的服务方式不同，现代信息服务主要是通过运行在网络上的在线服务系统实现的。发达国家的在线信息服务系统主要有：目录查询检索系统，专题信息浏览查询检索系统，资料数据的在线下载、订购、交付系统，Web编图系统和与客户的互动系统。

从国内看，我国地质资料管理基础扎实，地质资料尤其是数据资源丰富，同时，地质资料管理与服务当前面临主动服务和知识服务的双重需求，能够为两化工作的开展提供资源与需求上的保证。

1.3 研究范畴界定

地质资料信息服务集群化产业化涉及地质资料、地质资料信息、地质资料信息服务、地质资料价值和地质资料信息化等多个概念。需要厘清基本概念，以便在研究过程中凝聚共识，统一思想和研究思路，集中攻关难点热点，解决实际问题，为全国推进两化提供支撑。

1）地质资料。本书引用《地质资料管理条例》的规定："地质资料是指在地质工作中形成的文字、图表、声像、电磁介质等形式的原始地质资料、成果地质资料和岩矿心、各类标本、光薄片、样品等实物地质资料"采用上述文字定义地质料的概念。

2）地质资料信息。本书将"地质资料信息"简要地界定为"地质资料载有的知识"，强调其可开发性。其形态可以是报告、数据库、信息系统、摘要等。这个概念实际上是将地质资料与地质资料信息等同对待。称为"地质资料"强调其实体形态，而称为"地质资料信息"则强调其所载有的知识。

3）地质资料信息服务。"地质资料信息服务"是将地质资料提供给生产、科研、管理、科普、教育等各种领域用于参考、使用的行为。强调将地质资料推介给用户使用的过程，包括汇交、整理、保管、借阅、宣传、产品加工、数据库建设等。

4）地质资料价值。"地质资料价值"是指地质资料对从事地质调查、矿产勘查、地质科学研究及其他工作的机构、组织或个人等所具有的意义或作用。

5）地质资料信息化。本书认为"地质资料信息化"是按照一定的标准与规范，利用信息技术对地质资料进行加工处理，将地质资料所蕴藏的信息开发为能在计算机中运行的数字化、矢量化产品，并提供给用户的行为。

总之，地质资料实际上包含地质资料信息的概念。前者既包括载体，又包括其蕴含的信息知识。地质资料信息仅为地质资料蕴含的信息知识，地质资料信息的称法实际上突出了地质资料所包含知识的价值，及其再开发性。地质资料信息服务着重于地质资料知识的推介，强调地质资料价值的实现。地质资料信息化仅是地质资料工作的一种手段，是推进两化的方法之一。

1.4 集群化与产业化的关系

研究两化必须厘清其定义与关系，才能理清思路，开展研究。本书将两化定义为如下。

地质资料信息服务集群化产业化。本书将两化定义为：通过充分运用信息技术，促进资料汇交，按照统一的规范和标准，对地质资料信息进行深度加工和整合，提高地质资料信息的集中度、关联度、共享度，形成分布式、多层次满足不同需求的地质资料信息服务能力，逐步延长地质资料社会化服务链，促进地质资料信息服务的产业化发展的过程。主要工作思路是汇聚资源、开发产品、构建平台、集群服务、发展产业。

1）地质资料信息服务集群化。集群化是提升地质资料、地质资料信息、地质资料信息服务集中度、关联度和共享度的行为。所谓集中度是适度集中，这与地质资料的地域性有关；所谓关联度是地质资料有序化，主要是指地质资料数据库建设和服务的关联，方便用户应用；所谓共享度主要指地质资料全面公开共享。集群化包括两个方面，一是资源的集群，二是集群的服务。

2）地质资料信息服务产业化。产业化是指：作为第三产业的地质资料信息服务业以提升地质资料管理与服务能力和水平为目标，发挥市场机制的作用，引导建立地质资料信息服务产品开发企业和中介组织，加强行业资质管理，开发服务产品，不断延长地质资料信息服务产业链，建设产业基地，推进产业集群，扩大服务规模，拓展服务领域，提升服务能力的过程。

集群化与产业化的主要关系为：

地质资料信息服务集群化是对地质资料信息开发服务集中集聚程度而言的，而地质资料信息服务产业化则是针对服务主体性质而言的。集群化是产业化的催化剂，只有大规模的集群才能形成规模产业。产业化必定促进集群化发展，只有资料信息集成规模大、产品多或高度集成有特色，产业才有竞争力才能生存发展，必然形成集群化。推进地质资料信息服务集群化和产业化的最终目标是实现集群化与产业化的良性循环，进而全面提高地质资料信息为国民经济发展服务的能力，促进相关信息服务产业和产业集群的发展。

公共服务与产业化发展的关系为：

政府出资开展的地质资料信息服务是整个地质资料服务产业的一个组成部分，但政府仅提供基本的公共服务，具有非竞争性。政府一方面提供地质资料信息服务，作为产业化发展和商业性集群开发服务的基础；另一方面政府通过产业政策，引导、培育、扶持地质资料信息服务产业发展，引导私人产品开发。产业化是市场行为，是目前政府公共服务单一模式向多元化、多方位、专业化的多模式开发服务发展，是对政府公共服务重要的延伸、扩展和深化，大大弥补了政府服务的不足。

政府提供的公共服务是产业化发展的基础。因此现阶段政府的主要任务是实现政府掌握的地质资料公开共享，通过集成集群和深度开发，提供形式多样、内容丰富的公共服务产品，并发挥信息优势开展集群服务，快速将资料信息推介给用户，延长产业链和服务链。

1.5 取得成果

本书的研究思路为：掌握国内外地质资料信息服务现状与发展趋势，厘清地质资料信息服务集群化产业化的内涵与外延，研制推进两化的关键技术和标准规范，构建全国统一的地质资料信息服务集群体系，探索适应多种类型城市地质和矿产地质工作的地质资料集群模式，开发满足多种需求的服务产品，建立产品体系，不断延长地质资料信息服务产业链，开展社会化服务。

项目实施三年来，取得如下成果。

第一，首次厘清了两化的内涵与外延，成为新的引领地质资料管理与服务上台阶上层次的抓手。

1）通过开展对美国、加拿大、澳大利亚、英国、德国、法国、日本等发达国家地质资料汇聚、产品开发、服务平台建设、重大计划实施、关键技术与标准应用情况的跟踪分析，全面掌握发达国家地质资料管理与服务的发展趋势，研判了我国开展两化面临的形势。

2）分析确定了地质资料、地质资料信息、地质资料信息服务、地质资料信息化、地质资料价值与功能等基本概念与属性特征，为推进两化提供了理论依据。

3）将“两化”定义为：充分运用信息技术，按照统一的规范和标准，促进资料汇交，对地质资料信息进行深度加工和整合，提高地质资料信息的集中度、关联度和共享度，形成分布式、多层次地满足不同需求的地质资料信息服务能力，逐步延长地质资料信息的社会化服务链，促进地质资料信息服务的产业化发展。

集群化是资源的集群与集群服务。地质资料信息服务产业属于第三产业，其产业化是地质资料服务产品开发、产品极大丰富、产品细分、市场细分、产业集聚、产业基地建设的过程。集群化是产业化基础。产业化并不是公共服务的市场化，而是以公共服务带动私人产品的开发，带动地质资料信息服务业从量的扩大到质的激变的过程，更进一步提升服务能力和水平。

4）研究制定推进地质资料信息服务集群化产业化的总体框架，提出了两化的基本思路、目标、基本原则、重点任务、近期工作部署和技术要求，为全国推进两化提供支撑。基本思路是汇聚资源、开发产品、构建平台、集群服务、发展产业，重点任务是构建资料组织、资料汇聚、产品、数据库、服务、政策、标准、技术、基础设施九大集群体系。近期重点开展地质资料信息服务集群体系和地质资料数据中心建设，并形成规划部署方案，为《国土资源部推进地质资料信息服务集群化产业化工作方案》（国土资发〔2010〕113号）的出台提供支撑，并编制《全国地质资料十二五及中长期发展规划》，为全国推进两化提供支撑。

5）深入研究了地质资料服务产品体系和服务产品模式，提出了地质资料服务产品体系框架与地质资料服务产品的发布及定价机制，提出了通用的地质资料服务产品开发指南，构建了五重地区服务产品的基本模式，为产业化推进提供支撑。

在研究产品、服务产品与公共服务产品理论的基础上，开展相关研究，提出了地质资料服务产品的概念、特征、模式、一般结构、基本类型、基本内容，划分了地质资料服务产品体系、名称、模式、类型，归纳了地质资料服务产品开发的基本方法、程序、影响因素和控制措施，研究了地质资料服务产品发布和定价机制，能为我国地质资料服务产品开发提供理论支撑，指导地质资料服务产品开发实践。安徽省以滨湖新区城市规划建设服务为需求，在水源地勘查、危险性评价及地下空间开发利用规划等方面主动提供地质资料信息示范服务，探索了延伸地质资料信息服务供需链，为产业化打下基础。

上海市结合政府行政管理需求，形成了地质资料信息服务于城市规划的工作模式，为城市规划、城市安全、国土资源管理与地下水资源管理开发了系列服务产品，初步形成了地质资料信息多元化服务产品体系。

湖南省结合矿山企业的实际需求，以“找矿突破战略行动”及矿政管理的工作需要为目标，开展了服务产品体系研究。目前产品已在宝山等矿区开展试用，能服务于地质找矿、矿山生产设计、资源储量动态监管等方面的工作。

6）研究提出了推进产业化的工作部署方案，明确了“发挥市场机制的作用，引导建立地质资料服务产品开发企业和中介组织，加强行业资质管理，开发服务产品，不断延长地质资料信息服务产业链，建设产业基地，推进产业集群，扩大服务规模，拓展服务领域，提升服务能力”的产业化工作思路。

第二，首次构建了两化的关键技术框架，开展系列关键技术攻关示范，为两化开展提供技术支撑。

1）研究提出以资料数据汇聚、资源共享、服务支撑、应用服务为主要内容的地质资料信息服务集群化产业化关键技术框架。

2）研制了可多平台应用的移动服务技术，实现了地质资料和图书文献的移动服务与下载。

3）开展多比例尺矢量空间数据显示与互操作技术研究，实现了基于 GIS 的地质图网络发布、多比例尺浏览与互操作。

4）研究了地质图脱密技术，提出“删、留、替、转、插、分”六种脱密方法，建立了基于公众版地形图的脱密技术流程。

5）开展地质资料数据联合服务研究，建立“地质数据推拉接送”共享服务模式，并部署于试点单位开展服务，申请专利一项。

6）开展数据挖掘、新媒体技术、云计算、物联网等前沿性关键技术在两化工作中适用性的探索，形成相关建议，为两化开展提供技术支撑，带动了信息技术在地质资料管理与服务中的应用。

第三，首次研建了两化标准体系框架，研究提出了从资料收集、信息化加工、数据库建设到数据更新维护、产品开发全过程的系列标准规范，并开展示范。

1）研制了地质资料信息服务集群化产业化标准体系框架，理清了与资料汇集、加工、保管、服务、发布等业务有关的标准规范，提出了“立改废”建议。

2）在总结《成果地质资料数字标准》的基础上，提出了统一的《成果、原始、实物地质资料数字化指南》，提出了扫描（照相）数字化、文本矢量数字化、图像矢量化三种数字化方式，明确数字化的基本环节、技术流程和要求，对文件的存储、命名、著录、挂接进行了规定，提出了关于设备和加工方法的建议。

3）编制了覆盖成果、原始和实物三大类地质资料、囊括案卷和文件级目录、能被馆藏机构和地勘单位等多方使用的“地质资料联合编目标准”，制定了目录发布标准和资源唯一标识符编码规则。

4）开展了地质资料长期保存机制、地质资料集成服务描述和地质资料检索协议等标准规范的研究，提出了基于 OAIS（开放档案信息系统）标准开展长期保存机制建设和基于 WSDL（Web 服务描述语言）开展地质资料集成服务建设超标准。

5）全面梳理地质资料信息服务两化工作相关标准规范。编制地质资料信息服务两化工作参考标准规范目录涉及地质资料管理、数据库建设、产品开发及服务、地质工作四部分共 587 个标准规范（以国土资源部文件形式下发），指导全国两化工作。并以此为收集范围建立地质资料标准规范数据库，开发光盘产品提供利用。

第四，开展城市地质资料信息服务两化试点，包括滨海三角洲沉积、湖滨沉积、山前冲洪积、矿业开发等不同类型，选取不同规模的城市，研建“集中汇交、统一整理、分布入库”和“统一接口、分布部署、共享服务”的城市地质资料数据汇聚模式并制定相关标准规范与流程，推进地质资料数据的集群管理与服务。针对港口、地铁运营、城市供水等需求开发服务产品并开展服务，建立了城市地质信息服务城市发展的新模式，提出了《城市地质信息系统建设指南》修订建议，为城市地质资料信息服务两化提供支撑。

选取有代表性的上海市、北京市、安徽省合肥市滨湖新区、湖北省黄石市、福建省平潭综合实验区等市（区），开展城市地质资料集群化成果及产品示范。形成了城市地质资料集中管理和统一服务模式及其技术方法体系，建立了较为完善的地质资料汇交机制及资料共享与服务机制，完善了地质资料数据建库机制，形成了成熟的城市地质建模和三维可视化方法。建成地质资料信息服务平台，以服务城市建设作为地质资料信息服务的主战场，主动提供服务及其相关产品。

第五，开展了重要成矿区带、重点勘查区、典型矿床的矿产地质资料信息服务两化试点，形成了《重要成矿区带地质资料信息服务集群化产业化工作指南》，为矿政管理、矿产勘查部署、矿产开发提供支撑。

选取青海省景忍—野马泉铁铜铅锌重点勘查区、山东省胶东地区金矿、湖南省坪宝地区铅锌多金属矿、鞍山铁矿等有代表性的成矿区带或整装勘查区，开展矿产地质资料集群化成果及产品示范。通过建设数据库，研制地质资料集群技术指南，研发地质资料管理与共享服务系统，进行找矿模型的研究及相关服务产品的开发。对矿区地质资料集群化服务管理的具体技术要素进行了详细的规定。其中，对地质资料的收集与整理、数据采集、数据库建设、数据库管理系统的建设与资料共享提出的技术要求对矿集区资料集群化的标准与规范有重要参考价值。开展了矿区三维空间地质数据库建设，实现了文档资料、二维和三维空间数据库集群在一个平台上管理并提供服务，为地质资料信息服务集群化产业化提供了全新的模式和思路。

第六，研究了联合对外的服务模式，构建了国家、区域、省、市、地勘单位参加的，集中与分布相结合的地质资料集群服务体系。

1）通过开展油气、核工业、海洋原始和实物地质资料委托管理研究，建立了地质资料委托管理模式。目前已对78家单位进行委托管理，进一步完善了地质资料管理与服务体系，实现了统一管理、统一服务、统一制度。

2）研制地学空间信息检索系统，具有可定制、可延伸、可跨域的多级组网能力，具有"推拉接送"四大模式的创新技术，为构建广泛参与、广域覆盖、互联互通的地质资料信息节点群运行提供支撑。

3）研建了集中与分布相结合的基于Web联合编目系统，并在全国开展试点，初步建立了涵盖国家、区域、省、市、地勘单位的全国地质目录集群，目前已汇聚发布目录数据近四十万条。

4）开展了大区及专题地质资料信息服务集群化技术方法与服务模式研究，完善成了陕西、新疆、宁夏三地区地质资料目录数据和地质工作程度数据库的集成与发布。

第七，研究地质资料汇聚机制，建立并运行了全国统一的地质资料汇交监管平台，实现了三大类地质资料一体化管理与服务。

1）研究从项目源头介入，开展地质资料管理的汇交监管机制，研发集中部署、多级应用的地质资料汇交监管平台，并在全国31个省部署应用，入库记录近18万条，实现资料汇交的有效监管，为国土资源部关于印发《地质资料汇交监管平台建设工作方案》的通知（国土资发〔2011〕78号）提供支撑。

2）研究形成了汇交激励约束机制、数据库更新维护机制、地质资料收集与交换机制、欠交地质资料清理与催交机制、市县职能延伸等资料汇聚机制。上海和辽宁出台了地质资料汇交管理办法，对工程地质勘查（勘察）取得的资料汇交进行了明确规定，并设计了汇交流程和方法，建立汇交资金保障制度。辽宁和安徽开展了地质资料市县延伸研究，明确市县地质资料馆职责，并开展相关工作。北京开展了分布式地质资料共享机制研究，提出了“权属不变、利益共享、分布服务”的理念，实现了北京城市地质资料分布服务。开展了地质资料清理研究，汇聚了一批欠交资料。为国土资源部发布的《国土资源办公厅关于印发〈实物地质资料清理扩大试点工作方案〉和〈实物地质资料清理工作指南（试行）〉的函》（国土资厅函〔2011〕1082号）提供了支撑。

第八，开展了地质资料数据中心研究，形成了《地质资料数据中心建设指南》，指导湖南等省完成试点建设。

在综合试点省地质资料数据中心建设研究成果，提出地质资料数据中心建设的目标、总体结构，以及基础设施、业务系统、共享及服务平台、安全保障体系四方面建设内容和涉及的标准规范。为全国开展地质资料数据中心建设提供借鉴。湖南、青海、山东通过项目研发实现了目录数据库、1：20万空间数据库、工作程度数据库、探矿权数据库、采矿权数据库等多类数据库与地理数据的整合，初步实现了多源异构一体化存储管理。形成了数据库一体化管理方法、地质数据更新机制，建立了数据统一管理系统。

总之，通过该项目的实施，明确了两化的内涵与外延，研究了关键技术和标准规范，形成一套集群化产业化的工作方法和流程，研制了资料汇聚、产品开发、集群服务的机制和模式，建立了目录中心和汇交监管平台，初步构建了全国统一的网络汇交与服务体系，丰富了资料馆藏，及时开展了社会化服务，对于提高地质资料管理与服务能力具有重要意义。

第 2 章　国外地质资料管理与服务及发展趋势研究

发达国家地质资料管理与服务水平高，其发展过程中取得的经验和技术对通过推进两化提升地质资料管理与服务水平具有借鉴意义。本章全面总结美国、加拿大、澳大利亚、英国、德国、法国、日本等发达国家地质资料汇聚、产品开发、服务平台建设、重大计划实施、关键技术与标准应用情况，尤其是全面分析《英国地质数据保护法》《英国地球科学资料保存指南》《澳大利亚地球科学局地质资料信息服务标准》《澳大利亚数字勘探数据提交要求》《日本成果电子地质资料汇交标准》《美国地质资料服务产品目录》《地质一体化计划》《加拿大地图集计划》《加拿大自然资源部图书馆战略计划》等大量的第一手资料。得出以下结论：从全球视角看，地质资料管理与服务的主要趋势是由主动借阅服务向知识服务转变；技术上充分发挥了信息技术优势，网络共享服务能力和水平快速提升，服务日益表现出向数据接口服务和三维地质信息服务转变。

2.1　地质资料汇交和保管现状

地质资料汇交和保管是地质资料汇聚的重要方面，能够使某一区域或者某一时期内的地质资料相对集中管理并集中向社会提供服务。服务是发达国家地质资料信息工作的主要目标，针对现今及未来发展可能面临的资源、环境、气候变化、人类健康、区域发展规划与产业布局、国土安全等各方面的问题，向社会提供多样化的信息产品。地质资料汇交与保管是开展服务的基础，没有良好的地质资料汇交与保管，资料服务则成为无源之水，没有后劲，甚至不能开展。所以国外市场经济国家都在大力提高与国家利益直接相关的地质资料信息的收集集成能力，并做好保管工作。发达国家为提高地质资料信息保管能力，已经建成一大批地质资料信息数据库，并开发了基于网络技术、面向地质资料管理和利用的信息系统和社会服务系统，显著提高了地质资料管理的效率和水平，增强了公众保护和合理开发利用地质资料的意识，促进地质资料的全方位汇聚与共享。

国外地质资料的生产者主要有两类：第一类是政府部门或者政府主管的公共机构，使用纳税人的缴纳的税金（财政资金）：第二类是地质公司或个人等商业性机构，使用民间资本或者商业资本。对政府部门或政府主管的公共机构，其资金来自于社会所缴纳的税金。所以英国、美国、加拿大、澳大利亚、日本等国家认为地质资料信息的资源，特别是利用纳税人公共资金实施的国家项目或公共机关获得的地质资料信息应归属社会，属于社会的公共财富。公众有了解并使用除涉密外的地质资料信息的权利，政府机构也承担着保管公开地质资料的责任和义务。这就为地质资料的信息集群和服务奠定了社会基础。为实行地质资料信息数据的公开共享奠定了法律基础。随着社会和经济发展的多元化，逐渐也有民间资本参与到地质工作中，尤其是矿业活动和工程勘察等工作，为了更有效地管理地质资料，除了国家实施的地质调查项目资料之外，民间地质调查活动中所获取的地质资料也应予以汇交管理，并在相应的法律框架和使用规则下向社会公开。

2.1.1 美国地质资料的汇交与保管现状

美国联邦政府为收集和维护地质与地球物理学数据和需要档案保存的样品，专门设定了美国地质调查局（USGS），隶属于美国内政部（DOI）。美国地质调查局是内政部内部唯一的联邦级科研机构。其目标是适当地保存联邦范围内对美国经济、社会、环境和科学至关重要的地质数据和样品，并使其得到充分利用。美国各州的地质资料管理机构负责收集和保存州级地质与地球物理学资料和需要存档保存的样品，其目标是适当地存档和保存州范围内重要的地质数据和样品，并向社会公开。使用者对这些数据和样品可共享和利用。因此，美国国家地球科学数据库由分散在联邦和不同州数据文档中的数据资料组成。这些资料库由美国地质调查局、矿产管理服务中心、国土管理局和其他 DOI 机构管理，地质资料和样品库由州地质调查局管理。

经过 150 年的积累，美国收集了数量庞大的地质与地球物理数据资料。例如，地质调查局的石油探井资料数据、矿产资源数据、地震监测数据等，许多地质资料库都接近饱和、饱和或超饱和。2005 年，美国能源政策法案发布，法案批准 2006 年至 2010 年的每个财政年专门拨款数千万美元用于执行国家地质与地球物理数据保存计划（NGGDPP）。能源政策法案第 351 条规定内政部经由美国地质调查局负责执行 NGGDPP，用于改善地质资料的保管环境。具体措施包括三方面：①增加容量，通过架设更好的棚架和新的库存设施来提高实物样品的存储能力。②改进操作方式和方法。美国地质调查局通过工作小组探索最低保存和维护标准以及所有资料库都必须遵循的实施办法。③通过建设国家地球科学数据库和国家数字目录，保护和利用分散在联邦和不同州数据文档中的数据资料，并提供共享。

2.1.1.1 政策法规

美国联邦法中的《矿业法》规定石油矿床勘探中获得的矿物特性和探井地质数据等资料需提交给州地质调查局、州矿物资源局、州土地管理局。除燃料外的采矿和矿物加工行业生成的关于矿物生产、消费、回收利用、储存和运输等信息数据汇交至美国地质调查局的国家矿产资源信息中心。

2.1.1.2 标准规范

美国的地质资料保管标准主要由全国合作地质填图计划联邦咨询委员会（NCGMP-FAC）来制定。为确保地质资料数据和样品的及时存储，美国联邦咨询委员会为各种地质资料数据和样品的保存与存档建立了最低标准、最佳实施方案及执行方法，还将建立统一的目录规格和版式。其中，数据存储系统包括两部分：物质基础设施，包括地质资料库；数字基础设施，包括地质数据库和标准目录。

2.1.1.3 方式与途径

除了收集整理地质调查局汇交和验收的地质资料以外，美国地质调查局还通过其他途径积极扩大资料来源。如交换与赠予项目。

(1) 交换

美国地质调查局通过与国际的研究机构、组织、学校、图书馆、政府交换资料以补充自己所需要的资料。

(2) 赠予

美国地质调查局接受社会团体和个人的捐赠。

此外，美国地质调查局还对地质资料和数据应当保存、获取、吸收还是放弃进行评估，并建立相应的系统统筹实物样品、数据和数据库，为资料提供适当的储藏空间。

2.1.2　英国地质资料的汇交与保管现状

经过多年工作，英国地质调查局拥有约21 000个钻孔51万余米的岩心，大量的基础调查中收集的标本和化石，15 000多个海底样品，以及各种原始资料、成果资料等文本资料。英国海洋地理数据中心汇集了来自全球约1800个验潮站的月度平均海平面数据，建立了数据库。还保管自然环境研究理事会所属船只和拨款的研究机构收集的全球深海沉积物岩心和一部分“发现号”调查船采集的标本（包括来自世界海洋多处采样点的底栖生物和浮游生物标本），以及丰富的海洋文献、历史资料和特别藏品。

此外，在英国汇交收集的岩心、标本化石等实物信息和存储的货位信息录入内部管理系统的数据库。实物标本上带有条形码标签，实物存放库内安装有条形码无线基站，利用无线扫描终端（手持PDA）与计算机系统连接，实现计算机网络管理。以往形成的文本资料60%以上已经完成了数字化工作，数字化以扫描形式为主。新近形成的资料多是电子数据，包括实物资料整理过程数据和库房管理数据，都已存入计算机管理系统，并及时更新，通过网络发布。

2.1.2.1　政策法规

英国十分重视成果资料的汇交和实物资料的收集工作，对地质资料进行统一管理。英国在《矿业法》《矿山采石业法》《科学技术法》《矿产勘查和投资补助法案》《水资源法》等法规中都对地质资料的汇交及资料公开做了规定。根据《矿业法》《水资源法》等法律规定，凡是地下水开采深度大于50米和勘探找矿深度大于30米的钻井，在施工前必须通知英国地质调查局。在所有野外工作结束后，汇交人有将地质资料（包括原始资料和实物资料）送至地质调查局的义务。在地质调查局辖下的国家地质资料中心网站（http：//www. bgs. ac. uk/services/ngdc/records/home. html）上对实物和文本资料的汇交内容和方式也作了相应的法律规定。

2.1.2.2　标准规范

英国对实物和文本资料的汇交内容和方式都有相应的规定，信息和文档记录管理遵循国际标准化组织（ISO）ISO15489标准。

2.1.2.3 方式与途径

煤炭和油气开采与生产过程中的数据资料信息需要汇交至能源与气候变化部；贵金属和有色金属的勘探成果资料汇交于地质调查局；油气和海洋钻孔岩心要求全部汇交，可以汇交整体，也可以汇交剖切样；其他钻孔岩心选取的汇交比例基本上是1/3，筛选工作由地质专家完成。地质调查标本的收集有一个统筹规划，基本上是按一定面积收集具有代表性的标本，具有一定的区域代表性。境外地质标本主要来自英国矿业公司在海外开采的矿山。汇交所需的费用根据实际情况而定。国家规定的必须汇交的岩心和标本，其汇交费用由汇交人支付；不属汇交范围，但英国地质调查局认为应该收藏的岩心，岩心库将支付一部分费用作为补贴回报。凡是向英国地质调查局提供过有价值的资料或是促进英国地质调查局研究活动的外部机构，英国地质调查局将免收其日后的资料（涉密和具有增值性的资料除外）检索费用。对于那些不按规定汇交地质资料的公司，作为处罚将取消其相应资格，不能参与英国地调局发包的地质项目。

对于石油天然气地质资料，在油气开采许可证中明确规定生产者需要保存所有在生产过程中获得的数据资料信息，并汇交至能源与气候变化部，由能源与气候变化部审批油气资源的勘探开发成果。钻孔样品和数据的保存和整理则由英国地质调查局负责。黄金白银等贵金属、有色金属、萤石、钡和钾矿的勘探地质资料需按时汇交给英国地质调查局，由地学数据中心（NGDC）负责保管。英国国家海洋中心（NOC）则负责长期管理有价值的海洋数据。

2.1.3 澳大利亚地质资料的汇交与保管现状

澳大利亚是矿业大国，其地质调查信息社会化服务的要求较高。澳大利亚工业、旅游与资源部所属的地球科学局（Geoscience Australia）是地球科学调查和地理空间数据的管理与发布机构。

2.1.3.1 政策法规

澳大利亚矿产勘探领域每年会产生大量的地球科学和资源信息。在基础数据采集上的大规模投资对未来的勘探者也是有益的，因为相似的工作不必重复，只要在原有数据的基础上开发新的勘探模型即可。州或地区相关机构负有归档矿产保有者所提交的法定信息的责任，它对提升澳大利亚矿产勘探的有效性和效率起着关键作用。

澳大利亚的联邦政府负责海上石油立法、环境立法以及对外投资等采矿业政策协调与发展相关的立法。各州或地区则管理各司法管辖区内的矿业活动，包括管理土地产权、监管矿山运营情况、矿山安全、矿业环境污染、从业人员健康、征缴权利金和税费。各州根据自身情况制定单独的矿业法规，用来规范地质工作及其产生的地质资料的管理与服务。

2.1.3.2 标准规范

地球科学信息政策政府顾问委员会（Government Geoscience Information Policy Advisory

Committee，GGIPAC）由澳大利亚各个州或地区的地质调查局和澳大利亚联邦政府的地球科学局的代表以及新西兰地质调查机构的观察员组成。它负责执行由政府首席地学专家委员会（Chief Government Geologists Committee，CGGC）批准的任务，维护地学界有价值的通讯网络，关注获取信息一致性和连续性的管理框架。GGIPAC 的前身是地质调查局的首席绘图小组，它的工作重点已经从绘制打印地图转移到信息的管理和分发，其中绝大部分信息都是数字化格式并且需要经常更新。

（1）澳大利亚数字勘探数据提交要求

澳大利亚联邦政府通过制定《澳大利亚数字勘探数据提交要求（2004）》，规定了地质资料信息汇交时具体的数据格式和模板。它规定了与矿产勘探活动相关的电子数据接收的最低国家标准，为各州或地区的数字矿产勘探数据的提交提供一个通用标准。某些机构的具体需求可能超过了规定中提出的最低要求，在这种情况下，这些机构可以添加额外规定。在基础数据采集方面制定统一且具体的标准，可以使未来的勘探者更加方便且低成本地获取地质资料信息，对今后的地质工作开展大有裨益，提升了澳大利亚矿产勘探有效性和效率。同时，馆藏机构接受数字格式的勘探数据，使得地质资料的汇交更加有效。

对电子数据而言，最关键的是元数据问题。目前，该标准允许使用者查询包括关键元数据和支持数据等在内的信息，例如授权和查询表。以前，公司将元数据作为打印报告正文的一部分来提交，而现在的标准规定，关键元数据需要包含在真实数据中，从而除去了只有搜索其他数据包（例如报告和数字数据复合检索）才能建立起一个复杂数据集的这种依赖性。

（2）勘探和采矿标记语言标准

XMML（eXploration and Mining Markup Language）是一种基于 XML（eXtensible Markup Language）且专门针对地球科学和勘探信息的编码语言。它的目标是支持在大范围上相互交换勘探信息。包括在桌面软件包和服务器之间交换信息，还包括在使用者和组织之间交换信息。

2.1.3.3　方式与途径

澳大利亚现今的数据管理和访问主要是以独立存储和分布式系统为主。分布式的系统可以处理来自不同州或地区的用户请求，同时也允许服务提供商整合数据集，如地形搜索等。

2.1.4　日本地质资料的汇交现状

2.1.4.1　政策法规

日本产业技术综合研究所（AIST，National Institute of Advanced Industrial Science and Technology）地质调查中心的地质信息处，承担着地质资料的收集管理工作，把野外调查的信息和最新的地质学研究成果，包括陆地和海洋的地质信息以及卫星调查数据，进行汇交。另外，地基工程地质学会多年以前就开始收集和处理地下 100 米左右浅表层的工程地质资料和数据，是浅表层地质信息的数据中心。同时，日本的《地质土质调查成果电子汇交》和《地质调查资料整理要点》规定：建筑工程施工的设计资料、地质土质资料和地基工程地质调查资料等应及时向地方政府汇交。

为了保障和促进地质信息服务的健康发展，日本在法律框架之下明确了地质信息公开和服务的法律责任。其中《地理空间信息公开推进法》于 2007 年 5 月开始生效，规定电子国土地图原则上无偿公开，相关的地质信息资料也面向公众开放。

2.1.4.2 标准规范

日本制定的《地质土质调查成果电子汇交》和《地质调查资料整理要点》规范了汇交资料的对象、内容和标准格式等。

日本地质资料汇交的标准规范还包括：地质土质调查设计说明书、设计业务说明书、建筑工程建设说明书、建筑工程设计的电子汇交规范、建设竣工资料的电子汇交规范、制图规范、数字照片信息管理标准、地质图规范、矢量数字地质图规范及属性码、工程地质图规范、地层和钻孔柱状图规范、滑坡调查钻孔柱状图规范、土质实验方法规范和地基调查方法规范等，这些规范和标准多数还配备了说明手册。

在规范中，对于各类电子文件格式、文件中钻孔的数量、柱状图中的比例尺、图层、打印选项、文件名的命名规则、编号规则都作了明确规定，方便了信息管理、整合和利用。

日本由于地震、海啸和滑坡等地质灾害较多，特别重视地质资料在防灾减灾中的应用。所以除了专业地质调查资料的汇交之外，建筑工程建设和浅层地质调查的资料也被列为汇交对象，由各地方政府专门机构负责汇交管理。在《地质土质调查成果电子汇交》和《地质调查资料整理要点》的地质调查资料整理和提交电子文档指南中对提交资料的格式、内容、文档构成等制定了详细的标准，提高了汇交和管理的效率，也有利于地质资料的数据库化和二次开发。

2.1.4.3 方式与途径

日本的地质资料信息大致可分为三部分。①传统意义上的地质和海洋调查资料报告等。②浅表层的地基工程地质信息。包括建筑工程建设中的地质资料和土质调查中所获得的信息资料。③灾害和防灾相关的专业信息。

除了产业技术综合研究所地质调查综合中心的专业地质数据库，日本各地方政府机关也管理着大量的建筑工程地基的地下构造信息。防灾科学技术研究所管理着关于灾害及防灾的大量资料和调查分析报告，管理着强震观测网（K-Net）的 1000 多个观测站、高灵敏度地震观测网（Hi-net）的 800 个观测站，基础强震观测网（Kik-net）和火山观测网（V-net）的数据收集与解析工作，并把结果在互联网上公开。

在日本，地质和土质调查资料的管理汇交需要提交电子文件，以提高汇交效率和便于数据库整合。电子化对象包括报告书、钻孔柱状图、地质平面图、地质断面图、岩心照片、土质试验及地基工程地质调查资料和现场照片，并对不同类型电子资料的构成及电子格式实施了标准化，提高了汇交效率。另外，日本开发了可供现地勘查人员和远距离决策单位同时使用的资料即时更新的资源勘查分析系统。这使得野外调查需求、异地协调管理和经费支援等可有效地整合为一体。这种一体化决策支持系统由 GIS 和 RDBMS（关联式资料库管理系统）组成。通过网际的网络资料管理工具，可以进行统计分析、图形图像套叠、指定图像资料分类、由既有图层和相关资料生成新图层、修编和储存、线性特征（如断层、褶皱轴等）距离描述以及报告撰写等。

2.1.5　加拿大地质资料的汇交现状

加拿大自然资源部负责能源、矿产和金属、森林及地球科学方面的管理事务，主要提供以下四个方面的服务：①提供最前沿的地球科学理论、知识和技术，引导和帮助国家资源合理使用，降低成本、保护环境并开发新的产品和服务。②建立和维护国家级的加拿大土地和资源知识库，使人能够很容易地得到最新的经济、环境和科学信息。③执行和落实环境、贸易、经济、国土、科学和技术发展等方面的政策法规，确保加拿大自然资源对国民经济做出最大贡献。同时确保这些政策和法规能够起到保护环境、健康和安全的作用。④同国际机构及其他国家一起，提高加拿大的国际影响，帮助加拿大实现其与自然资源有关的承诺。为加拿大的产品、服务和技术进入国际市场创造良好的通道。下设部门主要包括：地球科学分部、加拿大森林服务局、矿产和金属局、能源局。

地球科学分部提供有关加拿大大陆和沿海的地球科学、大地测量学、制图和遥感等相关领域的信息、技术和标准。

2.1.5.1　政策法规

加拿大是联邦制国家，联邦宪法规定，联邦和省政府分别有自己的独立立法权限。由于加拿大地表权和地下权的分离，而土地大部分为省管辖或属于私人所有，因而各省矿业法是相对独立的。

加拿大的每个省都制定有自己的矿业法，各省对地质资料的管理情况大同小异。每个省或地区，矿业法都要求矿权人在取得矿权后，在规定时间内开始以工作日度量的最低勘查工作，并在规定时间内按规定的格式向政府提交勘查和/或开发工作报告等地质资料，这是矿权人必须履行的义务之一。报告一般是要求提交关于费用声明和评价工作技术两个方面的报告。此外，加拿大各省级地质资料汇交由各省根据各自的《矿权法案》或《矿业法》制定各自的《矿产评价报告汇交制度》。

2.1.5.2　标准规范

加拿大地球科学知识网络（Canadian Geoscience Knowledge Network，CGKN）建成了可提供地球科学知识的独立网络接口，并集成到加拿大地理空间数据基础架构中。CGKN 首先根据相关的地质数据和元内容开发一个目录。为了收集和分享这个目录中的信息，必须收集一个一致的信息集。这个信息集合叫做“profile”，它来源于联邦地理数据委员会的《地理空间元数据目录标准》，profile 中描述了允许地球科学信息发现的必需信息域的最小集和理想信息域集。

2.1.5.3 方式与途径

加拿大的矿业管理部门分为二级，即联邦和省。两级间是分工协作关系。除环境和矿山复垦等涉及社会公众利益或省间协调的问题外，分别按各自的立法管理权限履行职责。

在加拿大的各个省，由矿权人提交的材料，政府都要进行审查。除一般的基本形式方面的审查和确定报告中内容的真实性，还要进行所声明费用的计入。在加拿大的大多数省，对于矿权人的评价工作费用被视为是矿权人欠政府的债务。因此政府的审查很像是报账，根据矿权人提交的资料，根据规定进行债务抵免。

联邦政府只有权管理西北地区和育空地区的矿产。因此，联邦政府矿产资料的收集利用涉及11个政府（10个省加上联邦政府），情况比较复杂。对于没有按规定提交报告的，一般是处以没收矿权或罚款等方法处罚。

2.2 地质资料服务产品开发现状

目前，世界各国地质资料服务机构主要提供各类基础地图、地质图、基础地学数据、航空图片、地学出版物和科普产品等。各国提供的基础地质图和地学数据方面多以中小比例尺为主。产品介质包括纸质、网络和电磁介质（DVD/CD为主）。地质资料服务机构在提供资料信息时有免费和付费两种形式。对主动提供网络等服务的实行免费提供，对形成服务成本的实行付费服务，但只收取很低的成本费用。一般由政府批准收费标准，颁布明确的规定。

2.2.1 美国地质资料服务产品开发现状

美国是地质大国，在地质资料信息服务方面，通过在不同时期完成了的国家级地质资料信息利用项目，形成了许多服务产品。美国地质调查局实施的国家项目包括：1976年的美国本土矿产资源评估计划（CUSMAP），用跨学科的研究方法确定指定图幅内矿产资源的潜在储量。1986年的地质制图现代化计划（MARKII），主要内容是大规模扩充和改进地图数字化设备，制定资料库交换格式，提高地图数字化编辑能力，改善传统的制图技术，形成现代化的数值制图流程。1992年全国合作地质填图计划（NCGMP）。2006～2010年度国家地质与地球物理数据保存计划（NGGDPP），确定草案评估应当保存、获取、吸收或放弃的地质资料和数据，建立一个统筹实物样品、数据和数据库的系统，同时为这些资料提供适当的储藏空间，使用户了解这些地球科学数据和样品的访问方式，确保样品和数据的持续有用与可靠性。

美国地质调查局是美国地质资料产品生产的主要机构，提供的地学产品内容和形式都较为丰富。这些产品主要有打印图件、航空照片、卫星影像、数字地学空间数据、软件以及专业论文、专题调查报告、用户手册、数字数据标准、公开文件报告等，涉及的专业领域包括生物、地质、水资源等。

2.2.1.1　地图

地图是美国地质调查局生产的最重要产品之一。包括各种比例尺的标准地形图、卫星影像、地震和水文等专业地质图件以及历史、森林、陆地等专题管理图件。

2.2.1.2　地学数据产品

美国地质调查局提供的地学数据产品是标准的数字地学空间数据，其载体有光盘、磁带等。

2.2.1.3　航空摄影制图产品

美国地质调查局从 20 世纪 30 年代开始利用航空摄影制图。近年来的航片大部分是从覆盖全国的国家大型计划中获得的，如国家航空摄影计划（NAPP）和国家高纬度摄影计划（NHAP）。航片以黑白片为主，少数为彩色。美国地质调查局地学资源观测系统（EROS）数据中心拥有数百万航片和卫片，主题包括美国各大州、美国城市、世界城市、太空、天气和自然灾害等。

2.2.1.4　出版物

美国地质调查局的出版物包括各类专业论文和报告、数字数据用户手册和标准以及专业书籍等。

2.2.1.5　科普产品

在科普产品方面，内容丰富广泛，主要涉及生物学、地质学、地理学、气候学、地震研究、能源与环境等。为提高产品的综合性和普及性，在不损害科学内容的前提下，美国地质调查局尽可能选用社会公众能接受的方式，拓宽社会交流渠道，扩大社会服务面。

2.2.1.6　二次开发产品

二次开发产品的生产通常由于用户的特殊定制。用户既可以向美国地质调查局定制产品，也可以向一些研究咨询机构定制特殊用途的地学产品。因此美国地质资料产品生产也包括一些商业机构，这也是产业化的趋势。美国巴特尔研究所就是一个这样的信息服务机构，该研究所初建时主要进行钢铁、有色金属、燃料、材料科学领域的研究等，目前研究领域已经扩展至能源资源管理、生态系统、信息系统、科研管理等。

2.2.2　英国地质资料服务产品开发现状

作为在欧洲第一个成立国家级地质调查机构的国家，在过去相当长的时期内，英国地质调查局主要从事系统的地质填图，以确定矿产资源的位置，支持工农业发展。

经过多年努力，英国已经完成了 1∶50 000 的无接缝数值地质图整合，建立了基于 GIS 的信息技术和资料管理，另外还以三维数值地质空间模型形式开发和储存全部地质信息，先后建立了陆地钻探资料库、水文钻探资料库、全国重力资料库、全国地球化学资料库、石油资料库、近海研究资料库、地震灾害资料库、矿产地质索引库等。

英国石油公司（BP）的主要业务是石油勘探开发、炼化与产品流通。但自1951年以来，每年英国石油公司与世界各国政府或公司合作得到能源统计数据，经过整理和分析汇编成册，即《BP世界能源统计》，收录截至上年年底世界范围内能源生产和消费的一系列最新数据，并揭示能源消费市场的最新发展趋势。目前英国石油公司已成为世界上最权威的能源统计信息发布机构。

英国地质调查局在最近五年里进一步扩大英国地学数据库容量，组建了一支综合物理、化学、生物学等学科知识并超越地调局范畴的地学探讨团队。进一步提高地球科学知识的适用性，更好地为政府部门决策、企业活动和社会活动中服务，同时加强外部互助，跨越领域界限，综合应用多个学科的方法来解决在信息服务中日益复杂的问题。参与主导欧洲联盟（简称欧盟）eEarth项目，即由英国、德国、荷兰、波兰、捷克、斯洛维尼亚、立陶宛七个国家和意大利的一个机关共同实施的钻孔数据共享项目。项目网址为http：//www. eearth. eu/dinoLks/eEarth. jsp。

eEarth的主要目的包括：充分利用欧盟内不同语言地质数据，跨越国界和语言障碍获取、发布、利用钻孔地质信息；利用各国地质数据库积累的数据，开发跨越国界的信息服务系统；开发网上数据共享的XML标准；开发促进通过移动终端设备访问地质信息的服务。

实现的主要信息服务有：多言语服务门户网站；服务中提供参加国的多言语界面服务、提供信息中的标准地质用语的即时翻译；钻孔信息的GIS调用；提供实际数据的在线订购；在移动终端的检索服务（英国、荷兰、立陶宛）。

2.2.3　澳大利亚地质资料服务产品开发现状

澳大利亚地球科学局每年都会生产许多产品，通过网站和销售中心向公众提供地学数据服务产品。该局定期发布的《地球科学产品目录》将其产品和服务分为地质资料数据产品和免费服务产品两种。

2.2.3.1　地质资料数据产品

（1）地形和专题产品

包括不同比例尺的地形图、地形数据、数字高程数据、专题产品、行政边界数据等。

（2）地球科学专题产品

包括不同比例尺的地质图、各种地球物理产品、矿产数据库和数据、石油数据、海洋数据、有关地质灾害的各种出版物。

（3）ACRES卫星图像

ACRES是澳大利亚地球科学局所生产的卫星图像的品牌，包括LANDSAT、SPOT、SPOT-LITE、NOAA AVHRR、MODIS、RADARSAT、ERS和JERS等多个品种的不同规格的产品。

（4）航空摄影产品

（5）大地测量数据产品

（6）教育产品

包括各种小册子、地图产品、教具、纸制模型、幻灯片、宣传画等，供中、小学教师在教学中使用。

2.2.3.2　免费服务产品

作为隶属于联邦政府的地球科学研究和空间信息机构，澳大利亚地球科学局的成果服务具有一定的公益性质，主要表现为该局的产品目录中的多种产品和服务可以在线免费下载，产品主要包括：

1）某些小比例尺地形数据和专题地图产品。只读光盘（CD-ROM）CD-ROM 另有，但需按定价购买。

2）1∶25 万地质图。在线产品为纸质图件的扫描图像，采用压缩的 JPEG 格式；另有纸质彩印图，需按定价购买。

3）全国航空地球物理数据库。

4）全国重力数据库。另有 CD-ROM 出售。

5）澳大利亚全国岩石地球化学数据库（OZCHEM）。

6）OZMIN Oracle 相关数据库。包含澳大利亚的矿床地质和资源信息，涉及 60 个矿种的 1000 多个矿床；另有 CD-ROM 出售。

7）MINLOC 数据库。包含 73 000 多个矿点的简要信息；另有 CD-ROM 出售。

8）全国地质年代数据库（OZCHRON）另有 CD-ROM 出售。

9）陆上深地震反射剖面图。包括陆上地震反射剖面位置和选出的若干地震剖面的扫描图像。

10）海洋调查船深地震测量航迹。

11）地质灾害风险等值线图。

12）地震数据库空间呈现图。

13）澳大利亚滑坡数据库。

2.2.4　日本地质资料服务产品开发现状

从 1956 年起，日本将覆盖全国陆地的 1∶20 万地质图幅整理分为 124 个区。目前已经实现了图幅的数字化，统一了标准。产业技术综合研究所的地质调查中心提供无缝地质图的 DVD，并在互联网上公开。关于海洋地质图，日本从 1975 年开始整理周围海域的地质信息，完成了 49 个区分中的 46 个，提供 CD-ROM 服务，并在网上公开。

从 1981 年起，日本对紧急性较高的 21 座火山进行了调查，完成了 16 幅火山的地质图，并提供相应的出版物服务。同时，构筑了火山地质图和 1 万年间的活火山喷发经历信息的数据库并在互联网上公开。从 2005 年起，对活断层数据库中的 550 个活断层的位置加以充实并在互联网上公开。为了促进民间应用，在谷歌地图和电子地图上也提供活断层信息。

从 2004 年起，日本对水文环境的 6 幅水文环境图进行整理充实，制成 CD-ROM 提供服务（表 2-1）。

表 2-1 日本公开的地盘地基数据库例

数据库名称	提供方	提供方法	柱状数目
地质环境信息库	千叶县	WebGIS	2.1 万
东京地基	东京都土木技术中心	Web	7 千
环境地图信息	横滨市	WebGIS	8 千
北海道地基信息数据库	地基工学会北海道支部	光盘	1.3 万
九州地基信息数据库	地基工学会九州支部	光盘	3 万
面向建筑业技术员的东北地区的地基 GIS 版	东北建设协会	光盘	数万
北陆地基信息系统	北陆地基信息活用协会	WebGIS	3 百
关西圈地基信息数据库	关西圈地基信息活用协会	WebGIS	4 万
神户地基君	神户市地基调查研究委员会	光盘	5.4 千
四国地基信息数据库	四国地基信息活用协会	光盘	1 万

除此以外，各地质土质调查机关制作管理的防灾信息资料和数据也向公众开放。公开的数据库的实例见表 2-2。

随着互联网技术、计算机技术、存储技术和数据库技术的飞速发展，以及包括互联网接续费用和软硬件费用的系统费用下降，同时免费或共享数据库软件的出现，使得系统的初期建设和运行费用降低，极大促进了地基信息服务的实用化。其中，日本地下构造数据库中相关的地质信息资料面向公众开放，关于地基信息服务的资料主要包括地基信息的钻孔柱状图数据库、土质数据库、道路地质图、危险地带数据库、表层地基信息数据库、建筑费用信息、地基诊断系统、地质图和地基图。提供方式包括免费和有偿服务。免费服务的实例包括：东京都、千叶县、横滨市等的免费钻孔柱状图数据；产业技术综合研究所、地质学会、地基工程地质学会公布的地质图等。原始数据提供中有偿服务收取的费用仅为信息制作的成本费。例如，地基工程地质学会北海道地基信息数据库的信息光盘服务，每张 4 万 ~5 万日元；九州地基信息共享数据库光盘，费用为 5.5 万日元。其他有偿服务还有关西地基信息应用协会的关西地基调查信息钻孔柱状图数据库服务，采用会员制，收取管理费为每年 15 万日元；岛根县土质技术研究中心的岛根地基信息也采用会员制，每个钻孔收取 1 千 ~2 千日元费用。

表 2-2 公开的防灾数据库

数据库名称	提供方	提供方法	范围
滑坡地形分布图	防灾科学研究所	WebGIS	全国
水土灾害危险场所图	各地政府	WebGIS 和印刷物	所在地区
地震灾害分布图	内阁府、各地政府	WebGIS 和印刷物	全国、所在地区
火山防灾图	各地政府	WebGIS 和印刷物	所在地区
地震受灾信息集成图	国土交通省、国土地理院	WebGIS（电子国土）	所在地区

2.2.5　加拿大地质资料服务产品开发现状

加拿大地学产品由两部分组成，公益性调查生成的地学产品和商业性地质工作生产的地学产品，商业性地学产品由企业或个体按市场规则出售或提供服务。联邦和省级调查机构生产的地学产品则由政府主动向社会公众发布。联邦地质调查局生产的主要产品有：陆地与海域的地质构造图、各种比例尺的地质调查图、矿产资源调查成果、灾害与环境地质调查成果、全国各类地学数据库等。

由于加拿大矿产资源属省级所有，其调查机构生产的成果多服务于本省的资源开发和利用。主要产品有：矿产资源分布特征数据、岩石标本、矿床和大比例尺区域填图、矿产资源评价成果等。加拿大地质资料产品的数字化程度比较高，这主要是由于计算机技术、网络技术以及相关的信息处理技术广泛应用于地质调查工作中，而且以往的非数字化成果也得到了全面的数字化处理。随着公众对地质服务需求的增加，加拿大联邦和省级地质调查局除生产传统的地质填图、地球物理、地球化学和水文地质产品外，环境地质、地震、滑坡、灾害地质、磁暴、气候变化、甚至地方病相关产品也不断增多。

2.3　地质资料信息服务平台建设现状

国外早期的信息系统平台多用于开发制作电子地图，把地质图数字化，建立地质数据库以便快速检索和使用图形表示土地资源管理及人口普查等。随着时代的发展和社会的进步，不但有来自矿产资源和能源行业的传统需求，来自环境、城乡规划、防灾减灾等行业的需求也越来越强，新型地质信息服务的内涵和外延都发生了很大的变化。不仅是简单意义上的资料数字化电子化，而且更加注重信息融合，从多元化信息数据中提取新的有用的信息为更多的用户和更多的用途服务。因此，信息系统平台是包括地质矿产、测量、环境、信息处理、计算机技术、网络技术和人文社会等多个领域的综合平台。

随着信息网络技术发展，各国都十分重视通过网络管理提供资料信息服务。英国地调局牵头建立了先进的“同一地质（OneGeology）”服务平台，使用最新的网络地图服务技术，采用分布式、动态且可更新的模型，从参与国家的数据源中获取数码地质地图数据，而其数据则留在各个提供数据的国家，让各国及其公众能够分享数据资料。目前，这已是一个国际性服务平台，参与国家有 110 多个，并得到联合国教科文组织（UNESCO）的支持，中国也通过地质调查局的东亚东南亚地学计划协调委员会（CCOP）组织与 OneGeology 进行联系并开展合作。

2.3.1　美国地质资料信息服务平台建设现状

美国地质调查局提供世界上最为丰富和全面的地质资料信息。1994 年 4 月，美国总统克林顿专门签署了总统令，建立国家空间数据基础设施（NSDI）。2003 年美国总统又颁布地理空间一站式访问计划（GOS），是美国国家空间数据基础设施建设项目之一。另外，地质调查局全球陆地信息系统（GLIS）和地球探索者（Earth Explorer）网站，提供地图、航片、卫星影像和数字数据等大量美国地质调查局的在线产品。此外，地学信息中心（ESIC）和地学资源观测系统（EROS）数据中心也是重要的产品及信息提供部门。

2.3.2 欧盟地质资料信息服务平台建设现状

欧洲有20%的人口生活在距国境线50公里的范围内，70%的净水资源属于跨国界水源，因此需要开发公开共享的公共基础设施，即欧洲空间信息基础设施（Infrastructure for Spatial InfoRmation in Europe，INSPIRE），保证公众的需求和国家间资源的共同开发利用。

欧洲空间信息基础设施是一个基于欧盟各成员国构建并运行的分布式基础设施。通过基础设施的建设，制定了一般性规则，以便为欧洲的环境政策及那些影响环境的政策或活动提供信息支持。INSPIRE就像用来连接不同地点的道路网一样，把不同的数据资源相连接，实现数据集成，以方便用户查询和访问，并为开发新应用和服务提供技术支持。包括四个方面：制度框架、技术标准、基本数据、数据服务。目前世界上多个国家正致力于空间数据基础设施的建设，通过对信息和过程的共享提高公共管理效率，有助于公共信息的公开，提高决策透明度，开拓新服务和新技术，增加就业机会。

英国是欧洲共享钻孔数据库eEarth的主要加盟国之一。除英国外，还有荷兰、德国、波兰、捷克、斯洛文尼亚、立陶宛、意大利加盟。该计划的目的是实现欧洲内部不同语言的跨国地质数据多语言信息共享服务。为方便在线服务，该系统采用欧洲统一的XML信息标准，对应多语言的界面，专业术语有在线实时翻译，具有GIS功能。

2.3.3 澳大利亚地质资料信息服务平台建设现状

GeoViewer是澳大利亚地质调查局主要的信息服务平台，提供各类地学数据信息，并通过持续更新数据库，管理和发布地球科学信息的新趋势，为用户提供最及时的数据。GeoViewer从传统的以地图为中心的机构，逐渐转变成了以数据为中心的机构，改变了传统地质图的概念。

2.3.4 日本地质资料信息服务平台建设现状

日本的地理信息标准（Japan Profile for Geographic Information Standards）规范了地理信息领域的数据品质、数据系统设计、数据表述方法的标准。在统一的信息技术标准之下，信息系统可以比较容易地突破系统平台和行业的限制，便于元数据的融合互换，有利于信息共享和异类数据集群化。

2007年，日本通过《促进地理空间信息应用基本法》（又称《地理空间情报活用推进基本法》）的实施，整理了覆盖全日本的基本地图信息并把地形信息与地质信息相整合，实现了高度化、集中化的国土资源保护和管理。特别是2011年，东日本大地震后的受灾地复兴计划及新的防灾计划，对地质和地壳变动的调查活动提出了更高的要求，对地质资料信息整合的要求也日益迫切。

2.3.5　加拿大地质资料信息服务平台建设现状

GeoConnections 平台是加拿大重要的地质资料信息服务平台。通过实施加拿大地理空间数据基础设施（CGDI）的项目，方便了政府和社会对地理空间数据和技术开发的访问，逐步建立起了政府和私营部门之间良好的合作伙伴关系。

以上是几个国家和地区的服务平台，也是具有丰富资料的信息集群，这有赖于各机构长期以来的信息积累集成。此外，另有一些信息化工作是重录工程，由于旧有资料的介质问题和可读性，对其进行更新集成是一项重要而复杂的工作。如澳大利亚保存着世界上最丰富、最全面的石油地震数据，达到 750TB，许多是多年前形成的。因此，澳大利亚政府启动了重录工程（Remastering Project），对这些地震数据进行重新信息化和媒体化，涉及 645 000 盒旧式磁带，以使数据能够高密度地信息化，使原始数据继续可用。

2.3.6　国外主要服务平台简介

2.3.6.1　“同一个地质”服务平台

“同一个地质（OneGeology）”是英国地质调查局于 2006 年国际行星地球年（International Year of Planet Earth，IYPE）提出的全球地质调查行动计划的产物，同时也是国际行星地球年的旗舰项目。它得到了联合国教科文组织和其他六个国际组织的支持，目前全世界有 110 多个国家参与。该计划的主要目标是在网络上创建一个开放的动态的全球的 Web 地质图数据库，与各个国家协作，尽可能实现各个国家间地质资料的分享，为公众提供信息服务。同时，它将加速全球地质图的发展，使地质图数据在可共同使用方面建立起统一的标准（即 GeoSciML，可用来传递地质信息）。

从概念上看，“OneGeology”是一个国际性的创意计划，其宗旨是在网络上以 1∶100 万的比例对全球开放已有的最佳地质数据。它的主要目标为：为全球创建一个动态的数字地质图数据库；提供并开放已有的不同数字格式的地质数据，目标比例尺为 1∶100 万，不过该计划将从实际出发，也接受各种比例的有效数据；向需求者转让技术方法，不同的国家参与能力不一，因此采取量力而行的方式；由几个全球性组织机构承办运作。

OneGeology 的实现具有以下意义：

1）在全球环境变化的情况下，有关人类赖以生存的地质知识越来越重要。在寻找自然资源（例如水、碳氢化合物、矿藏）以及减少生态风险方面，地质图就非常重要了。分享这些以地质图为代表的地质知识将具有重要意义。

2）该计划可以提升行星、全球、大陆、海洋地球科学图的合作编制和出版能力，并深化对特定区域地质问题的研究。

3）在该项计划中，通过全球范围内的教育、科学、文化等的交流，能够处理全球污染对社会、经济和环境的影响，促进全球环境保护公约的执行，减缓环境灾害，实现全球经济的可持续发展。人们的居住环境将更安全、更繁荣，精神生活将更丰富多彩。

2.3.6.2 地下构造数据库和信息系统平台

日本花费数年时间对多种地下构造信息进行了整合加工，构筑起集群化的地下构造数据库和相应的系统平台，在2011年开始投入运行开展信息服务。防灾科学技术研究所（NIED）、产业技术综合研究所（AIST）、土木研究所（PWRI）、地盘工学会（JGS）、国土地理院（GSI）、各地方整备局构筑的地质图数据库、地质钻孔数据库、岩心物性数据库、地盘力学信息数据库、地基信息的钻孔柱状图数据库、土质数据库、道路地质图、危险地带数据库、表层地基信息数据库、建筑费用信息数据库、地质图和地基图数据库等的建设也已经初具规模。由防灾科学技术研究所开发的应用系统平台用来管理从表层到地球内部的地下构造信息，通过融合各个部门汇交的基础数据库，把集群化的地质信息和地盘信息提供给用户。产业技术综合研究所则在数据库基础上建立三维地质模型和物性评估模型。这些数据库和信息系统平台为开展地基信息服务奠定了坚实的技术和信息资源基础。

2.3.6.3 加拿大地球科学引用文献数据库

2011年9月，加拿大地球科学引用文献网络数据库CanGeoRef（www.cangeoref.org）正式发布。它是全球地球科学参考文献数据库GeoRef的加拿大分支。GeoRef是由美国地质研究所（AGI）创建，包括320万篇参考文献的地球科学专业数据库。CanGeoRef由加拿大地球科学联盟（CFES）和美国地球科学协会联合经营。

加拿大地球科学引用文献网络数据库囊括了1800年以来加拿大的地球科学文献。目前，安大略、阿尔伯塔、马尼托巴、不列颠哥伦比亚四省加入了此项目。今后CanGeoRef的文献将随时更新。目前，加拿大所有的省份和地区都通过网络对文献进行实时更新。

此外，加拿大地质调查局以及所有省份相关部门的出版物和所有地球科学的硕士和博士论文都将录入并随时更新到CanGeoRef中。

2.3.6.4 GEOSCAN计划

GEOSCAN计划隶属于NRCan—渥太华（地球科学）图书馆，是加拿大自然资源部地球科学分部的一个关于科学技术出版物的文献数据库。这个数据库记录了地球科学分部5000种出版物，大致包括：加拿大地质调查局和加拿大遥感中心的出版物；地球科学分部的科学家和专家的授权外部出版物。同时，GEOSCAN计划也提供各种出版物的网络连接和免费下载。

2.3.6.5 GeoSciML计划

澳大利亚地球科学局在地质资料信息服务方面上的贡献是发展了一个统一的标准和步骤，使得澳大利亚地质资料信息的数据集和产品是前后一致的，并且能够以一个统一的标准满足社会各种需求。澳大利亚地球科学局许多数据库模型和数据定义都已经被私营企业和州政府所采纳。此外，它还负责维护数据库查询表，以此来归类和验证主要数据库表的入口。同时它也是澳大利亚地质命名的权威机构，在GIS地球科学数据词典、数据符号使用、质量控制方面，澳大利亚地球科学局都是标准的制定者。目前，澳大利亚地球科学局正联合国际上的相关单位，致力于格式标准化和通过国际互联网传输交换地质数据。在 2003 年，地球科学信息管理与应用委员会（Commission for the Management and Application of Geoscience Information，CGI）成立了一个关于相互协调操作的工作小组。该小组开发了用于交换地质地图数据的模型 GeoSciML 和基于地理标记语言（Geography Markup Language，GML）的该模型的 XML 编码。GeoSciML 已经受到了澳大利亚政府地球科学信息委员会（Government Geoscience Information Committee，GGIC）的认可，成为了澳大利亚地质数据传输的标准。

2.3.6.6　AusGeoRef 在线数据库查询系统

AusGeoRef 地质信息在线查询系统是由澳大利亚地球科学局（Geoscience Australia，GA）与美国地质研究所（American Geosciences Institute，AGI）合作建立的综合大型地质信息数据库。该数据库是美国地质研究所建立的 GeoRef 地学信息在线查询系统的子集，提供 1840 年之后澳大利亚地质方面所有出版物，包括它们的参考文献的在线访问服务，包含了超过 180 000 项地质资料文献。自 2003 年以来，美国地质研究所和澳大利亚地球科学局一起努力将澳大利亚的地学文献，包括其参考的期刊文章、著作、报告和地图都包含在 AusGeoRef 当中。

在 2008 年，双方又对 AusGeoRef 进行了扩充，使其包含了澳大利亚地球科学信息服务数据库（Australian Earth Science Information Service database，AESIS）。AESIS 是对澳大利亚以及巴布亚新几内亚所有地学信息有着完整索引的数据库，它所覆盖的时间是 1851 年至 2001 年。

AusGeoRef 包含完整的数据参考项和来自 GeoRef 的索引项。由多个作者完成的多章节报告的每一章都会有完整的参考文献目录。每一张地图都会标注其尺寸、比例尺、经纬度。每一个参考文献平均会有 13 个索引项，有些参考文献还会有摘要。电子版出版物也可以通过计算机网络进行查询，只要在 AusGeoRef 网站上点击“Text Online”按钮就可以显示相关参考文献。

在进行查询的时候，有两种查询方式，一种是基本查询，另一种是高级查询。前者允许用户搜索一篇参考文献中的任何一个单词或者若干单词的组合。后者则在前者的基础上，还允许用户在作者、标题、来源、出版日期、索引项、摘要文本等特殊域中进行搜索。

2.3.6.7　加拿大地图集计划

加拿大地图集计划是加拿大自然资源部地球科学分部在信息资源管理与开发方面运行的重要计划之一，它为用户提供了一系列地图产品、信息和数据的最新动态，包括了加拿大社会、人文、环境、经济、历史和地球科学等领域的信息，结合地理信息以地图的形式，可视化地呈现出加拿大各领域的主题信息和问题。计划实施最初的目的是为国家决策者提供加拿大自然资源各个方面的信息，通过与其他政府部门、组织机构和团体的共同开发合作，同时采用“用户中心设计”的方法，为社会和公众提供大量容易使用和容易获得的多领域、多主题的地图、图表、数据和网络服务。一百多年来，随着地图集的发展，内容不断增加，产品日益丰富，如今加拿大地图集的服务面向公众和社会开放，用地图的形式全面系统且形象直观地反映加拿大的现状并清晰叙述出加拿大的发展变化历程，大大增加了人们对加拿大的了解。

2.3.6.8 极地大陆架计划

极地大陆架计划（The Polar Continental Shelf Program，PCSP）为以横跨加拿大北极地区为科学领域工作的政府机构、非政府组织和外国机构的研究人员，提供安全、高效且符合成本效益的后勤支援。PCSP 通过实地项目的现场技术支持服务（Technical Field Support Services，TFSS）单位为加拿大自然资源提供设备服务。

2.3.6.9 能源和矿产地质填图计划

加拿大政府在 2008 ~ 2013 年投资 1 亿美元，用于新的能源和矿产填图工作（Geo-mapping for Energy and Minerals，GEM）。项目开始于 2008 年 8 月 26 日，由加拿大地质调查局和极地大陆架计划、地学分部（ESS）和加拿大自然资源部联合执行。在项目的第一年投入 120 万美元，接下来的四年中每年投入 220 万美元。目的是为私人开采公司提供必要的地球科学信息用于投资决策，同时也为政府提供土地利用决策服务，比如建立公园或其他的保护区等。

GEM 的工作重点在是极地圈的地图测绘，使用现代的地质方法和标准确定潜在的能源和矿产资源。在加拿大北方大部分的区域，没有足够的公共地球科学知识指导和形成有效的调查决策和土地使用决策。相比较来说，新的地质填图对所有的三个地区都是重要的，特别是对努勒维特区和西北区。目前，努勒维特只有三分之一的区域有足够的地质资料。GEM 在这些省份会填补用于增加开采所需要的基础信息的空白。大约 75% 的联邦基金用于北部的公共地球科学研究，25% 用于省份投入。在后者，GEM 采用实行的合作基金原则。除此之外，GEM 计划同时也强调下一代加拿大地质科学家的培训和教育，要求他们能够弥补当今或将来存在的诸多不足，为加拿大北部的繁荣发展作出贡献。GEM 分为三个阶段进行：GEM-能源、GEM-矿产和 GEM-学科。

这些计划通过获得并快速发布目标区域新的地质信息，将会提高公众对加拿大北部的认识。这些地区拥有金属储量的可能性非常高，金属包括常规金属（铜、镍、铁、锌和铅）和贵重金属（金、银、铂）以及钻石和稀有金属等。此外，以数字化形式收集和宣传现有的野外和遥感数据，同时对潜在矿产进行分析将提供一个准确的描述，使用可以接受的方式将成果传达给联邦、地区、省和协会的勘探家和土地使用者。

2.3.6.10 综合地下构造数据库

经过数年的努力，日本已经建立了全国范围的信息数据库，在此基础上制作了滑坡地形分布图、水土灾害危险场所图、地震灾害分布图、火山防灾图、地震受灾信息集成图等数据库，还有地震灾害工作站、深部地盘地壳和板块模型等，初步实现了地质信息的集群化。开发的综合地下构造数据库和系统平台已于 2009 年试运行，2011 年正式运行并开始提供信息服务。

通过网络把地下构造信息整合汇交并有效利用，不但有助于地震防灾，而且能促进滑坡和泥石流灾害、地下水保全、环境保护相关研究工作的效率，在对建筑物的维持管理和维修方面也将发挥重要作用。研究成果在孕育和发展与防灾相关产业，产生经济效益的同时，还能够强化全社会的防灾能力并保护环境，为实现安心安全可持续发展的社会做出巨大贡献。

2.4　地质资料信息服务产业化现状

2.4.1　国外地质资料信息服务产业发展现状

国外从事地质资料信息服务的机构形式多样，数量众多，大小不一，专业分工很细。大体上可分为三类：①资料信息采集机构。除专门以采集和生产信息产品为主要目的机构外，绝大部分与矿业或工程勘查开发活动相关。信息采集基本上属于矿业或勘查服务业，产生的资料信息有其专门目的，但又可为其他人利用。②信息处理服务机构，利用专有技术对客户需求的资料信息进行加工处理收取劳务费，实际上是技术服务。在石油领域这类公司众多，特别是物探资料处理，往往几家背靠背处理解译，市场需要很大。③收集利用已有资料信息，少数信息专门采集，进行分类加工集成形成新产品或集约产品，有偿提供社会利用，或开展咨询资讯服务。这类以资料信息为主要服务内容和载体。第一类和第二类与信息服务相关，已形成产业。第三类是真正的资料信息服务业，在国外已形成一定规模，有一些世界闻名的咨询资讯公司。

美国的地质资料信息服务产品开发，除美国地质调查局外，众多的商务伙伴也加入到产品的开发与利用行列。在美国的各个州，都存在较多的商业合作伙伴，它们对地形图、数字制图、地理数据、遥感影像等产品进行销售。美国在科学数据共享方面采用了截然不同的两种机制。政府拥有、产生或投资产生的数据纳入到“完全与开放”的共享管理机制；私营公司投资产生的数据纳入到“平等竞争”市场化共享管理机制。

加拿大政府只提供公益性资料，因此部分地质调查资料产品是由商业投资者开发、提供和使用的。企业和个体利用公益性资料，鉴别探查靶区及找矿勘探等，其生产的地学产品由企业或个体按市场规则出售或提供服务。它们不仅将公益性投资形成的地质调查产品整理后尽可能及时发布，而且积极研究和解决用户在地质调查产品使用过程中存在的障碍和问题，提供必要的信息咨询和技术帮助等。

美国 C&C Reservoirs（碳酸盐碎屑盐油藏国际有限公司）总部设在休斯敦，在伦敦、香港和北京分别设有欧洲及亚太子公司。公司主要通过先进的数字对比知识系统——DAKS™为上游石油公司提供油藏和油田对比。已集成提供超过一千多个世界最重要的油田和油藏的详细油田评价、油藏产能分析报告、综合地质及油藏工程数据库。通过严格分析和标准化过程提供已有资料的重新解释、核查和综合，涉及全世界上几乎每个盆地、区带和油藏类型的开发经验教训。客户通过使用 DAKS™可以在勘探、开发和生产方面获得知识、信息和资料，产生新的勘探思想、评价勘探远景区带的储量、减少勘探风险、进行油田开发方案的优化、油田产能的标定等。

美国 IHS（Information Handling Service）能源集团是一家全球能源咨询公司，成立于1959年，总部位于科罗拉多州的道格拉斯。主要业务包括世界范围内石油咨询、经济评价和石油信息。主要的服务特色包括：综合全面的信息服务，提供信息资讯、项目评估、投资决策等咨询服务；利用专业软件和专家的专业知识对信息进行处理，提供有创造价值的信息服务；利用在世界各地设立45个办事机构，遍布全球180多个国家的2000多专家，收集信息、协调关系，及时解决合作中的问题，提供动态及时的信息服务。IHS 拥有多种专业数据库，包括勘探开发数据库、世界盆地数据库、全球勘探生产服务数据库、石油经济政策方案数据库、国际项目和投资经济数据库和 PROBE 数据库等，涉及444个盆地、23 070个油田、52.5万个油井；同时还涉及全球43 880个石油合同、79 300个参与者（公司）以及管道设施等方面信息。IHS 所监测的油田产量占全球年产量的85%，号称是“没有油田的油公司”。世界主要的油公司都依赖于 IHS 提供的数据库来确定投资方向、投资决策、确定井位以及跟踪油气田状况、钻井和生产活动等。

2.4.2 国外地质资料信息服务产业化发展的政策保障

国外地质资料服务机构规定主要根据各机构的职责，同时国家有关法律法规也对资料信息的生产、提供和保护进行规范。在此方面美国走在各国前列，制定了比较完备的法律体系。为促进信息服务业的发展，早在20世纪60年代，美国就颁布了《信息自由法》，此后又制定了《隐私权法》和《联邦政府信息资源管理条例》。80年代以后，信息政策的重点转为保护和支持出版、通讯、广播、信息、流通等行业产业的发展，先后通过了《版权法规》《计算机软件保护法》《消费者因特网隐私保护法案》等。同时，美国各州也制定了有关信息公开的法律法规。另一方面，美国较为完善的风险投资机制也促进了信息服务业的快速发展。

保障公众获取政府信息的权利是各国政府的一致立场。加拿大出台《信息获取法》，规定联邦政府档案记录中所载的信息，除明确免予公开者外，都应向公众提供。为保护商业产业发展，加拿大还颁布了《隐私权法》《版权法》《专利法》等有关信息服务的法律。澳大利亚联邦1967年《石油（下沉陆地）法》法案的规定，所有的公司和组织都可以获得澳大利亚海洋范围内的地震调查数据，但这些公司都要向澳大利亚地球科学局提供原始和加工后的数据格式。印度自2005年10月实施了《信息权利法》，并积极响应《布达佩斯开放获取计划》，于2006年提出了“国家开放获取最优政策”，鼓励政府资助科研成果的开放共享。

2.5 国外地质资料管理与服务的总体发展趋势

从全球视角看，地质资料管理与服务的主要趋势是由主动借阅服务向知识服务转变。当前发达国家高度重视资料信息服务工作，把资料信息服务作为政府公共服务的重要内容之一，满足社会需求、产品丰富多样、服务高效便捷已成为资料信息服务机构的基本准则。从服务对象看，服务社会大众，其宗旨是服务每一个有需要的人；从服务方式看，灵活多样，以协同共享服务机制为基础开展多层次、分布式和一站式服务，包括传统借阅，通过信函、传真、电话、电子邮件等方式定购，通过网络在线浏览、查询、下载服务等；从服务内容看，提供地学领域各学科、多种介质的多种产品，主要有地图产品、地学数据产品、出版物、科普产品等；从服务政策看，其核心是按照用户需求实施差别化的分类分级服务。具体来说，有以下几个方面。

(1) 国外的地质资料集群化产业化的覆盖面范围在逐渐扩大

随着社会经济的发展，地质资料的集群化产业化由最初的专业性服务向社会化的方向发展。

地质资料集群化产业化工作由最初的基础地质资料数字化，到如今转变为涉及航空遥感、磁法异常、地球化学调查、工程地质、水文地质、环境地质和灾害地质等多方面全面的集群化产业化。

各种信息化的技术也为这一转变提供了必要的技术支持。

(2) 国外的地质资料集群化产业化的大众化程度逐渐增强

地质资料如果要体现其长久的生命力和服务功能，大众化是必经之路。随着社会的发展，社会大众对与其息息相关的地质信息如：旅游地质知识、地质灾害知识等的需求增强，这就迫切需要政府服务机构提供必要的地质资料信息。

(3) 国外的从事地质资料集群化产业化的中介机构逐渐增多

国外市场经济国家的政府机构大部分只对基础元数据进行信息收集和组织发布，更深层次的信息挖掘和数据加工功能一般由专业的技术公司完成。它们针对不同信息需求单位的特定要求，在国家提供的基础数据上进行再加工，然后以此来收取一定的费用。这样既节省了政府的运行成本，又为信息需求单位提供了有针对性的专业服务，形成了政府、信息需求者和中介机构共赢的局面，为地质资料信息化产业化的良性发展奠定了基础。

(4) 政府角色由单纯的管理者逐渐向服务提供者转变

国外市场经济国家政府大多数都设立有专业性的地质资料信息服务机构，其管理角色主要以提供服务为主。政府的职能主要是设计规划，针对基础性的地质资料进行元数据的采集和规划编制。

(5) 注重客户信息反馈

国外市场经济国家的地质调查机构都十分重视客户的反馈信息，例如，美国地质调查局在 2005 年度的客户服务计划中加强了地质信息网络服务和客户满意度调查。通过客户服务计划开展客户服务活动和客户满意度调查，同时利用听证会这种形式，美国地质调查局可以充分了解客户的需求，并根据客户的反馈信息调整未来的科学发展方向和新的重点领域。

(6) 注重多领域的合作

大多数的市场经济国家都十分重视政府机构、科研院所及企业的合作。许多项目都由研究机构作为主体来进行运作，高等院校则往往会承担起创新研究的角色。

(7) 注重成果宣传与科普教育

大多数的市场经济国家都十分注重对科技成果的宣传和普及，例如为广大学生和相关爱好者提供大量的地质资料信息，从而达到传播知识的目的。

（8）采用最先进的信息化技术

在信息技术飞速发展的时代，地质资料信息服务同样需要应用最先进的信息技术。例如：美国地质调查局已经采用了WebGIS技术，用户可以直接通过浏览器浏览地图，也可以在地图上进行搜索。这种图文并茂的查询方式，不仅可以通过关键词查询，还可以在地图上直接查找。

2.6 可借鉴的经验与建议

2.6.1 可借鉴的经验

（1）高度重视市场需求调研

市场经济是地质资料工作动力源泉之一。地质资料部门均有公共关系部，开展需求调研，了解政府、企业、社会大众需求，指导服务产品开发。由传统的被动服务转变为主动服务。

（2）针对不同需求开发多样的地质资料服务产品

按照用户需求和研究情况，进行原始数据、报告、期刊、地图以及数据库等地质资料信息资源的分类服务，积极发展新型的地质资料信息服务组织，不断扩展电子资源服务和开发服务产品，尤其是开发多样化数据库形式产品。并密切跟踪向三维交互操作发展的趋势。

（3）地质资料服务产品发布方式多样，获取程序公开透明

传统的借阅式服务效率较低，服务主动性不高，已远远不能适应信息化时代的发展要求。国外发达国家的地质资料服务机构积极适应信息技术的发展要求，利用数字化和网络化等新技术，不断探索新的服务方式为公众提供服务。在传统借阅服务的基础上，依托先进的网络平台，搭建地质资料数据库等，将最新的资料传播给社会，并与用户开展互动，方便用户随时随地获得所需地质资料，并根据自己的需要制定各自的发展政策和规划。基于数字化和网络化的地质资料信息集群服务成为重要发展方向。

（4）保障及基础设施到位

国外地质资料服务产品开发机构的人才队伍结构更加合理，地质、信息、档案人才齐备；服务所需的软硬件设施先进，能够提供人性化的方便服务；地质资料资源丰富，能够保证服务的准确与全面。

2.6.2 相关建议

提升服务能力，需要以推进地质资料信息服务集群化产业化为抓手，建设国家及区域地质资料数据中心，推进“资源数字化、管理现代化、服务网络化、建设标准化”，加强地质资料服务产品开发，提升服务能力、拓展服务领域，满足多方需求。

（1）开发丰富的服务产品

适应市场经济要求，以需求为主导开发产品。在充分了解掌握需求的基础上，形成产

品生产指导目录，包括名称、形式、基本内容、发布方式等。

（2）发布相关服务

主动发布掌握的各类地质资料信息，及时发布服务产品目录，包括名称、形式、基本内容、获取方式等，公布服务机构、服务指南等信息。

（3）建立激励与约束政策

要引导需求调研，开发产品，做好服务。尤其是引导商业组织机构开发商业性服务产品，扩大产业规模。

（4）构建集群服务体系

推进地质资料信息服务集群化产业化，建立覆盖全国联系全球的地质资料管理与服务体系。

（5）修订地质资料条例

在权益保护、涉密问题、服务、机构与从业资质、三类资料一体化方面取得突破。

第3章　中国地质资料管理与服务现状研究

两化的重要目标是提升中国地质资料的管理与服务水平。了解当前中国地质资料管理的现状，通过与国外对比研究发现存在的不足，是推进两化的重要基础。本章对中国地质资料馆藏机构、人才队伍、库房建设情况，馆藏资料及其服务情况，地质资料服务产品开发和数据库、信息系统建设情况进行了详细总结，得出中国地质资料管理与服务总体上面临“主动服务与知识服务”的双重挑战，技术上需要以信息技术为引领，推进地质资料“资源数字化、管理现代化、服务网络化、建设标准化”的数据中心建设，推进产业规模化发展的结论。

3.1　国内地质资料管理与服务现状

3.1.1　馆藏机构建设情况

全国共有部省两级33个地质资料馆藏机构，其中12个是独立单位，9个是合署办公性质单位，还有12个是某单位的某部门的馆藏机构（图3-1）。

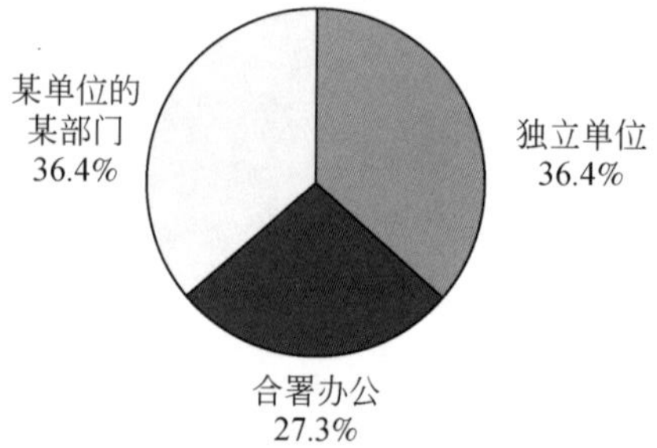

图3-1　全国部省两级地质资料馆藏机构基本隶属情况示意图

地质资料馆藏机构是独立单位的有以下12个：天津市地质资料馆、山西省地质矿产科学技术馆、江苏省地质资料馆、福建省国土资源档案馆、江西省地质资料档案馆、山东省国土资源资料档案馆、广东省国土资源档案馆、重庆市国土资源和房屋档案馆、四川省国土资源资料馆、贵州省地质资料馆、青海省国土资源博物馆和国土资源实物地质资料中心。其中天津市地质资料馆于2007年11月成立，为天津市国土资源和房屋管理局直属事业单位。山西省地质矿产科学技术馆为山西省国土资源厅直属事业单位。

合署办公的地质资料馆藏机构有吉林省地质资料馆、黑龙江省地质资料档案馆、上海市地质资料馆、浙江省地质资料档案馆、安徽省地质资料馆、海南省国土环境资源厅地质资料室、西藏自治区国土资源资料馆、宁夏地质资料馆和全国地质资料馆，共9个馆藏机构属于这种情况。

地质资料馆藏机构是其他单位某个部门的有以下12个：北京市土地权属登记事务中心地质资料馆、河北省国土资源厅信息中心地质资料部、内蒙古国土资源信息院地质档案馆、辽宁省国土资源厅信息中心档案管理科、河南省地质博物馆地质档案部、湖北省地质科学院地质资料馆、湖南省信息中心档案馆、广西国土资源信息中心地质资料馆、云南省国土资源厅信息中心档案资料室、陕西省国土资源信息中心资料档案室、甘肃省国土资源信息中心资料馆和新疆国土资源厅信息中心地质资料处。截至2011年年底，天津、山西、上海、安徽、重庆5个省（市）已建成新的库房；北京、浙江、福建、湖南、贵州等省（市）的新库房已获批建设用地及资金；多个省份都在积极开展馆藏机构建设工作。作为地质资料馆藏建设的一部分，地质资料借阅系统的开发及电子阅览室的改造工作已基本完成。全国地质资料馆、内蒙古、辽宁、江苏等省（区）各自建成启用了新的电子阅览室。

2012年年底，部、省两级地质资料馆藏机构均设有成果和原始地质资料库房，并按照《地质资料馆藏机构分级意见》的要求建设，多数达到相应建设标准。各省（区、市）国土资源主管部门高度重视实物地质资料库房建设工作，截至目前安徽省、上海市和国土资源部部实物中心已建成实物地质资料库房；浙江、福建等10个省（区、市）的实物地质资料库房正在建设中；16个省（区、市）已批准建设用地或划拨资金。

3.1.2　人员、资金及库房设备情况

3.1.2.1　人员基本情况

据统计全国有22个地质资料馆藏机构专职从事地质资料工作的正式职工人数在5人以下，占全国地质资料馆藏机构总数的67%，其中海南省国土环境资源地质资料室只有1人专职做地质资料工作。有6个馆藏机构配备正式专职人员6~10人；有5个馆藏机构配备正式专职人员10人以上（图3-2）。

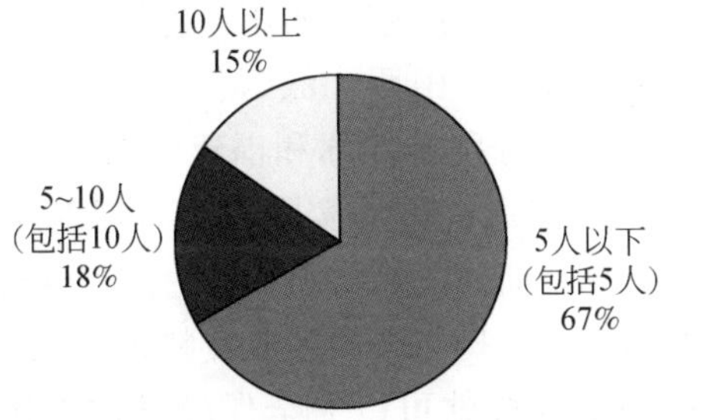

图3-2　各馆藏机构正式职工专职从事管理工作人员比例

3.1.2.2　资金保障情况

在地质资料馆藏机构基本情况调查表中，对于资金保障情况一项，主要是调查2004~2008年度各地质资料馆藏机构的日常管理财政拨款、实际拨款对日常工作保障程度和其他

项目经费这三个方面。

(1) 日常管理财政拨款

由于有些省份的馆藏机构是2004年以后建立的，因此在统计资金情况时各年份统计的基数不同。总体上从2004年到2008年用于日常管理的财政拨款呈现增长趋势。从2004年到2008年日常管理财政拨款在10万元以下的有7个省（区、市），50万元以下的有18个省（区、市），50万元以上的有12个省（区、市），没有财政拨款的4个省（区、市）是河北、内蒙古、辽宁和江西。

内蒙古国土资源信息院地质档案馆是国上资源信息院的一个科室，没有专项的财政拨款。辽宁省地质资料馆藏机构属于自收自支的性质。河北省地质资料馆藏机构的行政管理职能在河北省国土资源厅，但是馆藏机构设在河北省地质勘察局，其中3个人的工资是由地质勘察局管理，没有专项的财政拨款，河北国土资源厅的日常管理拨款只用于购买一些办公用品，基本可以保障日常工作需要。江苏省的地质资料馆藏机构于2004年4月份成立，未进入2004年的财政预算。云南省的档案资料室日常管理财政拨款包括人员的工资。

(2) 实际拨款对日常工作的保障情况

详细统计2008年财政拨款保障情况，全国33个馆藏机构财政拨款完全可以保障日常工作需求有6个，基本保障的17个，不能保障的10个（图3-3）。

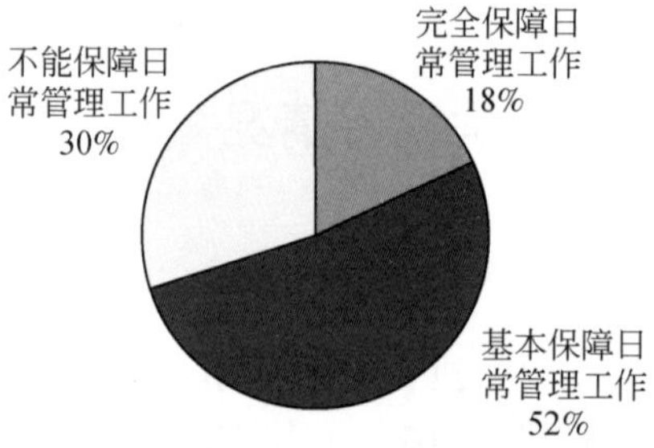

图3-3　2008年全国省部两级地质资料馆藏机构经费保障情况

按照馆藏机构的隶属关系不同进行统计：12个独立的馆藏机构中有4个机构实际拨款可以完全保障日常工作，分别是山东、广东、四川、青海的馆藏机构；5个馆藏机构实际拨款基本保障工作需求，分别是天津、山西、江西、重庆、贵州的馆藏机构；3个馆藏机构的实际拨款不能保障工作需求，分别是江苏和福建的馆藏机构与实物地质资料中心。9个合署办公的馆藏机构中有6个馆藏机构的实际拨款可以基本保障工作需求，分别是海南、黑龙江、吉林、宁夏、上海、浙江的馆藏机构；3个馆藏机构的实际拨款不能保障工作需求，分别是安徽和西藏的馆藏机构与全国地质资料馆。地质资料馆藏机构是其他单位的某个部门的其中2个单位的实际拨款可以完全保障日常工作，是新疆和陕西的馆藏机构；6个馆藏机构的实际拨款不能保障工作需求，分别是湖北、湖南、辽宁、内蒙古、河南、河北的馆藏机构；4个馆藏机构的实际拨款不能保障工作需求，分别是北京、广西、云南、甘肃的馆藏机构。

(3) 其他项目经费

地质资料馆藏机构的其他项目经费主要包括目录数据库建设、图文数字化、地质资料信息管理系统建设和涉密地质资料清理等。2004 年到 2008 年地质资料馆藏机构的项目经费有所增加。根据统计数据表明 2008 年全国 33 个馆藏机构共有其他项目经费 4026.7 万元，其中 11 个馆藏机构没有其他项目，8 个馆藏机构其他项目经费为 50 万以下，4 个馆藏机构的经费为 50 万～100 万，6 个馆藏机构的经费为 100 万～200 万，200 万以上的有 4 个馆藏机构。

3.1.2.3　库房及设备

（1）库房

近年来，全国各级政府重视对资料馆藏基础设施建设。安徽省财政已批准安排 5.4 亿元用于新建安徽省地质资料库房，总建设规模 50 000 平方米。其中，实物地质资料库 30 000平方米，原始地质资料库 4000 平方米，成果地质资料库 7050 平方米，科普展示用房 4000 平方米，数据中心用房 3000 平方米。内蒙古和北京的地质资料馆藏机构和全国地质资料馆迁入新的办公地点，电子阅览室与办公条件也随之改善。可以说部分资料馆藏基础设施有一定的发展。但是，还有很多省份资料库房紧张，在统计的 21 个省级馆藏机构中（除安徽省以外），资料用房总面积大小不等，差距甚大。资料档案库房面积平均 590 平方米，其中面积最大的天津和内蒙古也只有 1500 平方米，其他都没有超过 1000 平方米，最小的山西省仅为 150 平方米。全国仅有上海和黑龙江等少数几个省（区、市）建立了实物地质资料库房。

当前，随着成果地质资料汇交数量的增加以及实物地质资料逐步开始汇交，库房紧张情况将进一步加剧。库房面积严重不足，一方面影响资料汇交，另一方面阻碍馆藏机构提高资料保管和服务水平。因此，很多省计划修建新的资料库房，解决资料库房紧张问题。

（2）设备

全国各级馆藏机构多数配备了基本办公设备（计算机、扫描仪，复印机等）。为了加强馆藏资料管理和保护，全国馆和河南、安徽等省（区、市）安装了电子密集架，河南、山西、贵州等省（区、市）购置电子温湿度机、消毒柜等先进的防护设备。为了提高资料服务水平，吉林、重庆、安徽等省（区、市）配备了工程复印机，浙江、广东、广西、甘肃等省购置了触摸屏。为了扩大宣传，山东等省购置了摄像机和数码照相机。

全国各级馆藏机构尽管在设备上有一定程度改善，但仍不能满足办公与资料管理服务的需求。单就计算机而言，22 个馆藏机构平均配备计算机 16 台，在 10 台以上的有 16 家机构，占调研总数的 73%。但很多省（区、市）的馆藏机构没有配备 A0 扫描仪、A3 复印机、工程复印机、服务器等数字化和对外服务必备设备，也未购置与数字化、网络及对外服务相关的设备。

3.1.3　馆藏资料情况

3.1.3.1　地质资料汇交情况

全国地质资料汇交监管平台的建设工作全面完成。自 2012 年 4 月 1 日起，全国均已使用汇交监管平台对全国地质资料汇交进行网上监管和凭证发放。部、省两级地质资料馆藏机构都已配备了专用计算机和专人负责信息录入工作，并配备专项经费保障平台顺利运行。目前，全国共导入地质资料监管数据 18.5 万条，全年汇交 1.4 万份，2/3 的省（区、市）已完成地质工作项目信息录入、补录以及印发《限期汇交地质资料通知书》等工作。通过利用地质资料汇交监管平台基本实现了对汇交人原始、成果和实物地质资料汇交的全程监管，提升了地质资料汇交监管水平，强化了地质资料汇交管理，提高了地质资料管理工作效率。

截至 2012 年年底，全国共汇交地质资料 14 385 种。其中重庆、山东和上海省（市）汇交量分别为 1977 种、1463 种和 1301 种。贵州、河南、山西、北京、内蒙古、云南、辽宁、安徽等省（区、市）的汇交量都在 500 种以上。汇交的地质资料中，矿产地质、环境灾害和水文工程地质类资料较多，分别占汇交总量的 48.3%、26.4% 和 12.0%。油气地质资料共汇交 81 种，汇交量与去年持平。全国部、省两级馆藏机构的地质资料总量 42.2 万种，较去年增长了 5%。

全国 21 个省（区、市）以及海洋、地矿、石油和地调系统单位向全国地质资料馆汇交成果地质资料 3357 种，较去年增长 16%。其中新疆、山东、内蒙古等省（区）均超过 200 种，占全部转送资料的 35%。接收的各类转交资料中，主要以矿产地质、环境地质、区域地质类资料为主，其中矿产地质资料为 2049 种，占总接收量的 56%。

2012 年部实物中心共获取汇交的实物地质资料 32 种。其中，广西柳州碰冲剖面和湖北宜昌王家湾剖面两个“金钉子”系列标本和柱状样品的野外采集工作已完成。另外三枚“金钉子”剖面标本采集工作落实了外协单位和首席科学家。部实物中心馆藏量达 288 种，初步形成了以典型矿山岩心和区调标本为主体、以大陆科学深钻岩心岩屑和“金钉子”标本为精品的国家实物库藏体系，成为科技场馆类国土资源科普基地。

3.1.3.2 馆藏纸介质资料情况

截至 2012 年年底，全国成果地质资料共计 422 095 种。其中，全国地质资料馆馆藏资料最多达到 121 316 种。省级馆藏机构中最多是四川省，达到 19 600 种，有 14 个省（区、市）超过 1 万档，分别为四川、重庆、湖南、上海、内蒙古、辽宁、贵州、河南、福建、山西、安徽、江西、云南、新疆。除了天津、海南和宁夏低于 5000 档以外，其余各省（区、市）馆藏量介于 5000 ~ 10 000 档。

3.1.3.3 电子文档资料情况

全国电子文档资料包括新汇交的电子文档资料和图文数字化扫描老资料形成的电子文档资料。2012 年全国各省（区、市）地质资料馆藏机构完成地质资料数字化 3 万余种，较去年增长 29.2%，累计完成成果地质资料数字化总量达 26.5 万种，全国成果地质资料数字化率达 62.8%。天津、辽宁、黑龙江、湖南、广东、重庆、青海这 7 个省（市）已将所有馆藏资料全部数字化，初步搭建了数字地质资料馆框架。全国地质资料馆累计完成 6 万多种地质资料数字化，数字化率超过 50%。

3.1.3.4 地质资料信息数据情况

全国各级地质资料馆藏机构主要开展地质资料目录数据库、图文地质资料数据库建设和服务工作，全国地质资料馆除向社会提供地质资料目录数据库和图文地质资料数据库以外还提供17种数据库类数据产品服务（9个公开，8个非公开），提供的主要数据格式包括MAPGIS、ARCINFO、JPEG、ARCGIS等（表3-1）。

表3-1　全国地质资料馆提供数据产品一览表

序号	数据库名称	可提供的主要数据格式	密级
1	全国1：250万地质图空间数据库	MapGIS、ArcINFO	公开
2	全国1：500万地质图空间数据库	MapGIS、ArcINFO	公开
3	全国1：500万航磁数据	TM、ETM、MSS、CCD	公开
4	全国1：600万水文地质图空间数据库	MapGIS、ArcINFO	公开
5	全国地质工作程度数据库	MapGIS、ACCESS、SHAPE、JPEG	公开
6	全国岩石地层单位数据库	DBF、SHAPE、ACCESS	公开
7	全国同位素地质测年数据库	ACCESS	公开
8	地质调查工作部署专题图件空间数据库	MapGIS、JPEG	公开
9	地质资料目录数据库（英文版）	ACCESS	公开
10	图文地质资料数据库	JPEG、TIFF	部分公开
11	全国矿产地数据库	ACCESS	非公开
12	全国1：50万地质图空间数据库	E00、WAT、WAL、WAP	非公开
13	全国1：20万地质图空间数据库	MapGIS、ArcINFO、Metalfile、RASTER、JPEG	非公开
14	全国1：20万自然重砂数据库	SQL SERVER、部分MapGIS	非公开
15	全国区域地球化学数据库	SQL SERVER、JPEG	非公开
16	全国1：25万航磁系列图数据库（阶段性成果）	MapGIS、JPEG	非公开
17	全国1：5万地质图空间数据库（阶段性成果）	MapGIS、ArcGIS	非公开
18	全国1：20万水文地质图空间数据库	MarGIS、ArcINFO，Metalfile，RASTER，JPEG	非公开

3.1.4　地质资料信息服务情况

3.1.4.1　网站网络建设情况

全国绝大多数省（区、市）国土资源管理部门都建立了地质资料管理与服务栏目，其中全国地质资料馆、国土资源实物地质资料中心、广东省国土资源资料馆、天津市地质资料馆、四川省国土资源资料馆、甘肃省国土资源信息中心（地质资料馆）、青海省国土资源博物馆、新疆地质资料馆等馆藏机构还建立了独立的地质资料信息服务网站。此外，江西省地质资料档案馆、甘肃省地质资料馆等馆藏机构在馆内设立了计算机触摸式地质资料目录查询服务。

由部、省两级地质资料管理与服务网站（栏目）组成的地质资料网络服务体系初步建立，实现了地质资料信息互通共享，向社会提供高效、便捷、全面的地质资料信息网络化服务。大多数省（区、市）严格按要求在各自网站（栏目）上公布地质资料馆藏机构的联系方式、及时更新地质资料目录信息、法律法规、政策文件、技术标准、办事程序和借阅利用办法等信息。目录数据库更新情况较好的是山西省地质矿产科学技术馆和湖南省国土资源信息中心档案馆，基本实现每月更新一次。

3.1.4.2 信息系统建设情况

地质资料目录数据库系统使用范围覆盖全国各级地质资料馆藏机构。目前，越来越多的省级馆藏机构尝试开发各类信息系统。地质资料借阅系统已在全国地质资料馆建设并使用多年。内蒙古地质资料服务系统刚建成并通过评审验收。甘肃、江苏、河南、山东的地质资料服务系统处在初步尝试（试运行）中。浙江省地质资料档案馆为了加强资料利用过程中的保密问题，开发地质资料电子阅览加密系统。湖南省国土资源信息中心档案馆、湖北省地质资料馆、陕西省国土资源资料档案馆等省级馆藏机构开发的地质资料管理系统运行良好，特别是辽宁省国土资源厅信息中心的地质资料管理信息系统采取边开发边应用的方式，结合日常管理的实际需要，不断升级完善，系统实现了资料接收、目录数据库建设、资料借阅、借阅收费、库房管理、借阅统计、资料汇交、涉密清理和电子阅览室等功能，并且能够实现系统与全省探矿权、采矿权数据库相连接，走在全国馆藏机构前列。

3.1.4.3 地质资料利用情况

（1）基础服务

国土资源部为了深化地质资料服务“双保工程”和找矿突破战略行动，印发了《关于深入推进地质资料信息服务集群化为找矿突破战略行动提供服务的通知》（国土资厅发〔2012〕45号），对全国地质资料服务找矿突破行动进行了部署，加快推进整装勘查区和重点成矿区带地质资料服务集群化，并公布地质资料服务监督电话，接受社会监督。全国完成了78个整装勘查区地质资料数据库建设并在网上发布。并发布了中国1：20万、1：25万和1：50万共1601幅地质图及报告、说明书，免费提供利用，方便了社会利用地质资料。全国地质资料馆及辽宁、浙江、安徽、四川4个省地质资料馆藏机构被评为保发展保红线工程2012年行动成效显著单位。

（2）专题服务

地质资料服务利用上除了有单位、个人或院校机构等进行资料借阅查询下载外，还有专门为项目或工程提供的服务。河北省地质资料馆为《河北省矿产资源利用调查》《河北省矿产资源潜力评价》《铝土矿资源找矿方向研究》等项目及其他地质资料利用人员提供利用服务。重庆市国土资源和房屋档案馆配合市局完成《全国矿产资源潜力评价项目》，免费提供地质资料信息查询利用11人次，复制利用资料575套。

（3）网络服务

部、省两级国土资源主管部门及其地质资料馆藏机构通过加强信息化建设，不断丰富网站服务内容，网络服务能力日趋增强，已逐渐成为地质资料社会化服务的主要媒介。通过建设共享服务平台和油气地质资料委托保管系统，为社会和专业用户提供多层次、多目标的地质资料信息服务。2012 年通过登录各地质资料馆藏机构网站的阅者近 200 万人次，其中全国地质资料馆 2012 年度网站点击量为 122 万人次，较 2011 年提高了 35%。

国土资源部还通过举办成果地质资料汇交、目录数据采集、数字填图和数据库地质资料接收验收等地质资料管理与服务培训班，对各馆藏机构的业务人员进行了系统培训。通过组建地质资料数字化、汇交监管平台和信息报送等 QQ 群，促进了地质资料从业人员的交流，提升了业务人员的素质及能力。广东省成立了专门的科室负责实物地质资料汇交管理。全国地质资料馆通过人员调整，充实了地质资料信息化力量，提升了地质资料管理与服务能力。

3.1.5　中国地质资料信息服务产品开发现状

中国历来重视地质资料信息服务产品的开发利用工作，围绕地质资料检索、查询、浏览，地质找矿、经济产业规划部署、矿产资源潜力评价，地质环境保护、地质灾害防治，国土规划等，进行了系列探索，取得一些进展。

3.1.5.1　编制了多种检索工具

（1）卡片式检索工具

全国各地质资料馆统一按大流水建立了地质资料目录检索卡和矿产索引卡，并按行政区划排放。目录检索卡做到了有资料就有卡片，矿产索引卡满足了以利用为中心的宗旨，按行政区划排放适应中国行政区划划分较细，全国县的布局基本成网，地质队伍也以行政区为主组建的特点。有些单位对卡片式检索工具做过调整、补充和完善，但其框架没有改变，一直沿用至今。这方便了用户检索地质资料，也便于对其进行管理。

（2）书本式检索工具

为满足各工业部门利用地质资料的需要，全国各地质资料馆建立了书本式馆藏目录，依据地质资料数量的多少，按月或季度出版。编排体例是：分类-行政区-名称-时间-附件。形成的书本式目录均正式出版，并向社会提供。1986 年年底出版的《全国黑色金属矿产地质资料目录》，取得较好效果，沟通了馆际间资料的交流，方便了地质资料信息的使用。2008 年以来，相关地质资料馆藏机构在汶川地震、玉树地震、西南五省抗旱救灾、服务找矿突破和双保工程中，应急编制了以区域为分类的地质资料目录集，并通过网络向社会发布，取得很好的服务效果。

（3）图式检索工具

随着馆藏专业资料的增加，为更直接、鲜明地给阅者提供检索便利，20 世纪 70 年代开始各地质资料馆藏机构编绘了 1∶20 万区域地质调查资料索引图和 1∶20 万区域水文地质资料索引图。进入 21 世纪，江苏省地质资料馆编辑的《江苏省地质资料检索图集》，全国地质资料馆编制的《全国地质资料馆馆藏区域地质调查资料检索图集》，依托地理底图对 1∶100 万、1∶50 万、1∶25 万、1∶20 万、1∶5 万区域地质调查资料进行的展示，开拓新的地质资料检索方式。青海、西藏、新疆等地的馆藏机构相继开展了此项目工作，成为广大阅者十分喜爱的检索工具。

（4）计算机目录检索

中国计算机目录检索系统起步于1985年，软件系统选用dBASEII编制，整理、著录了全部库存资料。1990年由微机正常输出全部资料卡片，初步实现了该系统对资料的计算机管理。1991年又对该系统进行了维护和提高，将dBASEII升级到FoxBASE，实现了卡片及书本式目录的计算机管理。各省相继开展了此项工作，实现了检索方式的自动化。

（5）地质资料目录数据库建设

全国地质资料馆于1999年10月承担了数字国土工程“地质资料目录数据库”建设项目，并于2002年6月全面完成了地质资料目录数据库系统中三个子系统（编目子系统、读者目录查询子系统、资料借阅利用管理子系统）的软件开发，初步建成全国地质资料馆电子阅览室。2001年8月，国土资源部向各省下发了《关于开展地质资料目录数据库建设和地质资料数字化的通知》（国土资发〔2001〕257号），并组织召开了地质资料目录数据库培训班，由此，地质资料目录数据库的建设工作在全国全面展开。截至目前，目录数据库建设工作一直是资料业务作的一项日常工作，通过基于Foxpro二次开发的编目子系统实时采集的目录数据也成为至关重要的馆藏数字资源。

2003～2005年，全国地质资料馆完成地质资料目录数据库（英文版）建设，在馆藏公益性地质资料目录数据进行英文翻译的基础上，完成了5758条馆藏公益性地质资料目录数据的翻译工作，开发了英文目录数据录入软件、英文目录数据库网络检索系统、数据转换程序，并对目录数据按照有关要求进行了SANGIS标准格式的转换。全国地质资料馆馆藏公益性地质资料英文目录检索系统已经通过网站对外提供服务。

3.1.5.2 建立电子阅览室

江苏、辽宁、内蒙古、广东、青海、云南、浙江等省（区、市）地质资料馆藏机构也根据自身地质资料管理情况，研发地质资料管理系统和电子阅览室，实现了馆藏地质资料接收、验收、入库工作的自动化。建成的电子阅览室，提高了管理和服务效率，得到了用户好评。2008年以来，全国地质资料馆一直开展电子阅览室和地质资料管理系统研发工作，在地质资料管理流程管理，成果地质资料、原始地质资料、实物地质资料三大类统一管理，图件快速浏览方面取得系列重大进展，已大规模在全国施行。

3.1.5.3 编制地质资料开发利用指南

江苏、辽宁、四川、浙江等省（区、市）地质资料馆藏机构编制了以馆藏资料专业分类目录和地区分类目录为主要内容的地质资料开发利用指南，详细介绍馆藏资源和借阅方法。青海省的地质资料馆藏机构编制完成“青海省馆藏成果地质资料目录手册”和“青海省馆藏成果地质资料矿产信息查询利用服务指南”，方便用户查找地质资料。

3.1.5.4 编制中国地质研究程度图

为了解全国地质工作程度，为政府决策和地质工作规划提供依据，早在1953年，地矿部地质资料司就启动了中国地质研究程度图的编制工作，并于当年编辑完成中国地质研究程度图初稿，1954 年又增编地质图 2214 幅。1955 年 1 月，全国地质资料局增设地质研究程度图编图处。1956 年依照苏联 1∶100 万编图的有关规范结合中国地质工作和资料的实际，在各省编的大区图的基础上，进行了补充、修改、汇总，并于 1957 年正式出版了《中国地质研究程度图》。1963 年，地质部颁发《中国地质研究程度图暂行编制规范》，规范了地质研究程度图的编制原则和方法等。

3.1.5.5　建立全国地质工作程度数据库

为全面掌握以往地质工作程度，2001 年，中国地质调查局正式启动全国地质工作程度数据库的建设工作。由中国地质调查局发展研究中心承担，组织全国 31 个省（市、自治区）的有色、冶金、煤炭、核工业、建材、化工、武警黄金指挥部、中国老科协地矿分会和中国地质调查局航空遥感中心等四十多个省部市级单位，动用七百余人的项目课题组成员。至 2004 年 6 月，历时三年半，较全面系统地收集和整理了全国 20 世纪的地质成果资料，建立了目前国内包含地质专业种类最全、覆盖范围最大、数据量最多的全国地质工作程度空间数据库。全国地质工作程度数据库包括地质工作程度面元矢量数据 94 699 条，包含区域地质调查、地球物理勘查、地球化学勘查、矿产勘查、水文地质调查、工程地质调查和环境地质调查等 8 类地质专业；矿产地点元矢量数据 56 802 条，涵盖有色金属、黑色金属、贵金属、稀有金属、稀土金属、能源、非金属和水气矿产等 13 个矿种系列；矿区实物工作量关系型数据 137 248 条，涉及钻探、槽探、坑探等主要实物工作量。数据库总数据量达 580MB。研制和开发了基于 MapObjects 和 MapGIS 平台的数据库管理应用系统，制定了全国地质工作程度数据库建设工作指南，编制完成了由 150 张图组成的全国地质工作程度图集，制作了方便查阅的地质工作程度图集的电子光盘。全国地质工作程度数据库的建成为地质工作部署提供了依据。

3.1.5.6　开展全国矿产地资料汇编

1952 年地质部成立，开展找矿是当务之急，为此成立了“矿产普查委员会”。资料司根据部的要求，开展了“全国矿产地资料汇编”工作。从 1954 年开始，以煤矿为试点，制定了编写提纲，并于 1955 年第二届全国资料工作会议决议中提出“进一步整理、研究和编辑矿产地资料”，并由计划委员会、燃料工业部、地质部计划司、资料局和各省共同完成。

该系列成果可分为全国系列和地区系列。全国系列到 1958 年完成了煤、油页岩、铁、锰、铜、铅锌、铝土矿及耐火黏土、镍铬钒钛、钨铋、锡、钼、锑、汞、金、铂、稀土和分散元素、黄铁矿和自然硫、磷、硼、钠盐、钾盐、芒硝、明矾石、石墨、石膏、石灰岩、云母、菱镁矿、重晶石、水晶、金刚石、滑石、石棉、膨润土、硅藻土等 42 个矿种资料，分列 45 本出版，共八百多万字。从上万份地质报告和文献中收集了几万个矿产地和矿化点的资料。

《全国矿产地资料汇编》系列出版，为各部门制定普查找矿计划、开展地质科学研究和编写地质矿产教材提供了系统的基础资料。

编制全国矿产分布图。为反映中国矿产资源的基本面貌，以利工业建设和矿产勘查工作的开展，从1953年开始编制部领导和计划会议的有关图件和附表说明书。1955年后，随着矿产储量平衡表的开展和矿产地登记工作试行，分别于1958年和1964年编制并出版了《中国各省矿产分布图集》和《中国分省储量分布图集》，编制了全国各种比例尺的《中国主要矿产分布图》。这系列图件和说明书满足了各方面的需要，并为以后编制出版中国矿产资源图集打下了基础。

编写矿产资源概况。为了进一步发挥矿产储量平衡表的作用，结合当时形势的需要，开展了这方面的综合分析工作。主要的成果有《中国矿产资源概况》（1955年）、《全国铁矿研究情况简报》和《全国铬、镍、钴矿概况》（1956年）、《全国铜矿概述》（1957年）等。特别值得一提的成果，1964年根据国家三线建设战略的需要，资料局在康卡副局长亲自领导下，编制了《四川西昌地区钢铁资源概况》《甘肃河西走廊地区钢铁资源概况》《西南四川、云南、贵州矿产资源概况》和《西北矿产资源概况》，以及各省小三线的矿产资源图件和说明书。这套资料对三线建设布局和规划起到了重要的作用。

1973年联合冶金部、燃化部编制东北地区矿产资源图件和说明书。1974年根据中央关于编制十年规划的急需，扩大组织开展“编制各经济协作区矿产资源概况和图件”的项目。经过两年的努力，先后审定出版了东北、华北、华东、中南、西南、西北六大经济协作区的矿产资源概况，每套报告包括大区资源概况和附图、分省资源概况、主要矿产地简况（含附图）。在此基础上编制了全国主要矿产分布图，提供国家经济规划利用。

该套矿产资源综合分析报告，全面的、系统地反映中国探明矿产资源的概况并进行了初步分析，于1978年获全国科技大会的国家重大科技成果奖（0005504）。

3.1.5.7 开发综合服务产品，为国土规划和经济区建设规划提供支撑

1981年以来，中国开展国土经济规划和开发整治规划工作。矿产资源是作为重要的国土自然资源，是国土规划必不可少的部分。国家基本建设委员会和计划委员会要求我部配合国土规划和经济区发展规划工作，承担一系列的有关专题调查研究。地质部领导确定该项目由资料局牵头，水文司、计划司和地矿司参加。资料局从国家基本建设委员会主办国土规划研讨班上讲课开始，完成了一系列的区域矿产资源开发综合评价项目，主要有以下几个方面。

（1）配合国家计委国土规划研究而开展区域矿产资源开发综合评价分析

1984年年初，国家计委副主任吕克伯召开全国16片地区矿产资源评价汇报会，地质部温家宝副部长带领，由资料局、地矿司、计划司和矿管局有关领导和同志，负责编写报告和参加汇报和讨论，国家计委根据讨论指出国土规划分为东、中、西三大带发展的思路。为此，地质部又组织有关司局联合论证国土矿产资源与建设布局的问题。

1985年根据国家计委编制《全国国土规划纲要》的要求，补充编写了《我国矿产资源的基本特点及有关建设布局的问题》，并与水文司合作组织全国60片地区矿产资源开发综合评价专题报告，汇编成《我国主要地区矿产资源和水文、工程地质综合评价报告》印刷出版，作为全国国土总体规划纲要的重要参考资料，起到了很好的作用，并因此获部科技成果二等奖。

（2）开展经济区和大流域规划的矿产资源开发综合评价

1982 年来，资料局先后组织完成经济区矿产资源综合评价的地区有：东北经济区、环渤海经济区、上海经济区、西南经济区等；大流域包括：黄河流域、长江流域。并还参加讨论会，提出分析和建议的专题报告，得到有关方面的重视和好评。

（3）国家能源基地矿产资源开发综合评价

1986 年原国务院能源基地规划办公室商请地质部承担以山西为中心的能源重化工基地的矿产资源开发综合评价项目。资料局会同山西、内蒙古、河南、陕西和宁夏地矿局资料处协同进行。矿产开发综合评价从自然地理、社会经济和成矿条件出发，对基地的矿产资源现状、特点和优势进行论述，按重要矿类和矿种及 23 个矿产集中区进行全面的矿产资源开发评价和研究，对合理生产布局，和产业结构与区域经济发展进行了分析，提出矿产开发战略和对策建议。由于研究报告中有的内容和建议纳入国家能源基地开发政策和发展规划中，起到了显著的作用，于 1989 年获地质矿产部部科技成果二等奖。

（4）黄土高原地区矿产资源综合评价

1986 年国家计划委员会下达“七五”重点攻关科研项目“黄土高原地区综合治理开发考察系列研究”，由中国科学院承担。矿产资源综合评价是该项目的子课题，由资料局综合处负责。完成的研究报告，从矿产资源现状出发，对各主要矿产的采、选、冶技术经济条件、矿产产供销、经济效益、社会和环境效益等方面，进行综合分析和评价，论证建设矿物原料基地、综合性工业基地的可能性和合理性，并提出矿产资源开发战略、对策，以及生产力合理布局和区域经济发展等方面的建议。该研究报告为地区治理与开发、国土规划、中长期社会经济发展规划提供了科学依据。总项目获中科院科技成果一等奖。

3.1.5.8　开发综合服务产品，为环境与工程建设提供支撑

上海市开展了城市三维地质空间系统研发，综合集成了各类地质资料信息，为城市规划、地铁建设和防灾提供了有力支撑。湖南省开展长珠潭城市地质研究，为其规划、建设提供支撑。国土资源部组织力量开展三峡地区地质灾害综合编研，形成系列报告和图件，有力支撑了库区地质灾害的防治。四川汶川地震、青海玉树地震救灾及灾后治理中，全国地质资料馆编制了《汶川地震图集》和《青海玉树地震灾区地质资料信息图集》，为救灾和灾后重建提供了支撑。全国地质资料馆围绕库格铁路建设开发了《库格区地质资料信息数据库》等专题服务产品，为其选址提供有力支撑。

3.1.6　地质行业各类信息系统、数据库总体情况

行业系统在地调局统一领导下，以服务为目标，以数据资源积累为基础，以主流程信息化为主线，建立了较为完善的地质信息化体系：国家基础地质数据库基本建成，积累了海量数据资源；地质主流程信息化基本实现，得到了广泛应用；地质业务网络和标准体系日益完善，信息化基础设施得到加强；地质资料信息服务迈上了集群化和产业化的发展轨道，服务水平显著提升。

3.1.6.1 各类信息系统总体情况

地质行业系统信息系统分为应用系统、网络体系、信息服务体系三方面内容。

应用系统主要开展空间数据组织与管理、数据综合处理、动态评价、过程模拟与预测、地质统计学与资源量估算、三维可视化等技术的研究与应用。

国家地质业务网经过近十年的建设，在网络系统、网络安全、数据存储、语音、视频、数据实时传输等基础网络应用支撑系统的软硬件环境方面得到了极大的提升，形成了结构合理、分布适宜、运行安全可靠的计算机网络系统，并开通了中英文国际互联网网站，为地质工作和成果的社会化服务提供了网络支撑。

全国地质资料信息服务体系基本形成。形成了以全国地质资料馆为龙头、六大区地质资料中心、各省地质资料馆藏机构为支撑的地质资料信息服务体系。地质资料积累日益丰富，全国地质资料馆馆藏地质资料超过 11.5 万种，包含 4.05 万种数字化地质资料以及 18 种重要基础地学数据库。建立了全国地质资料目录数据库，开展了图文地质资料数字化工作，开发了地质资料管理系统和查询服务系统，建立了信息服务网站和电子阅览室，积极推进地质资料信息服务集群化和产业化建设，极大地提高了地质资料信息化水平。

3.1.6.2 数据库总体情况

（1）国家数据库建设情况

建成了 103 个地质数据库，主要包括区域地质、区域水工环、区域物探化探遥感、矿产地、地质工作程度、岩石地层、成果资料、地学文献等，形成了横向覆盖各专业领域、纵向跨多比例尺的国家基础地质数据库体系，数据量达到 120TB，为国家经济建设提供了强有力的地质数据支撑。

（2）中国地质数据库谱系分析

国家地质数据库谱系的建立是在分析了中国目前开展地质调查工作的基础上，对中国目前生产的地质数据进行了统计和分析，对目前已经完成建设的和正在开展建设的数据库进行了统计。对还没有开展数据库建设的进行了预计分析。

谱系中将中国的地质数据库分为基础地质数据库和成果地质数据库两大类。基础地质数据库主要是各个专业野外实际测量的数据或者是根据野外采样数据实验室分析得到的数据。主要的特性是原始性。成果地质数据库主要是在基础地质数据的基础上，由专家进行加工处理，进行的信息提取、编图、制图、报告编写等形成的成果地质数据。主要包括成果地质报告、编制的成果图件等。

国家基础地质数据库包含的内容非常庞大，涉及地质工作的各个专业领域。为了能够清晰说明基础地质数据库内容，对其按照专业进行了分类。根据地质学科的划分，分为区域地质数据库、地球物理数据库、地球化学勘查数据库、遥感影像数据库、地质钻孔数据库、区域海洋地层数据库、水工环地质数据库、基础地质数据数据库、矿产资源数据库九大类数据库。各类数据库包含的主要内容如下。

区域地质数据库：主要包括野外区调系列比例尺填图成果。目前中国开展的野外区调填图的比例尺主要有 1∶5 万、1∶20 万、1∶25 万三种，根据中国地质工作开展的需要，如果出现新的比例尺可以进行补充。自然重砂采用工作一般是与地质填图工作一起开展，考虑到其数据内容主要是表示岩石和矿物的含量，特将自然重砂数据库归入该类。

地球物理数据库：主要包括地球物理学重力、磁测、电法、地震、测井、地热等地球物理手段获取的地球内部信息数据。主要包含了系列比例尺的重力数据库、航磁数据库、地磁数据库、测井数据库、电法数据库、地热勘探数据库、地震勘探数据库等。在进行地球物理勘探的同时采集的岩石样本，以及根据样本分析的岩石物性数据库也归入该类中。

地球化学数据库：主要包括采用地球化学的手段采集的有关信息。目前开展的有区域地球化学勘查和多目标地球化学勘查。在地球化学勘查的同时采样样品的数据库也列在其中。

遥感影像数据库：遥感影像数据库于 2003 年开始建设，到 2009 年 10 月，系统录入了覆盖全国的 MSS，TMETM，Cbers 和 12 万平方公里航天和航空影像数据。系统自 2007 年开始为大调查和其他有关遥感项目提供入库数据的查询和数据导出服务，系统运行良好。

地质钻孔数据库：主要以钻探手段获取的地球信息，主要包括地质钻孔数据库、水文钻孔数据库、科学钻探数据库等。

区域海洋数据库：该数据库是以工作目标来进行的分类，与其他分类可能在专业上存在重复，主要是因为中国的海洋地质工作具有一定的特殊性，所以在事实上建立了单独的地质数据库，在本谱系中单独设立了该分类。在海洋地质数据库下级枝叶中按专业进行了分类。

水工环地质数据库：该数据库是水文地质、工程地质和环境地质三个专业的综合，在下级枝叶中将三个专业展开，然后每个专业中进行了更详细的划分。在地质环境数据库分类中，主要包含了地质灾害调查数据库、地下水信息数据库、地面沉降监测数据库、矿山地质环境监测数据库、地质遗迹管理数据库、岩溶洞穴天坑数据库等。水文地质调查数据库主要包括系列水文地质调查数据库，中国目前开展地质调查的比例尺有 1∶5 万、1∶20 万和 1∶50 万三种。工程地质勘查数据库目前还没有开展大规模的建设，没有出台相关的标准和规划，暂时不做详细分类。

基础地质数据数据库：主要包括基础地质工作收集到的一些信息建立的数据库。目前已经建设的数据库有同位素地质测年数据库、岩石地层数据库、全国岩石数据库等。

矿产资源数据库：有关矿产资源信息的数据库，主要包括全国矿产地数据库、矿产储量数据库和地下水资源数据库等。

地质成果数据库主要包括专题地质图数据库和地质成果数据库。

专题地质图数据库主要包括具有明确目的加工处理后的数据信息建立的数据库、国家重大专题工作建立的成果数据库、成果目录数据库等。目前建立的类似的数据库有系列地质图编图数据库、水文地质图编图数据库、地球物理系列编图数据库、地球化学系列编图数据库、矿产资源潜力评价数据库、区划数据库、地质调查规划部署数据库、工作程度数据库、地质信息元数据库和成果地质资料目录数据库等。

地质成果数据库：主要是成果地质资料、图书文献、实物地质资料等建立的数据库。

3.2 存在问题与不足

目前，中国地质资料管理与服务面临主动服务和知识服务的双重要求。一方面社会需求旺盛。随着中国经济增长造成的资源环境约束强化，找矿突破战略行动实施，地质勘查投入大幅增加，以及重大工程建设、环境整治等一系列“保增长、保民生”工程的实施，对地质工作和地质资料信息服务的需求日益强烈。另一方面，随着信息技术的迅猛发展，数据信息正成为地质资料的主体，对地质资料管理和服务手段、内容提出了新的要求。最后，地质资料管理与服务工作理念相对落后，体制机制不顺，与相关需求差距较大。具体来说，存在的问题包括：涉密影响地质图服务产品的公开，主观上公开性服务产品开发动力不足；服务宣传推介力度不够，还处于等人上门服务阶段；市场需求不清，服务产品不丰富，开发产品针对性也较弱；人才、技术力量弱，服务产品开发投入相对不足；服务基础设施不先进，网络和硬件、基地需要改善；汇交与服务权益不配套，导致新资料入库较慢，影响了及时服务。因此总结下来大概分为以下几方面问题。

3.2.1 地质资料馆藏机构的管理体制问题

地质资料馆藏机构体制不顺，严重制约地质资料汇交、保管和社会化服务。从馆藏机构隶属关系可以看出全国地质资料馆藏机构中为独立单位的只占三分之一。

现在地质资料馆藏机构的管理体制呈现多且乱的现象。多指上级部门多。例如全国地质资料馆本应是全国各级地质资料馆藏机构的标杆，但它本身的地位就很尴尬，是国土资源部—中国地质调查局—中国地质调查局发展研究中心的一个三级单位。没有独立的行政职能，更不用说规范行业标准。国土资源实物地质资料中心是一个四级单位。湖北省地质科学院地质资料馆是管理职能在省国土资源厅，馆藏机构设立在省地勘局。海南省国土环境资源地质资料室是在地质环境与矿产资源储量处内设置的岗位。

行政职能不明确。行政职能不明确导致地质资料运行机制不畅通，难以政令畅通，很多时候部里发的文下达不到地质资料管理部门，或者本应该地质资料管理部门行使的职能没有权力行使。

3.2.2 条件、经费与人员问题

根据统计的数据，三分之二的地质资料馆藏机构不是独立的单位，三分之二的机构专职人员在5人以下，日常拨款只是保障人员的工资和日常的事业费，大多数单位库房和设备急需扩展和更新。目前地质资料馆藏机构大多处在一个保管的职能范围，只能保障应付日常的地质资料管理，或应急上级部门的工作。大多数馆藏机构提供的服务是指来馆借阅、复制或者查询。以目前馆藏机构人、财、物的现状无力深度开发馆藏资源，也无法满足地质资料信息服务集群化产业化的需求。

3.2.3　政策法规问题

现有的政策法规多是从国家角度提出的宏观管理政策和要求，而配套的实施细则或规程规范尚没有形成体系，相应的技术要求缺乏。

有关地质资料保密、保护的政策法规不配套，制约了地质资料社会化服务的开展。例如，由于涉及基础地理信息（经纬度、地形、地名等要素）的保密问题，在此基础上形成的各类地质成果图件难以直接向社会提供公开服务，致使大量公益性地质资料难以向社会提供公开服务。

中国地质资料数据客户服务政策和机制存在很多不足。地质产品及用户分级分类管理混乱；产品价格机制不健全，服务收费不规范；未制定客户服务计划和服务反馈机制。

目前，与《地质资料管理条例》相配套的原始地质资料管理办法还没有出台；重要原始地质资料的汇交工作没有真正开始，主要还是保存在基层地勘单位。

没有确立全国实物地质资料管理的基本体制；没有完善的法规体系和技术标准体系；在基层地质调查单位，保管设施残缺不全，保管系统接近瘫痪；现有大量实物地质资料保存状况令人担忧；管理技术方法落后；仅有的国家实物地质资料库中收藏的实物地质资料没有形成规模，难以向社会提供公益性服务。

3.2.4　地质资料欠交问题

资料汇交管理工作尚未完全到位，没有建立起有效的汇交管理监督体系；主管部门监督管理力度有待加强。对不交资料的单位，没有按照有关规定进行相应的处罚。

地质资料形成单位法制观念不强，或对相关法规不了解，没有按有关规定及时、保质汇交资料。为了保护部门或单位利益，使得大量资料没有及时汇交，造成资料馆藏机构没有充足、最新的权威数据。信息资源不足，是资料馆无法有效开展社会化服务的重要原因之一。

中国近百年地质工作的历史积累了丰富的地质信息资源。现在有相当数量的宝贵地质资料没有数字化建立数据库，需要开展抢救性工作。作为地下地质现象最直接反映的宝贵的钻孔地质数据库迟迟不能启动，无法减轻由于某些实物地质资料（岩心）流失所造成的损失。社会对此类信息需求量巨大。已完成的 4600 多幅 1∶5 万地质图只有 2200 幅按数据库要求完成了建库工作。社会对此类大比例尺地质图信息需求非常强烈。不仅如此，新一轮国土资源大调查所产生的大量数据（包括区域地质调查、矿产资源调查、水工环地质调查、科学研究等）未及时数字化建库，又沉淀了一批需要回溯的信息积累工作，国土资源大调查管理信息系统建设进度明显滞后。同时一大批重要科技攻关项目和国家重大专项的成果资料急需数字化建库（如国家 973 项目、国家科技支撑计划项目、危机矿山接替资源找矿专项、大陆科学深钻专项等）；小比例尺地质图系列、城市地质、矿产资源、地下水资源与环境、岩溶地质环境、地球物理与地球化学勘查、地质力学、地质岩矿测试、地壳探测及深部地质、青藏高原科学考察、重点工程地区等系列地质科研数据急需数字化建库。特别是全国地质资料馆开展多年的图文地质资料数据库建设进展缓慢。截至2008年年底，全国地质资料馆仅完成3.4万份图文地质资料数字化工作，只占全部馆藏资料的32%，没有数字化的馆藏资料有6.6万种。随着国家及社会发展对地质数据需求的增长，跨行业的数据需求增长，原有地质数据库及数据产品不能满足需求。

3.2.5 信息共享服务平台建设滞后

目前，从计算机网络平台层的建设而言，地质调查网络系统建设已初具规模，但并未全部实现覆盖局业务数据流的网络体系；从应用层的建设而言，虽然统一的工作平台初见成效，但仅仅局限于基础网络应用平台的研究与开发上，互联网网站信息发布平台仍不完善。此外，资源层的建设尚未开展、运行维护管理体系和安全保障体系缺乏统一的综合管理与安管平台、标准体系尚不完善。

在标准体系建设方面，从国家地质调查信息化建设总体需求来看仍处于起步阶段，这些标准远不能满足地质调查信息化建设要求。具体表现在基础标准和实现信息共享的关键技术标准薄弱，标准之间缺乏协调性，这都给多源数据的综合一体化管理和综合应用带来极大的不便，也不适应目前国际上的综合标准化趋势。此外，地质调查传统工作方式的根本转变和地学信息的社会化服务需要有系列标准支持才能顺利实现，包括质量系列标准、数字化数据产品生产流程系列标准、数据交换系列标准、基于Web的信息服务系列标准、成果表达系列标准等。因此必须进一步健全和完善现有的地质调查信息化标准体系，为实现地质调查全过程信息化和信息共享与社会化服务提供扎实的技术支撑。

经过多年努力，特别是地质大调查项目的开展，地学数据库建设取得重要进展。但海量数据信息的汇交管理和服务工作仍面临着严峻的挑战。数据信息管理分散，形成信息孤岛，存储、维护、服务所依赖的技术和系统大量异构，标准化程度低，大大增加了数据信息管理和成果应用的难度。分散的数据组织管理模式必然导致信息共享程度低和资源浪费等问题。

网络已成为全球地学信息服务与信息获取的重要基础设施。各种网络服务系统的功能越来越强，不仅能够实现信息资源的目录查询，还可实现信息的空间查询、检索、浏览，进行叠加等空间分析并生成和输出用户自定义图件。先进的“一站式服务”理念可通过一个入口提供以单位为主线、以专题为主线、以区域为主线或以服务类型为主线的服务，实现了分布式信息资源的集成服务。由于全国未建立统一的共享服务平台，分散在不同专业、不同单位的地质资料不能有效提供服务，导致大量用户使用不便，难以查询，使用困难。

3.2.6 集成开发无法满足需求

当前，地质找矿实现重大突破，促进矿业发展，缓解资源约束；扩大内需促进经济快速平稳增长，开展重大工程建设；加强地质环境研究，促进减灾避灾工作开展；扩大就业，改善民生，建设新农村等，对地质资料服务需求剧增。但地质资料馆藏部门的现有设施和服务能力不能满足社会对地质资料的需求，需要大力推进地质资料信息服务集群化产业化，大力开发利用现有的海量地质资料，不断提高服务质量，满足社会需求。

3.2.7　宣传力度不够

国外地质资料服务都十分重视宣传工作，而中国地质资料服务的宣传工作力度极低，很少开发宣传产品，利用电视、报刊、网络等媒体进行大型宣传，未建立客户服务体系并利用多种渠道收集用户需求信息。

第 4 章　地质资料信息服务集群化产业化基础理论研究与工作部署

对地质资料信息服务集群化产业化业界争论非常多，有必要厘清其内涵与外延，统一思想解决地质资料管理与服务中存在的问题，提升管理与服务能力。本章结合地质资料实际对相关概念进行了定义。核心是将信息技术纳入地质资料汇交、保管、服务的全流程，提升地质资料的集中度、关联度和共享度；然后，在推进集群化和馆藏机构公共服务的基础上，发挥市场机制的作用，带动商业机构开发商业服务产品，促进地质资料信息服务产业规模化发展，最终建立产业集群基地。并提出了“汇聚资源、开发产品、建设平台、集群服务、产业发展”的基本思路，明确了建设“九大体系”的工作任务，确定了集群化和产业化工作重点。本章重点解决了统一思想问题，将两化落实到了地质资料工作实际。

4.1　地质资料信息服务集群化产业化的内涵和外延

在逻辑学的学术范围内，“内涵”与“外延”是一对区分概念逻辑结构的学术性词汇。内涵是指一个概念（物质）所概括的思维对象本质特有的属性的总和。外延相对于内涵而言，是指一个概念所概括的思维对象的数量或范围。简单地说，内涵表示的是某一现象所具有的本质属性，反映的是事物的共性，是定义。而外延则是具有本质属性的所有事物或现象，反映满足条件事物的数量和范围。开展两化工作，需要在搞清概念和外延的基础上，理清工作思路和重点，有序推进。本章正是基于此而开展研究，以统一思想，指导工作。

4.1.1　地质资料的基本概念

4.1.1.1　地质资料的概念

地质资料有多种定义，有的认为它是“地质工作者通过开展地质工作取得的成果”，也有的认为是“地质工作取得的地球认知”，也有的认为“是地质工作取得的重要的基础性地学资料信息”。但大体意思相近，本书引用《地质资料管理条例》的规定：“地质资料是指在地质工作中形成的文字、图表、声像、电磁介质等形式的原始地质资料、成果地质资料和岩矿心、各类标本、光薄片、样品等实物地质资料。”

地质资料具有以下属性。

（1）地质资料与地质、地球认知、地理有紧密相关性

地质资料是通过开展地质工作形成的与地球有关的认知，地质资料与地质、地球认知

紧密相关。地质工作包括两个方面：一是探矿、采矿，即探矿权人或者采矿权人开展的矿产勘查和开采活动；二是地质项目，即地质工作者开展的地质调查、地质勘查、地质科研、工程地质勘查（勘察）等地质项目。这些工作取得的地质资料在空间上和时间上均具有关联性和可借鉴性。这决定了地质资料需要集群，或者集中，利于发挥作用。同时，地质资料与地理空间的高度关联，也决定了地质资料信息服务产品开发易于形成产品生产链，细化产品生产环节，形成产业基地，做大规模。

（2）地质资料具有档案和资料双重属性

资料是指为工作、生产、学习和科学研究等参考需要而收集或编写的一切公开或内部的材料，可以再开发、再利用。原始地质资料、实物地质资料是地质工作取得的第一手资料，成果地质资料是综合性的资料。作为资料不具有唯一性，可以多地保管，可以多次利用与重新开发。

档案是指过去和现在的国家机构、社会组织以及个人从事政治、军事、经济、科学、技术、文化、宗教等活动直接形成的对国家和社会有保存价值的各种文字、图表、声像等不同形式的历史记录。地质资料是地质工作的历史记录，是一种地质工作档案，且随形成时间延长更为珍贵。地质资料作为档案，需要作为历史记忆保管，便于人们回顾历史，总结经验。

地质资料是地质工作取得的对地质现象的认知、描述、总结及实物等信息，是地质工作者认识地球所取得的重要知识性财富，可被重复利用（再认识、研究）和不断开发，能够长期提供服务。地质资料的档案和资料双重属性，决定了可再次开发和重复利用，形成二次服务产品，这是地质资料长期限保存和产品开发的基础。

（3）地质资料可划分和一体化管理性

目前，地质资料划分为原始地质资料、成果地质资料、实物地质资料三大类。

原始地质资料：是指在进行地质工作时直接形成或采集的、反映地质现象或地质体的、以各种载体类型存在的原始记录、数据及中间性解译资料等。主要包括野外的各种记录、编录、手图，各种化验测试分析数据及汇总资料、各类中间性解译资料，以及成果地质资料的底稿、底图、底片等。

成果地质资料：是指对在地质工作中直接形成或采集的各类记录资料、实物以及通过各种渠道收集来的相关资料进行分析整理和综合研究，并按一定的规范和格式编制形成的以文字、图表、声像等形式存在的最终地质工作成果。主要形式有各类地质调查报告、各类勘查（察）地质报告、矿山生产（开发）地质报告、矿山闭坑地质报告、各类地质科学研究报告、地质图及说明书、地质工作总结、地质汇编、地质年鉴、地质志（史）、储量表、数据库及通报等。

实物地质资料：是指在进行地质工作时直接采集的，反映地质现象、岩矿石结构构造和元素组成的自然物质以及经加工形成的实物材料，包括岩矿心、岩屑、各类岩矿标本、古生物化石标本、化验测试样品、光薄片等。

这种划分是上世纪的认识，实际上随着信息化和综合勘查等技术的应用，三大类资料的划分界限越来越不清晰，尤其是成果与原始地质资料的界限更是不明显，需要加强研究，形成一体化的管理思路。研究形成统一的细化的不同类别的成果地质资料清单，逐步将原始地质资料综合纳入到成果地质资料中。这也是集群化的重要工作之一。

（4）地质资料具有国家所有属性

地球环境为人类所共有，《矿产资源法》规定矿产资源国家所有，作为反映其存在形式与现状的地质资料同样应为国家所有，虽然随着矿产资源使用权的转移可以予以保护。同时，与地球环境相关的地质资料信息，是认识地球形成的珍贵资料，有些具有唯一性，对于人类生存发展具有重要参考作用。地球是人类共有家园，人类负有建设和保护地球的责任，对地球本身的情况、对地球的利用和破坏及修复情况有知情权，有权利用。所以地质资料应为国家所有，为人类谋福利。

地质资料的档案与资料属性，及国有特征，是地质资料汇交、接收验收、保管与服务的法理依据，需要准确把握。尤其是在汇交方面。把握好什么应该汇交、什么不应该汇交、正确区分地质工作与项目。

（5）地质资料有局限性

地质资料是地球信息的真实反映，但由于技术、时间、地域、国家政策、自然及人为灾害等原因，地质资料在获取、保存、开发和利用等方面有许多不确定因素，既有客观的限制，也有人为主观限制。有局限性，也不可能应有尽有。如涉及国家和公共安全因素需要保密的，只能在一定范围内使用；地质资料有其地域性，离开特定产生区域，仅有参考价值，实际利用价值减少。同时，随着新技术、理论和认识涌现，旧资料的使用价值一方面可能不断减少，另一方面也可能利用有新发现等。地质资料的局限性提供了地质资料深度开发和产业化发展的空间。目前地质资料工作仅限于公益性机构参与，而深层次的商业需求更大，需要发展商业服务，开发多层次的产品。

4.1.1.2 地质资料信息的概念

“地质资料信息”的概念一直很模糊。在信息化技术发展之前，传统的“信息”概念通常是数据、实物、消息中所包含的意义，是关于客体、事实、概念、事件、思想、过程等的知识。在计算机技术发展后，“信息”是指有意义、有用的数据。在不严格的情况下，信息与数据往往被认为是同义词。“信息”一词含义宽泛，在不同领域定义不同。

在地质工作领域，传统的“地质信息”也有多种解释。比如，它是人们对地质现象、资料研究后形成印象和判断的认识；是有形载体记录但人们看不到的地质特征，如记录在磁带上的电磁波等信号、地震反射波信号等；是无形载体，如无电线电和大脑等传播和储存的信号；在信息技术领域，地质信息又是指在计算机、网络等 IT 设备上能运行的地质数据。在现实中也有资料、信息、数据等同不分的现象。

《地质资料管理条例》对地质资料的定义是针对有形介质及其承载的信息，汇交的是载体，应用的是信息。因此可认为地质资料与地质资料信息是一个概念，或地质资料涵盖地质资料信息，特指有形载体存储传播。地质资料信息的称呼实际上强调了地质资料的可再开发性，为地质资料服务产业化奠定了基础。

本次研究将“地质资料信息”的内涵简要界定为“地质资料载有的知识”，强调其可开发性。其形态可以是报告、数据库、信息系统、摘要等。这个概念实际将地质资料与地质资料信息等同对待，称为地质资料强调其实体形态，而称为地质资料信息则强调其所载有的知识。

4.1.1.3　地质资料信息服务的概念

"地质资料信息服务"是将"地质资料信息"提供给生产、科研、管理、科普、教育等各种领域参考、应用、使用的行为，强调将地质资料信息推介给用户使用的过程，包括汇交、整理、保管、借阅、宣传、产品加工、数据库建设等。

"地质资料信息服务"的方式有传统的借阅服务，也有现代网络服务，还有专题产品开发服务。按公共服务产品理论又可以分为提供公共服务产品及准公共服务产品的公共服务，和提供私人产品的商业服务，这与提供者没有关系，仅与提供的产品有无竞争性有关。这些均决定了地质资料信息服务可以推进产业化，而且不影响地质资料馆藏机构的公益性服务。

地质资料信息服务的服务对象有政府、企业和社会大众。实际上，受地质资料专业性特征强等因素影响，地质科研单位是其服务的重要对象。这些单位可以分为政府、事业、企业和个人，所以服务对象具有复杂性和交叉性，不同专业人员的需求也不尽相同。政府着重于宏观决策支撑地质资料信息，企业着重于矿产资源和工程、环境地质资料信息，社会大众着重于科学普及和环境类地质资料信息，地质科研用户根据自己的研究和关注领域着重于专业的地质资料信息，宏观与微观均有。

4.1.1.4　地质资料价值的概念

地质资料价值是指地质资料对从事地质调查、矿产勘查、地质科学研究及其他工作的机构、组织或个人等所具有的意义或作用。

地质资料价值是一种"意义"或"作用"，它不是一种实体概念，而是一种关系概念，表示地质资料及其属性（客体）与机构、组织或个人等资料用户（主体）之间的一种特定关系。在这种关系中地质资料及其属性（客体）是地质资料价值的物质基础。地质资料用户（主体）及其利用需要，则是地质资料价值得以产生和体现的必要条件。地质资料一方面在生产时本身就是用于找矿、灾害防治等工作的，另一方面随着理论与技术的发展，还可以再利用，具有二次或者多次利用价值。

地质资料作为知识性财富，是经济社会发展的基础信息，是工程建设的基础信息，是地质找矿的基础信息，价值巨大。据美国地质调查局研究表明，即使按最小价值计算，地质图的价值也是填图成本的 25 ~ 36 倍。辽宁有色勘查局 103 队，根据新认识，对钻孔等地质资料进行二次开发，在青城子地区找到多个大矿，价值几十亿，节约数亿元。

4.1.1.5　地质资料的功能

地质资料既有档案的通用属性和功能，又具有形成成本高、应用范围广、可反复利用等资料特性。地质资料的主要功能有：知识积累与储备功能、可开发功能、经济功能、社会功能、原始记录功能、历史再现功能和情报功能等。

4.1.1.6　地质资料信息化的概念

在推进地质资料信息服务集群化产业化过程中，有人总用地质资料信息化将其代替，因此有必要对"地质资料信息化"进行定义。

本书认为“地质资料信息化”是按照一定的标准与规范，利用信息技术对地质资料进行加工处理，将地质资料所蕴藏的信息开发形成能在计算机中运行的数字化、矢量化产品，并提供给用户的行为。由此可见，地质资料信息化主要有以下四个方面：①地质资料图文数字化。将地质资料由纸质载体变为可以计算机保存的数字载体。②地质资料电子文件化。将地质资料重新制作，或者直接制作，形成可以编辑的文本或者电子文件。③地质资料数据库建设，是将地质资料变成有序的、结构化的、可编辑的数据库。④地质资料服务信息化。运用网络手段开展服务，这里包括目录数据库建设、检索服务系统、电子阅览室、网络服务等。

地质资料的地域性、国家所有性、档案性、资料性、局限性、可分类性，决定了地质资料有巨大价值和巨大需求，这是推进地质资料信息服务集群化产业化的理论基础。地质资料实际上包含地质资料信息的概念，前者既包括载体，又包括其蕴含的信息知识。地质资料信息仅为地质资料蕴含的信息知识，地质资料信息的叫法实际上突出了地质资料包括知识的价值，及其再开发性。地质资料信息服务着重于地质资料知识的推介，强调地质资料价值的实现。而地质资料信息化仅是地质资料工作的一种手段，是推进地质资料信息服务集群化产业化方法。

4.1.2 产业集群相关概念

4.1.2.1 产业的概念

《现代产业经济辞典》对产业的定义是：“产业，通常指具有某种同一属性的经济活动的集合。”《简明大不列颠百科全书》解释，产业是指“各种制造和供应货物、劳务或收入来源的生产企业和组织”。《当代中国经济大辞库》对产业的定义是：“所谓产业，是指介于宏观经济与微观经济之间的具有某种同一属性的企业的集合，它既不是宏观经济的单位国民经济，也不是微观经济的细胞企业或家庭消费。由于一个企业往往不只从事一种商品的生产经营活动，所以作为产业的企业的集合并非是具体企业所有生产经营活动的集合，而是具有某种同一属性的企业经济活动的集合。”由上可知，“产业不仅仅指工业，而是泛指国民经济的各行各业，大至部门，小至行业，从生产、流通到服务，以至于文化、教育等，均可称为产业。”

在当代经济学中，产业这一概念有广义和狭义之分：广义的产业是指各种生产、经营事业，或一切生产、经营事业，国民经济的各行各业，不论生产的产品是物质产品、服务产品或精神产品，不论是农业、工业、交通、邮电、金融、商业、教育、卫生、文化等部门都可称为产业。广义产业的特征是具有一般的生产性，即能生产某种产品（物质产品或非物质产品），而不论生产这些产品的机构是由国家财政经费开支的事业单位，还是自主经营独立核算的企业。狭义的产业是指具有同一属性的企业的集合。首先，它必须具有一般的生产性，能生产某种产品，而且属于同一类生产经营活动。其次，它必须是自主经营的企业。营利性和企业性是狭义产业必须具有的特征。

广义的产业是产业分类意义下的产业，狭义的产业则是市场经营意义下的产业；广义的产业包括了某一生产经营活动的全行业，整个经济部门；而狭义的产业只包括该经济部门、该行业中自主经营的企业，并不包括该经济部门的事业单位。

通过上述分析不难发现，产业是一个发展的概念。在 20 世纪以前，产业主要是指工业企业。历史上的产业革命实际上就是工业革命。如果要用产业的狭义解释，地质资料信息服务业显然不属于产业的范畴。但从广义上来讲，产业所涵盖的范围很广，可用来泛指国民经济的各行各业，大至部门，小至行业，从生产流通、服务，以至文化、教育等，均可称为产业。从这个角度来分析，地质资料信息服务业无疑是产业的一部分。就第三产业而论，其内涵是指服务性质，它们并不都是经济部门，其中包括企业与事业部门。

根据国家统计局 2003 年发布的《国民经济行业分类》，从产业分类上来看，采矿业属第二产业；地质勘查业是第三产业。地质勘查业与科技、卫生、金融、信息、教育等这些服务型产业同属一类，具有服务性质，总体属于服务业，属于政府为主导的公共服务产品的生产与服务领域。因此，地质资料服务业也应该属于第三产业。

4.1.2.2　产业化的概念

产业化是一个经济学范畴，它是指一定条件或历史时期提供某种特殊劳动或成果的非国民经济部门或行业，通过商品货币关系的变换，对自身规模、组织和活动目标进行调整改造，实现由非产业部门向产业部门的转化，成为国民经济一个部门或者有机组织部分的过程。产业化包含着两个基本要求，一是由非产业到产业的变换；二是质变的过程包含着规模的扩大和结构的演进。衡量一个非产业是否实现了产业化，完成了转化过程，不是将其现有的技术方法同过去的方法相比较，而是要把它放在国民经济体系中，看其是否真正成为一个为市场、为社会提供产品或劳务的产业部门。

“产业化”在不同的领域，其含义的差别很大。在现代经济理论中，简单地讲“产业化”可以理解成“经营化”和“企业化”。但是对“产业化”做如此理解，其实并没有完全揭示“产业化”的真正内涵。因为某一行业的“产业化”必然涉及产业组织、产业结构、管理体制、产业政策等方面的变动和协调，绝不只是行业的“经营化”和“企业化”，对“产业化”内涵分析要依据具体行业的特点进行。

比如，对高速公路产业化内涵的界定。目前，学术界对高速公路产业化内涵没有统一的认识，归纳起来，主要有以下几种论述。有些学者认为：“广义上讲，产业化指非经济活动向经济活动转化的过程。所谓公路产业化，可定义为公路由当前的‘公共事业’向未来的‘公共产业’发育与过渡的过程。”另一些学者认为：“高速公路产业化从本质上讲，是指高速公路建设、经营、养护等经济活动的市场化、网络化和效益化。”还有一些学者认为：高速公路产业化就是成立以高速公路为主营资产的商业化公司，按照商业化运作模式进行管理的过程，“高速公路产业化实质上就是高速公路企业化”。

综上所述，我们认为产业化中的“化”既可以理解为一种动态的过程，也可以理解为某一发展阶段的结果。高速公路产业化既可以指高速公路产业的形成过程，也可以指高速公路产业推进过程中产生的一定程度的阶段性结果。如把高速公路视为一种消耗社会资源的基础性事业演化成具有全局性、先导性、基础性的、可以产生经济效益的产业；从排斥高速公路系统内外部人力、物力、财力的竞争到鼓励和提倡通过竞争获取资源，这些都可以被认为是高速公路产业化的不同体现。

地质资料信息服务产业化与其类似，可以有多种理解。本次研究将地质资料信息服务产业化基本理解为“地质资料信息服务产业质变的过程包含着规模的扩大和结构的演进”。

4.1.2.3 产业集群概念

产业集群是指集中于一定区域内特定产业的众多具有分工合作关系的不同规模等级的企业以及与其发展有关的各种机构和组织等行为主体，通过纵横交错的网络关系紧密联系在一起的空间集聚体，代表着介于市场和等级制之间的一种新的空间经济组织形式。

从产业结构和产品结构的角度看，产业集群实际上是某种产品的加工深度和产业链的延伸。在一定意义讲，是产业结构的调整和优化升级。

从产业组织的角度看，产业集群实际上是在一定区域内某个企业或大公司、大企业集团的纵向一体化的发展。

如果将产业结构和产业组织二者结合起来看，产业集群实际上是指产业成群、围成一圈集聚发展的意思。也就是说在一定的地区内或地区间形成的某种产业链或某些产业链。

产业集群的核心是在一定空间范围内产业的高集中度，这有利于降低企业的制度成本(包括生产成本、交换成本)，提高规模经济效益和范围经济效益，提高产业和企业的市场竞争力。从产业集群的微观层次分析，即从单个企业或产业组织的角度分析，企业通过纵向一体化，可以用费用较低的企业内交易替代费用较高的市场交易，达到降低交易成本的目的。通过纵向一体化，可以增强企业生产和销售的稳定性；通过纵向一体化，可以在生产成本、原材料供应、产品销售渠道和价格等方面形成一定的竞争优势，提高企业进入壁垒；通过纵向一体化，可以提高企业对市场信息的灵敏度；通过纵向一体化，可以使企业进入高新技术产业和高利润产业等。

集群本意为相同或相似的事物在某地集中出现，在20世纪70年代国外学者将集群引入到经济学，提出了产业集群的概念。1990年美国波特教授在《国家竞争优势》中用产业集群的方法分析一个国家或地区的竞争优势。按照波特教授的理解，产业集群是由与某一产业领域相关的相互之间具有密切联系的企业及其他相应机构组成的有机整体。

产业集群至少应包括如下三个因素：①与某一产业领域相关。一般而言，产业集群内的企业和其他机构往往都与某一产业领域相关，这是产业集群形成的基础。②产业集群内的企业与其他机构之间具有密切联系。产业集群内的企业及相关机构不是孤立存在的，而是整个联系网络中的一个个节点，这是产业集群形成的关键。③产业集群是一个复杂的有机整体。产业集群内部不仅包括企业，而且还包括相关的商会、协会、银行、中介机构等，是一个复杂的有机整体，这是产业集群的实体构成。

4.1.3 地质资料信息服务集群化产业化的内涵与外延

4.1.3.1 两化的概念与特征

地质资料信息服务集群化产业化就是通过充分运用信息技术，按照统一的规范和标准，促进资料汇交，对地质资料信息进行深度加工和整合，提高地质资料信息的集中度、关联度、共享度，形成分布式、多层次满足不同需求的地质资料信息服务能力，逐步延长地质资料社会化服务链，促进地质资料信息服务的产业化发展。其核心是为经济社会发展提供方便、快捷、高效的地质资料信息服务；基础是促进多单位、多部门、多专业、多领域、多层次分布的地质资料信息的集群，开展公共服务；重点是解决体制不畅、机制不顺、信息服务分散、服务与需求脱节等问题；长期目标是以集群化为手段，促进产业化发展，研发服务产品，提供增值服务，提高地质资料信息服务水平。把握内涵要重点清楚以下几个方面。

1）地质资料信息服务集群化产业化的主要目标是服务。要通过工作提升服务能力、服务规模、服务质量和服务效率，将地质资料信息方便、快捷、高效地推介给用户，发挥其价值与功能。分布式指资源是分布在多个机构的，服务也是多结点并发的。多层次是指专业上多种层次，服务结点上也从国家、区域、省、市县等不同层次开展的。

2）地质资料信息服务集群化产业化的关键技术手段是信息技术。要运用信息技术，推进地质资料数字化，建立数据中心、网络服务体系和共享服务平台，提高信息服务的效率。通过运用数据库建设、管理系统、可视化、网络、移动手机、电视、数字化、数据挖掘、云计算等现代信息技术，实现地质资料管理与服务的信息化，资源数字化（不仅是图文数字，还包括数据库建设）、管理信息化、服务网络化，甚至达到三网（电信网、广播电视网和互联网）融合。

3）地质资料信息服务集群化产业化要提高地质资料的集中度、关联度、共享度。集中度是指落实《地质资料管理条例》，推进地质资料汇交，促进物理集中；关联度是指加强地质资料聚集，生成综合的有序化的数据库和产品体系；共享度是推进不同地质资料间的互联互通，推进共享服务。

4）地质资料信息服务集群化产业化推进需要统一标准规范。一方面统一标准形成的数据资源可避免信息孤岛；另一方面统一标准开展集群化服务，推进信息服务产业发展，推进规模化生产，提高服务质量。不仅停留在低层次的低端的借阅服务，要推进地质资料开发利用，根据用户需求，通过对已取得地质资料信息开展聚类、挖掘、综合等活动，形成新的认识，形成新的地质资料服务产品。

5）推进两化要循序渐进。此项工作要逐步开展，逐步延长地质资料社会化服务链，做好传统服务，增强信息服务、开发服务，推进集群服务。

6）集群化为产业化提供前提和条件。产业集群既有区域上集聚的涵义，也有技术集成综合、实行打包服务的涵义。集群化的核心是集成、提升服务水平和效率。一般的产业集群讲究向园区集中，以实现规模效应。但地质资料信息服务业有其特殊性。集群化主要应提倡两方面：一是通过集成综合，把基础地质信息打包、分类；二是运用网络技术提供集中与分布的集群服务，提高应用性，提高服务效率。但在实践中也可探索向重要矿业经济开发区、中心城市集中，以更好、更广的发挥地质资料信息服务的影响力。

7）促进地质资料信息服务的产业化发展，并不是市场化。地质资料信息服务属于信息服务业，其产业化是扩大服务规模、提高服务质量的过程，并不是简单的市场化过程。市场经济条件下，地质资料信息服务业生产的产品可以细分为公共服务产品和私人产品。公共服务产品由政府投资，馆藏机构、地调单位等事业单位生产，免费大众共享，有非竞争性；私人产品由私人投资生产，收取费用，有竞争性。由此可见，产业化不是市场化。

8）地质资料服务产业化，与公益性质并不矛盾。其他行业公益产品引入商业运行模式的也不乏其例。有些是采用政府定订政府采购的方式，目的是克服公共产品的提供缺乏激励约束机制的弊端。原则是基础数据向社会免费共享，“量身定做”开发的专题数据，但增值服务则要有偿。产业化的目标本质不在盈利，而在于通过产业化的机制，利用市场机制，构建激励约束机制，提高服务规模、服务质量和服务效率。

4.1.3.2 地质资料信息服务集群化的外延

地质资料信息服务集群化是提升地质资料、地质资料信息、地质资料信息服务集中度、关联度、共享度的行为。所谓集中度是适度集中，这与地质资料的地域性有关；所谓关联度是地质资料有序化，主要是指地质资料数据库建设和服务的关联，方便用户应用；所谓共享度主要指地质资料全面公开共享。

（1）资源集群

1）地质资料汇交。地质资料生产者应该依据《地质资料管理条例》等有关法规和规章制度的要求，按时、保质、保量向各地质资料馆藏机构汇交地质资料，实现适度集中。

2）地质资料收集。各地质资料馆藏机构应该加强没有汇交的地质资料的收集，尤其是注重国外地质资料的收集，不断丰富馆藏。

3）地质资料数据库建设。各地质资料馆藏机构和服务提供者要加强地质资料数据库建设，提升地质资料数字化、有序化和结构化的水平，积聚数字资源。

4）三大类地质资料的一体化管理。主要是指成果与原始地质资料逐步融合，及其与实物资料的一体化管理。

5）集群服务产品开发。要掌握大量的资料信息，开发多类型的服务产品，既要有集成的服务产品，又要有多类型服务产品。

（2）服务的集群

1）各地质资料馆藏机构管理与借阅服务的信息化。主要指内部管理系统、电子阅览室建设等信息化工作，以提升各结点信息化能力。

2）集群服务组织建设。将全国、区域、省、行业等相关服务单位纳入集群服务体系，规范服务标准，共享信息共同服务。

3）集群网络和共享服务平台建设。地质资料服务网络系统和共享服务平台建设将各地质资料馆藏机构、服务提供者和用户集中到统一的网络服务平台，提升网络共享能力，开展统一协同服务。

4）服务方法集群。要运用传统、网络、专题等多种方法与形式开展服务，方便用户获取地质资料信息。

4.1.3.3 地质资料信息服务产业化外延

地质资料信息服务应该归属于第三产业，可以称为地质资料信息服务业。由地质资料信息（生产资料）、服务产品、生产者（主体）、服务对象（政府、企业、大众在矿业、环境、工程、地质方面的需求）。

地质资料信息服务业的资源是由地质勘探单位从事地质工作取得的地质资料信息，包括成果、原始和实物地质资料三类，根据拥有者不同可以分为汇交、收集、生产的三类。汇交地质资料信息是地质工作汇交到各资料馆藏机构的地质资料信息；收集的地质资料信息是从事地质工作的单位从有关单位或者馆藏机构收集的地质资料信息；生产的地质资料信息是从事地质工作取得的地质资料信息（图4-1）。

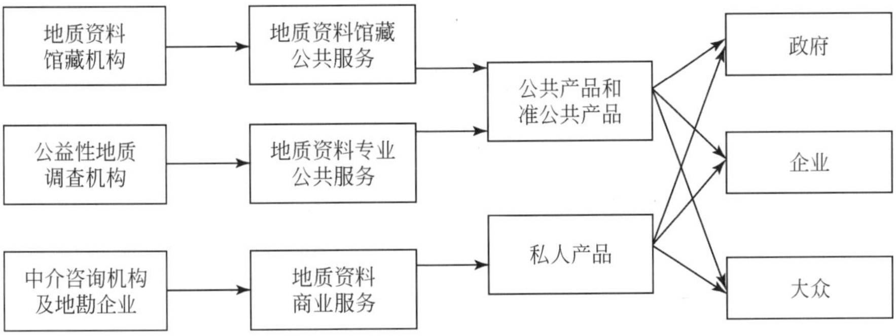

图4-1　馆藏机构及对应的服务产品

地质资料信息产品的生产者包括：①地质资料馆藏机构。主要利用汇交的地质资料信息，提供馆藏公共开发服务，生产公共产品。资金渠道由政府解决，不营利。②公益性地质调查单位。主要利用取得的和收集的地质资料信息，提供专业的公共服务，生产公共产品。资金渠道由政府解决，不营利。③各级中介咨询机构及即将企业化的地勘单位。开展商业地质资料信息服务，生产私人产品，有时根据政府需求生产公共产品，但均是营利的，资金渠道主要靠经营取得。

地质资料信息服务的对象，主要有政府、企业和社会大众。政府可以通过资金支持馆藏机构和公益地调单位生产公共服务产品，也可通过政府采购支持企业生产公共服务产品，支撑决策，支撑经济与社会发展。企业既是服务对象，又是私人产品或者公共产品的生产者，还是地质资料信息资源的生产者，通过汇交履行义务，又通过生产私人产品营利。大众既可享受公共服务产品，也通过支付一定费用享受私人产品。

可见，产业化是产业发展的过程，与投资者是谁没有关系，与生产者也没有关系，核心应该是提供什么产品，决定由谁投资。当前地质资料信息产业最不清晰的是生产者，尤其是私人产品生产者定位不清，这是需要推进的。例如市场经济发达的美国和英国高速公路不收费，属于公共产品，交通运输业；而在我国高速公路是收费的营利的，属于私人产品，这与经济理论大相背离。但同样属于交通运输业，区别仅是产品不同。

随着地质资料服务产业发展壮大，地质资料服务产品极大丰富，产品将进一步细分，其生产者也必将细分，形成多级的产业链条，不同生产者生产不同产品甚至部件，为下级生产商服务。随着产业链的延伸，也将产生集聚效应，形成产业基地。当然产业基地建设也可以由国家出台相关政策进行引导，人为促进地质资料信息服务产业进行集聚，以减少参与者的投资成本。比如大型号的数据计算设备、图件印刷设备、网络服务设备、数据传输设备、地质资料软件等，均可以集中到一个基地，引导产业集聚。

通过以上分析，可以这样理解地质资料信息服务产业化：

1）由于地质资料信息服务有公共产品和私人产品之分，而且提供者不同，因此地质资料信息服务产业化不是简单地把提供地质资料信息服务的部门看作是一个完全的商品生产部门，而是让地质资料信息服务部门走向市场，实行企业化管理，自负盈亏，自我发展。

2）地质资料信息服务产业化，不是要把整体地质资料信息服务产业作为产业来经营，而只是把地质资料信息服务的信息开发、数据加工、技术咨询服务等部分产业化。

3）地质资料信息服务产业化就是地质资料信息服务部门利用自身积聚的信息资源优势和服务优势，依托高科技尤其是信息技术、网络技术、计算机技术和多媒体技术，通过创新地质资料信息服务机制，如商业合作伙伴机制或者利益共享机制，联合中介组织和公司，把信息资源、信息服务甚至信息技术转换成可以量化出售的产品，实现信息资源产品的市场化、生产的一体化、经营的规模化，积极参与到市场竞争中，通过市场竞争来提高地质资料信息服务的质量，发挥地质资料信息服务部门在信息经济时代知识生产和再生产过程中支柱作用的活动和过程，真正成为国民经济中信息服务产业重要组成部分。

4）地质资料信息服务产业化是地质资料服务产品开发、产品极大丰富、产品细分、市场细分、产业集聚、产业基地建设的过程。

地质资料信息服务业基本特征主要有以下五点：

1）地质资料信息服务业是从事地质资料信息服务的行业，是第三产业的一个部门产业。

2）地质资料信息服务业是知识密集型的服务业。是围绕地质资料信息的生产和应用提供相关服务的产业，和传统服务业部门相比具有知识密集的特征。

3）地质资料信息服务业是高渗透性产业。信息的扩散机制和反馈机制使得信息技术和信息服务能够扩散和渗透到社会的各个领域、各个产业部门中。

4）地质资料信息服务业是高附加值的产业。比起传统的服务部门，地质资料信息服务业具有更高的附加值。

5）地质资料服务业有别于政府开展的对社会提供的公益性服务活动。是以政府提供公益性地质资料信息服务为基础，辅以其他渠道获取的资料信息并在此基础上拓展衍生，有偿提供社会服务，并据此进行扩大再生产。

地质资料信息服务产业的重要作用主要有以下方面：

1）深化社会分工。随着经济的发展，市场容量不断扩大，分工与专业化逐渐深化。在这一趋势下，经济效率越来越取决于在不同生产活动之间建立起来的联系，而不仅仅取决于生产活动本身的生产率状况。信息服务作为中间投入，承载着信息流的传递，关系着整个生产体系进行空间上的协调和规制。它的高效运行，能有效降低交易成本，以减少分工的成本，从而推动分工深化，促进经济增长。

2）提升产业结构。信息传递与利用效率的提高，可以很好地提高劳动效率，降低劳动成本。因为信息服务业与其他产业之间存在着技术关联，其他产业技术的引进、消化和吸收对信息服务业有依存。通过信息服务将高新技术引入其他产业，并进一步渗透、扩散和融合，可加快它们的升级换代，使其得到更高层次的发展。因此，信息服务业越发达，越能推进其他产业的技术改造。反过来，其他产业的发展也对信息服务业的发展提出了更高的要求。

3）影响价值链。通过地质资料信息服务，新兴信息技术被纳入到地质矿产活动中，将人力资本、知识资本和技术资本输入了生产过程。如在地质勘查阶段，从野外数字采集开始就形成了信息化资料，从而为提供基础地质图、地质勘探报告、成矿模式分析等提供方便，促进地质找矿；可以设计、可行性研究以此为基础，为矿山信息化生产管理提供依据；在矿山生产与闭坑阶段，可以为深部及周边深入找矿以及闭坑时矿山环境治理提供丰富信息服务支撑。整个矿业活动、经济建设活动影响到的领域都需地质信息服务，从而拉动相关产业发展，拉长产业链，影响价值链。

4）优化产业结构。经济学的基本原理认为，对一个经济体来说，即使对它的投入不作任何增加，只要对其现有的资源进行优化配置，那么它的产出也可以大幅增长。地质资料信息服务从地质工作开始直到矿业活动、建设活动结束，都持续不断地影响整个活动，改变或优化了相关产业结构，充当“催化剂”的作用，加快相关产业的发展速度。从事地质资料信息服务也催生了众多的新兴职业，创造了新的就业岗位，改善社会就业状况。

5）促进新型工业发展。信息服务业的服务作用体现在其对传统产业的信息化改造和支持上。发展地质资料信息服务业能提高新产品开发的效率，提高产品的科技含量和附加值，更新传统服务业的服务方式和手段，提高服务效率与水平，从而整体上加快地质矿业领域的工业化进程。

6）普及地球科学知识。大力发展地质资料信息服务业，能够提高和扩大地质资料信息资源的利用效率，通过不同形式的科普教育，促进国民珍惜和保护地球与资源，培养国民对地球和环境的保护意识。

4.1.3.4　集群化与产业化的关系

地质资料信息服务集群化是对地质资料信息开发服务集中集聚程度而言的，而地质资料信息服务产业化则是针对服务主体性质而言的。集群化是产业化的催化剂，只有大规模的集群才能形成规模产业。产业化必定促进集群化发展，只有资料信息集成规模大、产品多或高度集成有特色，产业才有竞争力才能生存发展，促进集群化形成。推进地质资料信息服务集群化和产业化的最终目标是实现集群化与产业化的良性循环，进而全面提高地质资料信息为国民经济发展服务的能力，促进相关信息服务产业和产业集群的发展。

4.1.3.5　公共服务与产业化发展的关系

政府出资开展的地质资料信息服务是整个地质资料服务产业的一个组成部分，但政府服务仅提供基本的公共服务，具有非竞争性。政府一方面提供地质资料信息服务，作为产业化发展和商业性集群开发服务的基础；另一方面政府通过产业政策，引导、培育、扶持地质资料信息服务产业发展，引导私人产品开发。产业化是企业的商业行为，是目前政府公共服务单一模式向多元化、多方位、专业化的多模式服务发展，是对政府公共服务重要的延伸、扩展和深化，大大弥补了政府服务的不足。

政府提供的公共服务是产业化发展的基础。因此现阶段政府的主要任务是实现政府掌握的地质资料公开共享，通过集成集群，深度开发，提供形式多样、内容丰富的公共服务产品，并发挥信息优势开展集群服务，快速将资料信息推介给用户，促进产业链和服务链延长。

4.2 推进地质资料信息服务集群化产业化的总体框架

推进地质资料信息服务集群化产业化工作的基本思路是以需求为导向，以提高地质资料管理水平和地质资料信息社会化服务能力为目标，以现代信息技术为手段，汇聚资源、开发产品、构建平台、集群服务，建设国家和省级地质资料数据中心，建立健全地质资料信息集群服务体系。以地质资料服务集群化促进产业化发展，以提供公共服务产品为基础，以地质资料增值服务为扩展，延长产业链，逐步形成地质资料信息服务产业。简单说就是：汇聚资源、开发产品、构建平台、集群服务、产业发展。

(1) 汇聚资源

加强地质资料汇交管理，实现成果、实物、原始地质资料的全面汇交和集群保管，夯实基础。

(2) 开发产品

强化地质资料开发利用，围绕国家重点成矿区带、重点经济区、生态环境脆弱区、重大工程建设区和重大地质问题区，建立专业服务系统，开发权威的、公益性的、持续更新的地质资料信息服务系列产品。

(3) 构建平台

构建世界一流的“集成开发”“技术示范支撑”“社会化服务”三位一体的国家级地质资料数据中心，构建共享服务平台，实现地质资料数据资源统一描述、集成、共享与服务，并与各省级和专业地质资料数据中心互联互通。

(4) 集群服务

建立以全国地质资料馆（国家地质资料数据中心）为核心；委托地质资料保管单位和31个省级地质资料信息机构为骨干；紧密联系中国地质调查局属有关单位，及各省地调院、环境监测院、地矿局等专业服务单位；依托共享服务平台，重要和综合信息适度集中、地区和专业信息多级分布的，全国地质资料信息服务集群体系。形成信息资源合理布局、信息服务分级、上下联动的地质资料信息服务新局面。

(5) 产业发展

形成完善的政策制度体系、标准体系、产品体系和价格体系，建立地质资料信息更新与服务机制。在做好公共服务的基础上，引导推进地质资料信息服务产业化，开展地质资料信息服务产业园区试点建设。

4.2.1 推进“两化”的目标

地质资料信息服务集群化产业化的主要目标是建成国家和省级地质资料数据中心，建立健全地质资料信息集群服务体系，推动地质资料信息服务产业发展，提升地质资料管理与服务能力，向政府、企业和社会公众提供方便、快捷、高效的服务。

4.2.2　推进“两化”的基本原则

4.2.2.1　公共服务为主原则

坚持公益性目标，建立地质资料公共服务体系，充分考虑社会公众、政府管理、科学研究和企业发展的需求，开发公共服务产品，提高公共服务水平，拓展服务领域。在坚持公益性的基础上，充分发挥市场机制，进行深度综合开发利用，延伸地质资料信息服务产业链。

4.2.2.2　全面覆盖原则

地质资料信息服务集群化要涵盖国家和社会出资开展的地质工作形成的原始、实物和成果地质资料。重点要对基础地质、矿产地质、水工环地质、城市地质等重要的地质资料进行数字化，整合形成可满足不同需求的系列化、集群化的地质资料信息产品。

4.2.2.3　互联互通原则

按照统一的数据标准和格式，开发统一兼容的服务平台，通过管理制度、技术标准和技术手段把各领域的地质资料进行有效整合与关联，实现互联互通与信息共享。

4.2.2.4　逐步推进原则

要紧紧围绕目标任务，统筹规划、统一部署，加强协调，组织技术力量，有计划、有步骤地稳步推进。要借鉴试点经验，选择部分地区先行开展工作，要建成一批，利用一批，不断积累完善。

4.2.2.5　共同参与原则

集群化产业化工作涉及国土资源管理部门、地质资料馆藏机构、资料委托保管单位以及行业内所有的地勘单位和矿业企业，各单位要切实履行好各自的责任和义务，充分发挥各自的作用，共同参与此项工作。

4.2.3　推进“两化”的重点任务

为了顺利开展“两化”工作，需要构建“两化”的九大体系。关键是集群组织体系；基础为汇聚积累体系、产品体系、数据库体系；核心是集群服务体系；保障是政策体系、技术体系、标准体系和基础设施体系（图 4-2）。在同为两化基础的三个体系中，产品体系不是从来就有，它需要在汇聚积累体系和数据库体系的基础上针对不同用户的需求进行开发逐步形成。

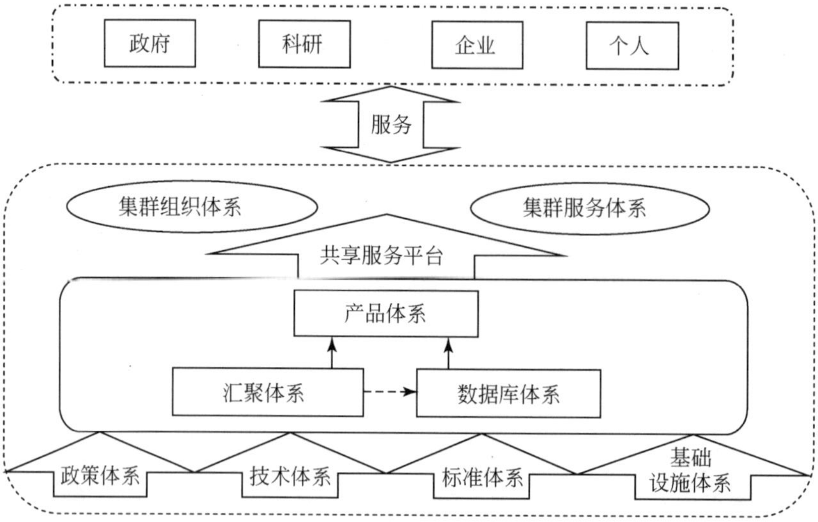

图 4-2　两化基本框架示意图

4.2.3.1　构建集群组织体系

集群组织主要由行政、事业、企业等不同性质的组织实体构成，包括政府行政服务组织（地质资料行政主要部门）、馆藏机构和馆藏公共服务组织（国家及省级地质资料馆、地质资料委托保管单位）、公益性专业公共服务组织（包括地调局、地调院、监测院等）、企业市场服务组织（中介组织、企业化地勘单位、商业企业）（图 4-3）。其中，管理部门主要开展地质资料信息管理，国家、大区和省级资料馆藏公共服务和资料专业公共服务机构主要承担公益性的公共服务工作，资料中介组织和各级地勘单位主要开展资料信息的市场服务、促进产业发展。

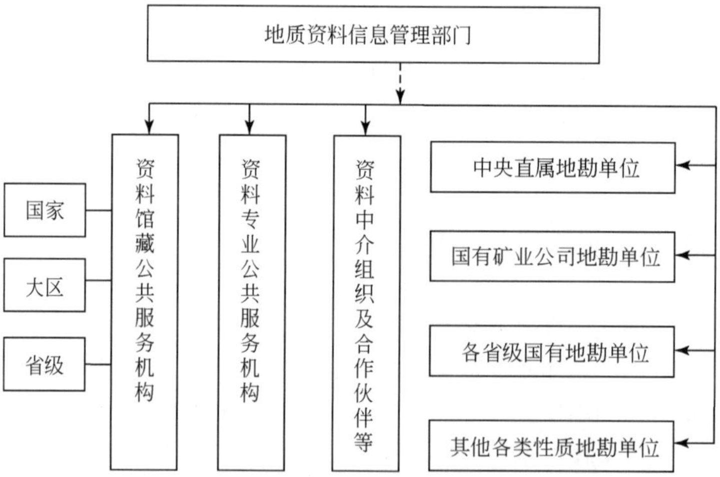

图 4-3　地质资料信息集群服务组织体系示意图

（1）组织体系建设的目标

树立最终成果信息服务与阶段成果信息服务并重、馆藏机构常规服务与专业机构专题服务结合的服务理念，加强组织领导，统筹规划，统一标准，建立以全国地质资料馆为核心，以国土资源实物地质资料中心、国土资源部委托的地质资料保管单位、31 个省级地质资料信息机构为骨干，紧密联系中国地质调查局属有关单位，及各省地调院、环境监测院、地矿局等专业服务单位，依托网络共享服务平台，重要和综合信息适度集中、地区和专业信息多级分布的全国地质资料信息资料服务集群体系。

国土资源部负责全国地质资料汇交管理工作，负责地质资料的保管和服务利用的监督管理工作（图 4-4）。

全国地质资料馆负责聚集、存储、挖掘国家基础性与综合性重要地质资料信息，牵头研究全国地质资料信息共享服务政策及其技术标准与规范，开展技术指导与业务培训，建设维护全国共享服务网络平台，直接联系国土资源实物地质资料中心、国土资源部委托的地质资料保管单位、全国 31 个省级地质资料信息机构，提供国家基础性、综合性重要地质资料信息服务。

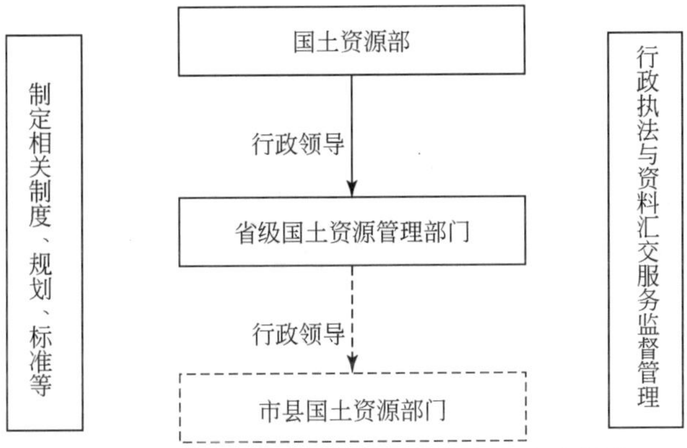

图 4-4　地质资料信息服务行政管理体系示意图

国土资源实物地质资料中心、国土资源部委托的地质资料保管单位、全国 31 个省级地质资料信息机构，做资料接收、验收、保管和服务工作，依法向全国地质资料馆转交地质资料或地质资料目录，参与地质资料共享服务平台建设。

中国地质调查局局属单位依法汇交地质资料或地质资料目录，做好地质调查专业服务工作，联系全国 31 个省级地调院和环境监测总站（图 4-5）。

各省地调院、环境监测院、地矿局等地勘单位，依法汇交地质资料或地质资料目录，开展专业地质资料信息服务。

通过建立地质资料商务合作、政府采购公共需要产品、政府补贴等形式，逐步培育建立地质资料加工服务中介组织，推进地质资料专题增值服务，见图 4-6。

（2）组织体系建设要求

职责明确，保障有力，配备合理，联系紧密。

（3）标准规范要求

1）国务院关于地勘单位改革文件，部、局三定方案，省三定方案，内部职责规定。

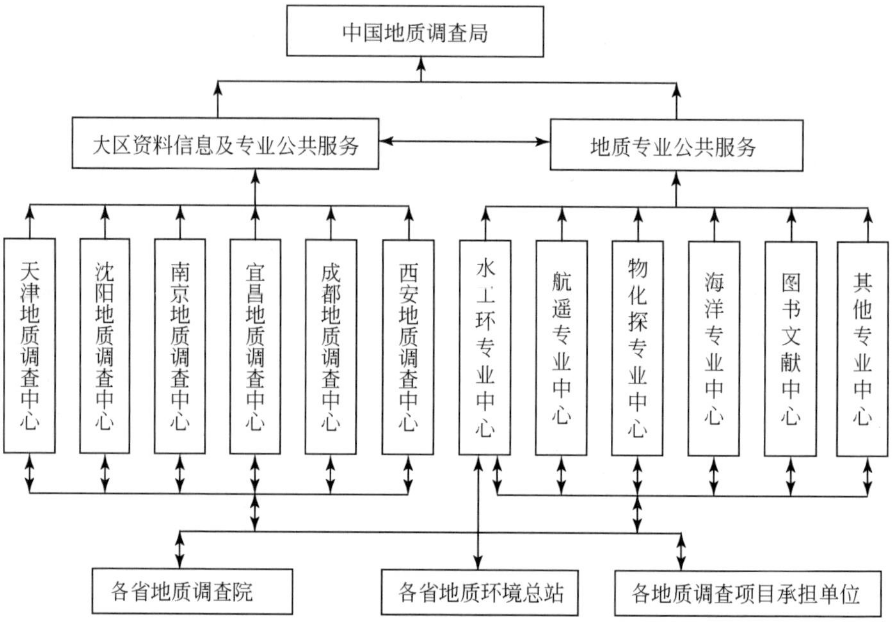

图 4-5　地质资料信息专业公共服务集群组织体系示意图

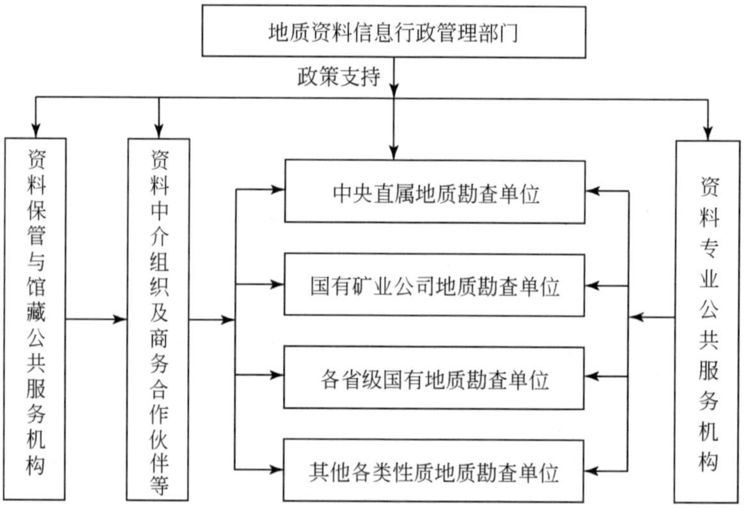

图 4-6　地质资料信息产业化服务机构体系示意图

2）《国务院关于加强地质工作的决定》（国发〔2006〕4 号）、《国务院办公厅关于印发地质勘查队伍管理体制改革方案的通知》（国办发〔1999〕37 号）、《国务院办公厅关于深化地质勘查队伍改革有关问题的通知》（国办发〔2003〕76 号）。

3）《国土资源部关于促进国有地勘单位改革发展的指导意见》（国土资发〔2010〕61 号）。

4）《地质资料馆藏机构分级意见》（国土资发〔2010〕32 号）。

4.2.3.2　构建资料汇聚积累体系

加强地质资料汇交管理，实现成果、实物、原始地质资料的全面汇交和集群保管；加强成果、实物、原始地质资料的数字化；加强已建数据库、重大项目数据的集成整合，建立数据更新、维护和运行体系。

（1）汇聚体系组成

一方面是通过加强地质资料汇交管理，实现成果、实物、原始地质资料的全面汇交和集中保管；另一方面是通过收集等方式，实现重要的资料聚集。

（2）汇聚体系建设要求

依法汇交、依法接收、依法保管、依法服务，实现应收尽收、应缴尽缴，推进公开共享服务。

（3）标准规范要求

1）报告形成参考相关专业标准。如矿产勘查报告要参照：固体矿产资源/储量分类、固体矿产勘查/矿山闭坑地质报告编写规范、固体矿产勘查原始地质编录规定、固体矿产勘查地质资料综合整理、综合研究规定。应形成两化参照执行标准规范目录。

2）资料汇交、接收、验收标准。包括：成果地质资料电子文件汇交格式要求、归档文件整理规则、工程地质勘察项目汇交格式、全国汇交地质报告质量验收试行规定。

国土资源数据库数据质量检查验收规范、地质数据质量检查与评价标准、地理信息质量原则、地理信息质量评价过程。

矿业权档案立卷归档规范、科学技术档案案卷构成的一般要求、地质资料档案著录细则、地质资料分级要求、电子文件归档与管理规范、原本地质档案验收办法（试行）、成果地质资料目录数据库著录表和著录要求、地质行业地质科技档案工作条例、地质勘查钻探岩矿心管理通则、档案工作基本术语、原始地质资料立卷归档规则、成果地质资料管理技术要求等。

3）库房管理规范。包括：档案馆工作通则、档案馆温湿度管理暂行规定、档案库房技术管理暂行规定、磁性档案管理与保护规范、国土资源数字档案管理省级工作规范等。

4）资料数据存储规范。包括：国家图书馆数字资源长期保存规范、档案装具直列式档案密集架。电子文件管理细则（第三部分）：基于 XML 的电子文件封装规范、电子文件管理细则（第二部分）：电子文件长期保存格式需求、电子文件管理细则（第一部分）：文书电子文件元数据方案。

5）数字化及数据库整合规范。包括：图文地质资料扫描数字化规范、工程地质勘察资料入库数字化要求、原始地质资料数字化指南、实物地质资料数字化指南、国土资源数据库整合技术要求、地球空间数据交换格式、数字地质图空间数据库、文本数据加工标准与工作规范、图像数据加工标准与工作规范、音频数据加工标准与工作规范、视频数据加工标准与工作规范、数字资源对象管理规范等。

6）保密相关要求。国土资源管理工作国家秘密范围的规定、计算机信息系统保密管理暂行规定、计算机信息系统国际联网保密管理规定、印刷、复印等行业复制国家秘密载体暂行管理办法、关于领取、使用和保存测绘成果的保密管理规定、涉及国家秘密的通信、办公自动化和计算机信息系统审批暂行办法。

4.2.3.3　构建集群产品体系

要以提供方便、快捷、高效服务为目的，以地质资料用户需求为导向，以已经取得的地质资料信息为基础，运用新理论、新技术、新方法、新手段，进行聚类、挖掘、集成，为政府、企业、社会大众及地质科研等用户，提供特定区域内关于地质、矿产、环境、工程的信息。按开发方法、资料来源、服务对象、服务方式、产品介质、产品类别、服务专业、服务区域构建产品体系。

（1）按开发方法分

1）加强地质资料服务开发，提高服务水平。

2）加强地质资料挖掘开发，提取资料有价值核心信息。

3）加强地质资料集成专题开发，提高综合研究成果。

4）建设地质资料数据库，增加数据资源。

（2）按资料来源分

1）成果地质资料产品。

2）原始地质资料产品。

3）实物地质资料产品。

（3）按产品服务的对象分

1）各级政府及其相关部门。该类用户属于管理决策型用户，需要宏观分析或统计信息，了解资源环境问题和趋势，以便进行管理决策。

2）地质工作单位（企业）、地学研究和教育机构。该类用户属专业型用户，需要提供更为基础和详尽的地学信息进行复杂的专业分析和数据处理，解决实际问题。

3）一般社会公众用户。多是了解性或知识普及性的个人用户。

4）内部用户。

（4）按产品服务方式分

1）传统信息服务方式，属人工服务。

2）现代信息服务方式。用户借助发达的网络系统，利用在线信息服务交互式系统完成（或完成一部分）信息获得的方式。

3）定制服务，通常需要专家参与。

（5）按产品介质分

1）电子的产品。

2）纸质的产品。

（6）按产品类别分

报告、简介、检索、摘要、图书、图集等。

（7）按专业分

基础地质、矿产、地质环境、遥感、地下水等。

（8）按服务区域分

重要成矿区带、重大地质问题区、经济区等。

产品开发要求：根据用户需求开发产品，符合用户标准规范，实用方便快捷。如地质类，符合地质相关标准，数字地形图产品基本要求、基础地理信息 数字产品数据文件命名规则。

4.2.3.4　构建数据库体系

建设包括区域地质调查、矿产资源勘查、水工环勘查、地球物理、地球化学、遥感影像、海洋地质、专题地质、资料图书数字化等 11 类不同类型的数据库。同时对已建数据库和重大项目数据进行集成整合，建立数据库更新维护机制（图 4-7）。

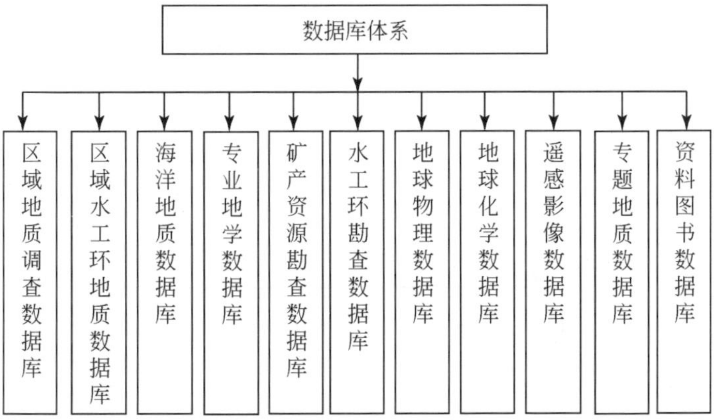

图 4-7　数据库体系示意图

（1）区域地质数据库

地质图数据库建设标准：地质图用色标准、地质图用色标准及用色原则、区域地质图图例（1∶5 万）、区域地质调查总则（1∶5 万）、1∶25 万区域地质图空间数据库建库技术要求及实施细则、区域地质图数据库建设标准（1∶5 万～1∶25 万、数字地质图空间数据库、固体矿产矿点（床）地质数据文件、地质图空间数据库建设工作指南（2.0 版）、地质调查成果图数字制图技术规程、数字化地质图图层及属性文件格式等（图 4-8）。

城市地质数据库建设标准：城市地质信息系统建设工作指南、城市地质调查数据库与信息系统建设指南、上海城市三维地质信息系统各专业属性表格设计（GEO3D-050320-V1.11）。

农业地质数据库参考农业地质数据库建设相关标准。

（2）区域水工环地质数据库

标准要求参照如下：水文地质图图例代码及色标、工程地质图图例代码及色标、1∶50 万数字水工环地质图空间数据库、1∶25 万数字水文地质图空间数据库、1∶5 万重点城市与经济开发区水工环地质综合空间数据库、区域水文地质图空间数据库图层及属性文件格式工作指南、地下水动态监测数据库、地质环境管理数据库、县（市）地质灾害调查与区划空间数据库系统建设技术要求（图 4-9）。

（3）海洋地质数据库

参考标准为：海洋工程地质数据库、海洋区域地质调查规范、大洋金属结核矿产勘查

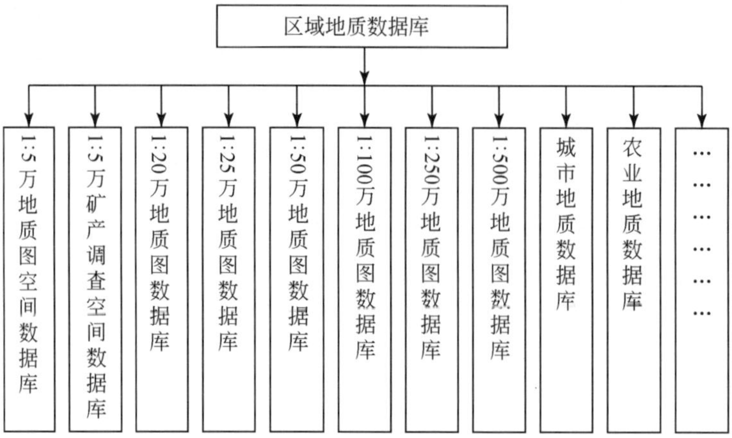

图 4-8　区域地质数据库划分示意图

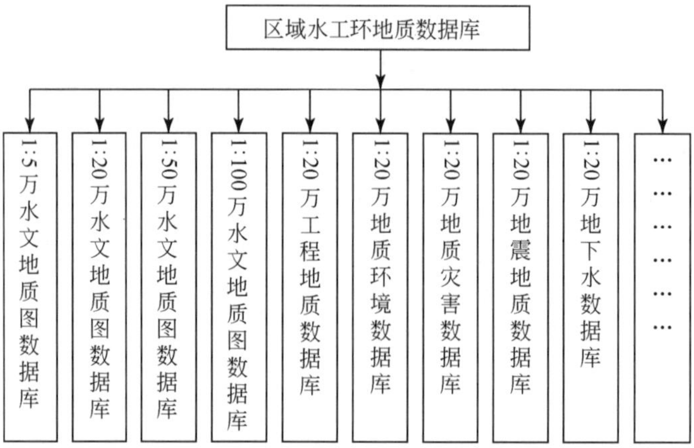

图 4-9　区域水工环地质数据库划分示意图

规程、1∶50 万海区磁力异常平面图编图规范（DZ/T0234-2006）、1∶50 万海区地貌图编图规范（DZ/T0235-2006）、1∶50 万海区第四纪地质图编图规范（DZ/T0236-2006）、1∶50 万海区自由空间重力异常编图规范（DZ/T0237-2006）（图 4-10）。

（4）专业地学数据库

参照专业地学数据库标准建设（图 4-11）。

（5）矿产资源勘查数据库

参照矿产潜力评价有关规定执行。如：全国矿产资源潜力评价数据模型元数据规定、编图说明书提纲统一图式规定、统一图例规定、通用代码规定、数据项下属词规定、空间坐标系统及其参数规定、成矿区带分区代码规定、大地构造分区代码规定、地理信息、遥感、自然重砂、化探、重力、磁法、成矿规律及预测、成矿地质背景等。及矿业权实地核查技术指南、战略性矿产远景调查数据库建设内容与数据库成果提交要求、战略性矿产远景调查技术要求（试行）等（图 4-12）。

（6）水工环勘查数据库

参考相关标准建设（图 4-13）。

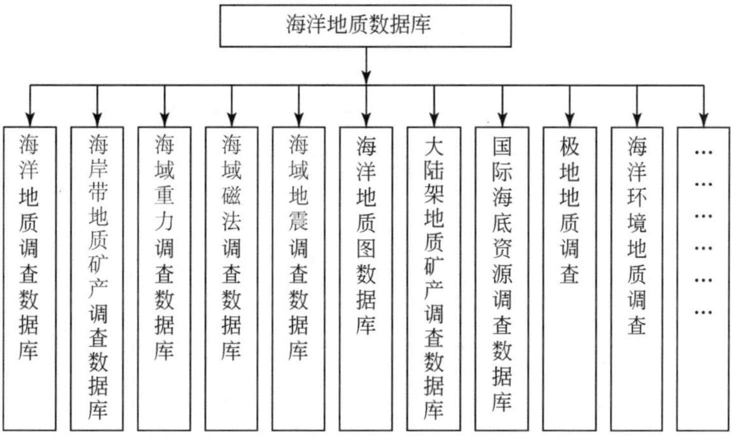

图 4-10　海洋地质数据库划分示意图

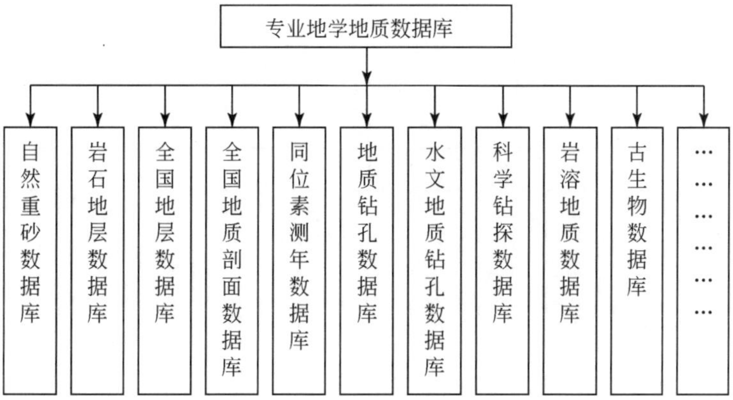

图 4-11　专业地学数据库划分示意图

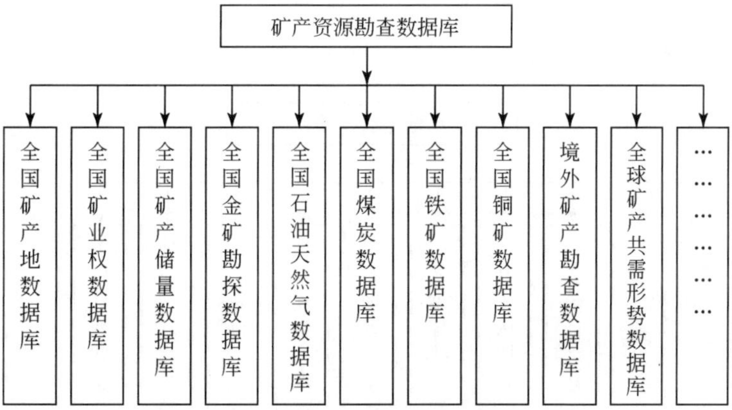

图 4-12　矿产资源勘查数据库划分示意图

（7）地球物理数据库

参考相关标准建设（图 4-14）。

（8）地球化学数据库

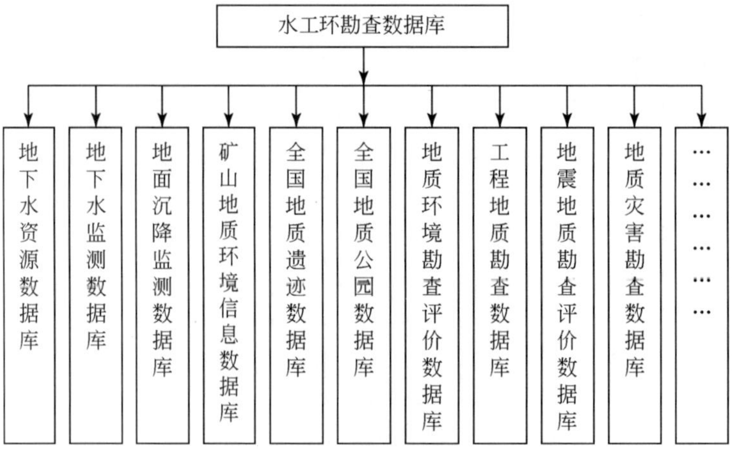

图 4-13　水工环勘查数据库划分示意图

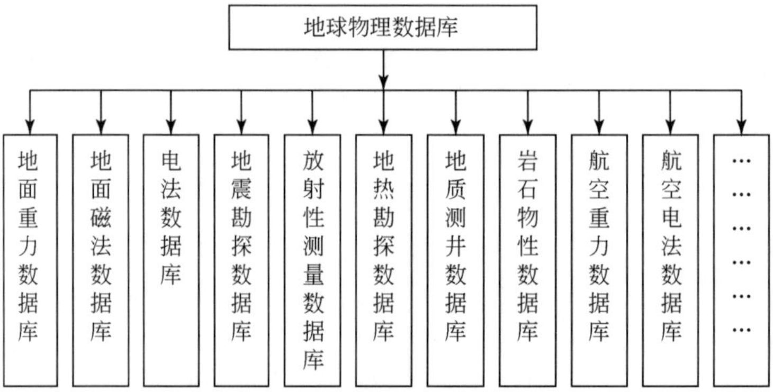

图 4-14　地球物理数据库划分示意图

参考相关标准建设（图 4-15）。

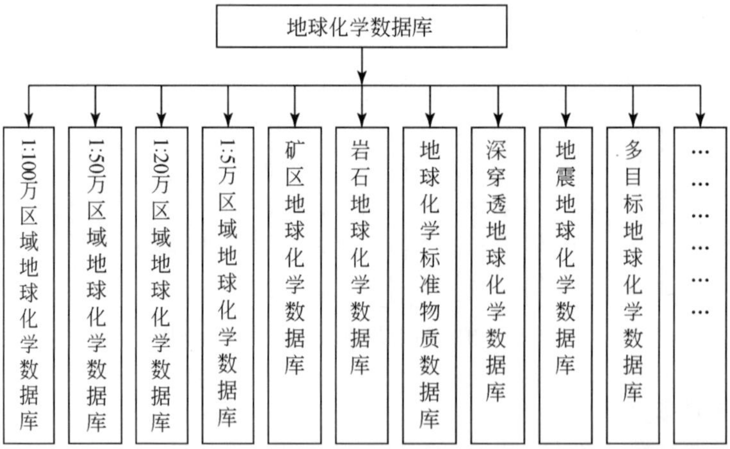

图 4-15　地球化学数据库划分示意图

(9) 遥感影像数据库

参考相关标准建设（图 4-16）。

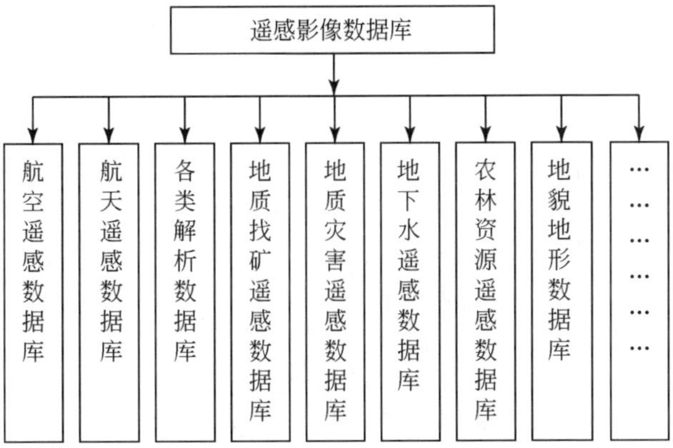

图 4-16　遥感影像数据库划分示意图

(10) 专题地质数据库

参考相关标准建设（图 4-17）。

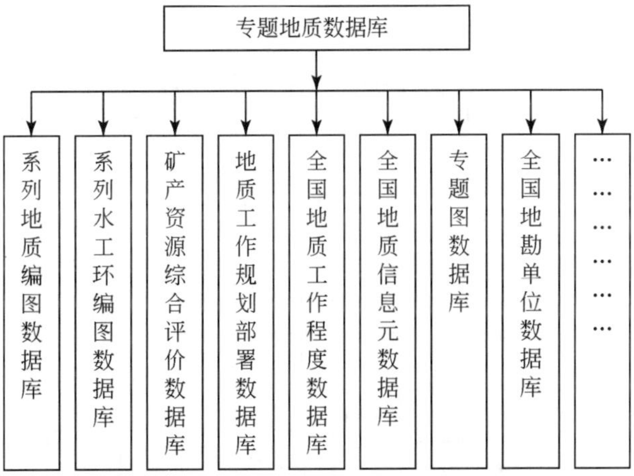

图 4-17　专题地质数据库划分示意图

(11) 资料图书数据库

参考相关标准建设（图 4-18）。

4.2.3.5　构建集群服务体系

集群服务体系主要通过服务主体，采用窗口与网络方式，形成横向互联，纵向相通的立体网络服务格局。纵向上分为综合集成服务层级、区域及专业服务层级、基础服务层级；横向上分为行政服务、馆藏公共服务、专业公共服务、商业服务四个领域（图 4-19 和图 4-20）。

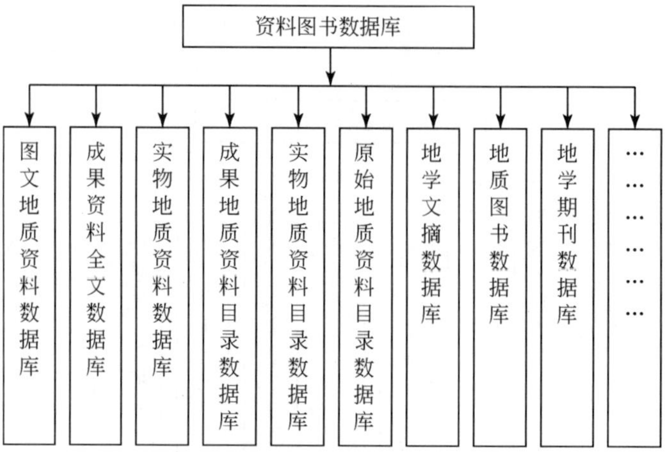

图 4-18　资料图书数据库划分示意图

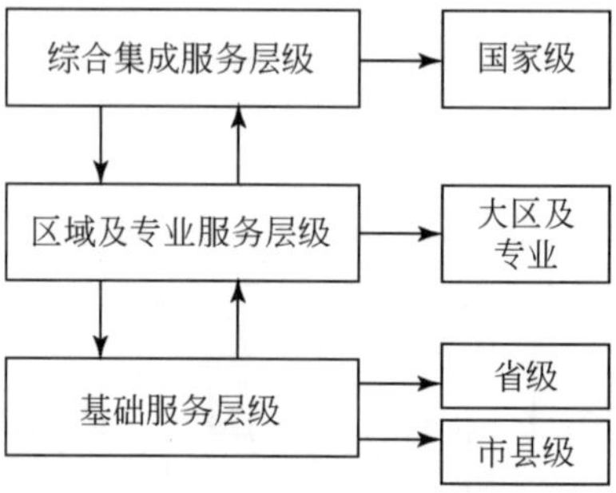

图 4-19　集群服务体系纵向示意图

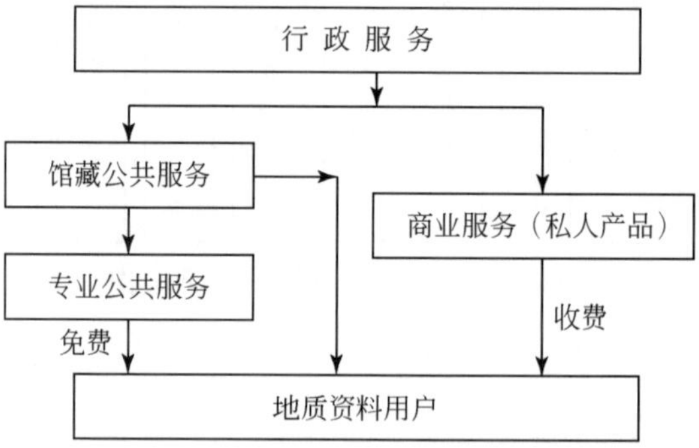

图 4-20　集群服务体系横向示意图

（1）窗口服务要求

窗口服务要求可参考以下规范及标准：档案馆指南编制规范、开发利用科学技术档案信息资源暂行办法、地质空间信息 Web 要素服务规范、互联网地图服务专业标准等。

（2）网络服务要求

网络服务可参考：全国国土资源信息网络系统建设规范（试行）、全国国土资源信息网络系统安全管理规定（试行）、信息系统灾难恢复规范、电子计算机房设计规范、本地网通信线路工程验收规范、光纤分布式数据接口高速局域网标准。

（3）元数据要求

可参考国土资源信息核心元数据、地理信息元数据、地质信息元数据。

4.2.3.6　构建政策制度体系

制定地质资料信息汇交、共享和交换等一系列政策与技术标准，建立地质资料汇交与借阅服务、项目立项挂钩机制，研究制定信息服务产品分级体系和价格体系。建立地质资料信息更新与服务机制。研究修订《地质资料管理条例》，强化基层对重要实物资料、原始资料、工程勘查资料汇交管理与服务职责。制定完善包括服务内容政策、收费政策、发布政策、用户权限政策、服务质量政策等与地质资料信息服务相关的政策与法规。

标准要求：遵守矿法、条例、决定、保密法、行政许可、信息公开等法律法规。

4.2.3.7　构建技术支撑体系

开发在线信息服务系统，研发与应用数据共享、融合、海量数据传输、可视化、数据挖掘、网络电视发布、手机移动发布、电子书等关键技术。构建资料数据汇聚、加工处理、共享服务的全流程技术体系。

规范要求为：

1）实用性、成熟性。实现想法，功能完备，技术成熟。

2）先进性。资料数据传输速度快，显示好。

3）可扩展性、兼容性。前后版本、软件相通。统一接口。

4）安全保密性。

5）可靠性。系统保持长期稳定，数据传输有效可靠。

6）易用性。简便服务。

7）经济性适用性。节省开支，实现系统的最大效益。

8）标准化。标准统计，功能统一，便于集群。

4.2.3.8　构建标准体系

建立地质资料服务标准体系框架；研发系列标准，重点是基于标准的 Web 服务的体系结构、支持语义共享的专业标准。

标准要求：国土资源信息专用标准规则、国土资源数据库标准及建设规范编制指南、标准化工作导则 第 1 部分：标准的结构和编写规则（GB/T1. 1-2010）、标准化工作导则 第 2 部分：标准的规范性技术要素内容的确定方法（GB/T1. 1-2002）、国土资源信息化标准化指南。

4.2.3.9　构建基础设施保障体系

包括国家级和省级地质资料数据中心建设，购置计算机、服务器、工程复印机等服务设备。形成数据中心体系。

标准要求：国土资源数据中心数据管理与维护指南、档案馆建设规范、设备规范、存储规范。

基础设施保障体系建设中的其他要求：

1）计算技术领域标准规范主要包括：并行计算技术标准规范、分布式计算标准规范、移动计算技术标准规范以及网格计算技术标准规范。

2）网络技术领域标准规范主要包括：IPv6、宽带网格技术标准、无线网格技术标准、网络存储技术标准规范以及信息资源检索协议等内容。

3）Web 技术领域标准规范涉及：基本 Web 技术、动态 Web 技术、Web 服务器以及 Web 知识发现等方面的技术标准规范。

4）数字对象和数据库领域标准规范主要包括：字符编码、多媒体信息编码、数据元素、标记语言、元数据、数据库技术以及数据挖掘等方面的标准规范。

5）信息安全领域标准规范的内容主要包括：私钥加密、公钥加密、数字签名、认证技术、数字版权管理、数字水印、安全传输标准以及 XML 安全机制等。

6）建议使用西安 80 坐标系、1985 国家高程系；同一个省内采用相同的数学基础；1∶25万～1∶50 万空间数据使用统一的大地经纬度坐标；以省为单位拼合为整体的 1∶1 万～1∶25 万空间数据使用统一的大地经纬度坐标；1∶1 万～1∶5 万空间图幅（标准分幅或行政区分幅）数据使用 3 度分带高斯-克吕格投影；1∶5 万～1∶25 万空间图幅（标准分幅或行政区分幅）数据使用 6 度分带高斯-克吕格投影。

4.2.4 重点部署安排

国土资源部出台《推进地质资料信息服务集群化产业化工作方案》，提出了“抓好三个系统，搞好四个环节，建设三个平台，搞好四个支撑”的“三四三四”工作思路。近期结合工作实际，又提出建设“五平台一支撑”的工作要求，有力推进两化的发展。

工作方案明确：在当前及今后一段时期，推进地质资料信息服务集群化产业化的重点是集成集群、深度开发，实现资料信息化，服务社会化，发展产业化。要以汇交保障服务、以开放促进服务、以数字化和互联互通提升服务，以集群化提供形式多样、内容丰富的公共地学信息产品，延长服务链，促进以各类衍生信息产品服务为主导内容的地学信息产业发展。推进地质资料信息服务集群化产业化要充分运用信息化技术手段，不断拓展服务，实行统一的规范和标准，对地质资料信息进行深度加工和整合，提高地质资料信息的集中度和关联度，形成分布式、多层次能满足不同需求的地质资料信息服务能力，推进地质资料信息服务产业发展。

总结以上要求，可以认为：推进地质资料信息服务集群化产业化的重点部署为建立地质资料信息服务集群体系和地质资料数据中心，提升服务能力。

4.2.4.1 建立健全地质资料信息共享与服务集群体系

树立最终成果信息服务与阶段成果信息服务并重、馆藏机构常规服务与专业机构专题服务结合的服务理念，加强组织领导，统筹规划，统一标准，建立以全国地质资料馆（发展研究中心）为核心，国土资源实物地质资料中心、国土资源部委托的地质资料保管单位、31个省级地质资料信息机构为骨干，紧密联系中国地质调查局，及各省地调院、环境监测院、地矿局等专业服务单位，依托网络共享服务平台，重要和综合信息适度集中、地区和专业信息多级分布的，开放的全国地质资料信息资料服务集群体系。

国土资源部负责全国地质资料汇交管理工作，负责地质资料的保管和提供利用的监督管理工作。

全国地质资料馆负责聚集、存储、挖掘国家基础性与综合性重要地质资料信息，牵头研究全国地质资料信息共享服务政策及其技术标准与规范，开展技术指导与业务培训，建设维护全国共享服务网络平台，直接联系国土资源实物地质资料中心、国土资源部委托的地质资料保管单位、全国31个省级地质资料信息机构，提供国家基础性、综合性重要地质资料信息服务。

国土资源实物地质资料中心、国土资源部委托的地质资料保管单位、全国31个省级地质资料信息机构，做资料接收、验收、保管和服务工作，依法向全国地质资料馆转交地质资料或地质资料目录，参与地质资料共享服务平台建设。

中国地质调查局依法汇交地质资料或地质资料目录，做好地质调查专业服务工作，联系全国31个省级地调院和环境监测总站。

各省地调院、环境监测院、地矿局等地勘单位，依法汇交地质资料或地质资料目录，开展专业地质资料信息服务。

通过建立地质资料商务合作、政府采购公共需要产品、政府补贴等形式，逐步培育建立地质资料加工服务中介组织，发挥企业化地勘单位的作用，推进地质资料专题增值服务。

当然还要建立健全地质资料集群服务政策法规体系、技术标准体系、汇交服务基础支撑体系等。

4.2.4.2　加快建设国家地质资料数据中心

依托全国地质资料馆，加快推进“国家地质资料数据中心”建设，形成地质资料数据资源的积累存储、加工处理、研发服务一体化，构建以国家级、省级和专业地质资料数据中心为主体的网络服务与信息共享体系。

国家地质资料数据中心主要积累存储全国成果地质资料及数据，全国成果、实物、原始地质资料全部目录数据库，重要原始地质资料数据和实物地质资料数据。通过建立健全相关的政策法规、技术标准和工作规范，搭建网络平台，与地区分中心（省级）、专业分中心和行业分中心实现资料数据的统一、协调和规范化管理。通过网上在线服务与地质图书、档案和文献进行开放式数据交换，逐步建立与国际地学资料数据中心之间的开放式数据交换机制。

4.2.4.3　加强地质资料信息资源清理与聚集，丰富信息产品资源

加快成果地质资料、实物地质资料、原始地质资料专项清理，摸清家底，建立目录数据库，推进目录网络共享服务。加快推进图文地质资料数字化、实物地质资料图像数据

库、遥感影像数据库、海洋地质数据库等建设进程。及时更新维护全国矿产地、工作程度等重要数据库。与商务部、外交部、国家开发银行等部门建立联动机制，加快全球矿产资源勘查开采投资环境信息服务系统的建设。启动重要钻孔地质数据库建设。

4.2.4.4 加强地质资料信息资源的挖掘开发，延长服务产业链

大力加强成果地质资料目录数据库的在开发，增加内容与数据项目。积极开发区域地质图系列产品，以及矿产地质、地球物理、地球化学、灾害环境地质等数据产品，以及农业地质、城市地质等专题性数据产品。结合扩大内需，紧密围绕重要成矿区带、国家重大工程建设等重大专项，组织专门力量，开展成果地质资料、实物地质资料、原始地质资料的专项再开发、再研究利用。围绕矿产资源规划、地质勘查规划、矿业权管理、国土规划等工作需要，开展专题性地质资料深度综合开发利用。加大投入，统一标准，加快对不同单位、不同专业类别海量异构数据库的再开发，积极加入 One Geology 等国际地学数据交换与共享平台，逐步形成权威的地质资料信息专业化网站。

4.2.4.5 全面提高地质资料信息集群化产业化服务水平

1）转变观念，改进服务方式。树立大地质观与大服务观，促进地质工作多专业、多领域、多单位人才、技术、装备的集群结合，开发系列服务产品，延长地质工作服务产业链。以产业化思维推动地质资料信息开发利用与服务。地质资料馆藏机构人员要更新观念，将过去的“仓库保管员”转变为现在的“超市销售员”。加大成果服务宣传力度，开展用户和产品的分类分级，建立客户服务计划和服务反馈机制。积极探索地质资料数据公共产品的多元化供给方式和途径，建立现代营销模式。在做好传统服务的同时，利用网络等现代信息技术开展服务，开展资料的网络检索、浏览、下载、订购等，实现集群与分布相结合的服务。

2）面向需求，拓展服务范围。以政府管理工作需求、国民经济建设和社会公众的需要作为地质资料信息聚集、挖掘和服务项目立项出发点和依据，加大为政府服务和社会公众服务的力度。在立项之初即明确“为谁服务、服务什么”的问题，要把需求满足程度作为检验工作效果的标准和落脚点。尽快拟定为国家财政出资的长周期大项目、大数据库的阶段成果及时提供服务的管理办法。改变产品服务方式单一，服务技术手段较落后的局面，丰富数字产品、数据处理、技术咨询服务等多元服务内涵。扩大服务范围，为政府机构、地质科研机构、矿山企业和个人提供丰富多样的服务。

4.2.4.6 坚持公共服务引导专题增值服务，推进产业发展

资料馆、地调局（院）为公共服务的提供者，即使是地调局（院）开展专题服务也应以政府采购的市场方式开展。然后，引入资料服务开发中介组织，在政策和资金方面给予支撑，开展专题增值服务，当然各类企业化的地质队伍也可加入其中，努力推进产业化。通过以上，探索出多单位、多部门、多专业、多领域、多层次分布且开放的地质资料信息的集群产业服务路子。

4.2.5　“两化”的技术要求

地质资料信息服务集群化产业化是一项由若干个既独立又相互关联的子项组成的系统工程。要按统一的标准、规程、规范推进工作，要严格执行现行的地质资料、矿产地质、区域地质、城市地质、水工环地质、信息服务平台建设的相关标准、规程、规范。推进数据库、共享服务平台、数据运行环境、网络建设时要统一执行以下要求。

4.2.5.1　地质资料数据库建设要求

按照元数据目录数据库、图文地质资料数据库和专题数据库（按照专业划分的各类数据库）三大类进行建设。数据库建设中，要遵循相关地质资料档案管理技术标准规范和地质矿产行业信息化标准。服务国土资源行政监管和政务管理的部分地质资料数据应满足全国国土资源“一张图”及其核心数据库建设要求，能够纳入“一张图”进行统一管理。

4.2.5.2　共享服务平台建设要求

地质资料共享服务平台是分布式共享服务系统，包括元数据目录服务、公开数据服务和依申请或订制的产品服务三个层次。资料数据目录和公开资料数据依托互联网形成以国土资源部门户网站为龙头的网络化统一对外服务系统。非公开地质资料数据依托国家和省（区、市）两级地质资料数据中心开展服务。

4.2.5.3　数据运行环境要求

数据中心基础运行环境应包括主机与服务器系统、存储备份系统、基础软件和安全系统。充分考虑现有数据和系统平台基础，空间数据管理软件可选择国内外主流产品，支持通用交换格式；数据库软件可选择国内外大型主流关系数据库产品。

4.2.5.4　网络建设要求

地质资料共享服务平台依托 Internet 对外提供服务，国家级数据中心 Internet 网络带宽不小于 10M，省级数据中心不小于 5M；依托国土资源主干网进行省级地质资料数据分中心与国家级地质资料数据中心的数据交换、非涉密地质资料传输。

4.3　地质资料信息服务产业化的工作部署

4.3.1　指导思想与基本原则

4.3.1.1　指导思想

以提升地质资料管理与服务能力和水平为目标，发挥市场机制的作用，引导建立地质资料服务产品开发企业和中介组织，加强行业资质管理，开发服务产品，不断延长地质资料信息服务产业链，建设产业基地，推进产业集群，扩大服务规模，拓展服务领域，提升服务能力。

4.3.1.2 基本原则

（1）坚持公益服务引领

公益性服务是各地质资料馆藏机构免费向社会公众提供的地质资料信息服务；商业性服务是企业根据社会需求，发挥自身专业优势，对馆藏地质资料进行集成和开发，形成具有增值、盈利性质产品的地质资料信息服务，属于订制服务。公益性服务是商业性服务的基础，坚持由公益性服务带动商业性服务，能够使商业性服务更好更快地发展。

（2）坚持集群化为基础

集群化是产业化的基础，产业化是集群化的延伸。产业化的前提是通过集群化向社会公众提供最大限度的公益性地质资料信息服务，也是下一步推进两化工作的重点。产业化的目的就是最大限度地满足各种需求，实现地质资料信息服务领域最大化。途径是利用公益性地质资料开发专题性服务产品，向社会提供个性化、差异性、特定需求的服务。

（3）坚持发挥市场机制作用

推进产业化，发展商业性服务必须充分发挥市场机制的作用。国土资源行政主管部门要明确经营范围和领域，工商部门要在营业执照中明晰经营范围，政府要加强经营监管和监督检查；要建立企业资质、从业人员资质认证制度，建立行业协会，加强行业自律，要完善各项规章制度，保障商业机构及消费者的权益。

4.3.2 目标任务

4.3.2.1 目标

坚持“市场配置、公益引领、政府监管、行业自律、服务优先”，逐步建立地质资料信息从业人员和机构资质的管理制度，建立行业协会，加强行政管理和行业自律，引领商业性地质资料单位根据社会需求开展专题服务产品开发，开展专题服务，实现地质资料向社会生产的转化，推进地质资料信息服务产业规模化。

4.3.2.2 主要任务

在当前及今后一段时期，推进地质资料信息服务产业化的重点是建立地质资料信息服务从业人员资质管理制度；建立涵盖公益性单位和企业的地质资料信息服务行业制度；建立商业性地质资料信息服务单位经营范围许可和管理制度；建立地质资料信息行业协会，试点建立地质资料信息服务产业基地，加强行业自律，推进产业集群；发布地质资料信息服务产品开发指导目录，建立地质资料信息公益性服务和商业性服务的价格指导。

1）研究地质资料产业发展战略与规划，完善相关发展政策及机制，引导建立服务产品开发企业和中介组织。

2）成立地质资料行业协会，建立人员和企业资质管理制度，加强行业自律。

3）选择1～2个重要城市、重点成矿区带、重点经济区、重点生态环境脆弱区、重大工程建设区或重大地质问题区，开展地质资料信息服务产业化试点工作，开发地质资料信息服务产品。

4）矿权招投标数据包、申请登记资料等工作要通过商业性行为开发编制，以政府采购的形式形成产品。

5）有条件的省要先行先试，建立地质资料信息服务产业基地，创新产业发展模式，打造集群式、集团型的产业发展高地，通过地理上的集聚，衍生产业集群，推进产业集群，提高地质资料的集中度，提升产业的规模效益，尝试建立一批优秀的企业和知名品牌。

6）组织发布服务产品开发指导目录。

7）推进国家地质资料数据中心建设，做好地质资料信息服务产业化的支撑。

8）受委托保管油气地质资料的油气公司，要积极推进受委托保管的油气地质资料信息服务产业化工作。各油气公司都要选择一至两个机构，开展油气产业化试点，利用基础性公益性地质资料向社会提供特定服务，进行二次编研，开发专题服务产品。同时培育地质资料数据加工公司，开展油气钻井数据库建设，根据多方需求，引领专题产品开发。

4.3.3　重点工作部署

4.3.3.1　进一步加强地质资料公益性服务的引领作用

资料馆藏机构要在做好公益性服务、政府决策服务和地学研究服务的基础上，进一步加大地质资料的社会化服务力度，做好资料的公开共享，以多种形式公开资料信息，推动产业化的发展。产业化不是资料馆卖资料，而是资料馆在提供公共服务的基础上，引领企业利用资料开展专题服务产品加工，开展专题服务，满足多方需求。

4.3.3.2　推进地质资料产品体系建设

围绕国家重点需求开发五重地区服务（重要经济区、重要成矿区、重大工程建设区、重大地质灾害区、重要地质问题）产品，助力找矿突破和国家扩大内需工作。

4.3.3.3　鼓励商业性地质资料服务中小企业发展

产业化的目标是提升服务能力，不仅馆藏机构要提供公共馆藏服务，各类资料信息公司还要开展专题服务，提供深层次的服务产品；产业化的主体，不是各级资料馆藏机构，而是商业性地质资料信息加工单位。政府部门需要对地质资料信息加工单位资格进行确认，如对涉密资料管理、企业经营范围、企业经营监督、资料加工范围等内容；资料馆藏机构要依据企业的资质及时提供相关资料。

4.3.3.4　成立行业协会，加强行业自律

要成立中国地质资料协会，规范地质资料服务行业管理，完善地质资料信息共享机

制，促进地质资料服务工作水平和质量的提高；要充分发挥协会在政府、资料馆藏机构、企业和用户之间的桥梁纽带作用，加强从业人员和企业资质管理服务，引导建立地质资料服务产品开发企业和中介组织，规范行业市场，促进行业自律；同时，完善标准体系，抓好宣传培训教育，努力打造地质资料管理与服务的交流平台，服务政府，服务企业，服务民生，服务发展。

第 5 章　地质资料信息资源汇聚机制研究与试点应用

地质资料的汇聚主要包括两方面，一是地质资料的汇交，提高地质资料集中度；二是地质资料数据库建设，提高地质资料的关联度，促进资料有序化管理。这是推进两化基础，没有丰富的地质资料信息资源，没有地质资料信息资源的相对集中，没有地质资料数据的有序管理，就没有集群化，就没有高效服务，更谈不上产业化。因此本章在试点基础上，对地质资料汇聚机制，包括汇交监管机制与平台建设、汇交激励约束机制、数据库更新维护机制、地质资料收集与交换机制、欠交地质资料清理与催交机制、市县职能延伸，进行了研究，提出了相关模型和模式。一方面夯实两化试点的基础，另一方面为全国推进地质资料信息服务集群化建设、资源的集聚、服务的集群和产业的发展起到示范性作用。

5.1　地质资料资源汇聚机制研究

5.1.1　地质资料资源汇聚机制的总体架构

地质资料信息资源的有效汇聚，是从事地质工作的单位或个人向国家汇交地质工作成果的义务，是对投资收益的保障，同时也是地质工作成果服务于社会大众的重要保障和基石。加大地质资料信息资源汇聚机制研究，拓宽地质资料汇聚渠道，形成完善的地质资料汇聚监管与法规保障体系。创新经济发展、矿业投资增长、信息技术进步、基础设施投入增加等新形势下的地质资料资源汇聚模式，对于推动地质资料信息服务集群化产业化，形成完备的、成体系的地质资料管理模式有着重要的意义。

通过对现行的业务流程、项目研究成果以及部分地区业已开展的资料汇聚模式调研，可将地质资料资源汇聚机制归纳为汇交信息化监管机制、汇交激励约束机制、数据库更新维护机制、地质资料收集与交换机制、欠交地质资料清理与催交机制、市县职能延伸机制等方面（图 5-1）。在常规汇交业务基础上，通过建立汇交监管平台，实现了三大类的地质资料一体化管理与服务；创新性建立了商业性地质资料的汇交管理约束机制，形成了地质资料收集全面化、整理标准化、录入格式化、管理常态化的工作模式。

5.1.2　地质资料资源汇聚机制的创新

地质资料资源汇聚机制创新包括两部分：一是汇聚渠道的创新；二是资料汇交政策机制上的创新。其中，汇聚渠道的创新是指拓展原有的国家级馆藏机构、省级馆藏机构、委托保管机构的管理体系与汇聚渠道，向冶金、煤炭等行业扩展，向地市级地质资料馆藏部

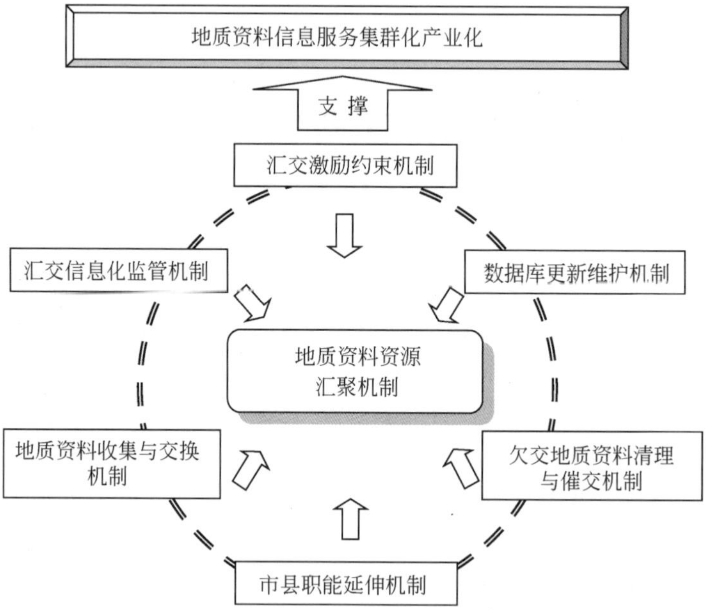

图 5-1　地质资料资源汇聚机制框架图

门延伸，向境外涉华地质资料的回归拓展，极大地丰富地质资料的来源与范围。汇交政策机制的创新是指开展法规约束、利益共享等资料汇交机制研究。在《地质资料管理条例》约束前提下，制定并出台符合区域发展需求、充满地域特色的地质资料汇交管理办法。设计汇交流程和方法，建立汇交资金保障制度，明确牵涉单位的责任与义务，充分实现地质资料的应交尽交和公开共享。

5.2　地质资料汇交激励约束机制

《地质资料管理条例》及《地质资料管理条例实施办法》明确地质资料汇交及违法承担责任。两化试点以来，《关于加强地质资料汇交管理的通知》（国土资发〔2010〕32号）进一步明确了油气地质资料的汇交范围，明确了地勘单位在地质资料汇交中的连带责任，明确了欠交地质资料处理办法。《关于加强原始地质资料汇交管理的通知》明确了原始地质资料汇交要求及相关法律责任；关于加强石油天然气和海洋原始与实物地质资料委托管理的通知，明确了油气、海洋实物和原始地质资料实行委托管理，保证目录共享开展服务。这些创新点，从法律制度上鼓励汇交，限制欠交，有力地促进了地质资料的汇交管理。

5.2.1　汇交人范围扩展

在中华人民共和国领域及管辖的其他海域从事矿产资源勘查开发的探矿权人或者采矿权人，为地质资料汇交人。

《地质资料管理条例实施办法》第六条，在转让探矿权、采矿权后，其汇交义务同时转移，探矿权、采矿权的受让人是地质资料的汇交人。

在中华人民共和国领域及管辖的其他海域从事前款规定以外地质工作项目的，其出资人为地质资料汇交人；由国家出资的，则由承担有关地质工作项目的单位为地质资料汇交人。

相比以前，在解决汇交中责任不清、汇交主体技术力量不够和工程资料汇交不主动等问题时，有三点主要创新点：①明确汇交责任与义务，同时享有资料利用的权利。②明确规定承担商业项目的地勘单位具有汇交连带责任，需要在签订项目合同时明确汇交费用。③探讨了工程勘察（查）资料汇交的责任义务，探讨了法律约束、资源共享机制，督促汇交。

5.2.2　地质资料汇交范围清晰化

地质资料汇交人应当按照《地质资料管理条例实施办法》附件规定的范围汇交地质资料。

《地质资料管理条例实施办法》规定，除成果地质资料、国家规定需要汇交的原始地质资料和实物地质资料外，其他的原始地质资料和实物地质资料只需汇交目录。国家规定需要汇交的原始地质资料和实物地质资料细目，由国务院地质矿产主管部门商国务院有关部门制定。

除符合前款规定的要求外，探矿权人、采矿权人汇交的地质资料，还应当附有勘查许可证、采矿许可证的复印件；经过评审、鉴定、验收的地质资料，还应当附有评审、鉴定、验收的正式文件或者复印件。

目前，中国地质资料从政策层面已实现全面汇交。成果资料主要汇交的全国馆和各省馆。油气和海洋原始与实物地质资料委托 35 家单位保管，但必须公开目录，公开服务，国家加强监管检查。其他原始与实物地质资料依照规定分别向全国地质资料馆、国土资源实物地质资料中心、各省地质资料馆藏机构汇交，不需要汇交的由生成单位保管，但需要公开目录。

5.2.3　明确汇交数量及质量要求

《地质资料管理条例实施办法》第十五条，需要向国土资源部转送的成果地质资料，汇交纸质资料及电子文档各两份；其他地质资料汇交纸质资料和电子文档各一份。

工作区跨两个或者两个以上省、自治区、直辖市的地质项目，汇交纸质资料和电子文档的份数与所跨省、自治区、直辖市的数量相同。

中外合作项目如果形成不同文本的地质资料，除了汇交中文文本的地质资料外，还应当汇交其他语种文本的纸质地质资料、电子文档各一份。

汇交的资料要按照国家有关报告编制标准、要求编写；满足完整、齐全；制印清晰，着墨牢固；规格、格式符合有关标准、要求；电子文档的资料内容与相应的纸质资料内容相一致。

5.2.4 理顺汇交渠道

《地质资料管理条例》第九条，本条例附件规定的石油、天然气、煤层气和放射性矿产的地质资料和海洋地质资料，以及国务院地质矿产主管部门规定应当向其汇交的其他地质资料，由地质资料汇交人向国务院地质矿产主管部门汇交。

前款规定以外的地质资料，由地质资料汇交人向地质工作项目所在地的省、自治区、直辖市人民政府地质矿产主管部门汇交。

《国土资源部办公厅关于进一步加强原始地质资料管理的通知》规定：中央财政出资形成的原始地质资料，汇交人直接向国土资源部汇交，由国土资源部向项目所在地的省（区、市）国土资源主管部门转送1份。其他资金项目形成的原始地质资料，汇交人直接向项目所在地的省（区、市）国土资源主管部门汇交，由接收地质资料的省（区、市）国土资源主管部门向国土资源部转送1份。油气与海洋等实物与原始资料实行委托管理。

5.2.5 明确地质资料转送

《地质资料管理条例实施办法》第九条，工作区跨两个或者两个以上省、自治区、直辖市的地质项目，汇交人可以向项目所在地的任何一个省、自治区、直辖市国土资源行政主管部门汇交地质资料。由收到地质资料的国土资源行政主管部门负责将成果地质资料转送有关的省、自治区、直辖市国土资源行政主管部门。

省、自治区、直辖市国土资源行政主管部门应当在验收合格后90日内，将汇交人汇交的成果地质资料（纸质资料和电子文档各一份）转送国土资源部。但B类资料不转送：具体有普通建筑用砂、石、黏土矿产地质资料；《矿产资源勘查区块登记管理办法》附录以外且资源储量规模为小型的矿产地质资料；矿山开发勘探及关闭矿井地质资料；小型建设项目水文地质、工程地质、环境地质及小型灾害地质资料；省级成果登记的各类地质、矿产科研成果资料。

《地质资料管理条例实施办法》第十五条，需要向国土资源部转送的成果地质资料，汇交纸质资料及电子文档各两份；其他地质资料汇交纸质资料和电子文档各一份。

全国地质资料馆及省级地质资料馆接收原始地质资料电子档，要向相关省馆及全国馆转送。

5.2.6 加强地质资料违法法律责任追究

《地质资料管理条例》第二十条，未依照规定的期限汇交地质资料的，由负责接收地质资料的国土资源行政主管部门责令限期汇交；逾期不汇交的，处1万元以上5万元以下罚款，并予以通报，自发布通报之日起至逾期未汇交的资料全部汇交之日止，该汇交人不得申请新的探矿、采矿权，不得承担国家出资的地质工作项目。

《地质资料管理条例》第二十一条，伪造地质资料或者在地质资料汇交中弄虚作假的，由负责接收地质资料的地质矿产主管部门没收、销毁地质资料，责令限期改正，处 10 万元罚款；逾期不改正的，通知原发证机关吊销其勘查许可证、采矿许可证或者取消其承担该地质工作项目的资格，自处罚决定生效之日起 2 年内，该汇交人不得申请新的探矿权、采矿权，不得承担国家出资的地质工作项目。

5.3　地质资料汇交清理与催交机制

按照《地质资料管理条例》及其实施办法等相关文件要求，开展各类地质工作形成的地质资料清理。两化试点项目开展以来，研究形成了清理工作方案和工作要求，为部局开展工作和文件下发提供了支撑。并在国土资源部统一领导下，在中国地质调查局组织协调下，在各省（区、市）国土资源行政主管部门支持下，组织开展全国各类地质资料清理试点工作，为全国各类地质资料清理和管理工作提供技术支撑，促进地质资料信息服务集群化产业化。

5.3.1　成果地质资料的汇交清理与分发

为了加强地质资料汇交管理工作，2010 年 3 月，国土资源部下达了《加强地质资料汇交管理的通知》（国土资发〔2010〕32 号），国土资源部矿产资源储量司下发了《关于地质资料清欠工作有关要求的函》（国土资储函〔2010〕32 号）。中国地质调查局于 2010 年 10 月下发了《中国地质调查局关于开展地质资料清欠工作的通知》和《中国地质调查局落实部地质资料清欠工作实施方案》。

通过开展两化项目安排开展的地质资料清理，工作完成了对 1999 ~ 2009 年共计 3637 个应结题地质调查项目的汇交清理工作。截至 2012 年 12 月底，完成 555 个项目的成果地质资料催交工作，共计接收、验收欠交地质调查资料 808 种。完成了对全国地质资料馆收藏的 4117 种地质调查资料（补交清欠资料入库前的统计数据）的分发清理工作，并完成了 1372 套资料电子版的复制和分发工作。

5.3.2　原始地质资料清理机制

开展了原始地质资料清理研究，形成了原始地质资料清理的工作方案，明确了工作流程和清理范围、职责，研发原始地质资料清理管理系统支撑清理工作开展，并在地调局六大区开展了清理试点。开展原始地质资料管理研究，形成相关建议文件，为国土资源部加强原始地质资料汇交的管理通知出台提供支撑。这些工作主要依托计划项目所属的工作项目完成。

5.3.3　实物地质资料清理机制

开展了实物地质资料清理研究，完善了实物地质资料清理工作方案（建议稿）和实物地质资料清理工作指南（试行），完成实物地质资料清理登记目录管理系统的研发，摸清了地质大调查实物地质资料现状，开展了钻孔数据清理工作，摸清了钻孔数据基础。

5.4 地质资料汇交监管平台建设

5.4.1 汇交监管的重要作用

地质资料汇交管理作为矿政管理的重要组成部分，国土资源部和各省级国土资源主管部门对其十分重视。自2002年国务院公布《地质资料管理条例》，2003年国土资源部发布《地质资料管理条例实施办法》以来，地质资料汇交人的汇交意识不断增强，地质资料馆藏机构管理服务水平不断提高，国土资源行政主管部门监管力度不断加大，地质资料的汇交、保管和服务取得明显成效。但仍存在汇交不及时、应当汇交的没有汇交、部分汇交资料质量不符合要求，馆藏机构管理投入不足、基础设施陈旧、队伍建设滞后，相关管理制度不完善、法律法规执行不严格、监督管理有待加强等问题。为切实加强地质资料汇交管理，国土资源出台了《关于加强地质资料汇交管理的通知》（国土资发〔2010〕32号），要求凡是国家出资开展的地质工作，项目下达单位在下达项目计划时，应同时按地质资料汇交规定抄送国土资源行政主管部门；社会出资开展的地质工作，行政许可机关应将项目批准情况同时抄送同级国土资源行政主管部门负责地质资料的管理机构。国土资源行政主管部门将地质工作项目信息转交相关地质资料馆藏机构，建立地质资料汇交监管平台。地质资料馆藏机构要按照监管平台信息接收地质资料，并将未按时提交地质资料的汇交人信息反馈国土资源行政主管部门依法处理。国土资源部印发《地质资料汇交监管平台建设工作方案》（国土资发〔2011〕78号），决定充分利用现代信息技术，进一步加强地质资料汇交管理，提高地质资料汇交水平，在全国范围建立地质资料汇交监管平台。

5.4.2 汇交监管的资料范围

在国土资源部和省级国土资源主管部门及其地质资料馆藏机构，建立统一的地质资料汇交监管平台，对成果、实物、原始地质资料的汇交实行全程监管，实现汇交人依法汇交地质资料。

监管范围：

1）依法取得的探矿权、采矿权形成的地质资料。

2）中央和地方财政出资开展地质工作形成的地质资料。

3）《地质资料管理条例》规定应汇交的其他地质资料。

5.4.3 汇交监管流程

地质资料信息监管的重点是理顺工作流程。将信息技术运用到地质资料汇交的全流程，这样既能保证工作秩序，又能提升工作效率，最终的工作流程见图5-2。

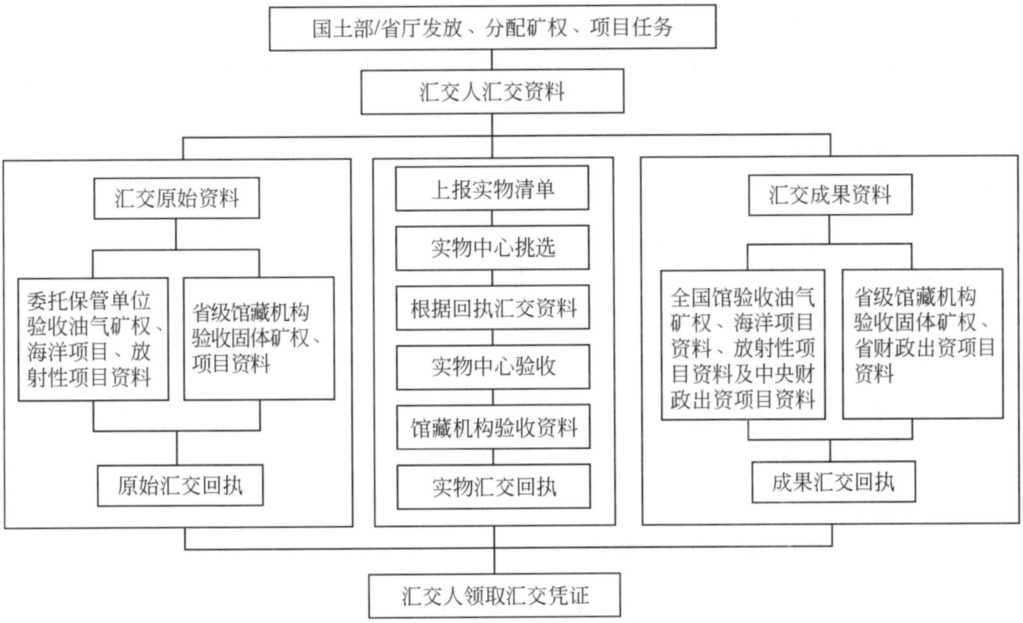

图 5-2　地质资料汇交监管业务运行流程示意图

5.4.3.1　公开资料汇交的工作流程

（1）成果、原始地质资料接收流程

1）汇交人报送“成果和原始地质资料清单”，汇交成果和原始地质资料（或原始地质资料目录）到接收机构（基本为资料馆，有些为行政机关）。

2）接收机构经验收合格后向汇交人发放回执。不合格的，发《地质资料修改、补充通知书》，将资料退回汇交人。

对于有关特殊情况的处理：

1）当汇交的地质资料名称与项目名称不一致时，由接收机构向汇交人提出质疑并由汇交人确认。

2）对于一个项目汇交多份资料的，或两个或者两个以上项目汇交一份资料的，由接收机构在监管系统中新增相应的信息项。

（2）成果、原始地质资料检查验收流程

1）接收机构负责对汇交的成果地质资料和原始地质资料（或原始地质资料目录）进行验收。验收不合格的，向汇交人发放补充修改通知书，并在监管平台记录。

2）验收合格的，按工作流程著录、整理和入库。

（3）汇交凭证发放流程

国土资源部或者省行政机构在收到全国地质资料馆和实物地质资料中心提供的成果、原始、实物三大类地质资料验收合格信息后，发放汇交凭证。

（4）确认转送流程

全国地质资料馆接收到各省地质资料馆转送的地质资料后，经验收合格，通过监管平台对接收到地质资料信息进行确认。

（5）办理保护申请流程

1）对于需要办理保护申请的资料，汇交人在汇交资料的同时向国土资源部或者省行政机关提交保护申请表。

2）行政机关审批完成后发送通知。

（6）延期汇交申请流程

1）汇交人不能按期汇交资料的，需要提交地质资料延期汇交申请表。

2）部批准延期汇交的，通过监管平台发布相关信息，同时书面告知汇交人；未批准的，进入正常汇交或者催交程序。

（7）逾期不汇交的管理流程

对不按期汇交地质资料的，填写《限期汇交地质资料通知书》，上报行政机关审批。

（8）对不依法转送情况的处理

根据实际情况进行督促。

5.4.3.2 涉密地质资料的管理

涉密地质资料汇交、转送应走机要渠道，相关信息报送采取机要或者专人方式，并统一纳入监管范围。

5.4.4 汇交监管平台的研发与部署

汇交监管平台主要包括项目信息导入、汇交监管、延期申请、保护申请等功能（图 5-3 和图 5-4）。

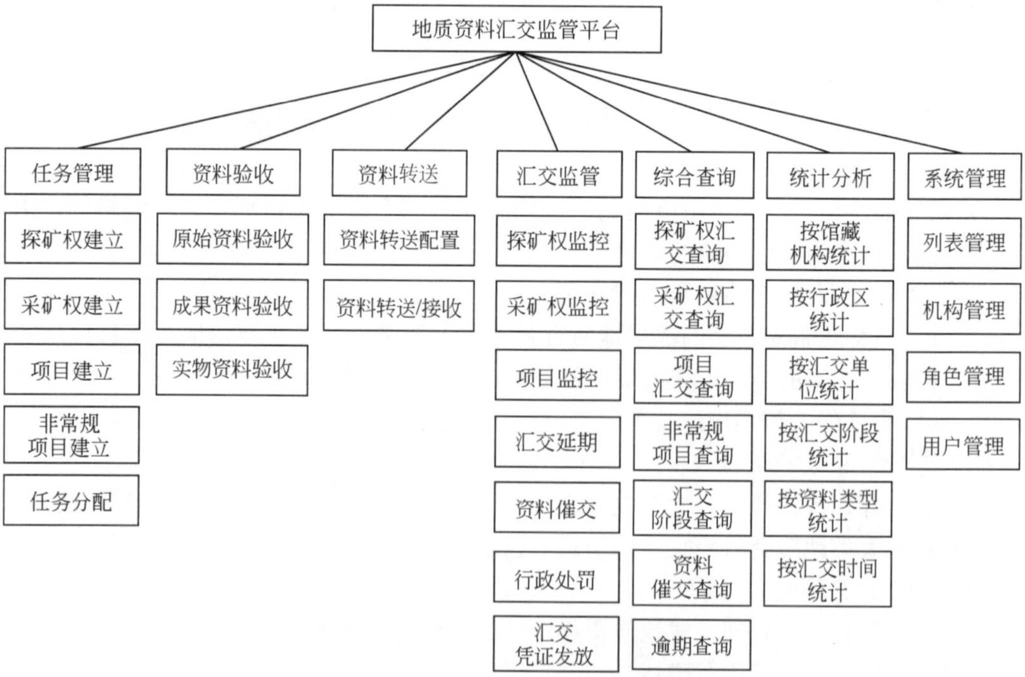

图 5-3　地质资料汇交监管平台功能模块

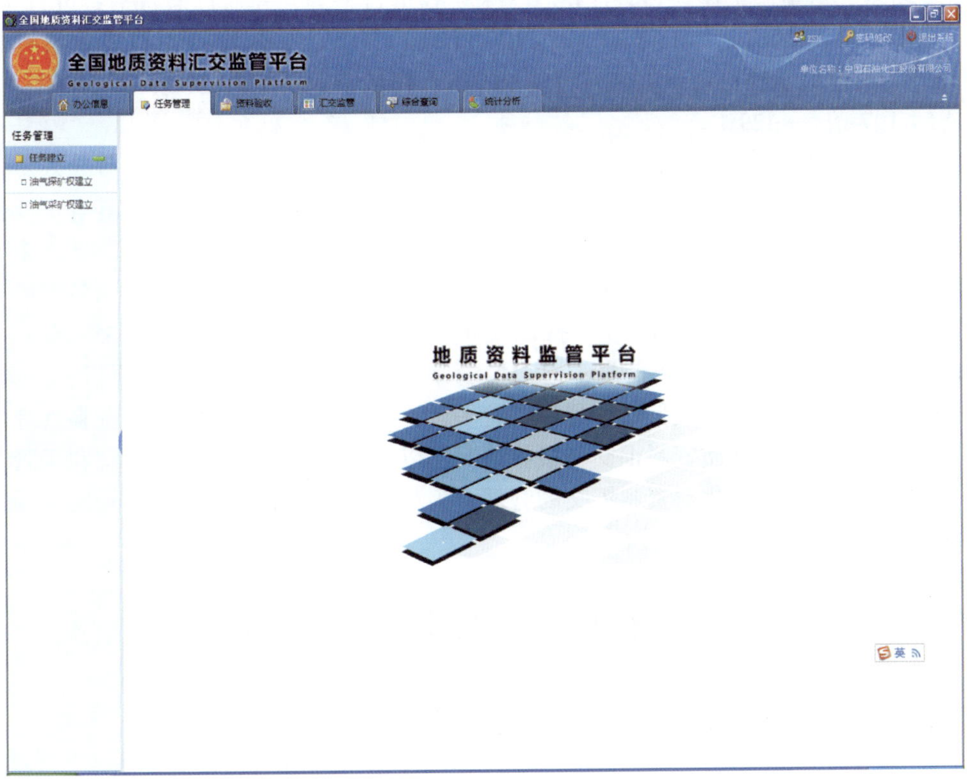

图 5-4　地质资料汇交监管平台主页面

目前部署在全国地质资料馆。国土资源部储量司、各省国土资源厅、全国地质资料馆、实物地质资料中心及各省馆用户在线登录平台进行数据入库、补录凭证、发放凭证等操作。数据统一存储、备份在全国馆服务器。目前平台数据入库、汇交补录工作、汇交凭证发放、监管流程操作均正常进行。系统运行稳定，使用情况良好，没有出现因为软件操作或服务器问题引起的异常情况。平台上线初期，各单位反馈的问题相对较多，随着监管平台的深入使用和平台功能的不断更新完善，反馈的各类问题逐渐减少，使用趋于稳定。部储量司、各省国土资源厅整理各类地质项目、探矿权、采矿权数据并导入平台作为平台基础数据。在此数据基础上，部储量司、全国馆、实物地质资料中心、省厅、省馆用户均登录监管平台进行了地质项目、探矿权、采矿权凭证补录、发放凭证等业务处理。由于平台数据的重要性，全国馆严格执行平台数据备份机制，保证了数据的安全。

5.4.5　地质资料汇交监管的成效

地质资料汇交监管平台 1.0 版自 2012 年 4 月试运行以来，通过在全国地质资料馆、实物地质资料中心及 31 个省厅储量处及省级馆藏机构部署汇交监管平台，初步构建了全国地质资料汇交监管体系。目前，地质资料汇交监管平台的基本情况如下。

1）完成各类项目数据入库。平台试点运行后，部、省级各单位按照文件和国土资源部的统一要求，对地质工作项目、探矿权、采矿权进行整理，并通过监管平台进行检查、排重、入库。截至 2012 年 12 月 30 日，地质资料汇交监管平台共有各类地质项目数据 185 410条。其中地质项目记录 13 584 条，占 7%；探矿权记录 117 629 条，占 64%；采矿权记录 54 197 条，占 29%。

2）初步实现地质资料汇交凭证在线生成。监管平台自试运行以来，项目导入、资料验收、汇交凭证发放等初步实现了在线生成，对规范地质资料汇交管理业务具有重要促进作用。截至 2012 年 12 月 30 日，全国已通过监管平台发放地质资料汇交凭证 1806 个，其中项目发证 457 个、探矿权发证 729 个、采矿权发证 620 个。目前全国已补录各类项目总数 27 543 个，其中项目补录 5283 个、探矿权补录 13 125 个、采矿权补录 9135 个。

3）初步实现全国资料汇交信息汇总。监管平台汇总了全国地质工作项目、探矿权、采矿权的基本信息及汇交有关信息。通过监管平台，可以及时掌握各级地质资料管理部门和地质资料馆藏机构的地质资料汇交与接收情况，以及地质资料补录情况，有利于管理部门及时掌握汇交信息，强化对资料汇交的管理，为相关机构、部门的工作展开发挥辅助决策作用。

5.5 地质资料数据库建设与集成更新

5.5.1 地质资料目录数据库更新机制

按照地质资料目录数据库建设要求，进行案卷级和文件级数据的采集、录入和更新工作，同时按照全国地质资料馆下发的地质资料目录数据库联合编目系统的要求进行整合、导出、转换、导入、发布。其中，成果资料案卷级目录数据库建设根据中国地质调查局成果地质调查资料著录要求（初稿），参照《地质资料著录细则》（DA/T23-2000）、全国地质资料著录要求及其他相关数据库标准与指南，将新疆、陕西、宁夏和西安的地质调查中心历年接收的西北地区成果地质调查资料逐一著录入库，现已建成新疆维吾尔自治区 9900 条、陕西省 8340 条、宁夏回族自治区 3194 条、西北地调 866 条记录的西北地区成果地质调查资料案卷级目录数据库。

案卷级目录著录主要有 45 个数据项，分别是题名、提交单位、汇交单位、编著者、审查机构、审查时间、资料类别、密级、工作程度、工作对象、技术方法、原本资料保存单位及地点、实物资料保存单位及地点、形成时间、资金来源、地理坐标、内容提要、资料类型、资料档案馆编码、档号、汇交联单号、项目编号、任务书编号、行政区划、关键词、主题词、语种、保管期限、保护期、起止日期、汇交时间、纸质载体各类型资料及数量、电子载体存储介质及文件格式、大小、浏览环境等。案卷级目录数据库建库流程见图 5-5。

5.5.2 工作程度数据库更新机制

在地质调查工作程度数据库的更新维护方面，西安地质调查中心组织新疆、陕西、宁

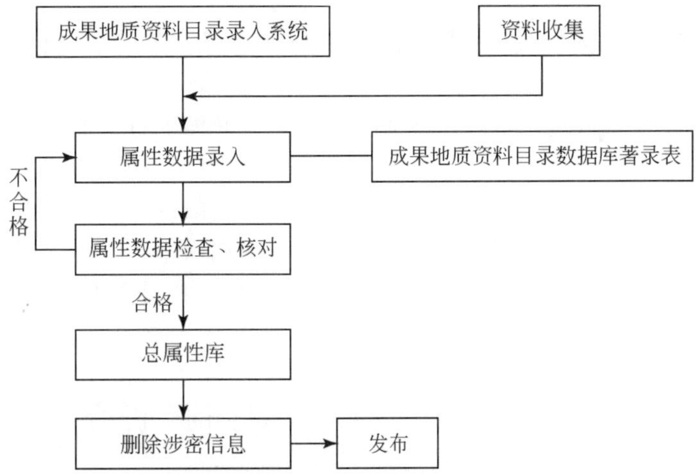

图 5-5　地质资料案卷级目录数据库建库及发布流程

夏信息中心进行了工作程度数据库的建设与维护工作。采集的内容主要包括：地质工作程度属性表、矿区工作情况属性表和矿产地数据库属性表，共 3 张表，55 项内容。具体流程见图 5-6。

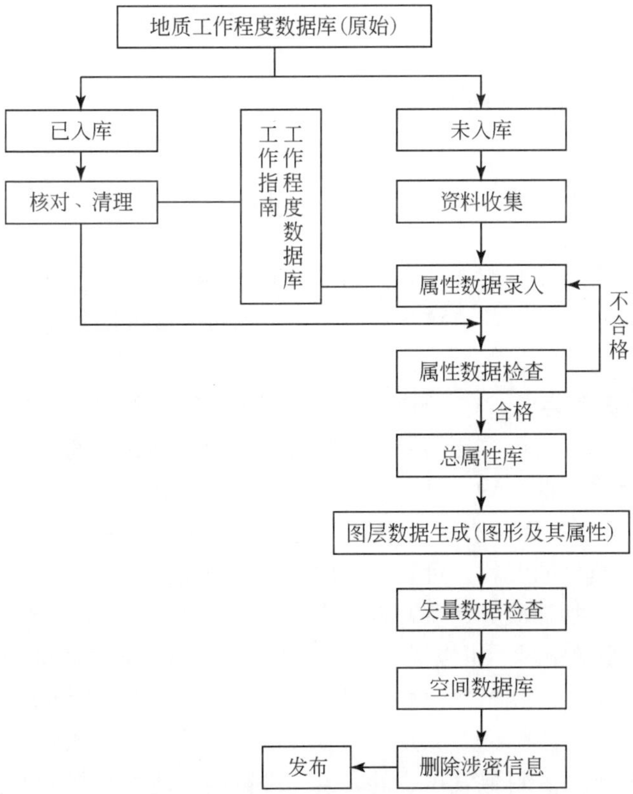

图 5-6　地质工作程度数据库建库及发布流程

5.5.3 地质资料馆开展数据库更新维护的优势分析

本次试点还对矿产地数据库的更新机制进行探讨。总体上看，通过资料馆开展数据库更新维护工作具有优势。①通过汇交的地质资料获取数据库所需要的信息，数据来源有保障。②数据库更新维护机制可以纳入到资料管理流程，使数据库更新成为日常业务，保证数据的及时更新。③资料馆本身为服务机构，能够及时提供服务，将数据推介给社会，发挥其巨大效益。当然目前的资料馆存在人力不足的问题，但通过加强人才队伍建设可以解决。

5.6 境外地质资料的回归研究

5.6.1 境外涉华地质资料回归的意义

为促进境外保管的与中国领土有关的地质资料回归祖国，维护国家主权和利益，加强境外地质资料的汇聚，保障中国地质资料信息完整性，增进国际交流，推进地质资料公开共享，项目组围绕境外地质资料回归问题进行了研究，形成了初步的工作思路与回归方式方法。

5.6.2 境外地质资料回归收集的方法和途径

境外地质资料回归的主要方法有网络下载、馆际交换、境外购买三种形式。

(1) 网络下载。

大多数境外地质资料公开服务较好，基本都公开了馆藏目录，有部分资料可以通过网络直接下载。还有部分虽然不能直接下载，但可以通过专业的手段把内容复制下来。

(2) 馆际交流

1) 加入合约，资料共享。有一些中国的地质资料在图书馆的介绍中可以获得相关的资料目录，但是具体的资料内容还需要与保管机构进行接触和协商才可以得到。目前，国外存在一些资料相互借阅的合约，可以通过加入合约，共同实现资源的共享。

2) 国际交换，互通有无。有一些中国的地质资料在境外保管机构的网站上可以查到目录，如果需要获得具体的资料，可以通过国际间的交流与合作，与相对应的保管机构进行协商和交换。进一步加强双方地质资料的交流与共享。

3) 召开会议，赠送资料。可以通过召开国际会议，推介馆藏机构之间的地质资料，在交流与协商的基础上，互相赠送地质资料，扩大地质资料的国际交流与合作。

(3) 境外购买。

可以通过与境外地质资料保管单位的联系，进行相关地质资料的购买。详细的联系方式可以通过目录查找。

5.6.3　境外地质资料收集的实例分析——以日本为例

通过对境外地质资料收集方法和途径的研究，以日本收藏的中国地质资料为例，进行了资料收集的实例分析。

通过网络下载和馆际交流渠道，大致可以了解日本保管中国地质资料的现状。

日本曾经在中国进行过大量的地质工作，形成了大量的地质资料。这些地质资料涉及基础地质、区域地质调查、地球物理、地球化学等方面。是日本侵华的重要档案证明，也是中国地质科学研究的重要参考信息，具有重要价值。

目前，保管中国地质资料的日本机构主要以大学、市县图书馆与博物馆为主，分布在日本全国。其中涉及25个县（图5-7），5个图书馆，16个博物馆，40所大学。

对部分日本馆藏机构保管的中国地质资料进行跟踪分析，发现其保管的资料涉及中国多个区域，以基础地质、矿产地质、地球物理、地球化学、地理图件、地名录、地质旅游记录为主，其中基础地质10个，矿产地质53个。

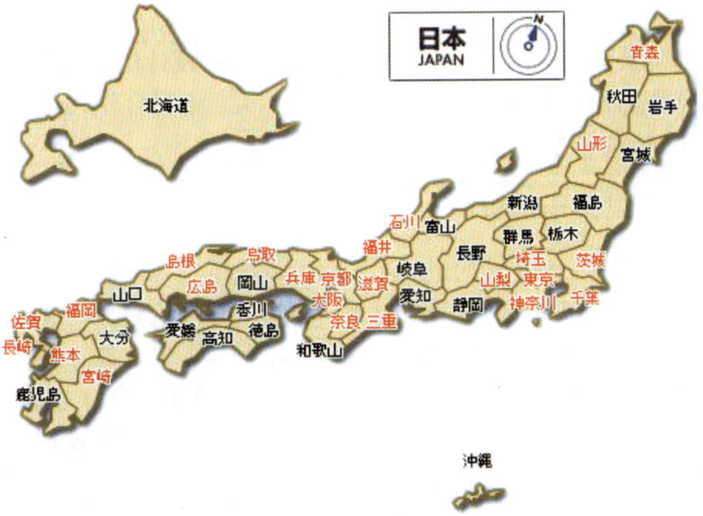

图5-7　中国地质资料在日本地区的分布示意图
（红色县区表示馆藏有中国地质资料）

5.7　地质资料汇交及共享机制试点

5.7.1　上海市地质资料汇交及共享机制研究

上海的地质资料管理工作不同于其他省市。矿产资源勘查开采相关地质资料较少，城市地质工作研究程度高，工程建设活动密集，相应的工程地质勘察资料多，地质资料汇交重点、汇交要求、汇交时限以及开发利用都具有本地的一些实际特点。因此探索适合上海市地质资料汇交与共享的机制非常必要。通过广泛社会调研、专家咨询，在梳理上海市地质资料管理存在问题的基础上，结合实际情况进行了有益探索。从 2006 年至今，经历了部门共建共享、行政发文干预、地方立法三个阶段，形成了统一告知、统一标准、汇交技术把关、入库、服务的汇交与共享机制。

5.7.1.1 共建共享机制

在缺乏行政管理抓手和法规保障情况下，市地质调查院（资料馆）积极与相关单位进行协调沟通，探索建立共建共享合作机制。秉着双赢互利原则，促进多单位、多部门、多专业、多领域、多层次分布的地质资料信息的集群综合。

2005 年起，在市局主管部门推进下，市地质调查院与局属各地质勘查单位达成资料共享约定，地质勘查单位分批将地质资料汇交至资料馆，在系统内实现了地质资料的合作共享。

2006 年 3 月，市地质调查院与上海市滩涂造地有限公司签订了第一份资料信息合作共享协议，明确了在滩涂资源调查、工程设计、海域地质调查等方面的成果资料共享与合作方式。

截至目前，市地质调查院（资料馆）已与十余家勘察设计建设单位建立了地质资料共建共享机制。地质资料信息收集与共享的范围不断扩大。通过合作共建机制收集地质资料 6291 份、钻孔超过 16.2 万余个。

5.7.1.2 行政发文干预机制

在开展城市地质调查工作中，为进一步明确上海城市规划、建设及管理工作的社会需求，由市地质调查（原上海市房屋土地资源管理局）牵头，通过研讨和访谈等多种形式与市建设委员会、市农业委员会、规划局、市政局、水务局、房地资源局、地震局、地铁建设指挥部等部门进行了多次的沟通，同时对地质资料汇交的具体事宜也进行了探讨和协商。2006 年以来，针对不同行业、部门的行政管理特点，采用了会议纪要、行政发文、发函、联合发文等多种行政干预形式明确地质资料汇交要求。

2006 年 1 月，上海申通地铁集团有限公司向其下属各项目公司下发《关于汇交轨道交通工程岩土工程勘察地质资料的通知》（沪地铁〔2006〕24 号），针对轨道交通这一重大工程形成的地质资料，明确了资料汇交期限、范围、内容、资料要求及汇交手续。

2006 年 8 月，市局、市地质资料馆与市政规划处、市政管理处、公路处、建运处就本市市政工程管理条块上工程建设项目的地质资料汇交和资源共享进行多次交流沟通，最终形成《关于加强市政工程建设项目地质资料汇交工作》的会议纪要下发市政局各相关部门和单位，在明确汇交范围与内容的同时，将建设工程项目分为 2004 年以前、2004 年 1 月~2006 年 7 月、2006 年 7 月以后三类，明确了各类地质资料的汇交时间。

2008 年 6 月，市局向上海市城市建设设计研究院发函《关于请于汇交工程地质勘察资料的函》（沪房地资环〔2008〕327 号），针对本市重大市政工程和重要建筑物，提出了该类地质资料的汇交要求。

2009 年开始实施两化工作，上海市委市政府也给予了高度重视，并将推进地质资料信息服务集群化和产业化工作纳入已签订的“国土资源部、上海市人民政府关于推进共建保障上海科学发展国土资源管理新机制的合作协议”之中，对地质资料管理工作提出了更高要求。为此，在“全面收集，综合集成”工作原则指导下，明确了“新账不欠、旧账渐清”的工作思路，梳理了每年新账的产生、流转环节，并对历年旧账的情况进行了摸底调查。

针对每年新增的在建工程项目地质资料，在市建设委员会的配合下，2009 年 3 月市国土局和市建设委员会、交通委员会联合下发了《关于加强本市建设工程项目工程地质勘察报告汇交工作的通知》（沪规土资〔2009〕458 号）。在建设项目报建时，告知建设单位在申请建设项目施工许可证时，向上海市建筑建材业受理服务中心、各区县建筑建材业受理服务中心或受委托的建筑业专业管理单位的专门窗口汇交工程地质勘察报告，领取地质资料收件单。资料馆与各区县建管办窗口建立定期联系制度，上门收取地质资料。截至目前，通过建管办窗口收集地质资料 3113 份、钻孔 11.8 万个。

2008 年年底，上海机构改革，成立了上海市规划和国土资源管理局。管理体系的调整为全面收集、整合全市各区（县）城建档案馆（室）历年的竣工工程建设项目的工程地质勘察报告提供了契机。2009 年 11 月，市国土局下发了《关于开展存档工程地质勘察资料收集工作的通知》（沪规土资矿〔2009〕1254 号），就保存在市、区（县）城建档案馆（室）的工程地质勘察报告整合工作提出了明确的要求。由市城建档案馆负责制定工作计划、组织实施，逐步将历年的地质资料整理、复制，移交至市地质资料馆。并要求各相关单位将该项工作纳入年度工作计划和年度考评。截至目前，通过 1254 号文共移交全市历年工程地质勘察报告近 2.03 万份、钻孔 35.23 万个。

2009 年 8 月，针对生命线工程运营管理需求，市局在 2009 年 6 月与市政工程管理处、市水务局堤防泵闸设施管理处、浦东新区环保市容局、申通集团有限公司运营管理中心、磁悬浮交通发展有限公司、上海天然气管网有限公司等单位一起参加的生命线工程地面沉降防治工作会议上，向以上单位发文《关于建立生命线工程运营期间地面沉降监测数据共享机制的通知》（沪规土资矿〔2009〕873 号），明确各单位职责及生命线工程地面沉降监测数据的汇交要求。

5.7.1.3　地方立法保障机制

行政发文干预作为政府相关部门配合的柔性化操作，对地质资料汇交起到了极大的促进作用。但因缺乏有效的制约手段，在实施过程中尚不能全面覆盖。同时无法按照地质资料汇交标准进行严格验收，也无法进行有效的监管。因此，根据《地质资料管理条例》，结合上海地方实际，出台地方实施细则成为切实落实地质资料统一汇交制度的唯一途径。

2012 年 10 月 22 日，《上海市地质资料管理办法》经市政府第 155 次常务会议通过。

《上海市地质资料管理办法》共 26 条，对立法依据、适用范围、有关概念、主管部门、馆藏机构、以及汇交制度等作了解释；对地质资料汇交责任人、汇交范围、汇交要求、汇交期限及地质资料的接收验收等作了规定；对地质资料保管利用、公开服务、保密保护作了说明；对地质资料汇交人及地质资料管理人员违反规定的法律责任作了明确。

5.7.1.4 地质资料共享管理制度

为规范上海市地质资料数据共享的管理，促进地质资料数据共享，使地质资料数据更好地为经济建设、国防建设、科学研究、社会发展和社会公众服务。根据《上海市地质资料管理办法》相关条款要求，制定了《上海市地质资料共享管理规定》和《上海市地质资料信息共享平台运行规定》作为局规范性文件，从管理层次上，进一步对地质资料汇交管理、共享服务进行详尽的规范。

5.7.2 福建平潭综合实验区汇交机制研究

由福建省国土资源厅牵头，以福建省国土资源档案馆为主要成员，福建省地质测绘院等其他单位辅助，与福建省平潭综合实验区管理委员会建立工作联系小组，通过建立有效的地质资料汇交制度与共享机制，共同推进地质资料的收集，服务国家与地方建设的需求的分析。平潭管委会出台专门的地质资料汇交管理办法，制定相关汇交标准，设置专门的部门人员负责地质资料汇交接收工作，目前已接收了工程地质资料。

5.7.3 安徽县（市）级地质资料汇交机制研究

通过合肥市及区（县）国土资源局协调，召集相关部门（如国土、发展和改革、建设规划、人防、地震、交通、公路、水务、环保等）以及城建档案馆集中开展调研工作，了解非地质调查（勘查）行业形成的地质资料保存现状、汇交途径与方法，收集对地质资料汇交和共享的意见和建议。在此基础上研究制定合肥市地质资料汇交流程及标准，明确汇交工作流程，对汇交地质资料格式等进行规范。

提出《合肥市实施〈地质资料管理条例〉规定》，该规定准备以城建档案馆为汇交节点，工程建设单位在汇交工程建设档案时，提交1份工程勘察报告给国土资源局，否则不予发放工程建设验收许可证。

第 6 章　地质资料信息服务产品开发研究与试点

地质资料信息服务产品开发既是集群服务的重要内容，也是推进产业化的基础。没有产品也就没有产业，更不能说产业化，尤其是商业产品更需要定义清楚，才能引导商业机构开发满足用户需求的产品服务社会。本章主要通过对产品、服务产品及公共产品理论的分析研究，明确提出本次研究的地质资料服务产品是用于服务的产品，与传统意义上的服务产品有所区别；认为地质资料服务产品具有公共产品和非公共产品两种类型，界定了地质资料服务产品的概念、特征，提出了地质资料服务产品的模式、一般结构、基本类型，总结了五重地区地质资料服务产品的基本内容；同时，选择不同代表性的城市或区域开展地质资料信息服务产品开发试点。

6.1　地质资料信息服务产品的研究

6.1.1　产品与服务产品的基本概念

6.1.1.1　产品的基本概念

产品是“一组将输入转化为输出的相互关联或相互作用的活动”的结果，即“过程”的结果。在经济领域中，通常也可理解为组织制造的任何制品或制品的组合。在现代汉语词典当中的解释为“生产出来的物品”。

产品可以分为狭义概念、广义概念、整体概念三种：狭义讲“被生产出的物品为产品”；广义讲“可以满足人们需求的载体为产品”；整体讲“人们向市场提供的能满足消费者或用户某种需求的任何有形物品和无形服务均为产品”。

具体讲，产品是指能够提供给市场，被人们使用和消费，并能满足人们某种需求的任何东西，包括有形的物品和无形的服务、组织、观念或它们的组合。这个概念相对清晰易懂，也是研究的基础。

产品一般可以分为三个层次：核心产品、形式产品、延伸产品。核心产品是指整体产品提供给购买者的直接利益和效用；形式产品是指产品在市场上出现的物质实体外形，包括产品的品质、特征、造型、商标和包装等；延伸产品是指整体产品提供给顾客的一系列附加利益，包括运送、安装、维修等在消费领域给予消费者的好处。

通常一个完整的产品概念由四部分组成：

1）消费者洞察：从消费者的角度提出其内心所关注的有关问题。

2）利益承诺：说明产品能为消费者提供哪些好处。

3）支持点：解释产品的哪些特点是怎样解决消费者洞察中所提出的问题的。

4）总结：用概括的语言（最好是一句话）将上述三点的精髓表达出来。

社会需要是不断变化的，因此，产品的品种、规格、款式也会相应地改变。新产品的不断出现，产品质量的不断提高，产品数量的不断增加，是现代社会经济发展的显著特点。

6.1.1.2 产品与商品的区别

商品具备经济的和金融的两种意义：经济意义上的商品指专门用来交换的产品，即生产者本身并不消费，而是用来向其他生产者交换自己需要的其他产品。在社会化大生产时代，几乎所有工业产品和绝大部分农产品都属于商品。金融意义上的商品实际上是指商品期货，即标准化的商品远期合约。

商品和产品的唯一区别是：商品是用于交换的劳动产品。即能否交换是商品和产品的唯一区别。产品主要是用于使用，而商品则是为了使用而进行交换。

6.1.1.3 服务产品的基本概念

对服务产品可以有多种理解。本节认为服务产品的定义为：能够提供给市场，被人们使用和消费，并能满足人们某种需求的有形的服务体和无形的服务。可以理解为两个方面：一是用于服务的产品，有形产品；二是服务的过程，无形产品，通常以各种劳务形式表现出来的无形产品。本书研究的主要是有形的服务产品，对于无形的服务过程不做过多论述。

6.1.2 基于公共产品理论的地质资料分类

按公共产品理论和对地质产品的理解，可将地质资料划分为以下三类，三者区分的标志是竞争性与非竞争性，不是由谁出资：

6.1.2.1 公共地质资料产品

公共地质资料产品具有效用的不可分割性、非竞争性、边际生产成本和边际拥有成本均为零。可以提供给政府、企业和社会公众广泛使用。

国家出资进行的基础性、公益性地质工作形成的地质资料属公共地质资料产品，如各种比例尺的区域地质图及其说明书、区域地球物理图及其说明书、区域地球化学图及其说明书、水工环地质图及其说明书、地质灾害勘查、地震调查报告、多数地质科学研究报告等。

6.1.2.2 非公共地质资料产品

非公共地质资料产品具有效用的可分割性，谁出资谁受益，明显区分于公共地质资料产品。但由于地质资料国家所有，所以非公共地质资料产品也不具有私人产品的特性，它是在一定期限内由私人或企业独自使用的产品。

私人或企业在其所拥有的探矿权采矿权范围内由自己出资进行地质工作形成的地质资

料属非公共地质资料产品。在地质资料保护期内，只能由探矿权采矿权所有人使有，但仍需依规定向国家汇交。其核心是排他性。

6.1.2.3　准公共地质资料产品

准公共地质资料产品的特性介于公共地质资料产品和非公共地质资料产品之间，国家出资进行的矿产勘查工作所形成的地质资料。这类产品国家可以开放为公共地质资料产品，提供给社会大众使用。也可以拍卖或转让给特定部门或企业、个人转化为非公共地质资料产品。

地质资料具有科技档案和资料数据双重属性。一方面它是一种科技档案，具有科学技术档案共有的属性和特征，记录历史，记录工作；另一方面它是一种科技资料，具有可重复利用、可开发的特点，而且随着科技和认识的发展，甚至能直接利用产生价值。这也就决定了地质资料具有可开发性，不仅本身可服务，而且可再开发形成新的服务产品提供服务，创造价值。

地质资料具有实体和内容信息双重属性，实体是指纸张、胶片、磁带、光盘、岩心、样品等物质材料，是地质资料内容信息的载体；内容信息是依附于地质资料实体存在的科学知识，可以借助一些媒介、方式和手段脱离其实体存在而单独发挥作用。地质资料管理的是地质资料实体，但管理的目的是地质资料内容信息的开发与利用。地质资料实体管理是基础，没有地质资料实体管理的支撑，地质资料内容信息的开发利用、地质资料在社会中发挥作用的目的就无法实现。因此，地质资料管理的整个过程按先后顺序可划分为两个阶段，分别为地质资料实体管理和地质资料开发利用服务。实体管理包括地质资料的接收、整理、保管、统计等，开发利用包括编目、检索、编辑、研究及各种方式的利用工作。这里讨论的主要是通过地质资料开发利用形成新的服务产品的过程。

6.1.3　地质资料服务产品分析

6.1.3.1　地质资料服务产品概念

地质资料服务产品就是以提供方便、快捷、高效的服务为目的，以政府、企业、社会大众及地质科研等地质资料用户需求为导向，以已经取得的地质资料信息为基础，运用新理论、新技术、新方法、新手段，对特定区域内非实体的、无形的地质资料知识和信息进行聚类、挖掘、集成、整序的行为或者活动。是地质资料开发形成的知识成果的总称，即经过信息研究与技术加工形成的主题鲜明、内容优化、格式规范的地质资料信息的有机体。

6.1.3.2　地质资料服务产品的特征

（1）地质资料服务产品要以馆藏为基础

地质资料服务产品开发的主体是地质资料管理部门、馆藏机构及其工作人员。要以本馆所收藏的地质资料为基础，从本身的实际出发，因“馆”制宜，突出馆藏特色，扬长避短，最大限度地发挥馆藏优势。而不是重新开展地质工作获取地质资料，也不是进行专业地学研究。

（2）把握用户需求

满足用户的利用需求是地质资料服务产品开发的宗旨，市场经济条件下地质资料服务产品开发，必须按照市场经济规律开展，必须紧密围绕用户及其利用需求开展。

（3）要运用专业知识

开发利用地质资料信息要采用专业与现代化技术相结合的方式，既要采用现代化技术手段，对地质资料信息进行采集、加工、存储和传输，又要继承和发扬传统的、专业的开发地质资料信息的方法，并将二者有机结合起来。

（4）要推进地质资料信息的有序化

信息有序化是将蕴藏在各种地质资料中的处于分散、杂乱、不系统、不集中状态的有用信息，经过采集和加工处理，变成集中、系统、有序的信息。地质资料信息的有序化，是为用户提供信息查找入口处，并把这些入口处集中在一起，架起一座地质资料信息与用户之间沟通的桥梁，即建立检索系统——目录、索引、数据库等。地质资料信息有序化，是开发地质资料信息的基础和前提，可以大大提高地质资料信息的利用效果。

（5）地质资料服务产品开发可以认同为编研

有人认为检索也是开发利用的一种。检索是对地质资料进行著录、标引，建立检索系统，将地质资料信息存储在一定的载体上，即地质资料信息的检索工作，是对地质资料中有用信息的浅加工，档案学这一工作属于著录过程；编研是指根据社会需求，将地质资料中的有用信息进行系统化、有序化，制成专题服务产品，是对地质资料中有用信息的深加工。

（6）地质服务产品是一种服务过程

馆藏地质资料是处于静态的地质资料信息，经过对其中有用信息的采集、加工、存储后，需要正常输出传递给用户，以满足用户的需要，即地质资料信息的服务工作。

（7）新的技术、理论、方法是开发利用的关键

新技术、新方法、新理论对于重新认识地质资料尤其是实物资料有重要作用。

（8）公益性或非营利性

地质资料服务产品的公益性或非营利性的基本含义是作为提供服务产品的机构地质资料馆通常是由政府机构直接提供经费支持和管理的。它向社会所有公众提供公共性服务产品。它的所有权属于社会全体公众（全体纳税人），具有非竞争性，是全体公众的“公共物品”。

（9）精神性

地质资料服务不仅服务于人们精神享受和精神素质的需要，属于精神和素质服务业，而且是地质矿产工作的一部分，通过再开发能够直接产生效益。地质资料服务是为了获得知识在传递中的轨迹，是为了获得公民素质在再提高中的价值，是为了获得读者需求被满足的效果，是为了获得人生价值再实现的喜悦。

从知识与信息整序的行为或活动的内容上来看，有知识重组、挖掘、检索和传递，也有信息代理、中介和加工服务。这些都是为人们提供消费服务，满足人们精神、思想、素质上的需求。

6.1.4　地质资料服务产品的模式

每一类地质资料服务产品开发都有其固定的模式，主要由产品开发的目的、资料源、产品开发方法、产品主要内容、产品服务对象、产品生产者、产品应用范围与领域、产品时效等组成。相当于地质资料服务产品的说明书。主要包括以下方面。

1）名称或者题名：是指地质资料服务产品的名称。名称要有典型性，能够反映服务产品的基本特征。如《西昆仑铜矿地质资料开发利用研究》，反映出了该服务产品的区域、领域、涉及矿种等信息，使用户一看名称就基本知道该产品的效用和工作范围或领域。

2）目的或者效用：指服务产品能够应用于哪些地质工作，在资源、环境、工程方面的效用，解决什么问题等。如《西昆仑铜矿地质资料开发利用研究》的目的，就是为刚到西昆仑开展铜矿地质勘查的人员服务，为政府宏观决策服务。

3）资料源：相当于服务产品形成的基础。来源于哪些地质资料或者利用哪些地质资料综合开发而形成的。如《西昆仑铜矿地质资料开发利用研究》主要通过应用全国地质资料馆与新疆地质资料馆馆藏的各类成果和原始地质资料开发而成。

4）开发方法：相当于服务产品生产中运用的新技术、新理论的综合。如《西昆仑铜矿地质资料开发利用研究》，主要应用的是数据挖掘、综合分析和矿产资源预测理论，对资源区进行了预测，划分找矿靶区。

5）主要内容：这是服务产品的核心信息，揭示了地质资料服务产品的涉及领域、观点、论据、论述、方法等。如《西昆仑铜矿地质资料开发利用研究》，主要内容是：揭示了西昆仑区域地层、岩石、构造、矿产、地质工作的基本信息，总结了区域铜矿典型矿床和成矿时空规律，提出了找矿模型，并对找矿区域进行了预测，对找矿靶区进行了初步部署。

6）服务对象：揭示该服务产品的用户，适合于什么人利用。如《西昆仑铜矿地质资料开发利用研究》的服务对象是刚到西昆仑开展铜矿地质勘查工作的人员和政府宏观决策者，也可以为对此区域感兴趣的地质科研人员和社会大众利用。

7）生产者：指服务产品由谁生产。一方面保护知识产权，一方面明确职责，主要有机构生产者和作者。如《西昆仑铜矿地质资料开发利用研究》的机构生产者为全国地质资料馆与新疆地质资料馆，作者为颜世强、魏建新等。

8）应用范围与领域：指服务产品应用于地质工作哪些方面，能解决哪些专业问题。如《西昆仑铜矿地质资料开发利用研究》，主要应用研究于地质找矿、地质工作部署、矿产资源评价、典型矿床分析、政府规划、国土资源管理等方面。

9）时效：主要指服务产品开发依据的资料时间点和将来有效期限。如《西昆仑铜矿地质资料开发利用研究》主要总结 2008 年以前的全部成果与原始地质资料信息，在近年有效。

10）应用进展：主要指该服务产品最近应于哪些工作，取得了什么经济社会效益。如《西昆仑铜矿地质资料开发利用研究》，主动赠送给在西昆仑开展地质工作的人员使用，并公开出版，为新疆 358 项目部署和开展提供支撑。

11）印刷份次：印刷了多次、每次多少本，说明本产品的数量，方便用户购买利用。如《西昆仑铜矿地质资料开发利用研究》印刷了1000本。

6.1.5 地质资料信息服务产品的一般结构

地质资料信息服务产品的结构对其功能与质量有重要影响，一部完整的产品应该由以下部分组成。

6.1.5.1 封面

封面不仅能保护产品，更重要的是它揭示了地质资料服务产品的主题内容和有关事项。读者通过封面就能大体了解其主要内容，以便选择使用。封面应该反映的内容包括：准确且完整的标题，著作权人或编辑单位名称，编辑出版时间以及其使用范围和密级等事项。

6.1.5.2 说明或前言

说明或前言用以阐述地质资料服务产品开发目的、信息来源、开发内容和时间范围、编排体例、开发人员、开发中遇到特殊问题的处理，以及其他需要说明的问题。说明或前言能使利用者从总体上了解地质资料服务产品的内容、特殊意义或价值，便于正确地使用该产品。

6.1.5.3 目录

目录亦称目次，它一方面固定了地质资料服务产品中所有信息单元的排列顺序；另一方面，为利用者了解与查找该产品的内容提供了线索。

6.1.5.4 正文

正文是地质资料服务产品提供地质资料信息内容的部分，为地质资料服务产品的主体。正文应该根据事先确定的编排体例，系统展示地质资料服务产品开发的各类信息。根据其信息单元的数量以及主题内容，可划分章节分别排序。

6.1.5.5 附录

附录主要用于承载与正文体裁不同的地质资料信息。如图例、图样、引文、参考文献和地质资料材料的出处等。

6.1.5.6 封底

主要是地质资料服务产品的版权信息和书号等。

6.1.6 地质资料服务产品的基本类型

为满足不同专业和部门各具特色的信息需求，地质资料服务产品呈现多样化趋势。认识地质资料服务产品的类型，是组织地质资料服务产品开发利用工作的重要依据。地质资料服务产品主要类型有以下几个方面。

6.1.6.1　成果简介

成果简介是扼要介绍地质资料主要内容的浓缩型地质资料服务产品。

地学研究成果简介可采用文字叙述和表格展示等形式。文字叙述用简洁的文字介绍每一份地质资料的名称、内容（包括创新点、找矿信息、重大发现、成矿特征等）、投资或费用、主要技术经济指标或主要技术参数、经济效益、应用推广情况、评价意见、获奖情况等信息。表格展示要采用表格形式列举近期或一段时间内取得的地质资料的名称、内容（主要的数据和结论）、技术水平、应用情况、经济效益、发表方式、鉴定评审和获奖情况、课题研究的起止时间、项目负责人、研究报告执笔人、主要研究人员、协作单位等信息，并附以相关档号以备利用者进一步参考。

6.1.6.2　图册或图集

图册或图集，是汇集有关的专业图样（工作程度、地质图、矿产分布），加工而形成的资料型地质资料服务产品。地质资料管理人员以地理底图为基础，将地质、矿产、地质资料等信息进行综合，以图集的形式配必要的数据和文字说明，能够直观地表现地质资料的基本特征。如地质资料检索图集，是将馆藏地质资料按地理坐标投到地理底图上，详细展示地质工作情况及其资料的保管情况，方便阅者查阅，方便阅者了解相关地区的地质工作程度。

6.1.6.3　成果摘要

成果摘要是对地质资料中的相关数据信息进行选择、摘录，经过分析和整理形成的一种数据型的地质资料服务产品。成果摘要既是一种独立的地质资料服务产品形式，又可以是其他地质资料服务成品的组成部分。

6.1.6.4　专题汇编和专题著述

专题汇编，是按照特定的内容主题选择相关地质资料，以原文或部分原文汇集加工成的资料型地质资料服务产品。专题著述，则是按照特定内容主题，在分析研究相关地质资料信息的基础上，撰写的一种研究型的地质资料服务产品。

专题汇编和专题著述选题非常广泛，内容灵活，便于使用。其区别是，专题汇编没有加入产品开发人员的思想，是简单的提取汇总；而专题著述是在总结汇总地质资料信息基础上，加入了产品开发人员的思想，形成更新层次的产品。

6.1.6.5　地质史料和大事记

地质史料，是利用地质资料说明特定地质工作发展面貌与过程的地质资料服务产品，如“某矿产地质发现史”，记录了该矿预查、普查、勘探、开发、补充勘探的全部历史，并进行了数据对比分析，为研究该矿的发展提供了准确、可靠的地质史料。

地质大事记，指将地质工作中的“大事”编写成简明扼要的条目，按时间顺序排列的服务产品。大事记分为：编年体即按年月日顺序排列“大事”；分类编年体即先将“大事”按性质分类，各类中再按年月日顺序排序；纪事本末体即以一件完整的“大事”为单位，统一按“大事”的起始时间或者终止时间排序。

6.1.6.6 地质资料影视片

地质资料影视片，是以声像为素材编辑的录像片。随着信息技术的普及，用摄像（影）技术手段记录地质工作，已成为当代重要的原始记录方式。地质资料部门目前积累了大量的地质声像资料，开发声像地质资料信息成为当代的客观要求。与用纸张印刷出版的传统地质资料服务产品相比，声像产品的突出特点是，通过形象生动的视听信息，真实地再现相关地质工作，具有强烈的感染力，容易被接受。地质资料片分为以下几种。

（1）地质资料片

即详细且系统地介绍某一自然现象或特定地质工作过程的声像产品。

（2）地质资料专题片

即表现地质工作或者地质现象的内在规律，进一步阐述或论证相关技术或学术观点的服务产品。

（3）科普片

是指用于科学技术普及与宣传教育的声像地质资料服务产品。

6.1.6.7 地质资料展览

地质资料展览是指围绕特定主题，用各种形式的地质资料实体布置成的地质资料陈列。举办地质资料展览能够充分利用地质资料库藏，发挥地质资料内容与形式叠加的综合信息优势，强化了观众的亲身参与感，信息传播效果十分突出。地质资料展览是地质资料服务产品的特殊形式。

6.1.6.8 地质资料数据库

地质资料数据库是按照相关标准将地质资料信息进行有序化，形成规范有序的数据产品，方便用户使用。信息化是当今时代的主题，地质资料数据库能够充分聚集各类地质资料信息，满足用户编辑、加工地质资料的需求。如地质图数据库、地球化学化数据库，甚至基于保管和服务的大型数据库等。

6.1.7 五重地区地质资料信息服务产品的基本内容

6.1.7.1 成矿区带地质资料信息服务产品的基本内容

成矿区带地质资料信息服务产品的基本内容包括以下几个方面。

1）地层，论述地层与成矿和找矿的关系。

2）构造，对各类型构造进行总结，论述与成矿、找矿的关系；形成构造相关图件。

3）岩浆作用，论述演化历史及其与成矿的关系；形成岩体分布图件。

4）变质作用，论述演化历史及其与成矿的关系。

5）地质工作程度，详细论述工作情况，并附带目录，可形成图件展示，使进入工作区人员掌握区域地质工作开展情况。

6）矿业权设置情况，形成矿业权分布图件，总结勘查与开发利用现状，尤其是近年新的发现。

7）典型矿床与成矿类型。论述区域内矿床、矿点资料，摘录成矿模式，尤其是近期新发现，若有矿床成因、成矿因素、控矿因素等论述也要详细说清；可以形成典型矿床分布图。

8）物探资料总结，电法、航磁、地震、重力等物探地质资料分析成果综述，说明与成矿的关系或者典型标志，形成相关图件。

9）化探资料总结，原生晕与分散流化探异常的圈定结果，形成相关图件。

10）总结控矿因素，建立成矿模型，开展成矿预测。此部分先要论述前人的研究成果，再根据新认识提出新的方向，避免重复。形成勘查建议区。

11）是社会效益评估等。

6.1.7.2　重要经济区地质资料信息服务产品的基本内容

重要经济区地质资料信息服务产品的基本内容包括以下几个方面。

1）地层，着重于第四系和出露地层，说明其工程地质性质。

2）构造与地震，对各类型构造进行总结，论述构造的活动性和稳定性，详述地震烈度和地震发生的可能性，形成构造、地震、地壳稳定性相关图件。

3）地质环境，总结区域地形、地貌、地下水、地表水、生态地球化学现状，论述其对经济建设的影响，形成相关图件。

4）地质灾害，总结岩溶塌陷、泥石流、地面沉降、地裂缝、沙化、盐碱化、海水入侵等地质灾害现状及预期，论述其对经济区建设的影响，形成相关图件。

5）工程地质，论述区域地基稳定性、软土、基岩等现状及地基处理方法，形成相关图件。

6）地质工作程度，详细论述工作情况，并附带目录，可形成图件展示，使进入工作区人员掌握区域地质工作开展情况。

7）矿业权设置情况，形成矿业权分布图件，总结矿产勘查与开发利用现状。

8）矿产资源情况，详述区内矿产资源现状及预测结果，分析其对经济区建设的影响，形成相关图件。

9）规划情况，详述区域内土地、矿产、地质、环境、功能区等规划情况，提出对经济区建设的影响。

10）物探资料总结，总结电法、航磁、地震、重力等物探地质资料分析成果，说明对经济建设的影响。

11）遥感资料，总结区内遥感工作现状，形成遥感解译成果，直接反映经济区资源、环境、交通、生态、建设等现状，形成相关图件。

12）化探资料总结，原生晕与分散流化探异常的圈定结果，形成相关图件。

13）地下空间，论述区域地下空间情况，提出发展趋势，形成相关图件。

14）成果总结，总结相关研究成果，提出建设性建议。

15）社会效益评估等。

6.1.7.3 重大工程区综合服务产品的基本内容

重大工程区综合服务产品的基本内容包括以下几个方面。

1）地层，着重于第四系和出露地层，说明其工程地质性质。

2）构造与地震，对各类型构造进行总结，论述构造的活动性和稳定性，详述地震烈度和地震发生的可能性，形成构造、地震、地壳稳定性相关图件。

3）地质环境，总结区域地形、地貌、地下水头、地表水现状，论述其对工程建设的影响，形成相关图件。

4）地质灾害，总结岩溶塌陷、泥石流、地面沉降、地裂缝、沙化、盐碱化、海水入侵等地质灾害现状及预期，论述其对工程建设的影响，形成相关图件。

5）工程地质，论述区域地基稳定性、软土、基岩等现状及地基处理方法，形成相关图件。

6）地质工作程度，详细论述工作情况，并附带目录，可形成图件展示，使进入工作区人员掌握区域地质工作开展情况。

7）矿业权设置情况，形成矿业权分布图件，总结矿产勘查与开发利用现状，分析工程压矿的可能性，并提出规避建议。

8）矿产资源情况，详述区内矿产资源现状及预测结果，分析其对工程建设的影响，形成相关图件。

9）规划情况，详述区域内土地、矿产、地质、环境、功能区等规划情况，提出对工程建设的影响。

10）物探资料总结，总结电法、航磁、地震、重力等物探地质资料分析成果，说明对工程建设的指导和影响。

11）遥感资料，总结区内遥感工作现状，形成遥感解译成果。

12）地下空间，论述区域地下空间情况，提出对工程建设的影响，形成相关图件。

13）成果总结，总结相关研究成果，提出建设性建议。

14）社会效益评估等。

6.1.7.4 重大地质灾害区综合服务产品的基本内容

重大地质灾害区综合服务产品的基本内容包括以下几个方面。

1）地层，着重于分析对地质灾害的影响。

2）构造，论述构造的活动性和稳定性，及其对地质灾害的影响，形成构造相关图件。

3）地质环境，总结区域地形、地貌、地下水、地表水、生态地球化学现状，分析其对地质灾害的影响，形成相关图件。

4）地质灾害，总结岩溶塌陷、泥石流、地面沉降、地裂缝、沙化、盐碱化、海水入侵等地质灾害现状及预期，形成相关图件。

5）矿业权设置情况，形成矿业权分布图件，总结矿产开发对地质灾害的影响。

6）物探资料总结，总结电法、航磁、地震、重力等物探地质资料分析成果，分析其反映的地质灾害信息及关系。

7）遥感资料，形成遥感解译成果，直接反映区域的资源、环境、交通、生态、建设、地质灾害等现状，及相关演化，形成相关图件。

8）成果总结，总结相关研究成果，提出建设性建议。

6.1.7.5　重大地质问题区综合服务产品的基本内容

重大地质问题区综合服务产品的基本内容包括以下几方面。

1）地层，着重于与重大地质问题相关的地层研究，论述其分布及演化特征。

2）构造与地震，对各类型构造进行总结，论述与重大地质问题相关的构造特征。

3）地质环境，总结区域地形、地貌、地下水、地表水、生态地球化学现状，论述与重大地质问题相关的环境因素。

4）地质灾害，总结岩溶塌陷、泥石流、地面沉降、地裂缝、沙化、盐碱化、海水入侵等地质灾害现状及预期，论述与重大地质问题相关的地质灾害特征，总结规律，预测发展趋势。

5）矿产资源情况，详述区内矿产资源现状及预测结果，论述与重大地质问题相关的矿产情况。

6）物探资料总结，总结电法、航磁、地震、重力等物探地质资料分析成果，论述与重大地质问题相关性。

7）遥感资料，总结区内遥感工作现状，形成遥感解译成果，论述与重大地质问题相关性。

8）化探资料总结，论述与重大地质问题相关性。

9）成果总结，总结相关研究成果，提出建设性建议。

6.2　地质资料信息服务产品体系研究

本节运用体系和产品体系的概念，将地质资料服务产品体系定义为“一系列有着内部联系的用于服务的产品的总和”。对地质资料服务产品体系进行了分类，根据产品开发者的需求按层次、根据产品用户需求按地质工作、根据资料管理者需求按资料类型对地质资料信息服务产品体系进行了详细划分，提出了产品名称。

6.2.1　地质资料信息服务产品体系基本概念

体系是指若干有关事物或某些相互联系的系统而构成的一个有特定功能的有机整体：如工业体系、思想体系、作战体系等。体系是一个科学术语，泛指一定范围内或同类的事物按照一定的秩序和内部联系组合而成的整体，是不同系统组成的系统。

产品体系通常指一个企业的一系列有着内部联系的产品的总和。例如，牛仔裤厂家款式不尽相同的一系列牛仔裤，瑞星企业的系列杀毒软件及卡卡上网助手等。

服务产品作为一种向消费者提供的“行为”或“体验”，是需要通过明确市场定位及服务对象等各个限定因素，以及提供该服务的形式、详细内容、服务设定流程及各个因素组织安排等一系列活动所要达到的目的。对于全部服务产品及其消费过程进行逻辑性的梳理与分类所形成的理论体系就是服务产品体系。简单地说，服务产品体系，不仅是一系列有着内部联系的服务的总和，还包括服务实现的全部要素与过程。

所以，地质资料信息服务产品体系是指一系列有着内部联系的地质资料服务产品的总和，及其需求调查、产品加工、系统服务的全过程。

地质资料服务产品体系框架是：一是服务产品特点，二是服务要素（服务包），三是服务流程（服务提供系统），包括服务设施布局和服务行为。

本章重点着眼于第一层次，为系列有着内部联系的服务的总和。

6.2.2　地质资料信息服务产品体系划分

对地质资料进行系统分析，提取有用信息，可加工形成地质资料信息服务产品。根据地质资料开发利用方法、资料类型、产品介质、服务对象、服务方式、地质专业和产品类别分为7个产品体系。

6.2.2.1　按开发利用方法分

按开发利用方法可将服务产品划分为地质资料检索产品、信息挖掘产品、地质资料集成产品、地质资料多元信息集成产品、数据库产品等。

（1）地质资料检索产品

地质资料检索工具是记录、报道、查找地质资料的手段，是开发地质资料信息的工具。记录是指登记馆藏地质资料的内容和外形特征、档号、存放地址等。报道是向社会和用户介绍馆藏地质资料，供用户选择和使用。查找是指为用户提供的检索途径，把用户所需要的地质资料迅速、准确地提供出来。记录是基础，报道和查找是手段，目的是识别和检索地质资料。

检索工具按载体形式、编制方法和功能等可进一步划分。

1）按载体形式分类。按载体形式可分为书本式检索工具、卡片式检索工具和机读式检索工具。

2）按编制方法分类。按编制方法以可分为目录、索引、指南、检索图集等。

3）按功能分类。按功能可分为查验性检索工具和馆藏性检索工具。

（2）信息挖掘产品

由于受地质工作时期、阶段、资金投入、工作区范围和当时的地质科技水平和主要地质人员技术水平的限制，地质资料，特别是实物地质资料和原始地质资料中蕴藏有丰富的、当时未能被利用的地质信息。全面检索、系统挖掘提取特定区域和特定时期的地质资料信息，对发现新矿种、新的矿床类型及低品位矿石和难利用矿石的重新利用有重要作用。如辽宁有色地质局103队，在对青城子铅锌矿区及外围成矿地质条件进行综合分析的基础上，提出青城子矿田及外围“内铅锌外银金”的成矿元素及矿床分带模式。按这一思路，于1990～1991年对20世纪50年代以来采取的200多个钻孔的岩心进行重新观察和取样化验，发现了高家堡子大型银矿床、小佟家堡子大型金矿床、杨树金矿床、林家三道沟大型银矿床、湾地沟中型银矿床、白云金矿。其中，林家三道沟和湾地沟金矿床提交金资源量182.93吨，伴生银金属量434.15吨；白云三道沟提交铅锌多金属矿石量333万吨，金20.19吨。

对馆藏地质资料进行充分分析，根据社会需求，将文本、数据库及资料中的有用数据信息或doc文档的数据进行提取，挖掘地质资料中有用的关联信息，然后按一定规则进行有序化，使用户可根据各自需求，提取挖掘有用信息。

信息挖掘产品主要有：

成果摘要介绍。

提取新近汇交的成果报告摘要，编制摘要介绍手册。

多个报告某一类信息综合提取与挖掘。

根据馆藏资料编制铁矿分布报告，汇总全部矿产类型、矿产储量、工作量等。

对同一区域报告的结论进行提取与汇总。

系列地质工作程度图。

统计分析该区域投入的主要实物工作量。

统计分析该区域探明的各类矿产资源储量及取得的主要地质成果。

(3) 地质资料多元信息集成产品。

地质资料多元信息集成产品是将不同专业、不同方法手段获得、不同时期形成的地质资料信息进行叠加，进行综合分析研究，找出内在规律，得出新的地质认识。根据生产经营和经济活动中的特定要求，可以针对国家重要经济区、重要成矿区、重大工程建设区、重大地质灾害区、重要地质问题区编制综合或单一的基础地质、矿产地质、地球物理、地球化学、水文地质、工程地质、灾害地质、环境地质、农业地质、城市地质、旅游地质等系列地质资料产品。如将一个区域内的基础地质、矿产地质、地球物理、地球化学、遥感地质、自然重砂等系列地质资料信息进行叠加，综合分析研究，可以总结区域成矿规律，进行成矿预测。

主要产品有：

1）重要成矿区带或行政区综合地质资料分析、地质图、成矿规律总结、成矿预测等。

2）重大自然灾害区地质资料分析、地质图、说明书。

3）国家重大工程建设区地质资料数据库、地质图、说明书等。

4）对区内已有地质资料综合评述。

在收集特定区域内分散在不同馆藏机构的所有地质资料，建立完整权威的地质资料数据库基础上，进行综合分析，开发系列产品，主要产品有：

1）系列地质工作程度图。

2）统计分析该区域投入的主要实物工作量。

3）统计分析该区域探明的各类矿产资源储量及取得的主要地质成果。

4）对区内已有地质工作进行综合评述分析。

通过集成编研，为地质工作部署提供支撑，为在该区域从事地质工作的人员提供全景式的地质资料，对于减少工作重复浪费及快速开展地质工作具有重要意义。

(4) 数据库产品

随着地质资料信息化工作的深入开展，中国已利用地质资料建立数十种数据库，如全国基础地质数据库、全国矿产地数据库、遥感影像数据库、重力数据库、航空物探数据库、化探数据库、自然重砂数据库等。这些数据库的建立和不断完善与扩展，为地质资料信息综合编研奠定了坚实的基础。

数据库产品主要有：区域地质调查、矿产资源勘查、水工环勘查、地球物理、地球化学、遥感影像、海洋地质、专题地质、资料图书数字化等不同类型数据库，形成数据库体系。同时对已建数据库、重大项目数据进行集成整合，建立数据更新维护机制。

6.2.2.2 按资料类型划分

本篇借鉴黑龙江省重要成矿区带地质资料服务产品体系研究的结果。将全省划分为额尔古纳成矿区（Ⅲ1）、兴隆沟—罕达气成矿带（Ⅲ2）、松嫩边缘成矿区（Ⅲ3）、伊春—延寿成矿带（Ⅲ4）、张广才岭成矿带（Ⅲ5）、佳木斯成矿区（Ⅲ6）、太平岭成矿带（Ⅲ7）、完达山成矿带（Ⅲ8）8 个三级成矿区（带），按成果地质资料、原始资料各划分了 3 大类 72 项产品。

（1）原始地质资料产品

提取各种地质工作原始资料信息，建立数据库，编制各成矿区（带）系列地质工作程度图及说明书。

通过收集各主要成矿区（带）原始资料—综合研究整理资料—分类提取各种地质工作信息—信息处理及综合—建立地质工作程度数据库—编制系列地质工程程度图—编写使用说明书。形成以下产品：

1）基础地质产品：地质矿产图（1∶20 万 ~1∶5 万）；水文地质图（1∶20 万 ~1∶5 万）；重力异常图（1∶20 万）；航磁异常图（1∶20 万 ~1∶5 万）；放射性异常分布图（1∶20 万）；地球化学图（12 ~15 元素）（1∶20 万）；地球化学测量组合异常图（1∶20 万）；地球化学成矿远景区划图（1∶20 万）；地质工作程度图（1∶20 万）；各类地质工作原始记录；各成矿区（带）基础地质资料说明书。

2）矿产预查产品：实际材料图（1∶5 万 ~1∶1 万）；地质矿产图（1∶5 万 ~1∶1 万）；航磁异常图（1∶5 万）；水系沉积物测量原始数据图（主要成矿元素）（1∶5 万）；土壤测量原始数据图（主要成矿元素）（1∶2 万 ~1∶1 万、剖面）；各种地面磁法测量异常图（1∶2 万 ~1∶1 万、剖面）；各种地面电法测量异常图（1∶2 万 ~1∶1 万、剖面）；各种地面放射性测量异常图（1∶2 万 ~1∶1 万、剖面）；各种地表工程（槽、井探）实际材料图；钻孔实际材料图；主要勘查区岩石标本；主要勘查区岩心标本；地质工作程度图（1∶20 万）；四级成矿区（带）历次查证成果汇总表；各成矿区（带）矿产预查资料说明书。

3）普查详查勘探产品：实际材料图；矿区地质图；土壤测量原始数据图（主要成矿元素）（1∶2 万 ~1∶1 万、剖面）；各种地面磁法测量异常图；各种地面磁法测量异常图；各种地面放射性测量异常图；各种地表工程（槽、井探）实际材料图；钻孔实际材料图；主要矿区岩石标本；主要矿区岩心标本；地质工作程度图（1∶20 万）；普查（详查、勘探）历次工作成果汇总表；各成矿区（带）普查（详查、勘探）工作原始资料说明书。

（2）成果资料产品

提取各种地质工作成果信息。按成矿区（带）综合研究不同年代、不同工作成果信息，编制各主要成矿区（带）资源分布图、开发利用现状图、工作部署建议图、找矿靶区预测图等系列成果图件，建立地质工作成果数据库，编写使用说明书。

通过收集各主要成矿区（带）成果资料—综合研究整理资料—分类提取各种地质工作信息—信息处理—综合研究各主要成矿区（带）成果—编制各主要成矿区（带）资源分布图、开发利用现状图、工作部署建议图、找矿靶区预测图—建立地质工作成果数据库—编写使用说明书。形成以下产品：

1）基础地质产品：区域地质调查报告；水文地质调查报告；区域重力测量报告；航磁测量报告；地球化学图说明书；相关地区的各类基础地质研究报告；相关地区的各类成矿预测研究报告；相关地区的各类勘查技术研究报告。

2）矿产预查产品：矿产调查报告；各地区异常查证报告；1∶5 万水系沉积物测量报告；土壤地球化学测量报告；各地区航磁（放）异常检查报告；各地区物探工作报告（1∶5 万～1∶1 万）；各地区矿产勘查工作报告（1∶5 万～1∶1 万）；各地区基础地质研究报告；各地区成矿预测研究报告；各地区方法试验研究报告；地质工作程度图；历次矿产勘查工作成果汇总表；各成矿区（带）矿产勘查工作成果资料说明书。

3）普查详查勘探产品：矿产调查报告；各地区异常查证报告；1∶5 万水系沉积物测量报告；土壤地球化学测量报告；各地区航磁（放）异常检查报告；各地区物探工作报告（1∶5 万～1∶1 万）；各地区矿产勘查工作报告（1∶5 万～1∶1 万）；各矿区成矿规律研究报告；各矿区方法试验研究报告；地质工作程度图；历次矿产勘查工作成果汇总表；各成矿区（带）矿产勘查工作成果资料说明书。

（3）实物地质资料产品

收集整理实物地质资料，并进行三维图像采集、物理化学性质测试和试验等。建立典型矿区、层型或重要地层剖面、重要地质景观区、特定区域的实物地质资料序列，编辑出版实物地质资料图集等，陈列重要岩心数据库、典型矿床标本、层型剖面实物地质资料等。以图册、数据库、实物等多种方式展示。

1）岩心类服务产品：岩心分布图；岩心钻孔数据库；岩心相关测试数据；典型岩心钻孔展示；岩心钻孔柱状图；岩心钻孔测井资料及说明。

2）标本类服务产品：标本分布图；标本测试数据；典型标本展示。

3）副样类产品：副样分布；副样测试数据；副样展示。

4）古生物化石类服务产品：化石分布；化石测试及分析数据；化石展示；化石科普。

5）光薄片类服务产品：光薄片分布；光薄片观察数据；光薄片展示；光薄片科普。

6.2.2.3　按产品介质分

可以分为纸质与电子两种。

6.2.2.4　按服务对象分

（1）政府及其相关部门

该类用户属管理决策型用户，需要宏观分析或统计信息，了解资源环境问题和趋势，以便进行管理决策。

（2）地质工作单位（企业）、地学研究和教育的机构

该类用户属专业型用户，需要提供更为基础和详尽的地学信息进行复杂的专业分析和数据处理，解决实际问题。

（3）一般社会公众用户

多是了解性或知识普及性的个人用户。可以开发编研地质科普、地质景观、环境地质、旅游地质等产品。

6.2.2.5 按服务方式分

（1）传统人工服务

开发适应人工服务的产品体系，如印制地质工作程度图集、检索图集，提供地质资料内容摘要等。

（2）现代信息服务产品

是用户借助现在发达的网络系统，利用在线信息服务交互式系统完成（或完成一部分）信息获取的方式。与传统信息服务不同，现代地质信息服务主要是通过运行网络上的在线服务系统实现的。USGS、GSC、BGS（英国地质调查局）、GA 等都提供了完整的各类地学信息的目录查询检索系统，帮助用户快速便捷地检索到所需信息和数据。在地学信息服务中，专题信息大部分是空间信息，各国普遍提供各种空间查询服务系统，可按空间区域、专题属性、关键字（模糊或精确）及产品类型等实施查询。Web 编图系统实现对分布在网上、存储在不同系统中的数字地图信息进行选择、提取、显示和叠加等操作，实现网上动态编图。

（3）定制服务

对重大工程建设区、地质灾害区进行定制服务，如加工拟建铁路沿线的基础地质图集、地质灾害区的地质图集等。

6.2.2.6 按地质专业分

按专业可以将地质资料服务产品体系划分为基础地质、地球物理、地球化学、矿产地质、水文地质、工程地质、环境地质、城市地质、遥感地质、地震地质、农业地质、海洋地质、旅游地质等专业服务产品。

从地质专业的学科性角度又可以将地质资料服务产品体系进一步划分为三级。一级为矿物晶体、岩石、古生物、地层、地史、海洋地质、地质构造、第四纪地质、矿产地质、水工环地质 、地质填图、地球物理勘查、地球化学勘查、地质遥感勘查、钻探工程、坑探工程、地质测绘、其他资源 18 类，二级 52 类，三级划分 336 类。每一类可以按照产品类型和需求开发系列产品，包括目录、图件、报告、数据库等。

6.2.2.7 按产品类别分

报告、摘要、指南、简介、影像、录音、图集、目录、报告、综合研究和图书等（表 6-1）。

表 6-1　按专业分地质资料信息服务产品体系表

一级	二级	三级
矿物晶体	矿物	矿物简介
		矿物分布
		矿物市场
	结晶	晶体介绍
		晶体分布
		宝玉石
		奇石
岩石	沉积岩	沉积岩介绍
		沉积岩分布
		沉积演化
		成岩科普
		沉积构造
		沉积环境
		沉积盆地分布
	岩浆岩	岩浆岩简介
		侵入岩分布
		火山岩分布
		特殊岩类分布
		岩浆岩岩石组合及构造环境
		地质单元划分
	变质岩	变质岩简介
		变质岩分布
	基岩	基岩地层分布
		基底断层
		基底褶皱
		基底地质单元划分
古生物	古生物	古无脊椎动物分布
		古脊椎动物分布
		古植物分布
		微体古生物分布
		超微古生物分布
		分子古生物分布
		化石保护区
		生物地球化学图
	古人类	古人类分布

续表

一级	二级	三级
地层	层型	中国界线层型典型剖面
		全球界线层型剖面
	地层区划	中国太古代—古元古代综合地层区划（变质岩）
		中国中元古代—中生代综合地层区划
		中国新生代地层（不含第四系）区划
		中国第四系地层区划
	地层对比	岩石地层对比
		生物地层对比
		年代地层对比
		地层对比图
地史	地史研究	历史大地构造
		古海槽
		古海盆
		板块缝合带
		构造古地理
		岩相古地理
		古环境演化
		古气候演化
	地史特征	地壳运动
		古陆
		古海洋
		古气候
		古生物群
海洋地质	海洋基础地质	海底地形、地貌
		海底岩石地层分布
		海底板块构造格架
		海洋沉积物分布
		海洋生态环境演化
	海洋矿产地质	海洋矿产资源分布
		海洋矿产资源矿权状况
		海洋矿产资源勘查程度
	海洋地质调查	海洋调查工作程度
		海洋调查成果
	海洋主权权益	领海
		专属经济区

续表

一级	二级	三级
海洋地质	海洋主权权益	法律大陆架
		岛屿
		国际海底区域
		极地地质
	海洋地质图件	海洋环境基础图件
		海洋构造地质图件
		海洋地球物理图件
		海洋沉积图件
		海洋矿产资源图件
		海域疆界图件
地质构造	构造地质	线状构造
		面状构造
		褶皱
		断裂构造
		剪切带
	大地构造	地壳构造
		地质建造
		大地构造格架
		构造单元
	板块构造	板块构造单元
		板块构造格架
	活动构造	新构造格架
		活动构造格架
第四纪地质	第四纪地质	第四纪演化
		第四纪地质事件
	第四纪地质沉积物	碎屑沉积物
		化学沉积物
		生物沉积物
	第四纪古气候	第四纪冰期
		古气候
地貌	地貌	地貌分区
		地貌演化
矿产地质	能源矿产	矿产地
		矿产资源调查评价
		矿床远景评价

续表

一级	二级	三级
矿产地质	能源矿产	老窿调查
		矿产资源储量
		矿产工作程度
		矿产分布
		典型矿床
		成矿条件
		矿床成因类型
		成矿区带划分
		预测远景区
		矿产预测系列图件
		采矿权分布
		探矿权分布
		复垦情况
		闭坑矿山
		资源储量图
	金属矿产	矿产地
		矿产资源调查评价
		矿床远景评价
		老窿调查
		矿产工作程度
		矿产分布
		典型矿床
		成矿条件
		矿床成因类型
		成矿区带划分
		预测远景区
		矿产预测系列图件
		采矿权分布
		探矿权分布
		复垦情况
		闭坑矿山
		资源储量图
	非金属矿产	矿产地
		矿产资源调查评价
		矿床远景评价

续表

一级	二级	三级
矿产地质	非金属矿产	老窿调查
		矿产工作程度
		矿产分布
		典型矿床
		成矿条件
		矿床成因类型
		成矿区带划分
		预测远景区
		矿产预测系列图件
		采矿权分布
		探矿权分布
		复垦情况
		闭坑矿山
		资源储量图
	水气矿产	矿产地
		矿产资源调查评价
		矿床远景评价
		老窿调查
		矿产工作程度
		矿产分布
		典型矿床
		成矿条件
		矿床成因类型
		成矿区带划分
		预测远景区
		矿产预测系列图件
		采矿权分布
		探矿权分布
		复垦情况
		闭坑矿山
		资源储量图
水工环地质	水文地质	水文地质调查工作程度
		水文地质观测点分布
		水文地质剖面图

续表

一级	二级	三级
水工环地质	水文地质	水文地质剖面含水层划分
		地下水类型分布
		地下水含水层分布
		含水层顶板高程等值线表
		含水层底板高程等值线表
		潜水位埋深等值线
		承压水等水压线
		地下水化学类型分布
		地下水矿化度分区
		地下水脆弱性分区
		降水入渗系数分区
		潜水蒸发系数分区
		灌溉入渗系数分区
		河流渗漏系数分区
		渗透系数分区
		越流系数分区
		释水系数分区
		地下水监测设施分布
		生产井分布
		地下暗河
		地下水水量
		地下水水质
		水准点
		地下水水温
		孔隙水压力
		水文区划
	工程地质	工程剖面地层
		工程剖面地层界线
		工程剖面断层线
		岩体工程分布
		岩体工程特征
		土体工程分布
		土体工程特征
		溶洞分布
		倒石堆

续表

一级	二级	三级
水工环地质	环境地质	土地荒漠化分区
		土地盐侵分区
		环境地质调查工作程度
		环境监控点分布
		河流污染
		湖泊污染
		地下水污染
		土壤污染区
		水土流失
		土地沙化
		土壤沼泽化
		特殊土危害
		地方病分布
		矿山污染
		垃圾堆放分布
		地面沉降等值线
		地面沉降监测点基本情况表
		地面沉降监测历年高程表
		地面沉降监测历年高差表
		地面沉降分层标基本情况表
		地面沉降分层高程测量表
		矿山与地下工程灾害
		崩塌
		滑坡
		泥石流
		地裂缝
		岩溶塌陷
		海水入侵
		海岸线变迁
地质填图	地质图件	不同比例尺区域地质图件
		不同专题性地质图件
		不同专业性地质插图
地球物理勘查	重力	重力解译构造线
		原始布格重力异常等值线图
		水平导数平面图
		方向水平导数平面图

续表

一级	二级	三级
地球物理勘查	重力	垂向二阶导数平面图
		上延平面图
		下延平面图
		重力三次趋势剩余异常
		重力三次趋势面
		工作程度
		重力推断成果图
	磁法	磁法解译构造线
		原始 ΔT 异常等值线
		化极后的异常等值线
		航磁原平面等值线图层
		航磁原平面航磁方向水平一阶导数线
		方向水平导数平面图
		垂向二阶导数平面图
		工作程度
		磁法推断成果图
	电法	电法等值线
		电法测井曲线
		电法推断成果图
	地震	地震烈度
		地震反射曲线
		工作程度
		地震推断成果图
	地温	地温等值线
		地温梯度
		地温推断成果图
	放射性	放射等值线
		放射推断成果图
		工作程度
地球化学勘查	地球化学勘查工作	地球化学填图
		矿产地球化学勘查（地球化学探矿）
		环境地球化学调查
		农业地球化学调查
		城市地球化学调查
		海洋地球化学调查（海洋化探）

续表

一级	二级	三级
地球化学勘查	化探方法	岩石地球化学测量（岩石测量、原生晕找矿法）
		土壤地球化学测量（土壤测量、土壤金属量测量）
		水系沉积物地球化学测量（水系沉积物测量、分散流）
		水化学测量（水化学测量、水化学）
		生物地球化学测量
		气体地球化学测量（气体测量）
		海洋化探
		地气测量（地气法、地球气纳微金属测量）
	地球化学异常和解释推断	地球化学异常
		异常解释推断
	地球化学勘查图件	实际材料图
		工作布置图
		工作程度图
		原始数据图（单点样数据图）
		网格化数据图（组合样数据图）
		符号图
		化探色块图
		化探平面图
		化探剖面图
		化探平剖图
		化探等值线图
		化探柱状图
		单元素地球化学图（基本地球化学图）
		地球化学异常图
		多元素异常图
		综合异常图
		异常剖面图
		异常剖析图
		地球化学立体图
		解释推断图
		地球化学图册
地质遥感勘查	地质遥感图件	遥感影像地图
		遥感解译图（线、环构造）
		遥感异常图
		遥感矿物地质图
		遥感反演图

续表

一级	二级	三级
钻探工程	钻探方法	固体矿产钻探
		水文钻探
		工程钻探
		油气钻探
		水域钻探
		特种钻探
坑探工程	坑探工程基础	坑探
		井巷工程
		地下岩土工程
		地下工程
		隧道工程
		地下铁道
		地下空间
		探槽
	地下空间	地下空间资源
		地下空间利用现状
		地下建（构）筑物
		地下管线
		地下管线管点
地质测绘	大地测量	大地基准点
		坐标系统
	地形图测绘	地形图分幅
		地形图不同比例尺
其他资源	土地资源	土地利用、土地分级、土地质量
		土壤类型分布
		土地利用现状
		土地利用规划
	旅游资源	旅游地质
		旅游点历史文化
		旅游点价值及保护状况

6.3 地质资料信息服务产品开发研究

本章对地质资料信息服务产品开发的意义、特征和原则进行了研究，提出了地质资料服务产品开发的基本内容、方法和程序，并对影响地质资料服务产品开发的影响因素和控制措施进行分析。

6.3.1　地质资料信息服务产品开发的意义

地质资料是地质工作者辛勤劳动和智慧的结晶，是地质工作价值的重要体现，是地质工作服务于经济社会发展、建设服务型政府的主要载体，是国土资源调查、规划、管理、保护、合理利用和国家重大工程建设的重要基础信息资源。基于这些资源做好地质资料开发利用，对于促进国土资源管理和经济社会可持续发展，促进矿业权市场的建立与完善，推动商业性地质工作的开展等具有十分重要的作用。

6.3.1.1　地质资料信息服务产品开发的重要意义

（1）产品开发是实现地质资料自身价值的根本途径

地质资料是国家宝贵的信息资源，内容涉及矿产、水文、环境、地球物理、地球化学、地理、天文、生物、气候变化等多个学科，在社会经济建设的方方面面有重要的利用价值。但地质资料除一般信息的共性外，还具有以下特性：①分散性。地质资料是地质工作者在地质调查、矿产勘查、地质科学研究中，按生产的时间顺序自然形成的，有用信息分散于全国数十万种地质资料中，地质资料形成者形成地质资料的目的与用户利用地质资料信息的目的并不一致。②地质资料信息的历史性。地质资料是历史的沉淀物，代表地质资料形成时代的理论认识和科技水平，与用户的现实有一定的时间距离。正是这种时间距离，使地质资料信息具备了回溯性特征。③原始性。地质资料是用文字、图表、声像、电磁介质、岩矿心、各类标本、光薄片、样品等形式对某一项地质工作活动所做的最原始最直接的记载，具有凭证和情报价值。这些特性决定了地质资料信息的开发利用，并不是简单地打开库房变成阅览室就行了，而是要对地质资料中记录的各种信息进行分析、整理、归纳和加工，从原始的、分散的、杂乱的地质资料中提炼出真正对现实有用的信息。因此，只有对地质资料信息进行开发，加工成地质资料信息产品，使其为用户所用，才能产生新的生产力、新的知识、新的社会效益和经济效益，体现其自身的价值。

（2）产品开发是提高地质工作效率和研究水平的重要支撑

地质工作是一项循序渐进的工作，任何新的地质项目都要在已往工作的基础上进行部署。只有通过地质资料开发利用，认真查阅、研究前人形成的各种地质资料信息，提取有用信息，掌握以往的工作成果，才能再研究部署下一步工作，防止浪费和低水平重复工作。同时，通过地质资料开发利用，还可以详细了解前人工作情况，分析前人工作的成败得失，总结经验教训，指导下一步工作的开展。

（3）产品开发是发展地质资料事业的需要

只有持续不断地开发利用地质资料信息，使“死资料”变成“活信息”，提供给用户广泛地、反复地、多角度、全方位、连续不断地利用，才能充分发挥地质资料的参考与研究作用，才能增强社会大众的地质资料意识，取得领导的重视和社会各界的支持，为地质资料工作发展创造良好的外在氛围。因此，地质资料开发利用是地质资料事业的生命与活力所在，是发展地质资料事业的必备条件。

6.3.1.2 地质资料信息服务产开发的必要性

（1）中国积累了丰富的地质资料信息

1949 年以来，中国地质勘查总投入 6455.6 亿元，其中进入 21 世纪的 10 年中投入 4169 亿元，占总投入 64.58%。2006 年国务院《关于加强地质工作的决定》颁布后 4 年以来，投入 2580.76 亿元，占总投入 39.8%。年钻探工作量已突破 1000 万米，其中 2006 年为 1140 万米，2008 年为 2013 万米。2009 年受世界金融危机的冲击，世界矿产勘查投入大幅下降，油气较上年下降 12%、固体矿产下降 42%，但中国矿产资源勘查投资仍然保持了增长势头，总投入为 765 亿人民币，较上年增长 4%，尤其是固体矿产勘查投入 303 亿人民币，较上年增长 23%。

巨大的投入，形成了海量的地质资料信息，为国民经济和社会发展提供了重要基础支撑。据统计，到 2010 年年底仅全国地质资料馆和省（市、区）地质资料馆藏机构就有成果资料达 376 879 种，1900 万件；中国地质调查局经过近十年的不断努力，已建成或正在建设的地质数据库 103 个，数据量达 120T。

（2）国家十分重视地质资料信息服务产品开发

中国政府对地质资料的管理和服务工作十分重视。早在 1957 年，国务院就批准发布了《全国地质资料汇交暂行办法》，2002 年，《地质资料管理条例》的发布执行，进一步规范了地质资料的管理与服务工作。为提高地质资料社会化服务水平，2005 年国土资源部和国家保密局联合发布了《加强地质资料社会化服务的若干规定》，2006 年《国务院关于加强地质工作的决定》中将“推进地质资料开发利用”列为新时期地质工作的六项重大任务之一，要求“推进地质资料的研究开发，充分发挥现有地质资料的作用，避免工作重复和资料浪费”。2008 年，经国务院同意，由国土资源部发布的《全国地质勘查规划》，提出要“全面整合各类地质勘查资料，推进地质资料数据产品开发和专项服务，最大限度地满足经济社会发展对地质资料的需求。”并将“地质资料开发利用工程”作为重大工程之一。贯彻国家规划部署，需要进行地质资料开发利用工作，完成国家安排的各项战略目标任务。

（3）地质资料潜在价值巨大

地质资料是地质工作价值的重要体现，是地质工作服务于经济社会发展的主要载体。地质资料对地质找矿、环境保护和工程建设具有重要支撑作用，蕴藏着巨大的潜在价值。美国地质调查局研究表明，即使按最小价值计算，地质图的价值也是填图成本的 25～36 倍。但是，中国目前地质资料工作主要局限于保管和目录查询等告知性服务，资料利用率不高，开发利用较少，挖掘深度不够，急需开展地质资料信息公共产品开发，挖掘潜在价值，充分发挥其作用，提高服务水平。

（4）地质资料需求巨大

当前，实现地质找矿重大突破，促进矿业发展，缓解资源约束；扩大内需促进经济快速平稳增长，开展铁路、公路、电力等重大工程基础设施建设；加强地质环境研究，促进减灾避灾；扩大就业，改善民生，建设新农村等，对地质资料服务提出了广泛需求。急需大力开发利用中国现有海量的地质资料，提供更加丰富、多元的服务产品，不断提高服务质量，满足社会需求。

（5）地质资料信息服务业务基础薄弱

地质资料信息服务业务基础薄弱，需要开展地质资料开发利用，增加数据积累，提高服务效率。中国原始地质资料、实物地质资料还没有实现统一管理。图文地质资料数据库建设进展缓慢，全国地质资料图文数字化平均水平只有 45% 左右。大中比例尺数字地质图空间数据库建设力度亟待加快。为矿业所急需的中大比例尺地面物化遥数据库，以及国家急需的油气资源系列数据库尚未开展工作。缺乏满足政府和社会公众需要的通俗化、科普化产品。有关技术标准规范不健全，需要开展地质资料开发利用，开展实物和原始地质资料研究，实现统一管理，按照统一标准建设相关数据库，增加数据积累，提高服务效率。

（6）地质资料信息服务水平有待提高

更新服务观念，改善服务方式，开发利用地质资料，提高服务水平。2002 年颁布的《地质资料管理条例》确立了“统一汇交、公开利用和权益保护”三项基本制度。但是，目前“重收藏、轻利用，重保管、轻开发”的传统思想仍然不同程度地存在，缺乏现代营销模式，产品服务方式单一，服务方式和技术手段较落后。网络服务的信息量和质量低。从中美两国地质调查局的网站 2001 ~ 2005 年的访问量对比来看，同一时段内美国地质调查局大约是中国地质调查局的 600 倍。需要开展地质资料开发利用工作，变现在的资料保管员为资料销售员，建立全国地质资料数据统一的共享服务平台，构建客户服务计划和服务反馈机制，主动开展地质资料数据的社会化服务。

（7）避免重复工作，提高地质工作效率的需要

《国务院关于加强地质工作的决定》将“推进地质资料开发利用”列为新时期地质工作的六项重大任务之一，明确提出“建立健全地质资料信息共享和社会化服务体系，加快利用现代信息技术，建设国家地质资料数据中心和全球矿产资源勘查开采投资环境信息服务系统”。落实《决定》精神，加强地质工作，需要充分开发地质资料潜在价值，避免重复工作，减少浪费，促进地质工作更好地服务于经济社会发展的方方面面。

6.3.2　地质资料信息服务产品开发的特征

大力开发利用信息资源，是又好又快地发展中国社会主义事业的必要条件。相对各种物质资源，信息资源的开发利用更加具有时代意义。在各种信息资源中，地质资料以其与资源、环境和工程的伴生关系和所载信息的原始性、真实性等特点，占有更加显著的地位。在社会主义市场经济条件下，地质资料信息服务产品开发具有更加直接的技术经济意义。

就地质资料工作本身而言，地质资料价值的实现，地质资料工作目的的达成，地质资料工作系统与外部环境的联系与沟通，无不与地质资料信息服务产品开发工作息息相关。因此，开发地质资料资源，实现地质资料的有效利用，为国家的经济建设和科技文化建设服务，是各级各类地质资料馆的重要任务。

地质资料信息服务产品开发，是指揭示地质资料信息及其价值，通过各种科学有效的方法，使地质资料信息直接服务于国家的各项事业，满足各种利用需求的一项工作。

（1）地质资料信息服务产品开发工作以地质资料信息为主要对象

信息研究是当今社会的一种重要科研方式。以地质资料作为信息研究的对象，是地质资料信息服务产品开发工作区别于其他信息研究的主要标志。地质资料信息的特点决定了地质资料信息服务产品开发工作的内容、原则与方法。

（2）地质资料信息服务产品开发工作以主动满足客观需要为目的

地质资料信息服务产品开发工作是一种主动开发地质资料信息的服务方式，提供服务产品是为了充分满足利用者对高质量地质资料信息的利用要求。为此，地质资料信息服务产品开发工作必须主动了解相关信息需求，准确把握特定的服务对象，主动开发出适应地质工作等客观需要的、高效的地质资料信息服务产品，以保证工作的持续发展。

（3）地质资料信息服务产品开发工作以信息研究为基本手段

科技档案编研是地质资料信息服务产品开发工作的手段，与其他地质资料管理工作相比，突出特点是具有较强的研究性。就地质资料信息服务产品开发工作流程而言，研究活动贯穿工作的全过程，信息研究是实质，信息加工则是它的表现形式，而且“信息研究”与“信息加工”相辅相成，离开了地质资料信息研究，信息加工就无法实施，也就不能形成服务产品。就工作性质而言，地质资料信息服务产品开发的创造性更为突出，而创造性的集中表现就是信息研究方面。

（4）地质资料信息服务产品开发工作提供了地质资料信息利用的高级形式

地质资料信息服务产品开发工作优化了地质资料信息，增加了信息密度，甚至升华了原有的知识，实现了地质资料信息的增值。与利用地质资料原件相比利用效果更好。而每个地质资料信息服务产品开发项目，每次信息开发内容都是唯一与崭新的，其信息产品的成本与价值更高。因而成为较高级的利用形式。

6.3.3 地质资料信息服务产品开发的原则

地质资料信息服务产品开发工作适应了广泛的社会利用需要，缓解了地质资料信息分散、难以满足信息系统利用的矛盾，扩大了地质资料的利用范围。为了保持地质资料信息服务产品的特色，提高地质资料信息服务产品开发工作的效益，应遵循以下原则。

（1）存真原则

存真原则要求地质资料信息服务产品开发工作应遵循辩证唯物主义和历史唯物主义的观点，保证地质资料信息服务产品开发信息的真实性和提供地质资料信息的客观性。

地质资料信息是地质工作和矿业权工作的真实写照，提供认识地球的原始信息和最初认知，既是地质资料服务产品开发工作的特点，也是地质资料服务产品的权威性与价值所在，地质资料服务产品开发工作必须始终坚持存真的原则。

存真原则在地质资料信息服务产品开发全过程中始终发挥着指导作用。开发选材反复、审慎地核对入选材料，就是要切实保证这些材料的真实性；信息加工的各种方法与要求，都是为了尊重地质资料的原始性，维护其历史的真实性；对于需要修改或补充的内容，必须多方查证；甚至选择产品类型与传播方式，也是出于保证地质资料信息传播不走样的考虑。这些都是坚持存真原则的具体体现。

由于地质资料信息服务产品传播范围广，一旦提供了失真的信息，在当前将造成严重的经济损失，对后世将导致以讹传讹的恶果。因此，存真是地质资料信息服务产品开发工作的首要原则。

（2）适用原则

适用原则要求地质资料服务产品开发必须适合地质工作与利用者的客观需要，提供具有先进性和实用性的地质资料信息。

适应客观需要是地质资料信息服务产品开发的价值基础。首先，应针对一定规模的客观需要确定地质资料开发的主题及其体例形式。其次，要根据利用者的信息能力确定信息加工形式与深度，地质资料信息服务产品的印制数量和传播方式的确定也必须符合实际需要。

提供先进、实用的地质资料信息，是从技术层面对地质资料信息服务产品适用性提出的要求，只有提供反映新技术和新成就的地质资料信息，地质资料服务产品才具有吸引力、影响力和传播能力，才能显示地质资料的信息优势，进而实现其价值。特别是地质资料服务产品开发工作投入较大，要保持其投入与产出的平衡，必须提供适应客观需要的产品才能充分显示地质资料开发工作的意义，保证其健康、持续的发展态势。

（3）优化原则

优化原则强调地质资料信息服务产品开发工作通过优化的基本方法，提供高质量的地质资料信息与高质量的信息服务。优化主要表现为对开发信息的优选和对开发方法的优化。

一方面，优选的地质资料信息是开发高质量地质资料信息服务产品的前提。由于产品开发目的与信息主题的不同，信息优化具体标准也不尽相同。例如，为决策服务的产品其优化标准注重信息的典型性与多样性；供内部使用的产品的优化标准更强调信息的新颖性与稀缺性等。另一方面，优化信息加工方法是提升服务产品价值的基本方式。地质资料信息加工方法如提炼、浓缩、复制、改编与转化等，使地质资料信息呈现各自不同的变化。例如，有的加工方法提升了地质资料信息的专业性，有的加工方法则会淡化其专业性，不同的信息加工方法对地质资料信息施加的影响以及导致的结果各不相同。产品开发人员要针对服务对象的具体情况，选择适当的信息加工方法，进一步彰显地质资料信息的优势。

（4）合法原则

地质资料服务产品开发工作是一项科技资源开发活动，属于公布地质资料信息的范畴。从选题、加工信息，直至服务产品的传播，涉及技术、经济等各种利益关系。地质资料服务产品开发除了要遵守《档案法》《保密法》《专利法》以外，还要遵守《著作权法》的相关规定。《著作权法》保护人们对自己精神劳动成果享有的合理权益，对科技档案编研工作具有重要的指导意义与保证作用。要充分考虑地质资料的保密性和地质资料的著作权和专利权保护。对涉及国家秘密的地质资料要严格按规定授权用户使用，对处于保护期的地质资料，只能在保护期满或经作者同意后才能进行开发利用。

（5）经济效益与社会效益结合原则

地质资料开发利用，必须兼顾经济效益和社会效益，做到社会效益与经济效益并重。本条原则的核心是坚持社会主义市场经济，要充分了解需求，要按照经济规律开发产品，搞好服务，而不是盲目开展工作，浪费国家资源与财政资金。

6.3.4 地质资料信息服务产品开发的主要方向

(1) 加强地质资料信息服务开发，提高检索能力

加强地质资料的深度开发，充分运用现代理论、方法和技术，开展综合分析研究，提高对以往地质工作的研究水平，开发系列地质资料目录检索产品和综合评述产品，提取资料核心信息，盘活各类地质资料，大幅度提高地质资料社会化利用水平和利用效益，为经济社会发展提供广泛的服务，为政府规划和管理提供基础技术支撑。

(2) 加强地质资料挖掘开发，提取资料有价值核心信息

开展重点成矿区带及油气盆地和含煤盆地、重点经济区、生态环境脆弱区、重大工程建设区和重大地质问题区等的基础地质、矿产地质、环境地质等各类地质资料的深度挖掘，总结地质规律，开发区域地质图系列产品、基础地质数据产品、矿产地质数据产品、地球物理及地球化学数据产品、灾害环境地质产品、农业地质产品、城市地质产品等数据资料，充分发挥现有地质资料的作用，避免工作的重复和资料的浪费，为区域经济发展、资源勘查开发、工程建设选址和生态环境保护建设提供科学依据。

(3) 加强地质资料集成专题开发，提高综合研究成果

面向原材料工业结构和布局调整、城镇建设、高效农业发展等，深化地质资料的开发利用。强化地质资料的综合研究，推进原始地质资料和实物地质资料的开发利用。遵循市场经济原则，依法开放相关地质勘查成果信息，吸引社会投资参与地质勘查信息资源的开发和利用。开发公开性资料数据产品、科普类数据产品和网络版地质调查成果产品。实现地质资料信息服务业的集群化、产业化发展。

(4) 建设地质资料数据库，增加数据资源

按照统一标准对各类资源进行统筹规划，完成馆藏5万档重要成果地质资料的图文数字化，建立国家馆藏重要成果地质资料图文数据库。开展国家重要钻孔地质资料数据库建设和原始及实物地质资料目录数据库建设，并开展服务。增加数据积累，为提供高效服务打好基础。

当前，面向政府宏观管理、重要矿产资源勘查区、重要经济区和重点城市开发系列专题服务产品和动态服务系统。面向社会化服务开发包括区域地质、基础地质、矿产资源、水文地质、环境地质、物探、化探、遥感、地学科普等领域的权威、公益性信息产品是地质资料开发利用的重点。

6.3.5 地质资料信息服务产品开发的基本方法

地质资料信息服务产品开发的实质是对地质资料中有用信息的识别和加工。识别是指通过著录和文本挖掘等手段，将有用信息从地质资料中选择出来并进行存储，但识别和存储的信息仍处于分散和无序状态。加工是按照一定的需求，对识别出来的信息进行综合、分析、归纳和总结，将分散、无序的信息有序化和系统化。主要方法有：著录、信息挖掘、编制检索工作、信息综合集成、多元信息复合、实物资料再利用等。

（1）著录

著录是对档案的内容和形式特征进行分析选择和记录。地质资料的著录是在对地质资料的内容特征准确地分析和判断的基础上，运用检索语言将主题概念转换成规范化的检索标志。

（2）信息挖掘

开发数据挖掘平台，将文本描述中的有用数据信息、或 doc 文档的数据表格通过算法标示出来，建立文档内部、文档之间的联系，用户可根据各自需求，提取挖掘有用信息。

（3）编制检索工具

编制检索工具是对著录后形成的地质资料（案卷级或文件级）加以系统排列。手工检索即形成卡片式或书本式目录，计算机检索则将条目输入计算机，建立计算机数据库。

（4）信息综合集成

单一的地质资料由于受到地质工作时期、资金投入、工作区范围和当时的地质科技水平、主要地质人员技术水平的限制，所包含的信息有限，也可能不全面、不准确甚至不正确，直接利用价值较低。将特定区域内、分散在不同馆藏机构的不同时代、不同单位、不同工作方法的地质资料进行集成，并加以分析、研究、提取，将原来用途单一、信息分散、认识不一致、工作区面积不一的多种地质资料编制成多用途、多功能的复合型地质资料信息，可极大地扩大地质资料的应用领域，提高地质资料的使用效率，使地质资料的潜在价值得到充分发挥。

根据生产经营和经济活动中的特定要求，可以针对国家重要经济区、重要成矿区、重大工程建设区、重大地质灾害区、重要地质问题区编制综合或单一的基础地质、矿产地质、地球物理、地球化学、水文地质、工程地质、灾害地质、环境地质、农业地质、城市地质、旅游地质等系列地质资料产品。为国家经济区划、土地规划、重点工程建设、地质灾害预防与治理等提供基础信息。也可为国家地质工作规划与部署提供依据，避免重复工作，提高地质工作效率。

（5）多元信息复合

将不同专业、不同方法手段、不同时期形成的地质资料进行叠加，综合分析研究，通过多种信息资源的叠加，找出内在规律，得出新的地质认识。如将一个区域内的基础地质、矿产地质、地球物理、地球化学、遥感地质、自然重砂等系列地质资料进行叠加，综合分析研究，可以总结区域成矿规律，进行成矿预测。

（6）实物资料再利用

地质工作中形成了许多实物地质资料，如岩矿心和样品等，这些实物地质资料具有客观性、真实性和唯一性，是了解、研究、解决地学问题和地质找矿的第一手资料，对避免重复工作、提高勘查效率、降低投资风险具有重要的经济价值和科学研究价值。特别是随着科学技术如化验测试技术、选矿技术的进步，一些潜在的新矿种、新资源产地或因技术落后未被注意到的找矿信息，利用实物地质资料可快速、高效、经济地被发现与评价。

如辽宁有色地质局 103 队，在对青城子铅锌矿区及外围成矿地质条件进行综合分析的基础上，提出青城子矿田及外围“内铅锌外银金”的成矿元素及矿床分带模式。按这一思路，于 1990～1991 年对 20 世纪 50 年代以来采取 200 多个钻孔的岩心进行重新观察、取样化验，发现了高家堡子大型银矿床、小佟家堡子大型金矿床、杨树金矿床、林家三道沟大型金矿床、湾地沟中型金矿床、白云金矿。其中，林家三道沟和湾地沟金矿床提交金资源量182.93吨，伴生银金属量434.15吨；白云三道沟提交铅锌多金属矿石量333万吨，金20.19吨。

（7）数据库建设

将相关地质资料信息进行有序化整理，方便用户加工整理，便于地质资料长期保存。

6.3.6 地质资料信息服务产品开发的程序

地质资料信息开发要遵循以下程序：选题、制定产品开发方案、查找地质资料信息、信息加工与编排、审查、提供利用。

（1）选题

选题是地质资料开发工作的首要环节，包括选择内容主题和选择适宜的服务产品类型。选题恰当与否，不仅直接影响服务产品的使用价值，而且会影响工作进程。科学的选题应该是以用户需求为导向，以馆藏资源为基础，以馆藏机构的工作能力为前提。即选题的必要性、可行性与工作人员能力相结合。

（2）制定产品开发方案

产品开发方案是组织协调整个开发工作的依据，拟定一个切合实际、比较周密的开发方案，是开发工作顺利进行的前提与保障。

方案应该明确服务产品的主题、开发的目的和要求、产品的服务对象、产品的结构和体例形式、地质资料的内容及时间范围、参加开发工作人员的组织分工、进度安排、质量保证措施等内容。

方案应当经过全体参加开发工作人员的共同讨论协商，并且征求有关领导与用户的意见，以确保方案的科学性和可行性。另外，还应注意根据工作的发展与变化，及时调整方案的内容，保证其在开发的全过程中始终起到计划与规范的作用。

（3）查找选择地质资料

根据方案的要求，紧密围绕产品的主题内容，查全、选准地质资料，是保证产品质量的关键。地质资料的选取必须要经过检索、鉴别、核实的过程，去伪存真，淘汰一般性内容，筛选出精华部分提供给用户。

（4）信息加工与编排

对选取的地质资料信息实施加工与组织，形成服务产品。

（5）审查

对服务产品进行审查，并形成审查意见。

（6）提供利用

通过公开出版、网络服务、会议散发、上门服务等形式向用户提供地质资料开发产品。

6.3.7　影响地质资料信息服务产品开发的环境因素

对于地质资料来说，其面临着与有形产品生产商一样多的经济、社会文化、政治法律、技术水平和竞争因素，而从不同的因素出发，地质资料服务产品的营销环境可从经济环境，社会文化环境、政治法律环境、技术环境、竞争环境来分析。

（1）经济环境

地质资料信息服务产品的经济环境受到经济成熟度及发展速度等因素的影响。比如，随着经济的发展，地质资料馆为了与之保持同步，不得不扩展其服务的范围。消费者的服务支出也水涨船高。另外，由于地质资料馆为顾客提供的服务产品的成本往往比顾客自己做要低得多，而且因为顾客缺乏设备和专门技术，本身并没有能力去从事某项专业服务，这些因素都促使了地质资料服务产品的迅速增长。地质资料信息服务要适应经济大发展的客观环境，必须加大产品开发力度，扩大服务领域和范围。

（2）社会文化环境

地质资料服务产品的社会文化环境会随着时间的改变而改变，相应地会引起消费者对服务偏好的变化。例如，当前，国家资本投资渠道较少，大量资金没有好的项目，投资矿业盲从，这就需要地质资料馆开发矿业与地质勘查方面的服务产品，甚至为其矿业投资提供咨询服务。而在十年前，这种类型的服务根本不存在，更谈不上有需求了。

（3）政治法律环境

地质资料服务产品的政治法律环境会随着法律的制定与修订而改变，当然不同的国家更不同。需要开发者研究法律，在法制框架内开展工作。

（4）技术环境

有研究表明，服务产品的技术环境可能会成为未来服务产业增长的决定性因素。技术优势能够提高服务业从业人员的生产率，带来新的分销方法，甚至可以创造企业扩张的机会。地质资料信息服务产品的开发本身是知识密集型的活动，更要依靠新理论和新技术。

（5）竞争环境

对于许多服务型产业，由于受很多政策或者体制的限制，竞争可能更多来自于政府而不是其他的服务型企业。另外，价格竞争在某些服务领域比如通信、法律和医药服务等也会受到限制。许多服务型产业设置壁垒，新竞争者要想进入，就必须投入大量的资金或者对企业进行专门的培训。地质资料服务产品开发是公益性服务业，受国家政策影响较大。

6.3.8　地质资料信息服务产品开发的控制措施

（1）地质资料信息服务产品开发控制的法律依据

知识产权的基本特征是地质资料信息服务产品开发工作的重要依据。各种利用控制的要求与手段实际上反映了知识产权保护与利用控制的不同要求。法律是地质资料信息服务产品开发工作健康发展的保障，地质资料信息服务产品开发工作首先必须自觉遵循《中华人民共和国矿产资源法》《地质资料管理条例》《地质资料管理条例实施办法》《中华人民共和国档案法》《中华人民共和国保守国家秘密法》和《科学技术保密规定》的相关规定。

在知识产权法保护方面，要保护知识产权人的财产权，实行相关地质资料信息的有偿利用。要针对知识产权的时空特点，对不同时空范围实施不同的开发利用策略。要维护知识产权的排他性，严禁擅自开发利用相关地质资料信息。

（2）地质资料服务产品开发控制的动态策略

地质资料作为无形资产，要实现其价值，将其信息优势转化为知识产权优势，最终成为核心竞争能力，需要依托一系列的控制措施，并且强调利用控制的动态性。为保证利用控制的有效性与合理性，根据相关知识产权的运营特点，应分阶段确定地质资料信息服务产品开发的控制策略。

（3）地质资料信息服务产品开发控制的科技手段

密钥技术、安全控制技术（包括访问控制技术、数字签名、鉴别技术）、安全防范技术（包括防火墙技术、病毒防治技术、信息泄露防护技术），以及面向网络信息资源开发利用而产生的数据标记技术、数字水印技术等信息技术，为实施地质资料信息服务产品开发控制提供了不可忽视的科技手段。

6.4 地质资料信息服务产品的发布机制

6.4.1 地质资料信息服务产品的服务对象

地质资料信息服务产品的服务对象是指为了社会发展、经济建设的需要以及生活质量的提高需要了解和使用地质资料信息服务产品的机构、团体和个人，是地质资料服务产品开发的前提，满足其需求也是服务产品开发的根本目标。与资源的开发利用以及环境的管理与决策有关的政府机构、地质资料生产机构、地学研究和教育机构、应用地学知识从事工程建设、灾害防治、环境评价等机构和个人以及资源开发的企业等是地质资料信息服务产品开发的基本对象。服务对象主要有以下三类。

（1）各级政府及相关部门

该类用户属管理决策型用户，需要宏观分析或统计信息，了解资源环境问题和趋势，以便进行管理决策。

（2）地质工作单位（企业）、地学研究和教育机构

该类用户属专业型用户，需要提供更为基础和详尽的地学资料进行复杂的专业分析和数据处理，解决实际问题。承担国家地质调查项目的工作单位，该类用户使用数据是以完成国家项目为主要目的，对数据时效性、原始性的要求更为迫切，对一些项目的阶段性成果使用需求很大。

（3）一般社会公众用户

多是了解性或知识普及性的个人用户。

随着经济社会的快速发展和信息技术的飞跃，地质资料信息服务产品的作用越来越大，其应用范围越来越广，用户的范围将不断扩大。

6.4.2　地质资料信息服务产品的发布方式

地质资料信息服务产品的发布方式的先进程度直接反映服务水平的现代化程度，也是产品效用发挥的重要保障，是实现其有效性、便捷性的保障。在近一段时期内，地质资料服务产品主要通过网络、印刷出版、上门提供、文件、展览、公开日等方法向社会发布，开展服务。

6.4.3　地质资料信息服务产品的发布内容

（1）发布服务产品开发指导目录

以文件或者公告的形式，发布地质资料信息服务产品开发指导目录，指导各单位开发地质资料服务产品，满足多方需求，主动开展服务。目录主要内容是产品类型、内容、模式、结构、范围、鼓励与限制措施等。

（2）发布地质资料产品服务公告

以文件或者公告的形式，发布经过需求调研而开发的相关服务产品，提供给社会利用。甚至是根据用户需求，发布公告，通过招标等形式，请有关单位开发相关产品，服务的政府、企业和社会大众。

6.5　地质资料信息服务产品定价研究

6.5.1　公共服务产品的价格形成机制

（1）公共服务产品定价的基本原理

公共服务产品的基本特点是其公共性，政府可以根据社会和公众的需要，对公共物品资源进行合理的配置。公共产品包括纯公共物品和准公共物品。

纯公共物品，如国防、公共安全、消防等公共服务，由于供给的非排他性和消费的非竞争性，能够做到社会福利的最大化，它可以采用免费方式供社会公众无偿消费，服务产品成本的补偿从国家税收收入中提取，也就是通过税收形式由全社会强制分摊生产费用。对于由政府提供的纯公共物品，定价主体是政府，实行政府定价。

准公共物品具有私人物品的特征，可考虑由市场提供，适当收取费用，利用市场机制来引导资源的配置。这种方式为准公共物品确立了优胜劣汰的竞争激励机制，能促进资源的有效配置。准公共物品定价的基本原则是要实现公共消费成本费用的全部或部分补偿。但准公共物品的公共性要求其提供方式必须考虑到社会公众的整体利益，因此需要政府履行其促进竞争、解决外部经济效应的职能。这种机制可称为准市场机制或混合提供。与此相对应，在价格形成机制上是企业定价、政府监管。对此，需要把握的基本原则是：①对于垄断程度很强的部门，如邮电、供电、城市煤气、自来水等行业，政府仍需保留较多管制与监控，特别是在收费体制和收费标准方面。②对于垄断程度较强，如存在寡头垄断、竞争替代等有限竞争因素的部门，主要有发电、电信、广播、铁路、航空、港口、海运等。对于这些部门，政府的管制程度要有较大程度的放松，在收费体制和收费标准方面，管理要有一定的弹性，比如可实行浮动价格，采取申报、备案而非审批制度等。③对于垄断程度较低，竞争因素较大的领域，如公路运输、城市公交、出租汽车、金融、保险等，政府应给予更多的经营自主权。

（2）准公共服务产品的定价方法

1）俱乐部服务产品。俱乐部服务产品的共同特点是具有排他性、无竞争性，成员共同承担费用，共同享受利益。但随着消费者人数的增加会出现拥挤现象，即边际拥挤成本不为零。当拥挤现象产生时，厂商的边际生产成本仍然为零，但由消费者承担的拥挤成本却增加了。此时如果仍然免费供应，就会出现过度消费。避免过度消费的一个行之有效的办法是收费，可按照边际拥挤成本确定其价格水平，即均衡价格。

俱乐部服务产品中的自然垄断物品或公用事业物品，由于具有一次性投资大、回报期长、物品及服务的地域性强等特点，即使在西方国家，这些行业也一直是由国家直接经营的。但是自20世纪80年代以来，许多西方国家逐步在自然垄断行业引入市场竞争机制，在对民间资本开放的同时，政府加强对自然垄断行业的监管。这种模式包括：①实行特许经营。指政府通过拍卖等方式将某项公用事业的经营权授予特许经营者，由特许经营者对该项公用事业进行建设和运营，承担相应风险，并从消费者的付费中获得报酬。②进行价格管制，即对那些经过特许而进入市场，并提供垄断性服务的特许经营者的服务收费水准及价格结构进行监管和控制。

2）共同物品。共同物品由于其具有竞争性和非排他性的特点，通常由政府来提供，但是政府提供的效果是有限的。因此，一种截然不同的思路正在引起人们的注意：自由市场环境论。它以产权和市场机制等概念为基础，“简言之，当一种共用资源被转变为个人物品并被拥有时，对它的维护和有效管理就变得可能了。”例如，海洋里的鱼属于共用资源，但是无节制的捕捞，结果会造成枯竭。这样，就可以建立年度捕捞配额，配额内的捕鱼指标能够被拍卖。通过创造可交换的产权——海鱼的私有化——使共用资源变为私人物品，来解决过度捕捞的问题

（3）公共物品的定价策略

公共物品定价策略的制定，应普遍遵循这样的原则：即政府不谋求利益，尽量减少消费者在这方面的负担。基本定价策略有：

1）替代物品定价策略。即通过提高或者相对提高某个物品的价格，把消费需求引到具有替代性的另一个物品上的策略。对鼓励居民消费的公共物品，为使其社会效益达到最大化，可以采取鼓励消费价。如电价，可以随电量的增加分段递减。对稀缺的公共物品，为了促使居民节约消费，使有限的社会资源得到最有效地利用，可采取抑制消费价，如用水方面，可以随用量的增加递增价格。

为大力提倡使用清洁能源，积极发展城市燃气和集中供热，相对于其他生产生活燃料，如煤的价格，制定较低的价格，降低能源消耗，提高利用率，改善空气质量。为取得最大社会效益，解决城市交通拥堵问题，对公共交通、地铁等行业，政府在核算成本的基础上，制定比较低的价格。尽管亏损较大，但从社会福利角度出发，可以鼓励市民少开

车，改乘公交车，以减少路面交通量，同时减轻环境污染。

2）分级定价策略。公共物品是劳务物品和服务，要进行投入产出分析，考虑边际收益和边际成本。但是，考虑到公共物品的公共性质，在定价时，可将公共物品的定价分成几个价格档次，级差不能过大，也不能过小。可以对公共服务物品进行分类，按照不同的公共服务物品的性质，采用不同的定价策略。如有的行业将公共服务产品分为四类：全额补贴、差额补贴、持平、微利，据此按照分类定价的准则，制定公共服务收费标准。

3）渗透价格策略。即把产品的价格定得较低，扩大产品销售，以期获得长远的利润和社会效益，从而能迅速打开产品销路，扩大市场占有率，而且能阻止竞争对手的进入，控制市场主动权的策略。例如，在公园、高速公路的收费问题上，公园可以实行改墙透绿，象征性收取门票甚至免费向市民开放。把公园绿化美景亮出来，美化了街景，方便丰富了市民生活，提升了城市总体形象。另外，如深圳市为了减轻过往车辆负担，减少运输成本，加速物流，促进经济发展，逐步降低高速公路和路桥的收费定价标准，并率先取消了几大主要高速公路和路桥的收费站点，采用政府财政补贴的方式保证其日常维护管理。

6.5.2　国外地质资料信息服务收费及价格

研究国外地学产品价格构成对于中国地质资料服务收费问题有着重大的借鉴意义。国外一些国家，尤其是美国、英国、加拿大、澳大利亚等发达国家，具备比较完善的市场经济体制，地质工作社会化程度很高，地质资料数据产品服务这样公益性较强的事业也不同程度融入了商业性服务机制。国外发达国家网络服务发达，在线下载产品基本实行免费政策，主要包括文献报告、水资源数据、简报、其他综合报告等不涉及本国秘密和商业价值不高的数字化产品。而各类纸介质地质报告及图件，航空照片、卫星影像、数字地学空间数据等地质产品则通过邮购、订购或通过服务机构（代理机构、分销机构、地图商店）直接购买。除英国地质产品、澳大利亚遥感数据、加拿大各类空间信息数据产品价格较高以外，其他产品通过低价就能获得。地学产品从价格构成的角度看，以地质资料和数据产品的载体和制作成本费用为基础。价格较高产品则实行了成本回收政策，价格构成中包括部分地质调查工作和数据采集等费用。但是，成本回收的目的并不是真正为了全部收回成果花费的成本，更不是为了盈利，其目的是为了更好地提供社会化服务，促使公共资源得到更公平的利用。通过邮购、订购等方式获取地质产品还需要增加手续费、订购费、邮寄费、运输费等费用。作为发展中国家的印度，受保密政策限制，网络产品较少，服务收费主要根据资料数据产品加工处理难易程度和实际发生的费用收取。

总体来说，国外服务收费主要是地质资料和数据产品在分发服务过程中发生的费用。几个发达国家的大量数字化产品可以通过网络免费下载。邮购与直接购买的产品价格，除英国和少数国家部分产品实行成本回收导致产品价格较高外，其他都实行低价政策（表 6-2）。

表 6-2 国外地学产品价格组成

国家	价格组成
美国	从价格组成的角度来看，美国地学产品价格不包括其地质调查工作的费用，只是以地质调查资料、数据分发服务过程中发生的成本费用为基础，比较类似于地学产品公益性的特性
英国	从价格构成的角度来看，除了包括地质调查资料、数据分发服务过程中发生的成本费用外，还包括了部分地质调查工作的费用
加拿大	加拿大地学产品价格与美国地学产品的价格相差不大。从价格构成的角度来看，以地质调查资料、数据分发服务过程中发生的成本费用为基础，包括载体的成本、服务和传递费用等
澳大利亚	从价格构成的角度来看，主要是以地质调查资料、数据分发服务过程中发生的成本费用为基础，并不包括其地质调查工作的费用
印度	根据成本费用和服务费用收费

6.5.3 中国现行地质资料信息服务收费及价格情况

（1）地质资料服务收费依据

地质资料作为公共产品应无偿提供利用，但是在地质资料数据分发服务过程中可以收取一定的费用。对此相关法规有明确规定，如《地质资料管理条例实施办法》规定，复制地质资料的，地质资料馆藏机构可以收取工本费。《中国地质调查局地质调查资料接收保管和服务管理办法（试行）》（中地调发〔2005〕167 号）规定，地调局资料管理单位可根据物价部门收费许可证核定的收费项目和标准收取服务费用。《公益性地质资料提供利用暂行办法》（国土资发〔2000〕178 号）规定公益性地质成果资料（包括成果报告、图件及其说明书）应无偿提供全社会利用，但提供单位可酌情收取一定金额的印刷工本费。《加强地质资料社会化服务的若干规定》（国土资发〔2005〕215 号）规定馆藏机构需对地质资料做技术处理方能对外提供的，可按规定的收费项目和标准收费。但是，应将馆藏机构查阅利用制度、收费项目和收费标准等公开，接受主管部门和社会的监督。

这些规定都是地质资料服务过程中能收取相应费用的法规依据。

收费项目和收费标准怎样确定？根据《中华人民共和国价格法》第三条规定："国家实行并逐步完善宏观经济调控下主要由市场形成价格的机制。价格的制定应当符合价值规律，大多数商品和服务价格实行市场调节价，极少数商品和服务价格实行政府指导价或者政府定价。市场调节价，是指由经营者自主制定，通过市场竞争形成的价格。本法所称经营者是指从事生产、经营商品或者提供有偿服务的法人、其他组织和个人。政府指导价，是指依照本法规定，由政府价格主管部门或者其他有关部门，按照定价权限和范围规定基准价及其浮动幅度，指导经营者制定的价格。政府定价，是指依照本法规定，由政府价格主管部门或者其他有关部门，按照定价权限和范围制定的价格。"而根据《关于事业单位和社会团体有关收费管理问题的通知》（财规〔2000〕47 号）的规定，收费标准除价格主管部门明确规定实行政府定价或政府指导价以外，均由有关事业单位和社会团体等非企业组织自主确定或与委托人协商确定。显而易见，地质资料服务收费应该不属于政府定价和政府指导价范围，因此，地质资料服务收费项目和标准由地质资料服务单位自主确定即可。

（2）全国各省地质资料收费情况

全国各省级地质资料馆藏机构都建立了较完备的收费办法，收费项目主要是资料复制费，分为文字复制费、地质图复制费、电子文档复制费、扫描费等。部分省份设立了调档费、预览费、管理费、资料磨损费等借阅过程中产生的费用。

同一收费项目的标准在各省（区、市）差异较大，如文字复制费，黑龙江为 0.2 ~ 0.8 元/页，新疆为 2 ~ 40 元/页，各地平均在 1 元左右；地质图复制费，最低 30 元/幅，最高 3000 元/幅，主要集中于 200 ~ 1500 元。全国各省级地质资料馆藏机构收费项目和标准对于本收费规定和标准制定具有很强的借鉴作用。

6.5.4　中国类似产品服务收费情况

国家测绘局、中国气象局同中国地质调查局一样同属于国家支持的基础性、公益性单位，它们生产的测绘成果资料和气象资料与地质资料有很多相似之处。研究测绘产品和气象资料的价格及服务收费情况，可对地质资料的收费规定提供参考和经验。同时，研究相关行业如档案利用收费和图书馆服务收费，也具有一定的参考价值。根据《关于将部分行政事业性收费转为经营服务性收费（价格）的通知》（财综〔2001〕94 号）规定，已将测绘部门和气象部门的服务收费由过去的行政事业性收费转为经营服务性收费。

（1）测绘资料和气象资料服务收费情况

国家测绘局、中国气象局生产的测绘资料和气象资料，是与地质资料相类似的公共产品。首先，这两类资料都是依法收费，如测绘资料服务收费主要根据《中华人民共和国测绘法》和《中华人民共和国测绘成果管理条例》相关规定，气象资料主要根据《气象资料共享管理办法》，其中明确规定了收费内容。其次，采取了用户分类收费标准，即不同用户采用不同的收费标准。测绘资料对于地质大调查项目等国家公益性工作执行较低的收费政策。为各级党委、人民政府及防灾减灾机构，以及外国驻华使馆、领事馆、联合国驻华机构提供开展公务活动所需的气象资料，则免费。这里“免费”并非一分钱不收，而是要收取复制和交付资料所需的成本费。最后，服务收费基本是资料数据分发服务过程中发生的成本费用。如资料复制和交付成本费，在资料检索、摘录、加工、复制方面产生的人员工时、设备损耗、能源消耗以及复制载体、通讯传输等项费用。资料加工处理费是对所收集的资料进行加工处理和归档所需的人员工时、设备损耗、能源消耗等项费用。

（2）国内档案馆和图书馆收费情况

研究同为公益性事业单位的档案馆与图书馆的服务收费情况，对地质资料服务机构服务收费具有较高的参考价值。根据《中华人民共和国档案法实施办法》规定各级各类档案馆应当为社会利用档案创造便利条件。提供社会利用的档案，可以按照规定收取费用。目前，中国档案服务收费项目主要有保护费、复制费、证明费等，有些档案馆还设立了手续费和咨询费。由于档案的特性和服务特点决定了在档案利用服务过程中设立了档案保护费和证明费两个收费项目。通常图书馆收费项目主要包括对常规借阅服务收取普通图书借阅证、阅览证工本费和临时书刊阅览证工本费；提供复制服务向委托人收取复制费和保护费。而根据《北京市图书馆条例》规定，图书馆可以多渠道筹集资金，用于图书馆建设。

同时，图书馆也可通过开展文献信息资源开发和利用等业务服务收取费用。总之，无论是档案馆还是图书馆，收费项目只是提供服务时发生的办证工本费、资料保护费、复制费、咨询费等费用，收费标准基本都是成本费用。按有关规定，收费项目和标准必须向社会公示，接受监督检查。

6.5.5 中国地质资料信息服务收费建议

1）地质资料信息服务包括公共产品和准公共产品两类不同的服务产品。纯公共产品，一般采用免费方式供社会公众无偿消费，实质上是“政府买单”，但也并非无价和免费。准公共物品则可考虑实行市场提供，适当收取费用，形成优胜劣汰的市场竞争激励机制，促进资源的有效配置。准公共物品定价的基本原则是要实现公共消费成本费用的全部或部分补偿。一般采用准市场机制或混合提供的定价机制。与此相对应，在价格形成机制上是企业定价、政府监管。

2）建立地质资料信息服务产品价格体系的目的是构建信息服务的新机制。实行地质资料信息服务收费，收费本身并不是最重要的目的，而是手段，目标是促进地质资料信息服务的易用性和可供性。根本目的是通过形成收费价格，建立一种服务新模式和新机制，形成长效的、高质量的服务机制，一种与市场经济相融合、相适应的机制。

3）对于纯公共产品的提供，政府要加强对其考核评价，建立激励约束机制。如有的国家采取“拉动商业性勘查投资的强度”等指标进行考核。与考核指标联系建立相应的激励约束机制。

4）对于准公共产品的提供，如某些专题开发性服务，为特定服务对象提供的服务，则应适当引入市场竞争机制。①要引入企业参与服务运营，采取政府管制价格。②可以采取政府购买服务产品的方式，构建激励约束机制。③可以采取政府补贴的方式，如：服务对象只需付出部分地质资料信息服务产品的价格，另外部分由政府买单（类似“家电下乡”，作为政府对地质找矿此类基础性产业的财政支持政策）。这样既鼓励服务提供商积极提供地质资料信息开发和服务产品，又可降低信息使用者的成本负担。

5）对于公共产品或准公共产品收费应该遵循以下原则。依法定价原则，坚持根据有关法规制定收费价格。易于操作原则，可操作性必须是极强的，不能脱离客观实际。低价原则，地质资料作为国家财政投资的基础性、公益性产品，价格组成不应将政府的前期投入计算在内。参比原则，地质资料服务收费应参照类似产品服务收费项目和标准。公开原则，以一定的方式进行公示，接受价格主管部门和社会的监督。

6.6 城市地质资料信息服务产品开发试点

为了加快推进地质资料信息服务集群化和产业化，先后在上海、湖北、安徽、北京开展城市地质服务产品开发试点。上海着眼于河流冲洪积大型港口城市，北京着眼于山前冲洪积大型城市，安徽着眼于湖滨冲洪积城市，湖北着眼于矿业城市，分类别分层次探讨服务产品开发，满足多个用户需求，并总结成果及经验，为其他省市作出示范。

6.6.1　上海市——服务于大型城市建设的地质资料多元化产品体系

针对地质资料信息服务存在的突出问题，如地质资料信息服务分散、与需求脱节、机制不灵活等问题，开展地质资料信息服务应用示范非常迫切。通过应用示范，探索和总结服务于城市地质工作的服务内容和工作机制，提供符合城市规划、国土资源管理、城市安全所需的基础地质资料和地质灾害影响评价成果，使地质工作能够充分融入政府管理工作流程。结合上海市地质资料信息服务工作现状，利用上海三维地质信息服务系统已集成的海量地质资料信息，选取城市规划、国土资源管理、城市安全等领域的代表性工程，在先期开展地质资料信息服务试点示范工作的基础上，对服务对象、内容以及服务方式等不断地进行总结完善，制定和建立完善的服务流程和服务机制。按照不同领域和不同服务对象的不同需求，依照相关标准规范提供不同的地质资料信息服务内容和方式，实现个性化、差异化、多元化服务。总体工作思路见图 6-1。

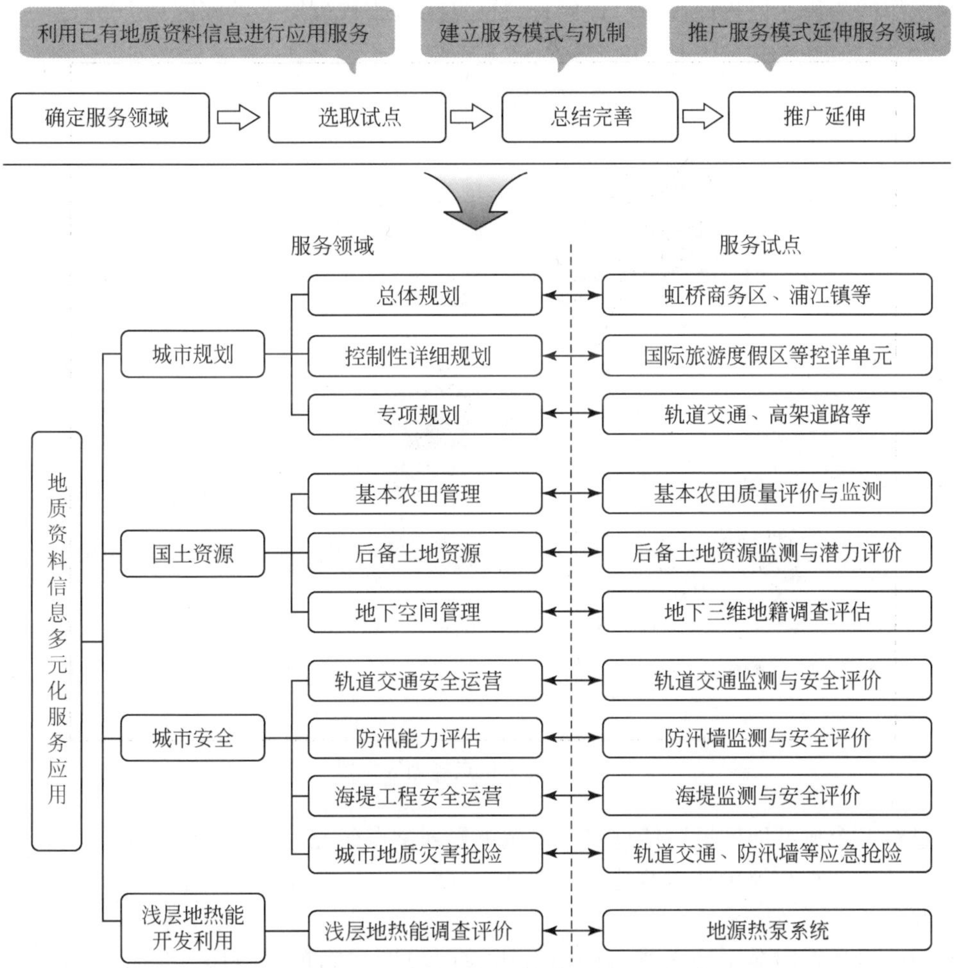

图 6-1　上海地质资料信息多元化服务应用总体思路

6.6.1.1 服务于城市规划的试点产品开发

随着地质资料信息化程度的不断提高，上海市地质资料信息服务于城市规划的服务水平已有了初步提升。但随着上海城市化进程加快，资源与环境约束加剧，经济社会发展的需求对地质信息提出更高的服务要求，促使地质资料信息服务工作更加积极主动地参与、融入城市规划的方方面面。但由于地质资料信息服务于城市规划工作尚处于初步阶段，尚存在有诸多亟待解决的问题，如：①城市规划政府管理流程环节尚没有配套地质信息服务相关的政策制度。②地质成果表达方式较专业，地质资料成果的转化应用还不够。③尚未建立常态化工作机制。

在开展城市规划对地质资料信息的需求分析的基础上，围绕地质信息服务于城市规划工作，上海市先后选择虹桥商务区、浦江镇、枫泾特色镇、上海国际汽车城、上海国际旅游度假区五个规划区开展试点研究（图 6-2），确定地质信息在城市规划领域的服务内容和服务方式，探索城市规划领域的地质资料信息服务机制和地质资料信息服务融入政府规划管理工作的流程，以进一步推广地质资料信息为城市规划服务的深度和广度。

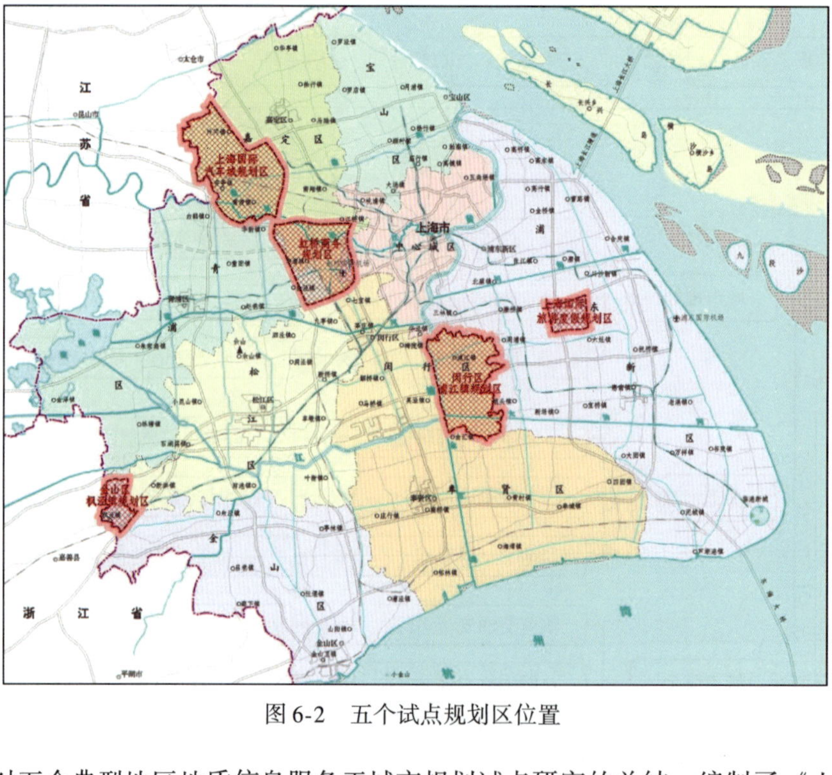

图 6-2　五个试点规划区位置

通过对五个典型地区地质信息服务于城市规划试点研究的总结，编制了《上海市城乡规划地质环境调查与评价技术规定（试行）》，明确了上海市城乡规划地质资料信息服务工作内容。

地质资料信息服务于城市规划的服务内容应根据不同规划阶段、规划类型的特点确定。对于城市总体规划的制定与修编，可以提供规划区及周边区域宏观全面的地质背景信息，为总体规划在城市或地区发展中发挥龙头与先导作用提供支撑。对于详细规划，则要结合规划地区，提供详尽的地质环境基础信息，以满足规划及规划实施后的后评估，切实使规划达到自然资源利用与地质生态环境保护的协调统一。对于专业规划，则应根据具体的专业类型，提供专门性的地质信息。由于涉及不同专业的交叉与融合，为专业规划提供服务将更应突出信息与图件的可读性、针对性与实用性。

经过五个规划区地质资料信息服务试点研究，目前地质资料信息已在城市规划中发挥了积极的作用，初步形成了一种合作共商、相互融合的常态化工作方法（图 6-3），并有针对性的开发了服务产品。

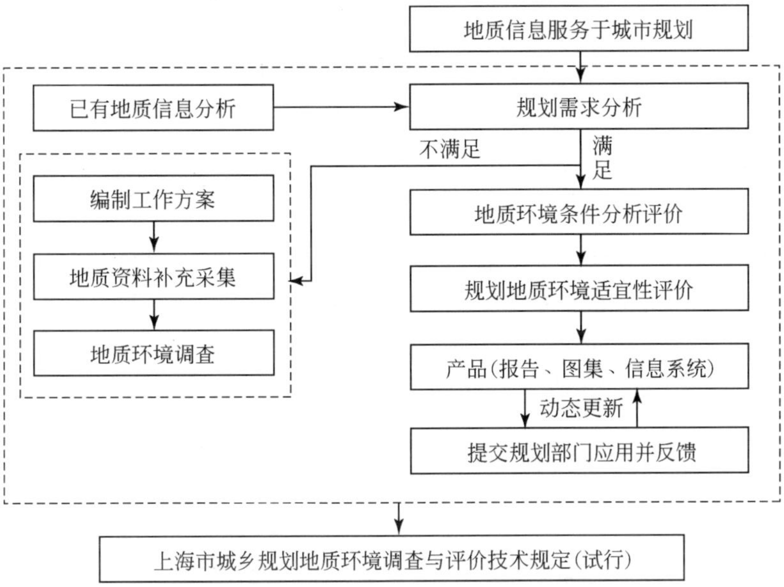

图 6-3　上海市地质资料信息服务于城市规划工作流程

服务产品包括文字报告、图集和信息服务系统。

（1）成果报告

根据任务要求、规划特点及规划区地质环境条件，结合规划需求和已有工程经验，经综合分析后精心编制成果报告，包含工作量、地质条件分析、地质评价等，主要为专业人员提供规划地质参考意见。

（2）图集

图集中的成果图件主要包含基础图、专题图、规划地质评价图三类。

1）基础图件，主要包括实际材料图、钻孔柱状图、工程地质剖面图、水文地质剖面图、工程地质层层序表、工程地质层物理力学指标表、水文地质剖面图、现场抽水试验图表等（图 6-4 和图 6-5）。

2）专题图件。主要包括主要工程地质层埋藏分布图、影响工程建设的含水层埋藏分布图及地下水位等值线图、地面沉降现状图、土壤和地下水主要元素含量分布图等（图 6-6～图 6-8）。

3）规划地质评价图件。主要包括不同高度建筑地质适宜性评价图、地下空间开发适

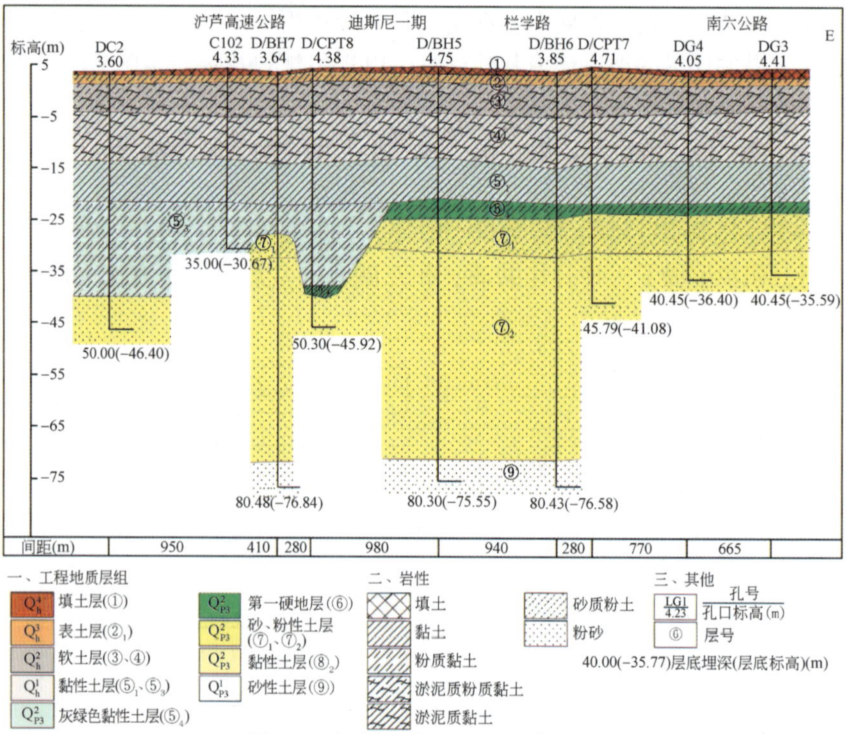

图 6-4　规划区典型工程地质剖面

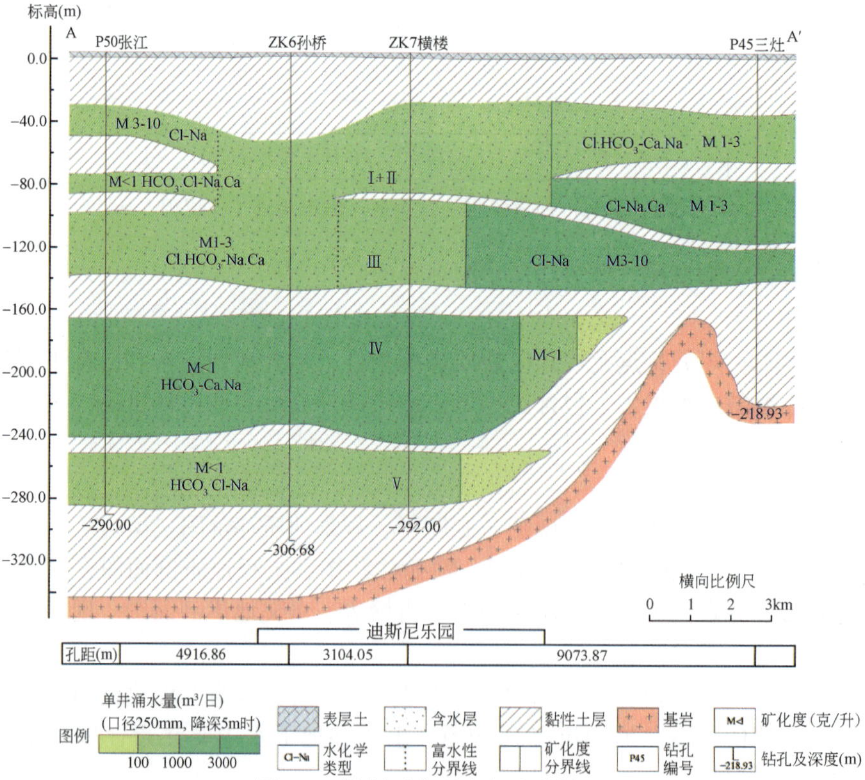

图 6-5　规划区典型水文地质剖面

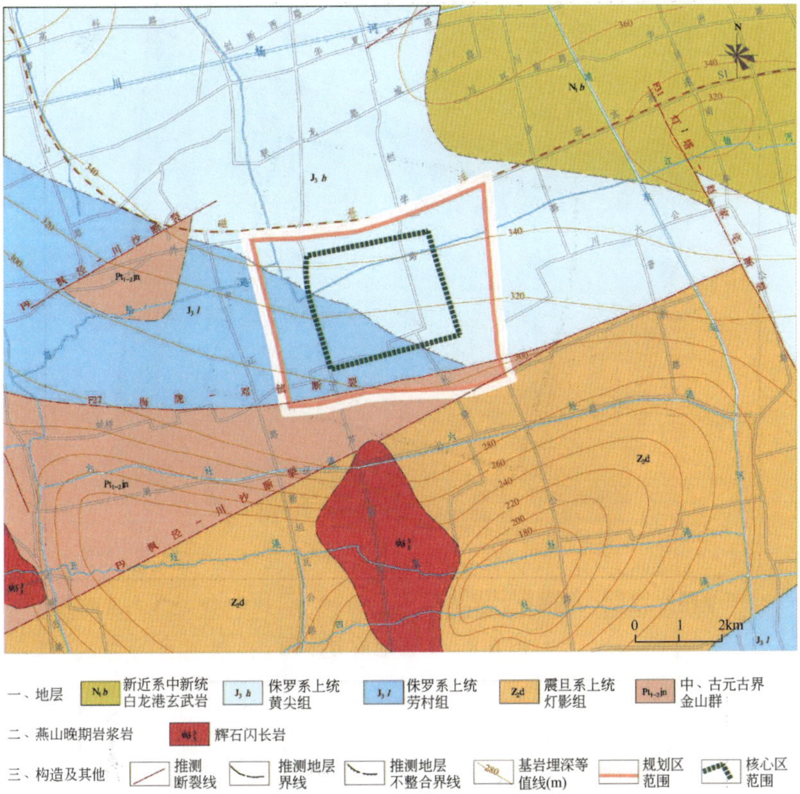

图6-6　规划区基岩地质图

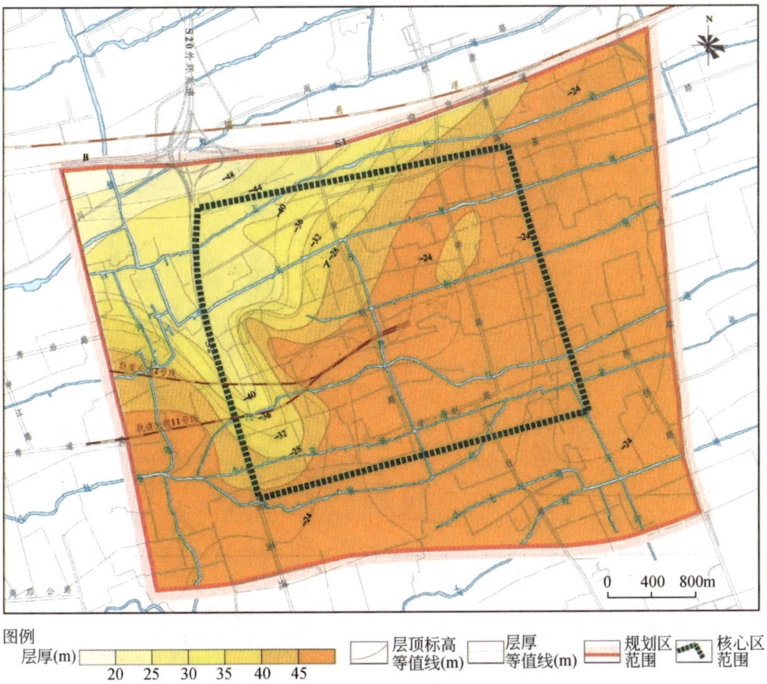

图6-7　第一承压含水层埋藏分布图

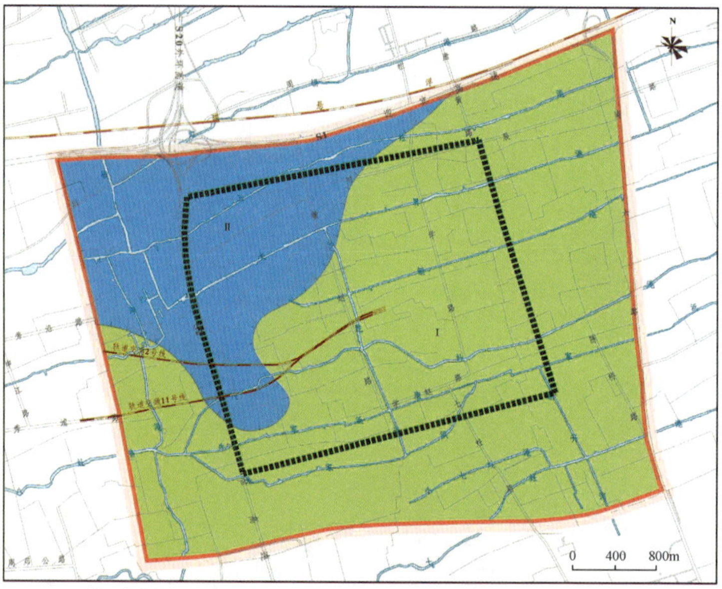

图例 I 第Ⅰ工程地质区（正常沉积区） II 第Ⅱ工程地质区（古河道切割区） 分区界线 规划区范围 核心区范围

图 6-8 工程地质分区图

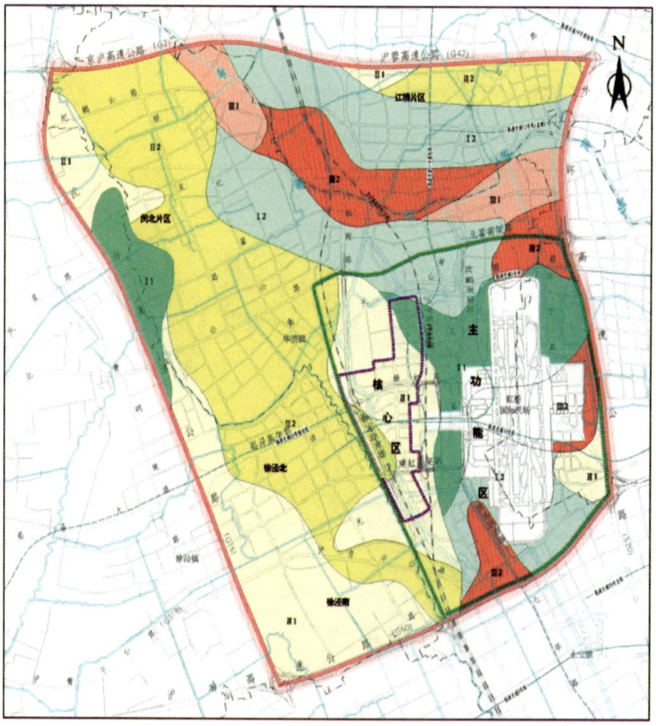

0 0.5 1 2km

Ⅰ 适宜区 Ⅱ 较适宜区 Ⅲ 适宜性差区

图例

Ⅰ1 适宜区1	Ⅱ1 较适宜区1	Ⅲ1 适宜性差区1	核心区边界线
Ⅰ2 适宜区2	Ⅱ2 较适宜区2	Ⅲ2 适宜性差区2	主功能区边界线
			虹桥商务区边界线

图 6-9 深层地下空间开发地质环境适宜性分区图

宜性评价图、地面沉降预测图、土壤质量综合评价图、地下水应急水源地建设可行性评价图，见图 6-9，图 6-10，图 6-11。

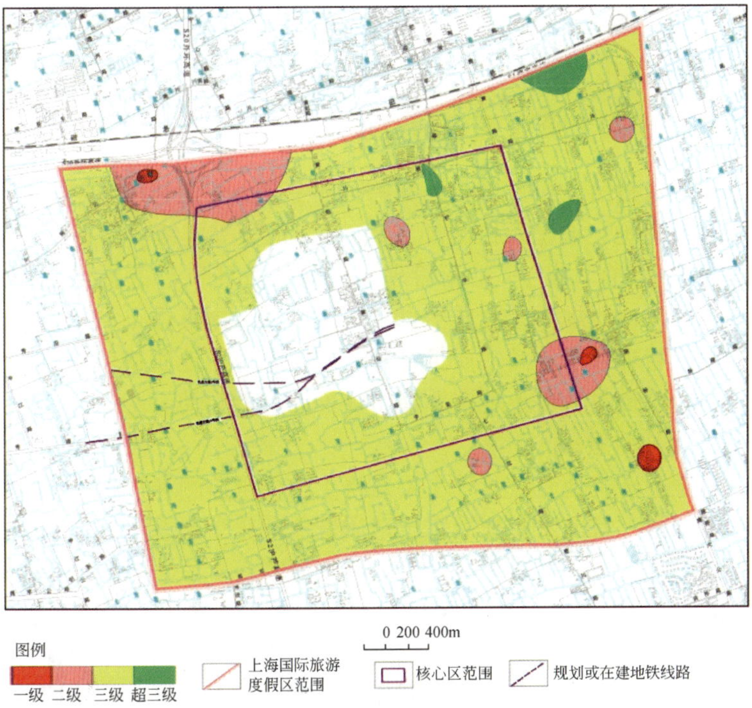

图 6-10　土壤环境质量规划影响评价图

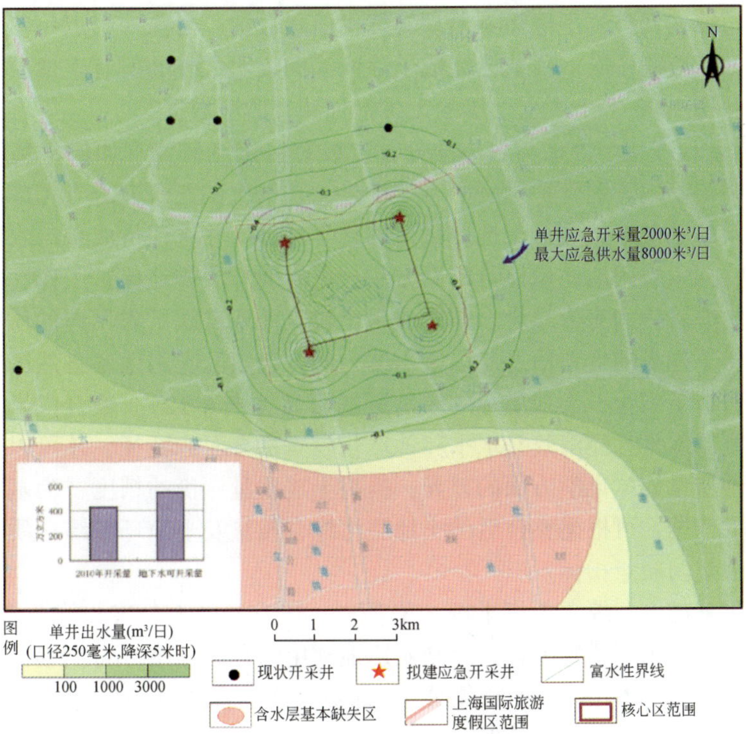

图 6-11　地下水应急水源地建设可行性评价示意图

(3) 信息服务系统

信息服务系统主要是依据上海市地质资料信息服务与管理系统开发，包含了从收集资料至规划地质评价的各类原始资料、中间评价过程及成果图件，是信息服务的主要入口和对外窗口。

6.6.1.2 服务于国土资源管理的试点产品开发

在上海地区地质资料信息服务于土地资源管理主要为土地利用规划（规划大纲环节）、基本农田保护（精确落地、调整及监测环节）、农用地分等定级、后备土地资源（规划环节）、土地绩效评估（调查环节）、地籍管理（外业调查环节）等提供土地地球化学、水化学、工程地质、岸滩冲淤规律等地质信息及地质咨询。这里重点从如何更好地服务土地资源质量管理与数量管理入手。其中质量管理着重服务于土地质量监测与管护响应，数量管理着重于耕地占补平衡与后备土地资源潜力评价的有效互动。

(1) 服务于土地质量管理

地质资料信息服务于土地质量管理主要是将土地质量监测和评价的数据成果应用在土地质量管理方面的探索。目前主要开展了土地质量地球化学动态监测体系和土地质量地球化学评价、农用地分等以及两项成果的对接等试点研究。

1) 土地质量地球化学动态监测体系试点研究。按照土地利用类型、土壤类型、土壤环境质量等因素，建立了上海市土地质量三级监测网络。一级网全市整体控制，监控不同土地利用类型用地的环境质量情况。二级网加密控制，为土地管理、不同功能区土地质量监测控制提供数据资料。三级网按需控制，为区县级土地利用规划修编，耕地保护，占补平衡，农业种植结构调整，土壤污染治理等提供信息数据。目前一级点每年监测一次，二级和三级点每四年监测一次。目前已完成了除南汇和崇明之外的所有土地质量的第一次调查监测工作，获得6000多个表层土壤的无机指标调查监测数据。

2) 土地质量地球化学评估与农用地分等定级对接试点研究。如何将基本农田质量动态监测成果及时与土地资源管护机制的有效衔接，是本次试点研究重点考虑的问题。因此在年度监测成果的基础上，进行土地质量地球化学评价，并将评价成果与农用地分等定级研究进行整合，探索农用地质量评价的新方法，更好地开展耕地保护工作，实现对基本农田高效利用与生态管护的有机结合。整合成果比较全面地反映了农用地的质量，为土地质量管理工作提供了翔实的资料信息。以金山区为例，金山区农用地各自然等在地球化学指标的参与下都进行了细化，土地质量的差别更加明显（图6-12）。整合成果除综合反映土地自然属性、利用水平、经济效益水平和地球化学质量方面的特征，还可以判断同一等别的农用地在土地质量地球化学方面的差异，提高土地质量评价的精度，为基本农田划定工作提供更科学的依据，可根据整合后的土地肥力综合质量及土地环境综合质量确定基本农田的理论保护数量与质量指标。

在上述成果基础上，综合考虑土壤污染程度、适宜发展无公害与绿色食品生产程度、土壤肥力质量以及利用现状等因素，编制农用地利用综合区划图，对土壤污染治理与种植结构调整提出建议（图6-13）。如在无公害-绿色农产品优质种植区和一般种植区，可以根据当地的农业生产特色，大力开发品牌绿色产品；在无公害农产品优质种植区和一般种

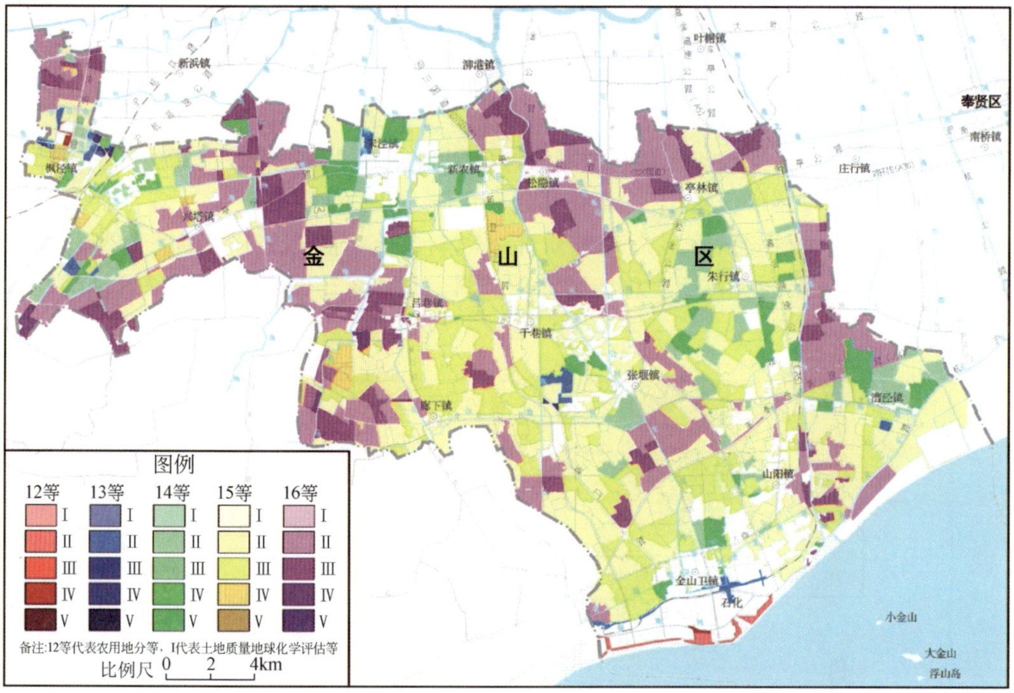

图 6-12　金山区土地质量地球化学评价与农用地分等成果叠加对接

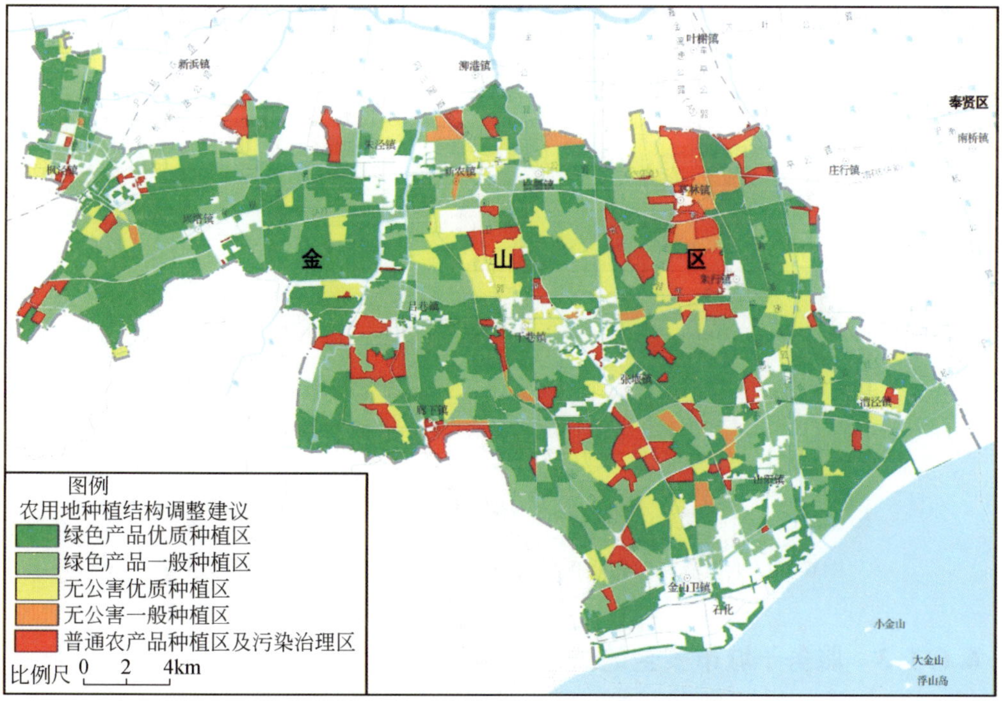

图 6-13　金山区农用地种植结构调整建议图

植区，可以种植无公害农产品；对于土壤已经被污染的区域，需要对污染土壤进一步进行重金属元素形态分析和生物有效性分析，确定污染金属元素的迁移过程，评估生态风险，结合实际情况，进行土壤污染治理。

（2）服务于后备土地资源潜力评价

地质资料信息服务于后备土地资源潜力评价围绕三个层次的服务目标展开：①滩涂资源开发的潜力研究与评价，指出“哪里可以开发”。②滩涂资源开发适宜性评价，指出“能不能开发”。③滩涂资源开发后对地质环境影响评价，指出“开发后产生了什么影响和后果”。围绕这三个服务目标，总结了地质资料信息服务于后备土地资源管理的技术流程（图6-14和图6-15）。

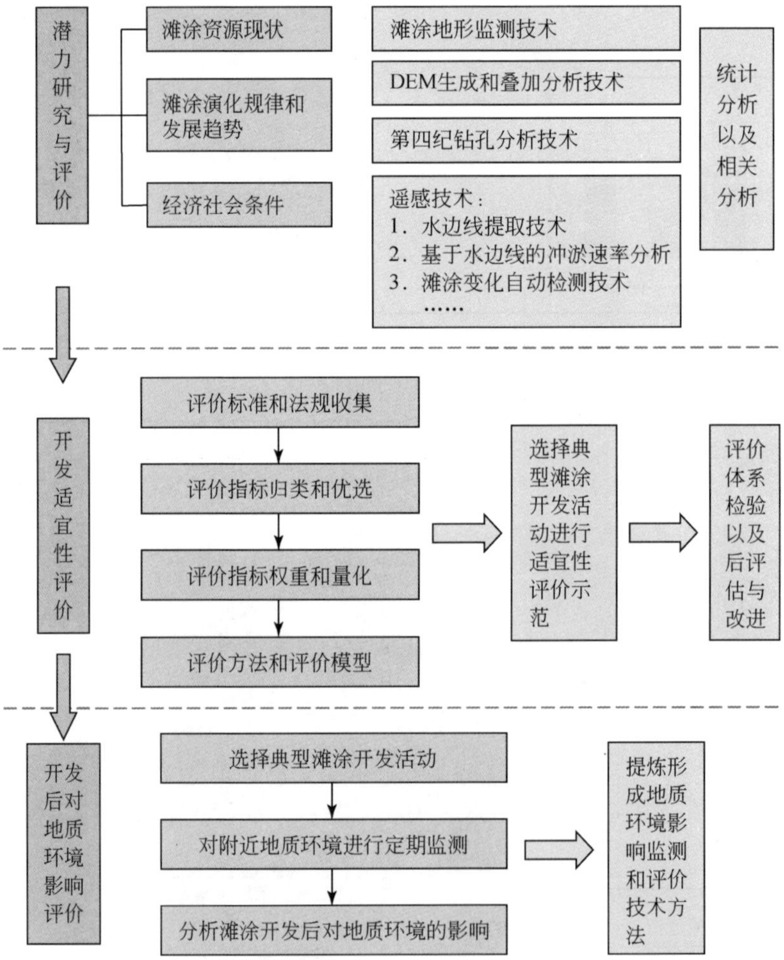

图6-14　地质资料信息服务于后备土地资源管理的技术流程示意图

6.6.1.3　服务于城市安全的试点产品开发

上海市城市安全与地质密切相关的主要有城市交通安全、城市防汛安全、城市地质灾害防治等。地质灾害是影响城市安全的重要方面，地面沉降是上海主要的地质灾害，具有

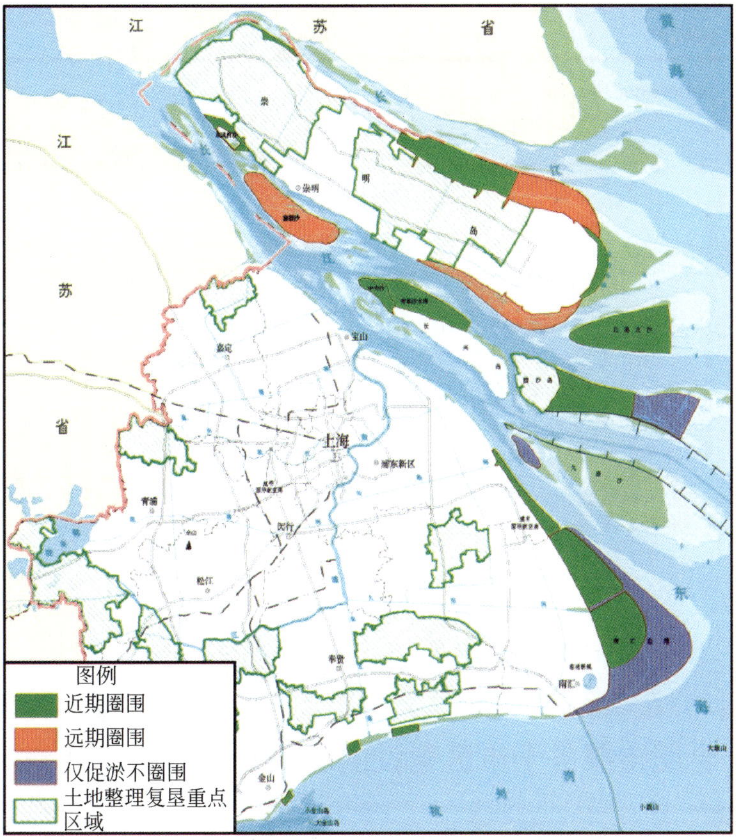

图 6-15　上海滩涂资源及其利用潜力评价图

不可逆和累加的特点。

（1）服务于城市交通安全运营

地质资料信息目前已经在轨道交通、高架道路、桥梁、磁浮列车等交通生命线工程安全运营中发挥了重要作用，集成了大量的监测数据。据此开展了一系列安全咨询、安全预警的服务工作，特别是在轨道交通领域。通过对地质信息的深层次挖掘，实现了覆盖轨道交通立项、建设、运营全生命周期的安全服务。主要服务于轨道交通立项选址、轨道交通建设以及轨道交通安全运营等方面（图 6-16）。

（2）服务于城市防汛安全

地质资料信息服务于城市防汛安全，主要是开展防汛墙沉降监测，实现多源监测数据融合，以监测数据与地质条件耦合分析为基础，形成高端咨询成果，来推动防汛墙定期沉降复测工作，为城市防汛能力评估提供精准高程数据，为防汛墙建设、维护和管理提供重要依据。

（3）服务于城市地质灾害防治

经过多年摸索，上海市已经形成了一套行之有效的地质资料信息服务于地质灾害防治的工作模式，主要体现在地质资料服务于地面沉降防治、地质灾害应急抢险、地质灾害危险性评估等方面。

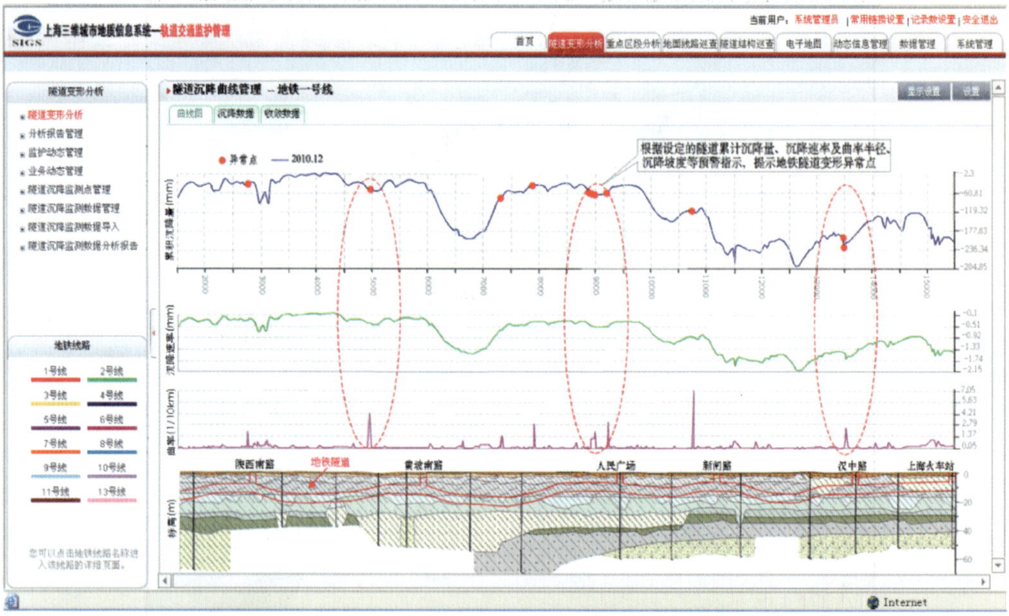

图 6-16　轨道交通安全运营地质风险识别与监测预警

6.6.2　合肥市服务于市区建设的地质资料信息产品

安徽省以合肥滨湖新区城市规划建设为需求，选择合肥市地质环境图集、垃圾填埋场选址评估、地下空间资源利用评价、滨湖新区地壳稳定性评价。等方面主动提供地质资料信息，开展示范服务，积极对接服务需求部门，定制服务产品，探索了延伸地质资料信息服务供需链，为产业化打下基础。

6.6.2.1　合肥市地质环境图集

图集由序图和基岩地质与构造、地貌与第四纪地质、工程地质、水文地质、环境地质五个专题图组组成。图集客观描述合肥地区的地质环境基本条件、地质资源分布与开发利用状况、地质环境内在特征与规律，以及存在的一系列地质环境问题。图集同时尝试采用三维地质图件对合肥地区地质做客观生动描述。

6.6.2.2　合肥市城市地下空间资源利用评价

影响合肥市地下空间资源开发利用的地面条件因子有建（构）筑物、水域、地形地貌、地质灾害、环境保护和矿山等；水文地质条件有含水层的渗透性、富水程度、地下水的补给—径流—排泄条件和地下水的水化学成分；工程地质条件有地下岩土体的物理力学性质、岩性特征及地下空间开发施工中的难易程度。主要选择更新世断裂、地震活动、构造应力场指标，结合合肥市的地质条件，进行地壳稳定性评价。

采用城市遥感调查的工作手段，开展中心城区地面空间开发利用现状调查。通过对遥感影像的解译和分析，对中心城区地面现有建筑、绿地、水域、广场等进行分类，圈定其空间分布，特别是对高层建筑进行重点圈定，完成了中心城区地面空间开发利用现状的遥感调查，划分出地面与地下空间利用现状对地下空间开发的影响范围（图6-17）。

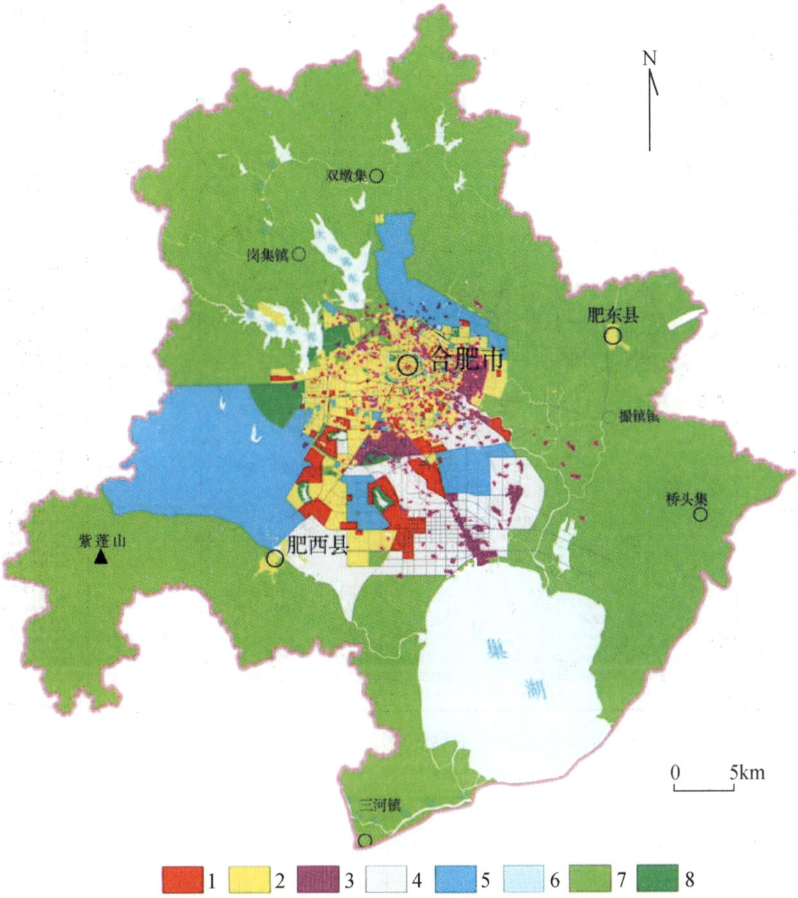

图6-17 合肥市城区地面空间开发利用示意图

1. 高层建筑；2. 中层建筑；3. 低层建筑；4. 广场空地；5. 厂区；6. 水域；7. 农田；8. 绿地

6.6.2.3 滨湖新区地壳稳定性评价

合肥滨湖新区位于合肥主城区东南部，是合肥城市规划的重点地区之一，随着城市建设的发展，将成为以休闲、旅游、商务、会展、居住为主的生态型、高档次现代化新城区。作为城市规划和建设的先导，地壳稳定性评价是非常重要调查和研究内容（图6-18）。

地壳稳定性是指研究区（或工程建设区）在内、外动力（以内动力为主）的作用下，现今地壳及其表层的稳定程度。地壳稳定性的影响因素很多，主要有地壳介质、地球动力和人类工程活动等因素。这些因素相互交叉、组合形成极为复杂的变形图像，使得区域稳定性分析评价趋于复杂化。

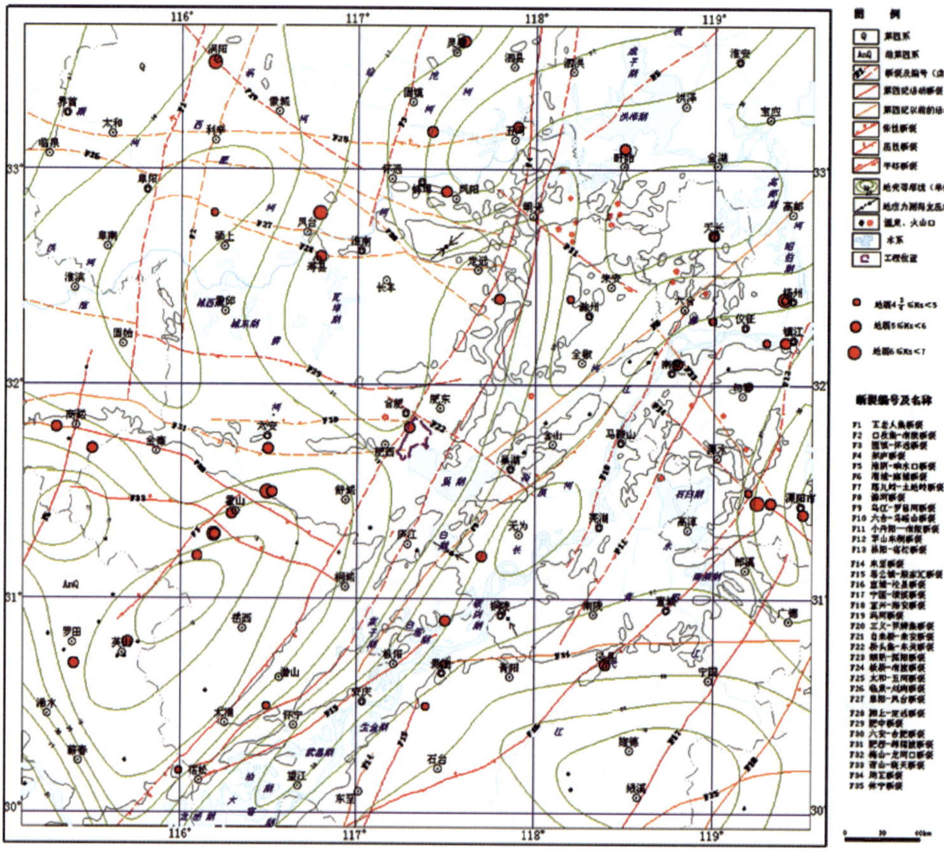

图 6-18　合肥滨湖新区及附近地区地震地质构造图

根据地壳稳定性评价的“安全岛”理论和方法，结合合肥滨湖新区所在区域地质构造、地球物理场和地震活动特点，选择以下评价指标，主要有：大地构造特征、第四纪升降运动速率及火山活动、断裂活动性、叠加断裂角、最大地震震级、基本烈度、地球大地热流值、物理布格异常梯度等。

根据地壳稳定性评价的“安全岛”理论和方法，将地壳稳定性划分为四类：即稳定区、较稳定区、较不稳定区和不稳定区。

根据合肥滨湖新区所在区域的大地构造、第四纪升降运动、火山活动、最大地震震级及基本烈度情况，新区断裂、地震活动及现代构造应力场分布特征，叠加断裂角、地球大地热流值、物理布格异常梯度等参数的估计、推算结果，参考上述评价指标，综合认为该区总体上属于较稳定区。

评估结论成为合肥市行政部门，进行城市建设战略布局的重要参考依据。

6.6.3　湖北省——服务于矿业城市的地质资料社会化产品

开发了地质资料借阅服务、矿政管理服务、地质勘查科研服务、城市建设服务等方面的试点产品。

初步形成了技术规范和标准。详细说明了地质资料信息服务集群化产业化各阶段的标准化建设，主要有地质资料汇交、收集、编码、标准化、建库等技术规范标准，还涉及地质资料数据中心建设标准等。

6.6.4　北京市——地质资料信息服务产品体系研究

基于北京城市地质数据管理和服务系统，同时结合对部分政府部门和地勘单位的需求调研，提出地质资料社会化服务产品体系应由地质资料产品系列、地质资料信息产品流通体系、地质资料信息产品监管体系三部分组成，详见图6-19。

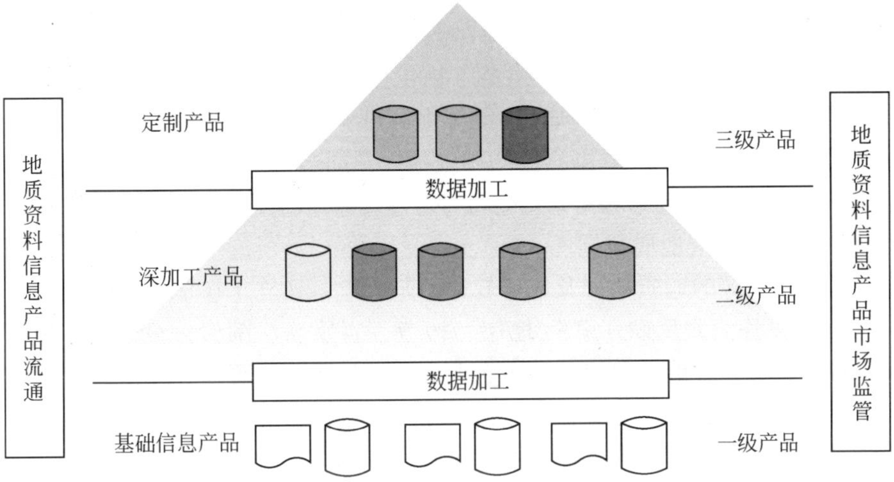

图6-19　地质资料社会化服务产品体系

地质资料产品系列为地质资料社会化服务产品体系的核心部分，依据地质资料产品的使用等级依次划分为一级产品、二级产品、三级产品。一级产品主要为基础地质工作所产生的基础地质资料，包含各种比例尺地质图、水文地质图、构造体系图以及矿产图等，为部局深层次地质工作提供基础资料，为地质工作服务社会提供基础保障；二级产品主要是在一级地质资料的基础上，分析和归纳政府及企事业单位的共同需求，利用进一步野外调查成果，并通过叠加分析、统计和图像处理技术手段，对数据的清理与集成，产生的产品；三级产品主要为应用户要求，在一级和二级产品基础上而从事的地质资料加工，往往是为解决特定问题而开展的工作，具有明确性和及时性。

6.7　矿产地质资料信息服务产品开发试点

本项目先后在湖南、山东、青海和辽宁开展矿产地质服务产品开发试点。湖南着眼于矿集区的矿政管理和矿山勘查；青海着眼于重要成矿区带矿产勘查规划部署；山东着眼于典型矿床；辽宁着眼于整装勘查。分类别分层次探讨矿产地质信息服务产品开发，满足多个用户的需求。并总结成果及经验，为其他省市作出示范。

6.7.1 湖南省——服务于矿山企业和矿政管理的地质资料信息产品

以矿山企业的实际需求及湖南省“找矿突破战略行动”和矿政管理的工作需要，进行有针对性的产品开发。

6.7.1.1 为地质找矿提供的服务产品

（1）处理地质物化探数据形成相关专题图件

利用“多元地学空间数据分析系统”，从坪宝地区及周边化探（水系沉积物异常）数据中选择坪宝地区主要成矿元素（如铅、锌）和与成矿有某种相关关系的元素进行数据处理，结合地质（图），重力、航磁数据（库）资料，生成物化探异常图，叠加已知矿床和岩体，找出地层岩体（或隐伏岩体）、构造、物化探异常与成矿的关系，从而可通过已知矿床找未知矿床或寻找盲矿。如：从坪宝地区铅（Pb）元素 BP 神经网络异常与矿床、岩体分布关系图（图 6-20）中可看出，已知坪宝地区及周边铅锌（银）矿床分布与 Pb 元素 BP 神经网络异常范围套合关系很好。

（2）建立了三维空间地质数据库

在充分研究了矿区的地质特征及成矿规律的基础上，建立了矿区三维空间地质数据库（图 6-21）。该数据库直观反映了矿区地层、构造、岩浆岩、围岩蚀变特征及矿床（体）特征和赋存规律，可指导地勘单位及矿山企业应用于矿山找矿工作。

（3）进行探矿工程设计

应用三维模块中的探矿工程设计功能，可在矿区三维空间中生成虚拟三维钻孔，虚拟三维巷道，并对任意方向的地质体实施剖面切割，生产虚拟勘探线剖面图。以上功能可辅助地勘单位对矿区进行勘探设计和深边部找矿研究等工作。

6.7.1.2 为矿山生产提供的服务产品

矿山生产是矿山企业运作的核心环节，也是两化项目成果为矿山企业服务的需求之所在。矿山生产是一个庞大而复杂的系统，服务产品开发主要是以其中的采矿设计为出发点，应用前述所建成的三维空间地质数据库，对矿山生产进行辅助。

（1）选择首采地段

根据选定的采矿方法，确定各采场要素，运用软件中的“实体运算→分割”功能分别划分出中段、盘区、采场，选中采场通过右键菜单功能选择“分割计算模型内储量”，快速调用块段模型计算出各采场的平均品位，将平均品位值通过属性赋值存在各采场实体属性中，并对平均品位进行区间配色显示，便可在三维空间中查看各采场高中低品位区间分布的情况（图 6-22 和图 6-23），从而选定合适的首采地段。

（2）中段开拓设计

中段开拓设计主要应用三维软件中的相应功能实现。具体方法步骤如下：

1）巷道中心线设计。根据主副井位置和采矿方法研究确定的中段运输方案，对设计

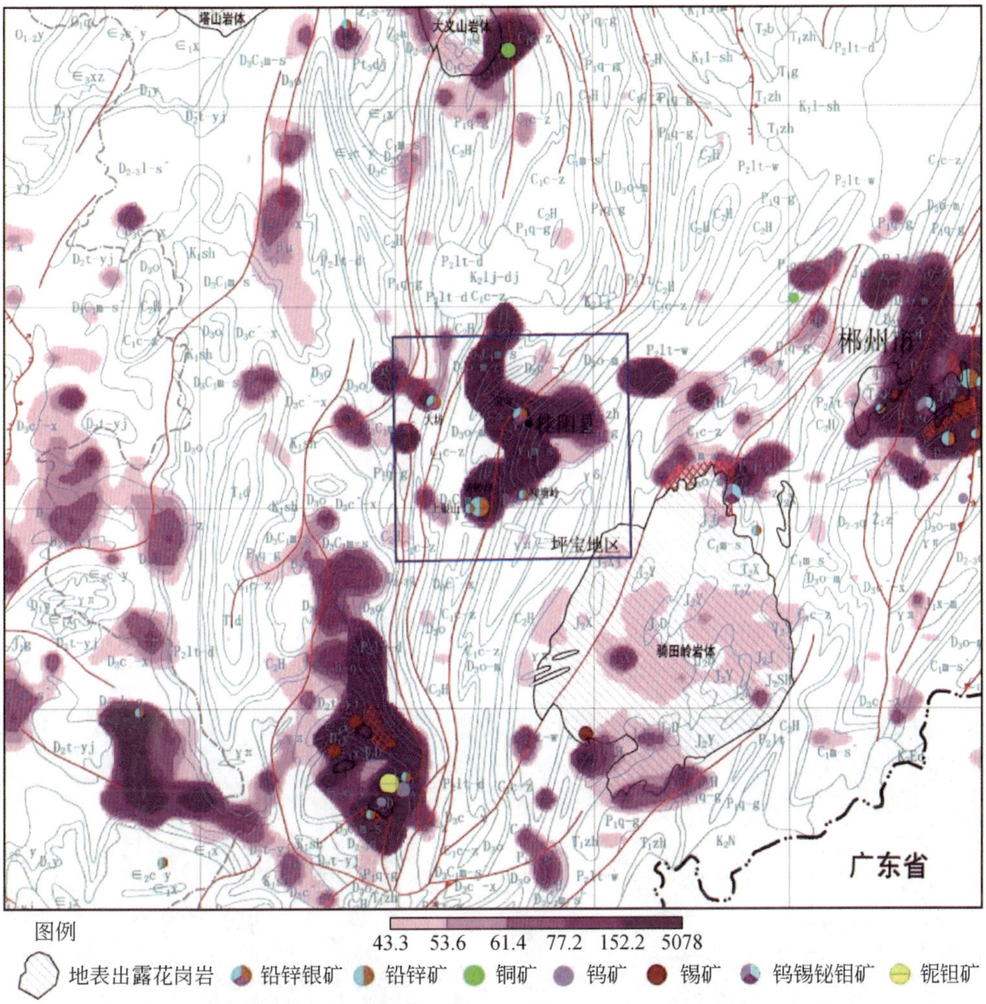

图 6-20　Pb 元素 BP 神经网络异常与已知锌（银）矿分布关系图

中段运输线路进行中心线设计（图 6-24）。

2）巷道工程断面设计及支护设计。对中段工程进行断面定义和支护定义（图 6-25 和图 6-26）。

3）命名及有效性检验。通过命名功能按矿山命名规则快速给所有工程命名，并保证命名正确。

4）生成巷道帮线并自动标注。通过执行命令“施工图→标注”，可自动对设计的中段工程进行标注，执行命令“施工图→双线”生成巷道帮线，可实现对设计中段生成设计图纸（图 6-27）（含相应的特征点综合信息表）。

5）生成中段开拓实体模型。通过执行命令“井巷实体→非联通巷道”自动生成巷道工程实体模型。

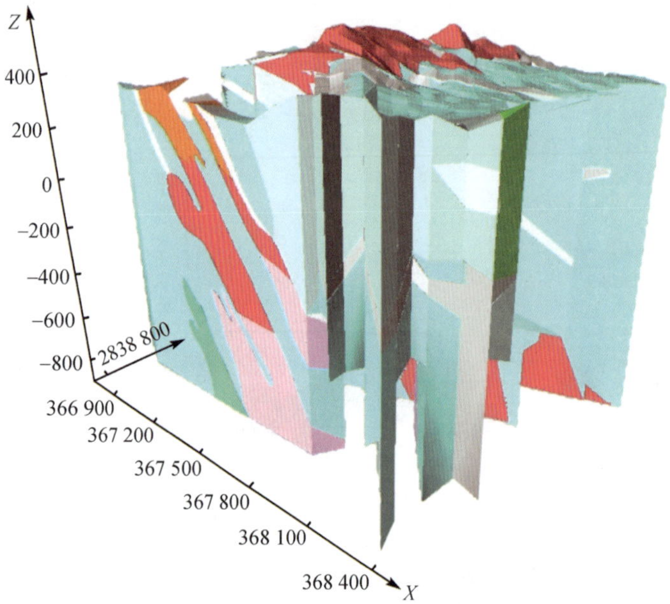

图 6-21　黄沙坪矿区三维空间地质体数据库示意图

图 6-22　三维软件模拟生成的 Pb 品位分布情况示意图

6.7.1.3　为矿政管理提供的服务产品

矿山资源动态监督管理是矿产资源管理的一项基础性工作，涉及矿产开发的全过程，开展矿山储量动态监督管理，可以有效掌握矿山开采现状、遏制超层越界、采富弃贫、乱采乱挖等情况。开展此项工作，对加强矿产资源开发监管，规范矿山开采行为，合理保护和利用资源，延长矿山服务年限，提高资源利用率，保证矿业快速、健康、可持续发展具

图6-23 三维软件模拟生成的Zn品位分布情况示意图

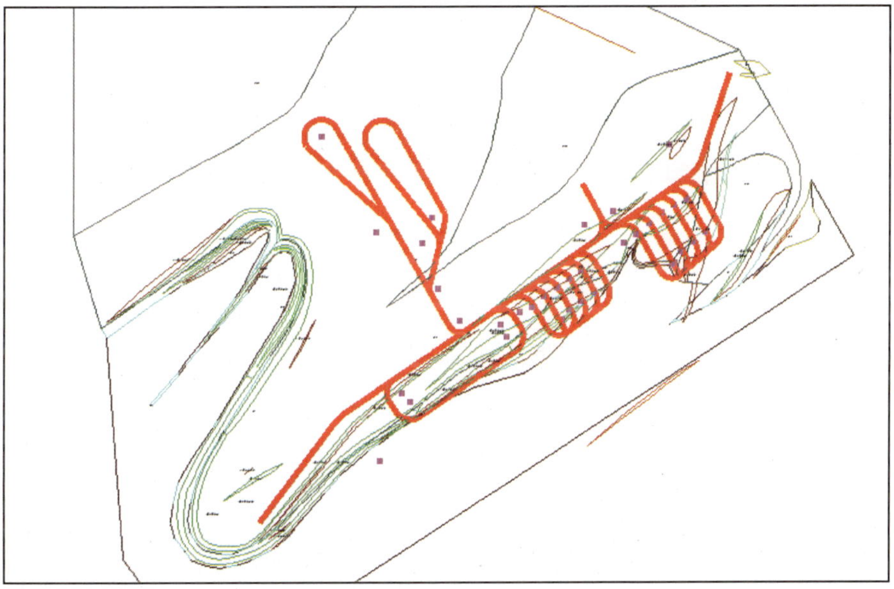

图6-24 三维软件模拟生成的中段开拓中心线设计图

有十分重要的意义。

该服务产品开发主要基于三维空间矿体数据库的项目成果，运用地质统计学方法，以计算机为工具开展采空区自动算量（图6-28）。

首先根据采损区的测量数据，可以在已建成的三维矿体数据库上进行实时反映，圈出采损区范围，然后利用地质统计学方法，让计算机自动计算采损的矿量及剩余矿量，就可实现矿产资源储量的动态监管。

相较于传统方法，这一服务产品在视觉上更直观。同时，由于大量复杂的计算和绘图

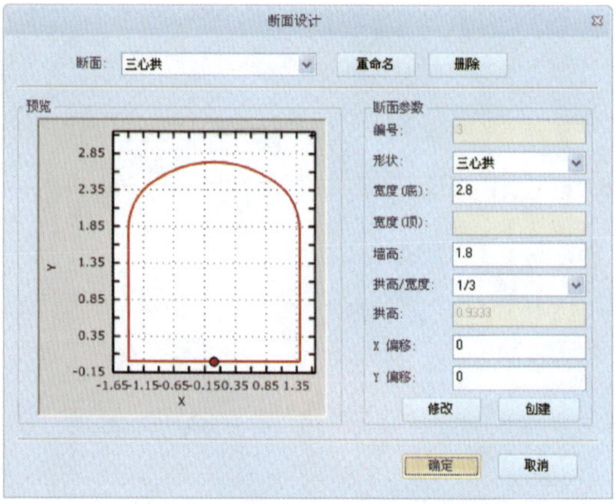

图 6-25　断面定义界面示意图

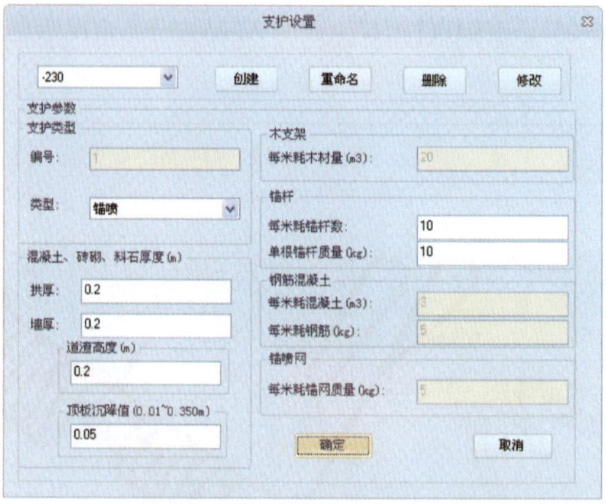

图 6-26　支护定义界面示意图

工作都能通过计算机自动完成，减少了人为的失误，能大大提高工作效率，提高工作质量。

6.7.2　山东省——服务于典型矿床的多元地质资料信息服务产品

依托山东省胶东地区金矿地质资料信息集群化和产业化试点工作，开展重要矿区多元数据集群化管理、数据整合及服务产品体系研究。

全面收集了胶东地区金矿矿区基础地质资料（地层、构造、岩浆岩）、物化探资料、勘查资料、各类样品的测试资料、科研院所的研究资料等，对重点矿区进行剖析、总结、归纳，研究其成矿模式、类型，建立成矿模型，开展了典型矿床地质资料信息服务集群化技术指南、社会化服务产品体系开发、地质资料为矿业开发服务的研究，建立了山东省胶东地区金矿地质资料信息管理系统（图 6-29）、重点矿区岩性数据库和山东省服务集群节点，提供动态管理矿产资源储量信息服务，形成了服务于社会的地质资料信息二次开发产

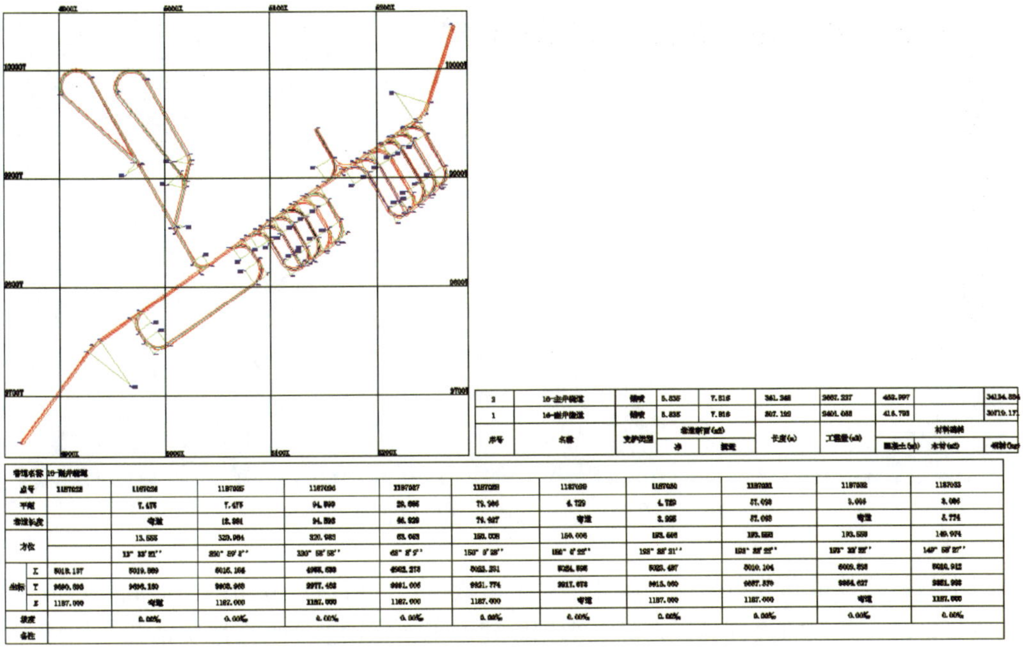

图 6-27　三维软件自动生成的设计图及特征点综合信息表

图 6-28　设定储量计算参数示意图

品，指导金矿预测和深部找矿，供社会的不同层次进行查询。

6.7.3　青海省——服务于重点勘查区的地质资料信息服务产品

试点研究通过对馆藏钻孔基本信息的清查，清理出 8556 个钻孔地质资料，摸清了馆

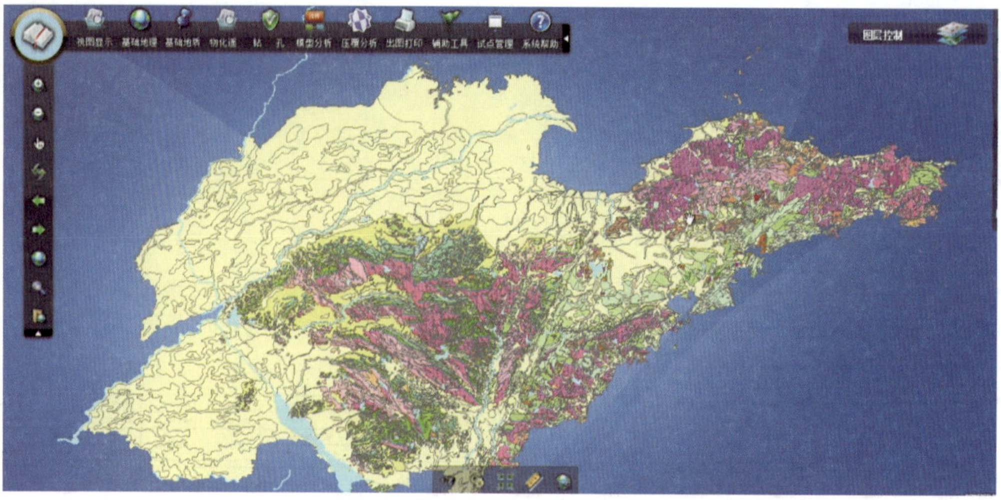

图 6-29　胶东地区金矿地质资料信息管理系统界面

藏资料中的钻孔数量和分布情况，以此建立了馆藏钻孔资料信息分布图，形成重点成矿带钻孔资料目录，并按照《固体矿产钻孔数据库建库工作指南》《水文地质钻孔数据库建库工作指南》《煤田地质钻孔数据库建库工作指南》建立了字段属性表。研发“地质资料信息服务集群化产业化试点研究服务系统”（图 6-30），探索出了一条可行的以数据为中心的管理方式，特别是对图形和数据整合方法的研究，实现了文、图、表三位一体的智能查阅、输出。在已有地质资料目录数据库的基础上，收集整理了景忍—野马泉铁铜铅锌重点成矿带资料 617 种，同时对收集的资料进行了数字化和数据格式转换整理，开发试点区地质资料信息检索图册，编制试点区地质资料系列图件，并建立了重点勘查区系列成果地质资料信息数据库，实现地质资料数据的集中统一管理。

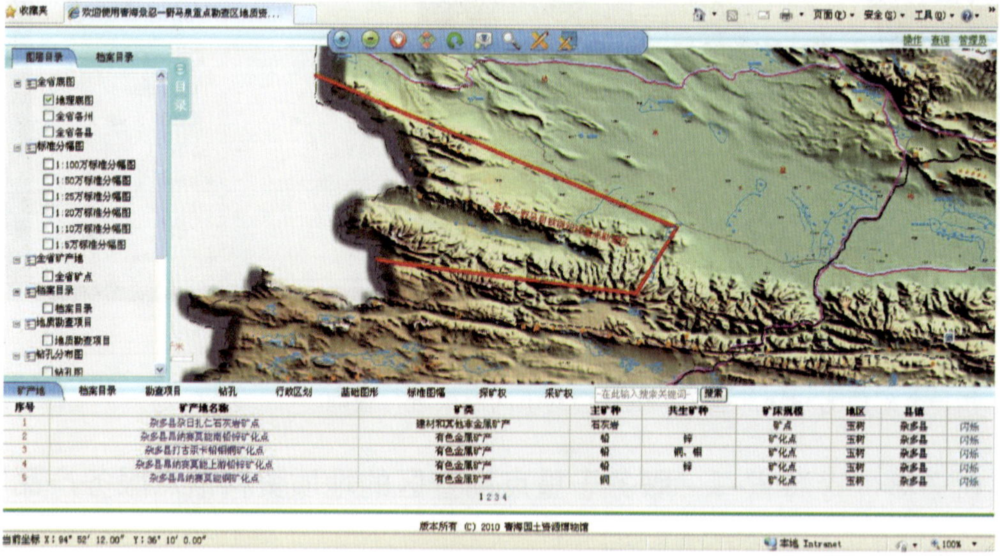

图 6-30　青海地质资料信息集群化服务系统界面图

6.7.4　辽宁鞍山——服务整装勘查区的地质资料信息服务产品

结合多名铁矿地质专家、地质信息专家的经验，初步编写了 7 万字的《鞍山式铁矿地质资料分析报告》。主要包括鞍山式铁矿的地质资料情况、地质资料收集与整理、区域地质背景、矿业权设置情况、典型铁矿床分析、铁矿找矿综合预测、总结与建议等内容。对资料整理、铁矿资源、矿床特征、矿业权设置等进行了全面的阐述（图 6-31）。

加工形成了鞍山地区铁矿矿业权分布图、矿产资源分布图、整装勘查综合图、典型铁矿床分布图、找矿远景规划图、重要成矿预测图、重点铁矿预测区航磁异常图、地质构造图、铁矿地质工作程度图、铁矿地质资料分布图共 10 张专题图。

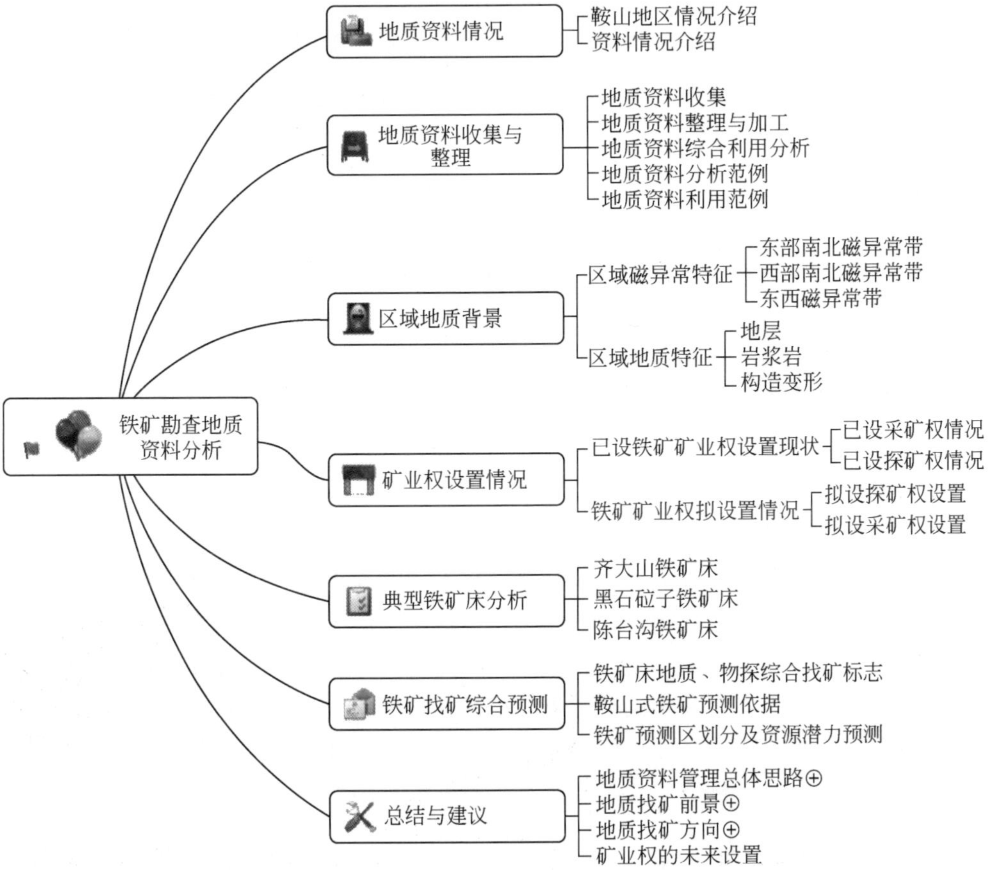

图 6-31　鞍山铁矿勘查资料分析报告内容

第7章　地质资料信息服务集群化产业化标准体系研究及相关标准制定与试用

地质资料信息服务集群化产业化是一项系统工程，涉及有地质资料全流程及信息技术广泛应用研究，涉及数千T的数据，涉及国土资源及系统外近万家单位，涉及成千上万的国内外用户，必须标准先行。基于此，项目研究中开展了大量的标准规范研究，以期有序、规范地推进两化工作，构建全国统一的集群体系。本章在分析标准相关理论的基础上，构建了地质资料信息服务集群化产业化的标准体系，确定了标准体系表，提出了立改废建议，研制了推进两化急需要的《地质资料数据中心指南》《地质资料长期保存机制》《地质资料数字化技术指南》等标准，制作了地质资料信息服务两化标准规范服务产品，供全国推进两化参考。

7.1　标准体系的基本概念

7.1.1　标准的内涵

国家标准《标准化基本术语第一部分》(GB3935.1-83)，将标准定义为：对重复性事物和概念所做的统一规定。它以科学、技术和实践经验的综合成果为基础，经有关方面协商一致，由主管机构批准，以特定形式发布，作为共同遵守的准则和依据。国际标准化组织给出的定义为：标准是由有关各方根据科学技术成就与先进经验，共同合作起草，一致或基本上同意的技术规范或其他公开文件，其目的在于促进最佳的公众利益，并由标准化机构批准。国家标准《标准化工作导则第1部分：标准的结构和编写规则》（GB/T1.1-2000）中将标准定义为：在一定的范围内获得最佳秩序，对活动或共结果规定共同的和重复使用的规则、导则或特性文件。该文件经协商一致制定并经一个公认机构的批准。通常来说，标准具有特定性、科学性、协调性、权威性和专用性。

7.1.2　标准化的内涵

国家标准《标准化基本术语第一部分》（GB3935.1-83）的规定：标准化是在经济、技术、科学及管理等社会实践中，对重复性事物和概念通过制定、发布和实施标准，达到统一，以获得最佳秩序和社会效益。国际标准化组织对标准化的定义：标准化主要是对科学、技术与经济领域内重复应用的问题给出解决办法的活动，其目的在于获得最佳秩序。一般说来，包括制定、发布与实施标准的过程。标准化的基本原理通常是指统一原理、简化原理、协调原理和最优化原理。

1）统一原理就是为了保证事物发展所必需的秩序和效率，对事物的形成、功能或其他特性，确定适合于一定时期和一定条件的一致规范，并使这种一致规范与被取代的对象在功能上达到等效。

2）简化原理就是为了经济有效地满足需要，对标准化对象的结构、型式、规格或其他性能进行筛选提炼，剔除其中多余的、低效能的、可替换的环节，精炼并确定出满足需要的高效能的环节，保持整体构成精简合理，使之功能效率最高。

3）协调原理就是为了使标准的整体功能达到最佳，并产生实际效果，必须通过有效的方式协调好系统内外相关因素之间的关系，确定为建立和保持相互一致，适应或平衡关系所必须具备的条件。

4）最优化原理按照特定的目标，在一定的限制条件下，对标准系统的构成因素及其关系进行选择、设计或调整，使之达到最理想的效果。

7.1.3　标准体系的内涵

标准体系是一定范围内各种不同标准依其性质功能及其客观内在联系，相互依存、相互衔接、相互补充、相互制约所构成的科学的有机整体。其中，“一定范围”可以指行业、地区或领域；“有机整体”是指标准体系是一个整体，标准体系内各项标准之间具有内存的有机联系。所以，标准体系实质上是一种由标准组成的系统。标准体系具有四大特征，即结构性、协调性、整体性和目的性。

一定范围的标准体系内的标准，按照一定形式排列起来的图表就是标准体系表。标准体系框架是从标准体系表演变而来的。

标准体系框架可简单地看作是标准体系表的结构性框架，主要是在对现有各级标准进行系统梳理与概略研究的基础上，确定分类依据，形成条理明确和层次清晰的标准明细表，以方便系统了解。

建立标准体系框架的作用主要有四：①可以直观地描绘出一定范围内的标准化活动的发展蓝图。②能够系统反映全局，有利于明确工作重点、发展方向。③有利于结合实际进行对照，从发展的战略高度明确方向、寻找不足。④有利于编制标准制修订计划，加快标准的制修订速度，提高工作的系统性。

为了更好地推进地质资料信息服务集群化产业化工作，需要在对现有地质资料标准进行系统梳理与概略研究的基础上，确定分类依据，形成条理明确和层次清晰的地质资料标准体系框架。使其成为指导地质资料标准工作的纲领性文件，直接为地质资料信息服务集群化产业化建设提供标准信息与技术依据。其核心是建立地质资料标准体系表，用以反映标准体系的结构、适用的范围或领域，及标准之间的相互联系方式。

7.2　标准体系构建的原则

标准体系是一个由标准组成的系统，具有集合性、目标性、可分解性、相关性、环境适应性、整体性等特征。两化标准体系是以两化工作为特定对象。构建在全国范围内不同单位保管的成果、原始和实物三大类地质资料的集群服务，要先在理论上确定标准体系建设原则。

(1) 科学性

科学性是研制标准体系时应遵从的基本原则，也是标准体系可以很快应用计算机技术和数据库技术贯彻执行的根本保障。

(2) 完整性

将描述地质资料信息所需的标准规范分门别类地纳入相应的类别中，并使这些类别协调一致，相互配套，构成一个完整的框架，以完整地描述地质资料信息的主要特征。

(3) 系统性

系统性是标准体系中各标准规范之间内部联系和区别的体现，做到合理安排，层次合理、分明。

(4) 先进性

一方面，标准体系应充分体现国际标准的发展方向，与国际标准的发展趋势接轨，同时做到与国家标准相协调；另一方面，标准体系应能就地质资料信息采集、生产、应用等方面先进的技术手段进行描述。

(5) 预见性

在研制标准体系时，既要考虑到目前的信息技术水平，也要对未来信息技术的发展有所预见，使标准体系能适应领域内各项应用技术的迅猛发展。

(6) 可扩充性

考虑信息化建设的发展对标准体系提出的更新、扩展和延伸的要求，要根据信息技术、专业领域的发展和相关国际标准、国家标准、行业标准的不断完善而进行充实和更新。

7.3 地质资料信息服务集群化产业化标准框架研究

推进地质资料信息服务集群化产业化工作统一规划、统一标准十分重要，标准是关键，应用则是核心。地质资料信息服务集群化，就是通过构建地质资料汇交和社会共享机制，把分散、孤立的地质资料汇集到统一的共享平台上来，通过对地质资料的信息化、标准化，进一步整合、挖掘地质资料信息的内在价值。地质资料信息服务产业化，就是通过服务机制和模式的创新，探索产品规模化、服务多元化。

7.3.1 地质资料信息服务两化标准体系研究

从上述分析看，地质资料信息服务的两化建设围绕着信息资源、信息服务、技术和管理系统建设这四大主体。其中信息资源是基础和核心，技术和管理是支撑，信息服务是目标，四者紧密联系（图 7-1）。

信息资源是系统和服务建设的基础。这里所指资源为地质资料。根据现行的《地质资料管理条例》和《地质资料管理条例实施办法》规定，地质资料可以分为成果地质资料、原始

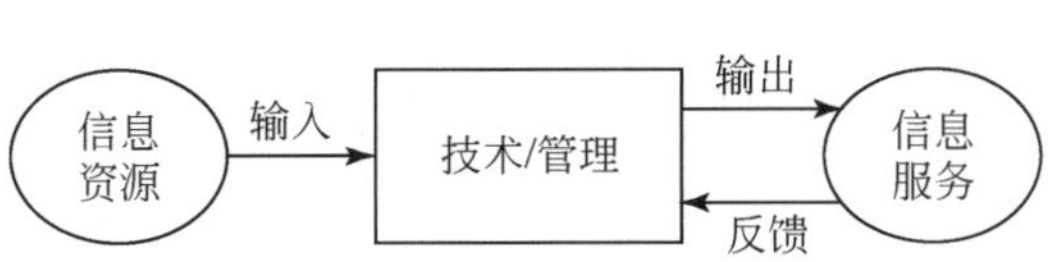

图 7-1　地质资料信息服务模型示意图

地质资料、实物地质资料三大类，载体包括纸介质、电子介质等多种载体。技术和管理是地质资料信息服务两化开展的条件。技术和管理用于支撑资源建设和服务建设，涉及数据的获取、存储、组织、管理等技术以及行业需求，包括计算技术、网络技术、Web 技术以及信息安全、数据库和系统建设、网络设施等内容。服务是地质资料信息服务两化建设的目标。根据服务的流程，包括数据发现、数据访问、数据表示和操作，要对各种数据源尤其是空间数据编制应用服务标准。在业务管理体系中，基础标准是地质资料管理工作的根本，是在地质资料工作中广泛运用的标准。业务技术标准是以地质资料工作的程序、手册、职责、要求为对象制定的标准，以及某些与地质资料业务技术工作相关的标准。针对有关部门在工作中形成的地质类电子文件的控制和地质资料管理部门对地质类电子文件的管理制定的标准。如：地质类电子文件的形成、归档、鉴定、收集、整理、利用、统计等。行政管理标准是针对地质资料部门和地质资料工作者制定的标准。如地质资料业务职责和机构设置标准、地质资料室职能标准、地质资料馆工作规范、各种地质资料工作者的岗位责任制等。

7.3.2　标准体系框架

根据地质资料信息服务的两化任务，在构建两化标准体系时，应充分结合和借鉴档案、信息化和专业相关标准。①地质资料与档案工作结合。中国档案工作标准体系较完备，资料接收、整理、著录、管护、利用等各业务工作环节都可以对应借鉴档案相关标准。②地质资料与信息化工作融合。现阶段，随着信息技术的发展，地质资料不仅介质大量是电子形式，而且在两化工作中资料资源建设、集群服务、系统开发等方面都需要利用信息技术，需要结合和借鉴信息化标准。③地质资料与地质专业知识结合。地质资料由区域调查、矿产勘查、物化遥、水工环等不同地质专业工作产生，不同的地质专业工作都有相应的标准规定。管理和开发地质资料，需要了解相关地质专业标准。现阶段，开展地质资料信息服务集群化产业化标准体系建设主要结合信息化相关标准和档案标准，地质专业标准可作为相关标准。

根据上述分析，构建地质资料信息服务集群化产业化总体框应包括基础标准，业务管理，信息服务，信息技术四大模块（图 7-2）。

7.3.2.1　基础标准

基础标准是地质资料两化标准体系中适用范围广泛，具有通用性条款的基础主要阐述了两化工作标准化的概念、组成，相互关系，以及使用的基本原则和方法等，是地质资料两化标准体系中适用范围广泛，具有通用性条款的标准，它能指导两化标准的建设。基础标准按照功能和用途可以划分为三大类：指导标准，管理标准和元数据（图 7-3）。

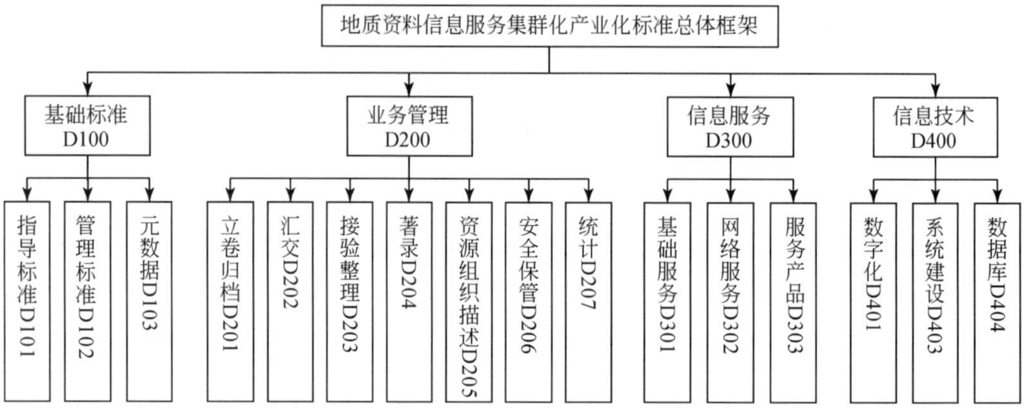

图 7-2　地质资料信息服务集群化产业化标准体系总体框架

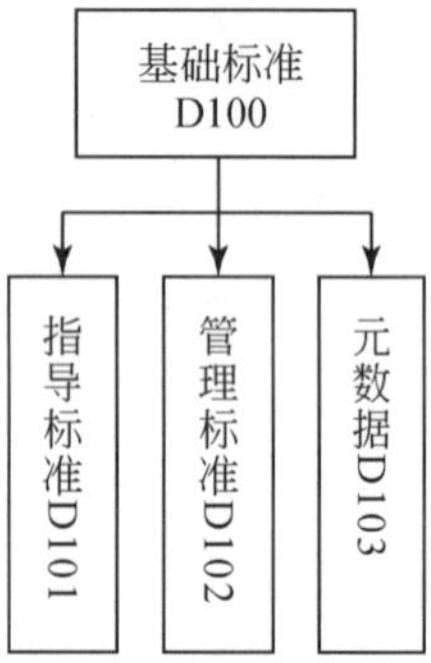

图 7-3　基础标准结构

（1）指导标准

指导标准包括：为制定具体标准提供概念性框架的地质资料信息服务两化标准体系参考模型；从概念上保证系列标准一致性的地质资料信息服务两化概念和术语；用于地质资料信息服务集群化其他相关标准的制定、技术文件的编制，以及有关的系统开发、测试、评估等的标准一致性测试；对标准制定起控制和制约作用的地质资料信息服务两化工作指南。

（2）管理标准

管理标准包括：指导地质资料信息分类的类型，分类方法的地质资料分类和编码；检验是否与主题词表重复的实物地质资料命名方案；对信息资源的内容唯一命名和辨识的地质信息资源唯一标识符规则；如何给定现有馆藏机构永久代码的地质资料保管单位代码编制规则；以及如何对馆藏机构分级的馆藏机构分级规则。

（3）元数据

元数据包括：描述地质资料所需要的元数据内容和结构的地质资料元数据；规定地质资料数据元的注册接口，包括注册的协议、参数、返回等的元数据注册与管理规范；描述地质信息所需要的元数据内容和结构的地质信息元数据标准；地理信息元数据标准的相关标准。

7.3.2.2　业务管理

业务管理标准主要规范地质资料工作的一般业务流程，包括地质资料形成单位开展的立卷和组卷，向国家进行汇交，地质资料馆藏机构开展资料接收、验收、整理、著录、保管等业务工作等，其结构见图 7-4。

（1）立卷归档

包括规定原始地质资料的归档范围，卷内文件分类、编号、编目和立卷归档的一般原则的原始地质资料立卷归档规则；规定成果地质资料文件内容、文件的分类、文件编号原则、卷内目录编制方法的成果地质资料立卷规则；规定实物地质资料的分类、文件编号原则、卷内目录编制方法的实物地质资料立卷规则；以及成果和实物地质资料筛选规则等相关标准。

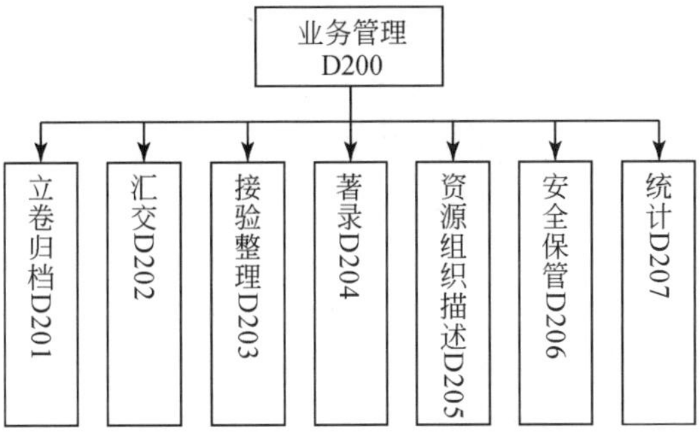

图 7-4　业务管理标准结构

（2）汇交

包含规范原始、实物、成果地质资料的汇交内容和质量的地质资料汇交规范；确定地质资料汇交凭证的发放机构，格式及时间的地质资料汇交凭证制作和发放规范。

（3）接验整理

包含规范成果、原始地质资料纸质及电子文档的验收及整理工作方法和相应标准的成果、原始地质资料验收、整理规范；规范实物资料及相关说明文件的验收及整理工作方法及相应标准的实物地质资料验收、整理标准。

（4）著录

包含修订成果、原始、实物地质资料卡片、账簿、目录数据库数据的著录格式、符号。统一成果目录数据库数据项，替换原地质资料档案著录细则、成果地质资料目录数据库著录要求、成果地质调查资料著录表及著录要求的地质资料档案著录细则。

（5）资源组织描述

描述元数据进行约定，包括规范说明、资源集合分析、元数据的结构、元素的定义等的标准，包含知识组织规范，资源集合描述元数据规范，复合数字对象描述标准与规范，知识组织体系描述标准与规范等四个相关标准规范。

（6）安全保管

主要规范馆藏机构，装具，地质资料保存形式，价值，出库资料的销毁以及数据的迁移。包括地质资料馆藏机构地质资料装具标准，成果、原始地质资料馆藏技术标准等相关标准规范。

（7）统计

对地质资料工作量、接收情况、馆藏情况及服务情况进行统计的规范。涉及统计项，表述格式等的统计标准。

7.3.2.3　信息服务

信息服务包括三部分内容，即基础服务、网络服务、服务产品。本部分基于地质资料信息模型中的服务环节，同时包含了系统互操作的相关协议和规范的制定（图 7-5）。

（1）基础服务

包括规范原始、成果、实物地质资料馆藏单位指南的编写内容及格式；规范公开、涉密、保护期地质资料利用的途径、方法及收费原则；以及制定地质资料服务收费办法，并

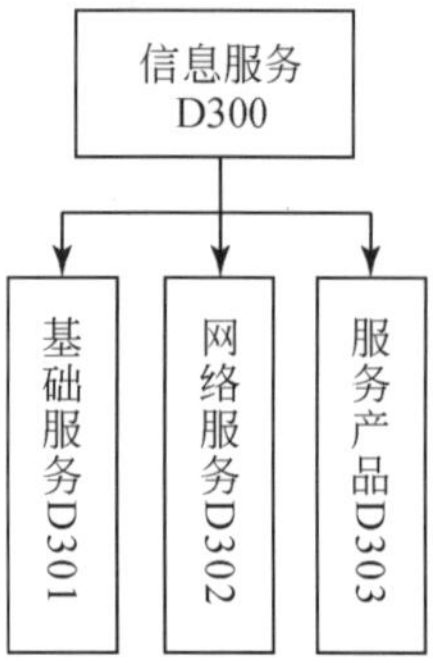

图 7-5　信息服务标准结构

且对其中包含的立法目的、收费原则、收费项目、收费标准进行规范等。

（2）网络服务

包括网络通信、接口、访问、可视化等一系列网络标准，即主要是网络地图服务规范（WMS）、网络要素服务规范（WFS）、网络覆盖服务规范（WCS）、网络处理服务规范（WPS）这四个网络规范。

（3）服务产品

包括对地质资料服务的产品进行格式、内容、加工过程、方法等一般性质进行规范；规定了数字地形图产品的的分类、构成、产品标识、内容结构，编绘地质调查图件地理底图的用色的标准等基本要求。

7.3.2.4　信息技术

信息技术是基于地质资料信息模型中的技术环节。在总体框架中其他标准和信息技术有关联关系。信息技术标准一般由信息安全、应用标准、管理标准等构成。结合地质资料两化工作中的问题制定的信息技术标准，主要规范利用信息技术手段开展地质资料数字资源、数据库建设以及系统建设。两化标准体系信息技术标准结构见图 7-6。

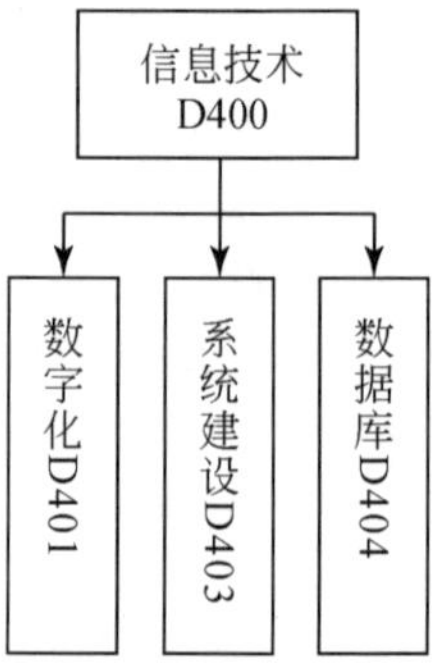

图 7-6　信息技术标准结构

（1）数字化

包括规定资源的格式体系及应用级别标准、矢量数据加工流程及操作指南。并针对不同类型的资源制定相关的数据加工标准。以及规定了图文地质资料扫描数字化过程中的文件组织、数据制作、目录编制及数据保存的一般方法和质量要求。

（2）系统建设

包括规定两化系统建设中数据字典的编制要求，规范地质资料数据字典的格式、内容等；指导地质资料管理平台建设的要求。本规范对地质资料数据管理建设，地质资料数据网络建设，地质资料数据平台建设的原则、内容、程序、技术措施、管理等进行规范，适用于两化管理中心建设。

（3）数据库

根据地质资料不同分类需求，制定相关数据库的标准。

7.3.3　地质资料两化标准体系表

标准编制通过标准体系表来描述。标准体系表包括标准名称、标准状态、标准内容以及标准编号。基础标准是具体标准制定的基础。基础标准又可分为指导类标准、管理类标准、元数据三个大标准分类。业务管理标准主要规范地质资料工作的一般业务流程，主要包括汇交、接收、验收、整理和保存等一系列过程。信息服务是目的，重点强调了服务环节。信息技术主要规范了整个两化过程中所需的所有计算机信息技术（表 7-1）。

表 7-1　地质资料信息服务集群化产业化标准体系表

基础标准

1. 指导类标准

标准名称	标准状态	标准编号	标准内容
地质资料信息服务两化标准体系参考模型	待制定		本规范将定义“指南针计划”专项信息资源标准化建设的标准框架，它不是具体的标准，而是为制定具体标准提供的概念性框架
地质资料信息服务两化概念和术语	待制定		本标准主要规定了地质资料信息服务两化的概念和术语的选择原则和条件，以及标准体系中标准涉及的公共术语，从概念上保证系列标准的一致性
标准一致性测试	待制定		本标准规定标准一致性测试的框架、概念和方法，以及达到标准一致性要求的条件，用于设计判断专业标准与基础标准和通用的一致性程度，实现对标准制定的控制和制约
地质资料信息服务两化工作指南	待制定		本标准将适用于地质资料信息服务集群化其他相关标准的制定、技术文件的编制，以及有关的系统开发、测试、评估等

2. 管理类标准

标准名称	标准状态	标准编号	标准内容
地质资料分类和编码	待制定		本标准确定地质资料文件管理的分类逻辑与分类方法，推荐地质资料信息分类的类型与分类方法。确定地质资料保管单位统一编码标准，为建立全国地质资料信息体系提供支持
实物地质资料命名方案	待制定		是否与主题词表重复
地质信息资源唯一标识符规则	待制定		本规范定义标识符的命名规则、解析方法和唯一标识符相关元数据的注册规定。通过制定唯一、永久的信息资源逻辑标识符，来对信息资源的内容唯一命名和辨识，同时维护资源的知识产权
地质资料保管单位代码编制规则	待制定		制定地质资料馆藏机构代码编制原则，给定现有馆藏机构永久代码
馆藏机构分级规则	待制定		根据地质资料馆藏机构的职能任务，应从工程设施、设备、人员、业务能力、经费保障等方面，制定实物地质资料馆藏机构资质与分级标准。根据中国实物地质资料馆藏建设实际，将馆藏机构分为一级、二级、三级，大致对应于档案馆的特级、甲级、乙级

3. 元数据

标准名称	标准状态	标准编号	标准内容
地质资料元数据标准	待制定		本标准规定了描述地质资料所需要的元数据内容和结构
元数据注册与管理规范	待制定		数据元是在一定上下文中具有区别特征的数据单元。本规范规定地质资料数据元的注册接口，包括注册的协议、参数、返回等，同时对数据元的插入和更新接口进行规范，便于数据元的管理和维护
地质信息元数据标准	修订	DD2006-05	本标准规定了描述地质信息所需要的元数据内容和结构。定义了地质信息的标识、质量、内容、空间参照系和分发等元数据。
地理信息元数据标准	采用	GB/T 19710-2005	本标准定义了描述数字地理数据所需要的元数据，提供有关数字地理数据标识、覆盖范围、质量、空间和时间模式、空间参照系和分发等信息。本标准适用于数据集编目、对数据集进行完整描述和数据交换网站的数据服务
国土资源信息核心元数据元素指南	采用		本标准规定了描述国土资源信息所需要的核心元数据内容和结构。定义了国土资源核心元数据的标识、质量、内容、空间参照系和分发等元数据

业务管理标准

1. 立卷归档

标准名称	标准状态	标准编号	标准内容
原始地质资料立卷归档规则	采用	DA/T 41-2008	本标准规定了原始地质资料的归档范围，卷内文件分类、编号、编目和立卷归档的一般原则
成果地质资料立卷规则	待制定		规则包括成果地质资料文件内容、文件的分类、文件编号原则、卷内目录编制方法
实物地质资料立卷规则	待制定		规则包括实物地质资料的分类、文件编号原则、卷内目录编制方法
成果地质资料组卷规则	待制定		确定成果地质资料的组卷人和组卷原则
实物地质资料筛选规则	待制定		本标准规定了国家级、省级地质资料馆藏机构馆藏实物地质资料的范围及标准，为实物地质资料的分级管理提供支持

2. 汇交

标准名称	标准状态	标准编号	标准内容
地质资料汇交规范	待制定		规范原始、实物、成果地质资料的汇交内容、质量。规范包含新修订的《成果地质资料电子文件汇交格式要求》
地质资料汇交凭证制作和发放规范	待制定		确定地质资料汇交凭证的发放机构、格式及时间

3. 接验整理

标准名称	标准状态	标准编号	标准内容
成果、原始地质资料验收、整理规范	待制定		制定成果、原始地质资料纸质及电子文档的验收及整理工作方法和相应标准
实物地质资料验收、整理标准	待制定		制定实物资料及相关说明文件的验收及整理工作方法和相应标准

4. 著录

标准名称	标准状态	标准编号	标准内容
地质资料档案著录细则	修订	DA/T 23-2000	规范成果、原始、实物地质资料卡片、账簿、目录数据库数据的著录格式、符号。统一成果目录数据库数据项。替换原地质资料档案著录细则、成果地质资料目录数据库著录要求、成果地质调查资料著录表及著录要求

5. 资源组织描述

标准名称	标准状态	标准编号	标准内容
知识组织规范	修订	GC-FJ080114-B D009	在对国内外知识组织相关理论与实践情况进行调研的基础上，结合数字图书馆建设需要及中文数字资源特点而制定
资源集合描述元数据规范	修订	CDLS-S09-003	本规范对资源集合描述元数据进行约定，包括规范说明、资源集合分析、元数据的结构、元素的定义等
复合数字对象描述标准与规范	修订	CDLS-S10-002	本规范定义了复合数字对象的范畴，并参照复合数字对象描述标准 SCORM、MPEG21、CDR，对复杂的复合数字对象进行描述
知识组织体系描述标准与规范	修订	CDLS-S10-004	本规范对知识组织的描述语言 RDF、TopicMaps、SKOS（simple knowledge organisation system）、OWL-S 进行阐述

6. 安全保管

标准名称	标准状态	标准编号	标准内容
地质资料馆藏机构地质资料装具标准	待制定		本标准将规范地质资料馆藏机构的资料装具尺寸及标签的设计、填写，为地质资料的交流及管理标准化提供支持
成果、原始地质资料馆藏技术标准	待制定		本标准将规范成果、原始地质资料的日常管理及安全使用，为地质资料管理标准化提供支持
实物地质资料馆藏技术标准	待制定		规范实物地质资料保管的方法及相应的标准
直列式档案密集架规范	采用	DA/T 7-1992	本标准规定了直列式档案密集架的型号、规格及结构形式、技术要求、试验方法、检验规则、标志、包装、运输、贮存
馆藏地质资料保存价值鉴定标准	待制定		制定馆藏地质资料保存价值鉴定标准、方法、程序
地质资料数字资源保存规范	待制定		本标准用于地质资料数字资源保存和有效存取
地质资料数据分级存储规范（地质资料数据迁移规范）	待制定		分级存储管理（又称数据迁移）是一种将离线存储与在线存储融合的技术。它将高速、高容量的非在线存储设备作为磁盘设备的下一级设备，然后将磁盘中常用的数据按指定的策略自动迁移到磁带库（简称带库）等二级大容量存储设备上。当需要使用这些数据时，分级存储系统会自动将这些数据从下一级存储设备调回到上一级磁盘上
出库地质资料销毁规范	待制定		制定出库资料的销毁程序、方法

信息服务标准

1. 基础服务

标准名称	标准状态	标准编号	标准内容
地质资料馆藏机构服务规范	待制定		规范公开、涉密、保护期地质资料利用的途径、方法及收费原则
地质资料馆服务指南编制规范	待制定		规范原始、成果、实物地质资料馆藏单位指南的编写内容及格式
地质资料服务收费规定	待制定		制定地质资料服务收费办法，并且对其中包含的立法目的、收费原则、收费项目、收费标准进行规范

2. 信息服务

标准名称	标准状态	标准编号	标准内容
地质资料目录服务规范	待制定		目录服务用于描述组织、发现、访问地质资料数据目录信息的服务接口。目录服务包括发现、访问和管理服务，并为其提供外部接口。本规范用于规定地质资料信息资源目录服务接口，对目录服务的概念和机制进行描述，并对目录服务的基本功能和接口进行定义
地质资料元数据访问服务接口规范	修订	SDS/T 2221. 2-2004	地质资料数据共享网项目实现基于元数据的数据访问、交换、集成的基础，通过该规范实现对元数据的访问获取。该规范主要描述了元数据被访问时所需遵循的接口规范，包括访问所使用的语言、参数、命名域、服务响应、数据返回的格式等多方面的内容
地质资料分发服务指南与规范	采用	SDS/T 1002-2004	本规范包括对数据分发的过程、内容和要求的定义，指导分布式数据分发服务系统建立的。本规范作为数据分发服务系统建设以及系统提供数据分发服务时应遵循的标准
地质资料信息服务集成规范	待制定		本规范定义和标识服务接口的框架模式和接口，用于开发软件用户能够在开放式信息技术环境下通过一般化接口来访问和处理不同来源的地质资料数据
数据可视化服务接口规范	待制定		本规范定义用户通过网络访问数据可视化服务（尤其是地理信息的可视化）的请求和响应，它以数据为中心，定义了可视化的规则

3. 网络服务

标准名称	标准状态	标准编号	标准内容
网络地图服务规范（WMS）	采用	OGC 标准	将地理信息图示表达的地图定义为计算机屏幕上显示的数字图像文件的标准
网络要素服务规范（WFS）	采用	OGC 标准	本标准描述了使用 HTTP 协议通过网络访问要素服务的规范，是数据访问服务接口之一。网络地图服务允许客户端重叠显示来自 Internet 的多个网络地图服务的地图图像。类似的，WEB 要素服务（网络要素服务）允许客户端从多个 WEB 要素服务（网络要素服务）中取得使用地理标记语言（GML）编码的地理空间数据
网络覆盖服务规范（WCS）	采用	OGC 标准	网络覆盖服务支持地理空间数据以覆盖方式被获取，“覆盖”是表达随空间发生变化的现象的数字化地理空间信息。一个 WCS 以多种形式提供对多种地理空间信息的访问，这些形式有利于在客户端上显示，而且是多值的覆盖，能够被导入到科学模型和其他客户端
网络处理服务规范（WPS）	采用	OGC 标准	WPS 规范是为了解决地理信息领域互操作问题而制定的规范，规范制定看空间处里服务如何输入和输出的规则，定义了客户端如何请求一个处里服务和用户发现和绑定这些服务的接口

4. 服务产品

标准名称	标准状态	标准编号	标准内容
地质资料服务产品一般规范	待制定		对地质资料服务的产品进行格式，内容等一般性质进行规范
地质资料服务产品加工规范	待制定		对地质资料服务的产品的加工过程、方法等进行规范
地质资料服务产品标准系列	待制定		标准的发布与实施将进一步规范地质资料的内容和形式，推进地质资料资源的共建共享和互联互通，保障以地质资料为基础的信息系统建设与应用顺利进行，对促进国家信息化建设和可持续发展具有重要意义
基础地理信息数字产品标准系列	采用	CH/T 9004-2009	标准的发布与实施将进一步规范基础地理信息数字成果的内容和形式，推进地理信息资源的共建共享和互联互通，保障以地理信息为基础的信息系统建设与应用顺利进行，对促进国家信息化建设和可持续发展具有重要意义
数字地形图产品基本要求	采用	GB/T 17278-2009	规定了数字地形图产品的的分类、构成、产品标识、内容结构等方面的基本要求
地质图用色标准及用色原则	采用	DZ/T 0179-1997	规定了编绘地质调查图件地理底图的用色的标准
区域地质及矿区地质图清绘规程	采用	DZ/T 0156-1995	规定了区域地质图件清绘工作的任务、要求、一般规定及作业程序和作业要求
1：5 万地质图地理底图编绘规则	采用	DZ/T 0157-1995	规定了编绘 1：5 万区域地质调查图件地理底图的数学基础、精度要求、编辑准备工作、编绘方法、技术要求、地图内容各要素的综合取舍、检查、验收和对印刷原图的质量要求等
1：50 万和 1：100 万省（市、区）地质图地理底图编绘规范	采用	DZ/T 0159-1995	规定了编绘 1：5 万及 1：10 万区域地质调查图件地理底图的数学基础、精度要求、编辑准备工作、编绘方法、技术要求、地图内容各要素的综合取舍、检查、验收和对印刷原图的质量要求等
1：20 万地质图地理底图编绘规范及图式	采用	DZ/T 0160-1995	规定了编绘 1：20 万区域地质调查图件地理底图的数学基础、精度要求、编辑准备工作、编绘方法、技术要求、地图内容各要素的综合取舍、检查、验收和对印刷原图的质量要求等
1：25 万地质图地理底图编绘规范	采用	DZ/T 0191-1997	规定了编绘 1：25 万区域地质调查图件地理底图的数学基础、精度要求、编辑准备工作、编绘方法、技术要求、地图内容各要素的综合取舍、检查、验收和对印刷原图的质量要求等
区域地质图地理底图编绘及地质图清绘规程比例尺 1：5 万	采用	DZ 41-1986	规定了编绘 1：5 万区域地质调查图件地理底图的数学基础、精度要求、编辑准备工作、编绘方法、技术要求、地图内容各要素的综合取舍、检查、验收和对印刷原图的质量要求等

信息技术标准

1. 数字化标准

标准名称	标准状态	标准编号	标准内容
地质资料矢量数字资源加工和操作规范	待制定		本标准根据地质资料中矢量数字资源（地图、图形、图表）情况，确定采用的数字编码和内容标记标准，制定资源的格式体系及应用级别标准，制定矢量数据加工流程及操作指南，并针对不同类型的资源制定数据相关的加工标准
图文地质资料扫描数字化规范	修订	SZ1999001-2000	本标准规定了图文地质资料扫描数字化过程中的文件组织、数据制作、目录编制及数据保存的一般方法和质量要求。本标准适用于对纸介质图文地质资料所进行的扫描数字化工作。本标准不包括使用其他技术手段进行图文地质资料数字化的方法和质量要求

2. 系统建设

标准名称	标准状态	标准编号	标准内容
地质资料数据字典编写要求	待制定		本规范用于规定两化建设中数据字典的编制要求，对数据字典的格式、内容等进行规范
地质资料管理平台建设规范	待制定		本规范旨在指导地质资料管理平台建设。对地质资料数据管理建设的原则、内容、程序、技术措施、管理等进行规范
地质资料信息服务平台建设规范	待制定		本规范旨在指导地质资料信息服务平台建设。对地质资料数据平台建设的原则、内容、程序、技术措施、信息安全等等进行规范
地质资料网络建设规范	待制定		本规范旨在指导地质资料数据网络建设。对地质资料数据网络建设的原则、内容、程序、技术要求、组织管理等进行规范
地质资料数据管理平台建设规范	待制定		规范数据管理平台的服务功能，服务内容，服务流程等
地质调查软件系统开发测试管理规程	采用	DD2010-01	本标准规定了软件测试活动的内容，流程和文档编写要求，适用于地质调查软件开发阶段和成果验收阶段的测试

3. 数据库标准

标准名称	标准状态	标准编号	标准内容
1：25 万数字地质图空间数据库	采用		1：25 万区域地质图空间数据库建设是首次依据新的《数字地质图空间数据库标准》，在当前空间数据库模型的典型代表地理数据库模型上建立的
1：5 万数字地质图空间数据库	采用		1：5 万区域地质图空间数据库建设是首次依据新的《数字地质图空间数据库标准》，在当前空间数据库模型的典型代表地理数据库模型上建立的
水利工程地质数据库	采用		本标准根据水文地质资料调查技术要求规定的调查内容和图形编制要求结合水资源调查数据库建设的实际需要而编制而成
区域水文地质图空间数据库图层及属性文件格式工作指南	采用		本标准规定了建立水文地质空间数据库所需的分层定义、编码及图元属性结构的定义。适用于1：20 万水文地质普查成果按国际分幅进行的图幅数据采集、存储管理和共享。其他比例尺水文地质空间数据库的建立可参照使用
1：50 万数字水工环地质图空间数据库	采用		是以分省（区、市）区域地质志所附1：50 万地质图为基础，最大限度地补充最新的区域地质资料和密切相关的科研成果与数据，运用能够反映中国地质构造特色和地质实体的地质理论与编图方法，充分利用已有的国家标准和行业标准，实现高度标准化和数字化
1：25 万数字水文地质图空间数据库	采用		是以分省（区、市）区域地质志所附1：25 万地质图为基础，最大限度地补充最新的区域地质资料和密切相关的科研成果与数据，运用能够反映中国地质构造特色和地质实体的地质理论与编图方法，充分利用已有的国家标准和行业标准，实现高度标准化和数字化
1：5 万重点城市与经济开发区水工环地质综合空间数据库	采用		1：5 万重点城市及经济开发区水工环综合空间数据是“数字国土”的重要组成部分．应用MapGIS 作为建立数据库的操作平台，通过对基础资料的矢量化，将所得的综合点、线文件进行编辑，误差校正后，分层形成图形文件，将图形文件与属性文件相联接，再通过投影转换和数据格式转换，形成水工环地质综合空间数据库，从而为今后的空间分析和多用途的开发应用提供重要的基础数据资料
数字地质图空间数据库建设工作指南	采用		建立地质图空间数据库，旨在对以图件为基础的地质信息（传统的文字报告及图件）利用GIS 技术将信息数字化，为基础地质研究、国土资源合理开发利用、矿产资源评价、国民经济建设、制定区域规划、保护人类赖以生存的地质环境提供有效的数字化信息，实现全国基础地学数据信息共享及信息社会化服务，提高其利用程度和使用价值，并为地质科学的信息化、网络化建设提供数据源
同位素地质测年数据库建设工作指南	采用		同位素地质测年数据库的建设，更加有效地保存同位素地质年龄资料，实现基础地质数据资源共享，提高同位素地质测年资料的利用程度和使用价值，并为地理信息系统的建设提供数据源
同位素地质年龄数据库	采用		同位素地质测年数据库的建设，更加有效地保存同位素地质年龄资料，实现基础地质数据资源共享，提高同位素地质测年资料的利用程度和使用价值，并为地理信息系统的建设提供数据源
国土资源数据库数据质量检查验收规范	采用		本规范给出了国土资源数据质量元素、缺陷分级，规定了国土资源数据库检查验收的基本要求，程序、检查内容、抽样检验方法、质量评价方法，以及检查验收过程中相关的文档和格式要求等

7.4　成果地质资料和原始地质资料数字化技术指南研究

7.4.1　地质资料数字化的关键技术

原始和成果地质资料中纸质文件材料包括文本类纸质文件、照片类纸质文件、专门材料（野外记录、航遥影像等）纸质文件、地质图纸质文件等。按数据格式划分可以形成文本类数据、图像类数据、矢量类数据等几种数据格式。主要的数字化技术为光学字符识别（optical character recognition，OCR）技术、空间数据数字化技术、图像信息数字化检索技术。

（1）OCR 技术

OCR 技术，是指电子设备（例如扫描仪或数码相机）检查纸上打印的字符，通过检测暗、亮的模式确定其形状，然后用字符识别方法将形状翻译成计算机文字的过程。即，对文本资料进行扫描，然后对图像文件进行分析处理，获取文字及版面信息的过程。

（2）空间数据数字化技术

由于地质图件固有的幅面大、曲线关系复杂、线型种类繁多、符号注记遍布等特点，决定了地质图件数字化具有一定的难度。智能数字化系统的发展对解决相关问题帮助很大。其涉及栅格图像数据的快速可视化、矢量化等技术。

（3）图像信息数字化检索技术

由于图像信息是非结构性数据，因此，不能直接采用传统的文本检索方式进行图像数据库检索，而是采用基于内容检索（CBIR），即从图像库中查找含有特定物体的图像（也包括从连续的视频图像中检索含有特定物体的视频片段）。它区别于传统的检索手段，融合了图像理解技术，从而可以提供更有效的检索。其中涉及静态图像数字化信息检索、基于 OCR 与词形状编码的数字化信息检索等技术。

7.4.2　文本数据加工分析

文本数据是使用抽象的文字或符号表示信息内容，也可以是对原来的文本文档扫描或照相而形成的数字化图像。它要求文本数据的提供方和获得方都具备一定的文字或符号的识别和表达能力，在相同的文字或符号体系下能够通过对字符的识别和表达进行信息交流。

7.4.2.1　主要格式

文本数据格式种类繁多，下面是几种最常用的文本数据格式：

1）TXT 文件格式：这是一种纯文本格式文件。

2）CSV 文件格式：也是一种纯文本文件。

3）DOC 文件格式：这是一种通用的 PC 格式化文本文件格式。

4）RTF 文件格式：RTF 格式是由 Microsoft 创建的。

5）WPS 文件格式：WPS Office 生成的文本文件格式。

6）HTML 文件格式：专用于 Web 页的开发。

7）SGML 文件格式：SGML（standard generalized markup language）通用标准标记语言，作为国际标准（ISO8879）。

8）XML 文件格式：XML 是一个开放的基于文本的格式。

9）PDF 文件格式：PDF 便携式文档格式。

10）CHM 文件格式：可称作“已编译的 HTML 帮助文件”。

11）CEB 文件格式：CEB 即“Chinese eBook”，是专为中文电子安全文档而设计的文件格式，它是一种“文字+图像”的格式。

12）PDG 文件格式：PDG 格式是一种易用数字图书馆格式，是一种扫描的图片格式。

13）CAJ 文件格式：CAJ 文件是《中国学术期刊全文数据库》的专用格式。

上述这些文本数据格式中，既有专有标准，也有开放式标准；有些格式因为其在某些领域被广泛运用而成为事实标准甚至法定标准。

7.4.2.2 文本数据加工推荐格式

地质资料的文本数据依据加工形成方法不同，其格式标准涉及两种类型：文本文件和图像文件。这种分类是由地质资料的文本数据的对象定义和文本数据的形成过程所决定的。

推荐文本格式见表 7-2。

表 7-2 文本数据加工推荐文本格式

对象	加工过程	生成的文件类型	建议标准	最低标准
文本数据	直接生成	文本文件	XML 格式	TXT 格式或 CSV 格式
			WPS 格式	
			PDF 格式（文本型）	
			TeX 格式（专有格式）	
	经过扫描、照相等方式生成	图像文件	PDF 格式（图像型）	TIFF、JPEG、GIF 格式（低分辨率）
			TIFF、JPEG、GIF 格式（高分辨率）	

7.4.2.3 文本数据加工流程

文本数据处理时，应按下述流程图进行（图 7-7），最终把所有的文本数据转换成为文本文件。

（1）文本资料到文本文件

方式：直接生成或重新录入

这是目前广泛使用的转换方法，它将原稿重新录入，并手工增加标记。这种方法通常比自动识别加人工校对更便宜。其中最大的转换项目之一是美国国会图书馆的“美利坚记忆（American memory）”工程。

（2）文本资料到图像文件

方式：扫描或照相技术

扫描技术是通过图像在格点上的取样来扫描文档，准确再现文本数据的外貌。但它把文字简单地看成图像。照相技术就是指通过 CCD 或 CMOS 等成像技术来获取文本数据。扫描、照相形成的文件，为了便于存储和处理，需将文件压缩。在很多应用中，扫描、照相形成的文件无法与已标记文本和 ASCII 码字符相提并论，特别不能在一页图像中寻找特定的文字信息。

（3）图像文件与文本文件互换

1）图像文件到文本文件。OCR 是一种将扫描图像中的符号转换为等价字符的技术。其基本技术是先由计算机程序将单个字符个体分离，然后将它们与精确的模板进行比较，从而识别并转换图像信息中的字符。但现阶段 OCR 始终不够准确，出错率随原作的可辨认程度而不同。

2）文本文件到图像文件。目前有许多软件支撑将文本文件转换为图像文件。虽然，目前部分图像文件（如 TIFF 文件）支持对文本数据的查询，但这些图像文件都是通过 OCR 技术处理后的结果（最典型的，Office 支持在打印时），因此除非有特殊用途，不建议将文本文件转换为图像文件。

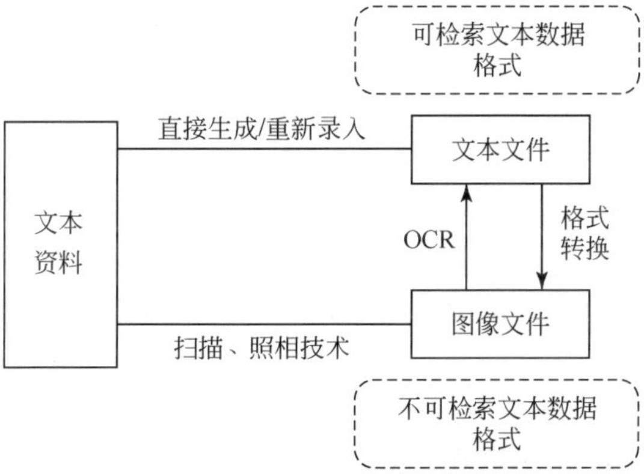

图 7-7　文本数据处理流程图

注：图中“文本资料”指承载的文本信息的各类物理介质（如纸质），
包括原始文本资料和成果文本资料

7.4.3　图像数据加工分析

图像数据是运用图像扫描与处理、文字及图像的识别以及对数字化初始信息的各种再加工技术，将大量已存在的，以不同形式和载体存储的信息资料，如文件、图片等，转化成能够为计算机处理的数字化信息。

7.4.3.1 主要格式

(1) 按照媒体的表现形式划分

1) 静态图像格式：GIF，TIF，BMP，PCX，JPG，PCD等。

2) 动态图像格式：AVI，MPG等。

(2) 按照文件的存储方式划分

1) 可压缩文件格式：如JPEG，等。

2) 非压缩文件格式：如BMP，等。

3) 压缩和非压缩文件格式：如TIF，等

(3) 按照文件描述的媒体对象性质划分

1) 位图格式：DIB/BMP、TIFF、GIF、JPEG、PNG、TGA、PCX、MacPaint等。

2) 矢量图格式：DXF文件、PostScript EPS、HPGL、WMF、WPG、SVG等。

3) 混合型格式：Corelphoto-paint使用的CPT文件属于位图/矢量混合型。

7.4.3.2 数字化加工流程

原始地质资料和成果地质资料的数字化，主要是数字化为文本和图像格式。对于文本数据而言，现阶段OCR始终不够准确，出错率随原作的可辨认程度而不同。因此目前采用将文本首先加工为图像格式。本部分内容只考虑图像数据资源的加工。

(1) 加工准备

进行数字资源加工立项，制定完善的加工方案，并对资源进行检查和前期处理。

(2) 设备和技术参数的选取和设定

开展数字加工设备选取，根据具体情况，选择适用的数字化加工设备。通过使用样图和工具标板对加工设备进行检测，保证色调、动态范围、图像分辨率、噪音、色彩真实度和其他一些数据达标。同时为保障数字化工作，修正设备技术参数，测量修正镜头光圈，调整对焦。

(3) 数字资源创建

每一件数字化的产品均需保留数字化过程中所有的数字化参数，以及数字化产品做过的影像处理动作的记录，以备日后必要的修正与追踪。

在数字化加工的过程中还需记录采集生成的数字图像数据的技术和管理信息，包括加工完成的图像数据的信息资源标识符、来源、格式、代理标识符、代理名称、事件标识符、操作日期时间等，供元数据加工环节的编目人员利用。

(4) 数字图像后期处理

包括大小、细节、色彩、色调、格式、内容等的处理，处理的目标是与原文件保持一致。处理的方法可以是自动批处理操作。对于由古籍和珍贵的文献资源通过加工设备获得的图像则要做到逐份进行人工调整。

(5) 元数据加工

元数据创建

在元数据加工环节，著录人员要为每个数字图像添加管理元数据和创建描述元数据。

建立关联

在元数据加工环节需要建立同一对象数据的不同元数据之间、元数据与对象数据来源资源之间、对象数据与来源资源之间的关联。相关资源的关联，可以通过元数据里“Relation”元素描述。

封装和打包

封装是对某些数字图像格式文件中的文字内容进行OCR处理后，将文字内容和图像分层保存；或者将原本就有的多个图层分层保存。封装也称作内嵌。

打包是将存储单幅图像的多个文件，合并为一个存储多幅图像的、独立发布的文件的整合手段。通常合并前后要进行整份资料的元数据描述、目录（标签）跳转链接、图像转换压缩、OCR处理等操作。打包后的产品，可以通过某种网络浏览器打开阅读。

（6）保存

数字资源保存分为长期保存级、复制加工级、发布服务级，分别满足数字资源当前与长期利用的需要。

为保证数据安全，分别对长期保存级、复制加工级和发布服务级数字资源进行不同介质保存。保存说明文档随对象数据保存在介质上。

（7）质量检验

所有数字化加工完成的图像数据资源，包括已经存在的派生数字图像资源均需进行检验，检验项目包括对象数据检验、元数据检验和存储介质检验。

元数据：按照资源加工对象的相关元数据规范和著录规则要求检查。包括元数据著录文字正确；数字图像文件名称/位置正确；加工环节自动生成或人工记录的管理元数据信息完整等。

图像数据：按照图像数据质量要求检查。包括图像数据数字资源文件夹和文件名命名正确；图像清晰，亮度适中，以保证尽量多的内容清晰为原则调整亮度（由于原件造成的亮度不适可算合格）；图像加工过程中根据资源应用级别进行的裁切、旋转和纠偏、去污、锐化、色彩调整和色彩管理、转换、拼接等需要符合图像后期处理的操作规范；加工后的图像要求真实反映原件，在原件正确的前提下页码连续，不能有缺页、错页、数据内容缺失等现象。

存储介质：提交的光盘编号清单与光盘相对应，准确无误；存储介质无坏死文件、无黑屏；文件不携带病毒。

（8）过程管理

建立过程管理表，详细登记图像数字加工流程，并及时整理、汇总，相关文档装订成册，在数字化工作完成的同时建立起完整、规范的记录；建立图像数字加工各环节的安全管理机制，确保实物在加工过程中不丢失、不损坏。

7.4.4　成果地质资料扫描数字化技术指南修订

中国从1997年开始研究成果地质资料数字化技术，确定了以扫描数字化方式在全国开展成果地质资料图文数字化工作，结合实际工作，通过以上数字化技术研究，提出成果地质资料扫描数字化技术完善建议。

在《图文地质资料扫描数字化规范（试行）》（SZ1999001-2000）的基础上，主要对“附图是否继续做加页”“与其他文件页码连续的审批文件是否应在原位置保留”“分开制印附图原则不拼接，若拼接是否优先重排顺序号”“照片是否扫描为200dpi”“上下角标的输入是否遵循先下后上”等共8项内容做了修改或调整。

（1）附图不做加页

原规范将图件中只占一个号的图册或多张附图扫描后的电子文件视为加页。图册一般是围绕某一主题的相关图件，应该保持图件的整体性。因此，图册或多张附图扫描后不应作为加页，而应在扫描后做成完整图册，编排册序号，并在原顺序号位置保留封面或者说明页。

（2）与其他文件页码连续的审批文件在原位置保留

原规范要求审批文件无论是独立装订还是与其他各类文件装订在一起，扫描后的电子文件均应单独组成一册。但这样做的结果是：在其他文件（如正文）前且页码又是连续的审批文件独立成册后，其他文件中将产生很多空白页。因此，为避免产生过多空白页，该种情况除单独组织成审批类外，其他文件中的审批应予以保留。

（3）分开制印附图原则不拼接，若拼接优先重排顺序号

原规范对分开制印的附图的处理是以是否影响浏览为拼接的原则，不影响浏览的，原则上一律不拼接；若进行拼接，则对拼接后剩余的附图视情况或重编排顺序号或将被拼接页作空白页处理。

实际工作中为了不形成过多空白页，对拼接后剩余的附图要求优先重编顺序号，其次才作空白页。图面超过A0幅面的附图被分扫成两个文件时，因附图不作为加页，对多出的文件也应重编顺序号，其次才作空白页。

（4）照片按200dpi扫描

原规范中在扫描分辨率上建议图件300dpi、文字200dpi、照片100dpi。照片扫描件经多次打印输出试验，发现用100dpi扫描形成的照片用纸质打印输出后，图像显示不清晰。因此，照片扫描分辨率提高为200dpi。

（5）册序位的值为01～99

原规范中规定册序位为两位，第一位是数字或字母，第二位是数字。取值方法为：当册序小于等于99时，册序位的值在01至99之间，直接按册序取值。当册序超过99时，第100册的栅格文件名中册序位取值为A0；100册以后册序位取值方法如下：以A0为起始值，册序位第二位仍是10进制数字，步长为1依次递增，第一位为英文字母，当第二位产生进位时第一位字母按26个英文字母顺序递增，如：A9（109册）、B0（110册）、K0（第200册）。

但在大量的资料数字化中未发现文件件数大于100，最大件数是56册。因此，简化册序位取值，即册序位由两位数字组成，根据册序取01至99之间的值。

（6）上下角标的输入遵循先下后上

原规范在角标录入上要求先录入上角标，再录入下角标。书写规范一般是先写下角标再写上角标。为遵循书写习惯，修改原规范中先录入上角标，再录入下角标的规定，改为

先录入下角标，再录入上角标。

(7) 分存多介质的文件应在第一介质中保存完整的三级目录

根据规范要求，数字化后的资料每档数据都会形成一个三级目录。原规范要求同一电子文档应尽量保存在同一个物理存储介质中，但对过大文件的存储没有明确规定。部分数字化的馆藏资料文件较大，需要分别存储于多个介质中。此时，该档资料数据的三级目录存放于哪一个介质中在原规范中没有规定，修订后的规范明确该种情况应在第一个存储介质中保存一份完整的三级目录。

(8) 原件含多类目录时应标识所属类别

原规范中规定，其他类目录在目录制作中当电子文档中含有目录或勘误表时，应标注“原件的目录”“原件的勘误表”字样。馆藏资料的实际情况是：附件有目录，附表有目录，附件有勘误表，正文有勘误表。因此，为区分各类文件，当原件含多类目录时，应按所属类分别将其列出。

对下一步成果地质资料数字化工作提出2点建议：①对文本类资料开展OCR识别；②扫描文件生成双层PDF。

7.4.5 原始地质资料扫描数字化技术指南研究

结合中国原始地质资料实际类型对数字化的需求，充分借鉴国家标准和国家图书馆操作指南编写原始地质资料数字化技术指南初稿。该技术指南提出了扫描（照相）数字化、文本矢量数字化、图像矢量化三种数字化方式，基本环节、技术流程和要求，对文件的存储、命名、著录、挂接进行了规定，提出了设备、加工方法的建议。主要内容如下：

7.4.5.1 规范性引用文件

主要引用标准：《电子文件归档与管理规范》（GB/T 18894—2002）、《纸质档案数字化技术规范》（DA/T 31-2005）、《原始地质资料立卷归档规则》（DA/T 41-2008）、《国家图书馆图像数据加工标准与工作规范操作指南》、《数字地质图空间数据库建设工作指南》。

7.4.5.2 基本环节

对不同数字化方法确定工作流程：

扫描（照相）数字化基本环节：主要包括资料整理、资料扫描、图像处理、图像存储、目录建库、数据挂接、数据验收、数据备份、成果管理等。

文本矢量数字化基本环节：主要包括资料整理、资料扫描、图像处理、文本矢量化、文本存储、目录建库、数据挂接、数据验收、数据备份、成果管理。

图像矢量化基本环节：主要包括资料准备、图像扫描、图像处理、矢量化准备、矢量化、质量控制、资料存储、目录建库、数据挂接、数据备份、成果管理。

7.4.5.3 技术流程及要求

针对不同数字化方法技术流程都一一详细编写了具体要求，保障数字化工作实用性和可操作性。

7.4.5.4 资料前期处理

加工前的资料处理既包括对适合数字化的资料处理、也包括对异质、缺损、珍稀、薄脆等不适合数字化的资料处理。适合数字化的资料有些需要拆钉和衬纸，大多数情况下不对资料进行拆钉以便保护资料；不适合数字化的资料需要进行平整、修复、托裱或其他前期处理。

其他特殊资源的先期处理如下：

(1) 薄膜（透明纸、蜡纸等）类资料

通常的加工策略是将薄膜类资料在加工前或平整处理，或经过托裱处理。

由于薄膜类资料情况的复杂性，出于资料长期保存的目的建议不做托裱处理。因此，在数字化前期只做平整处理。可对破损薄膜类资料进行托裱，使之平展，伏贴。

(2) 地质图、材料图等大幅图像资料类

大图在扫描前需根据其保存状况进行裱褙或保护，还需丈量尺寸、做标签等，以方便加工和归档。

对于纸质脆弱的大图要严格保护措施，接触大图的工作人员，必须戴上棉质手套操作。

大图扫描前，需丈量大图的尺寸，并与原始登记信息核对，核对后将正确的尺寸以标签形式粘贴在大图上，以便扫描时可以确认正确的尺寸。如原始信息有误，也需标注。

为避免扫描过程中造成纸张破损，在扫描前，必须使用无酸材质的高透明度不偏光图套，包覆在大图外。当图套磨损到一定程度导致透光度不佳、影响到扫描质量时，需更换图套。

工作人员在将大图放入图套时，顺便整理大图，例如处理折痕，使之尽量平整。

(3) 野外记录本等资料

野外记录本中重要信息需要重描。

7.4.5.5 设备选择

针对资料不同类型，如普通报告、蜡纸、薄膜、素描图类、照片彩页绘画类、记录本类、胶片类、小型实物类等，提出选用加工设备和软件建议，并提供主要技术参数参考。

7.4.5.6 问题解决

提出色彩选择、资料原件拆装、大型或贵重资料支撑、衬纸、折痕折角、页面沾黏、空白页、缺页等问题的解决办法。

7.5　地质资料长期保存机制研究

7.5.1　数字资源长期保存的必要性

数字资源长期保存是指为保证数字比特流可长期维护和其内容可长期获取的必要管理活动，有两层含义，一是长期存储（storage），一是长期可获取（access）。数字资源的长期保存主要涉及两个方面，一是维护数字资源的长期真实可读性和可用性，另一个是防止数字资源被非法变更与破坏，即安全性。就第一方面来说，计算机硬件设备的迅速发展和操作系统的更新换代在给信息处理、信息存储、信息传输和信息阅读带来极大方便的同时，也给数字信息的可读性和可用性带来了新挑战。因此，数字信息存储介质和存储格式直接影响了数字信息今后的可读性和可用性。另一方面，网络传输环境和资源本身存储环境的不安全性以及未经授权的使用和操作的失误都可能使得数字资源更改或消失，数据的安全性不容忽视。因而，数字信息长期保存的另一关键是防止其受到破坏，即保护数据的安全性。

7.5.2　OAIS 标准适用性研究

7.5.2.1　OAIS 标准介绍

在国际标准化组织（ISO）的请求下，空间数字系统咨询委员会（Consultative Committee for Space Data Systems，CCSDS）开始开发一个存档标准以支持数字形式存在数据的长期保存。CCSDS 的这一工作导致 1999 年 5 月开放档案信息系统（Open Archival Information System，OAIS）参考模型的发布。这一参考模型针对数字信息的长期保存和维护的档案系统提供一个概念性的框架，描述了一个档案系统存在的环境、档案系统的功能组织以及支持档案处理的信息基础结构。在 CCSDS 和 ISO 的推动下，OAIS 参考模型成为了数字档案系统普遍遵从的标准规范，来自图书馆、档案馆、科学数据、文化传承等领域的相关项目和系统都纷纷以其为准，进行系统的规划和设计。

OAIS 参考模型同时支持数字化的和物理存在的存档信息。它特别对数字化信息给予了较多关注。这些数字信息或者是作为档案的主体，或者是作为对数字化资源以及物理存档资源的支持信息存在。在 OAIS 参考模型中，提供了一个完整的档案信息保存功能，它包括摄入、档案存储、数据管理、存取和分发。它同时论述了数字信息从一种媒体或格式到另一媒体或格式的移植、信息表示的数据模型、信息保存中软件的作用、档案系统之间数字信息的交换等。它还确立了各个档案功能内部和外部的接口，以及一系列在这些接口之上的高层服务。

OAIS 的核心在于其对数字存档系统功能模型和信息模型的抽象和定义。前者对 OAIS 系统的总体功能和服务进行了高度概括和抽象，定义了一个由三类外部用户（信息生产者、管理者和信息消费者）参与，六类主要功能和服务实体（摄入、存档、数据管理、政策管理、保存规划、存取）及相关信息过程组成的功能和服务模型，为遵循 OAIS 的数字存档系统的总体功能框架的设计和实现提供了较为完整的高层概念框架模型。后者则通过对 OAIS 系统信息对象及信息过程的高度抽象，以“信息包”的形式对信息对象内容描述信息、保存性描述信息及封装信息等进行统一封装，为 OAIS 实现存档信息的组织和管理提供了清晰的信息对象分类、封装、组织和管理的概念模型，同时也为具体系统设计和实现过程中进行元数据框架的设计提供了公共的参考模型。此外，OAIS 对整个功能模型中涉及的功能和服务实体之间的交互过程、信息流程等也都提供了详细的定义和描述，为进行实际的保存系统的设计过程提供了细致明确的参考依据。

7.5.2.2 适用性分析

地质资料具有投入大、潜在价值高的特点。随着经济发展和社会信息化的全面推进，社会各界对生存环境、地质灾害、基本资源情况等地质知识与信息的需求日益增强。为了更好地管理和利用地质资料，需要实现地质资料长期保存、高效管理、快速检索以及更好地服务社会。地质资料数字化，建立地质资料数字资源等作为解决方案被提出来并付诸实践，如建立数字地质资料馆等。

地质资料数字化，建立数字地质资料馆是传统地质资料在信息技术高速发展的条件下受现实应用需求的推动而发展起来的，其特点是以信息技术为基础，依靠计算机、网络技术和通讯技术，并充分利用了多媒体信息处理技术、数据库技术及检索技术等为社会提供多元化的服务。然而，地质资料数字资源由于其特性造成数字资源易于改变、容易损毁和消失，使地质资料失去其原有的使用价值，甚至可能带来毁灭性的后果。因此，需要研究地质资料数字资源的长期保存机制，确保地质资料的长期存储与长期可获取，从而更全面地开发和利用珍贵地质资料数字资源的内在价值，更好地服务国家和社会大众。

目前，在 OAIS 参考模型成为 ISO 标准后，来自图书馆、档案馆、科学数据、文化传承等领域的相关项目和系统都纷纷以其为准，进行系统的规划和设计。OAIS 参考模型针对数字信息的长期保存和维护的档案系统提供一个概念性的框架，描述了一个档案系统存在的环境、档案系统的功能组织以及支持档案处理的信息基础结构，该参考模型不定义任何实施这些概念的特殊方法。具体实施者参考 OAIS 参考模型为开发提供特定服务和内容的指导，但模型不假设或局限于任何特定计算机平台、系统环境、系统设计范例、系统开发方法、数据库管理系统、数据库设计范例、数据定义语言、命令语言、系统界面、用户界面、技术、所需媒体。因此，真正对数字资源长期保存系统设计或实施需要根据实际情况将功能组合或者分解。

7.5.3 地质资料数字资源长期保存机制

7.5.3.1 目标及范围

提供一个可以理解长期保存和访问数字信息所需的存档概念的框架。

提供一个使非存档组织可以有效参与长期保存进程所需的各种概念。

提供一个包括各种用来描述和比较现有的和未来存档信息的操作和体系结构的术语和概念的框架。

提供一个框架用来描述和比较不同的长期保存过程和技术。

提供一个基础，可以比较长期保存的数字信息的各种数据模型，并且可以研讨数据模型和底层信息随时间变化的情况。

提供一个可以扩展到处理其他非数字形态信息（如：物理介质）的长期保存的基础。

指导与长期保存机制的标准的建立和识别。

7.5.3.2 编写原则

1）完整性原则。“地质资料数字对象长期保存”专项建设范畴相当广泛，对信息资源框架体系的建设应尽可能地全面反映专项建设在信息化和资源建设中的特点和内容。

2）具体性原则。要针对“地质资料数字对象长期保存”专项最突出的问题进行详细阐述，这些问题应反映相关部门的需求，对于已经建设的或建设内容明确的部分简单阐述。

3）前瞻性原则。“地质资料数字对象长期保存”专项信息资源框架体系既要考虑到目前的信息技术水平，也要对未来信息技术的发展趋势有所预见，使标准框架体系能适应专项资源建设的各项应用技术和系统发展的需要。

4）适用性原则。框架体系的内容应能够对当前专项资源建设进行很好的指导作用。

5）可扩充性原则。“地质资料数字对象长期保存”专项信息资源建设的发展将会面临更新、扩展和延伸的要求，要根据信息技术、专业领域的发展和相关国际标准、国家标准、行业标准的不断完善而进行充实和更新。

7.5.3.3 顶层信息流模型

（1）OAIS 环境模型

OAIS 将复杂的信息环境抽象为三个角色：信息生产者、管理者和用户。图 7-8 所示为 OAIS 所处的信息环境。

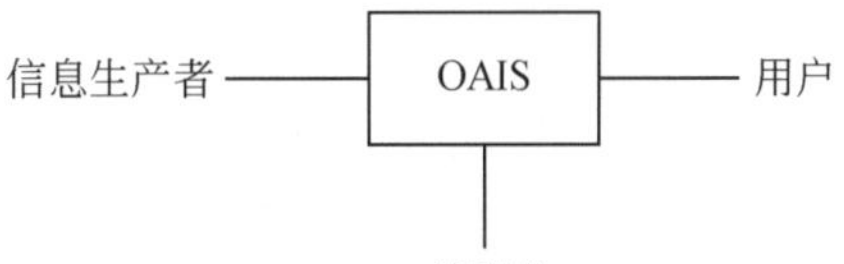

图 7-8 OAIS 环境模型

1）信息生产者是指提供用于保存的信息的人员或客户端系统。生产者与 OAIS 的相互作用通常被描述为提交协议，具体包括：提交的信息类型、期望生产者能提供的元数据以及从生产者到存档的实际传送管理。

2）管理者是指那些制定数字资料馆系统全部政策的角色，它的唯一职责是通过制定政策控制资料的有效管理。管理者不参与日常资料业务操作，日常资料管理职责由数字资料馆系统中的管理功能实体完成。

3）用户是指通过与数字资料馆服务交互，对数字信息感兴趣的人员或客户端系统。其中目标团体（DC）是一些与所保存的信息相关的特定领域中的群体，他们能理解资料系统中保存的数字信息。

（2）信息流模型

OAIS 环境模型把信息也简化为三种类型：提交信息包（SIP）、档案信息包（AIP）和发布信息包（DIP）。其信息流模型如图 7-9 所示。

1）档案信息包（archival information package，AIP）是整个数字资料馆系统的管理对象，也是数字资料馆长期保存的对象。数字资料馆根据信息生产者提供的一个若干个 SIP 转换成一个和多个用于保存的 AIP。AIP 包含完整的内容信息和相关保存描述信息。

2）提交信息包（submission information package，SIP）是由信息生产者提交给数字资料馆系统的信息对象，通常 SIP 的数据格式和细节内容由数字资料信息环境模型中的管理者和信息生产者通过协商而定。大多数 SIP 包含一些内容信息和保存描述信息，有时也需要若干个 SIP 才能提供一个完整的内容信息及相关保存描述信息，从而组成一个 AIP。同时，也允许一个单一的 SIP 包含的信息分布在若干个 AIP 中。在复杂的数字资料馆系统中，面对众多的信息生产者，SIP 中往往会包含某种形式的打包信息。但对于单一或若干个信息生产者而言，SIP 可以不包含相应的打包信息。

3）发布信息包（dissemination information package，DIP），是指为响应用户索引请求，数字资料馆以 DIP 的形式提供所有或部分 AIP 内容给用户。可以根据不同的发布媒体或用户群体来确定 DIP 的格式和内容信息。

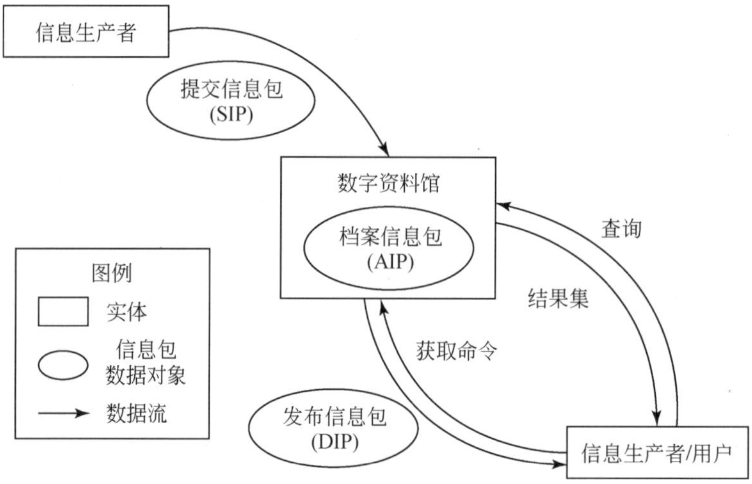

图 7-9　OAIS 信息流模型

7.5.3.4　信息模型

（1）信息及信息对象

信息被定义为可以交换的任何类型的知识，而且这种信息总是以某种类型的数据来表达。

信息对象（information object）：指由数据对象（data object）组成，通过与表征信息（representation information）结合为用户理解的信息。

数据对象（data object）：指实体数据（physical object）或者数字数据（digital object）。

表征信息（representation information）：将数据对象以一种有意义的方式呈现给用户的信息，包括对 ASCII 的定义、数字格式等。

数据对象、表征信息、信息对象的关系如图 7-10 所示。

图 7-10　数据对象、表征信息、信息对象的关系

（2）信息包

信息包是 OAIS 信息模型中的核心概念，也是功能模型中各模块之间传递的基本对象。一个信息包是一个包含名为内容信息和保存描述信息两种信息对象的容器。内容信息和保存描述信息被认为是通过打包信息进行封装和标识的，而为了使打好的信息包可以被了解和发现，需要通过描述信息对信息包进行描述。

内容信息作为最初保存目标的信息，由内容数据对象和表征信息组成。内容数据对象包括物理对象和数字对象。物理对象是一种实实在在的可以看得见的物体，它传达了一种值得保存和分发的信息，且该信息能够单独使用。数字对象是由一组比特序列所组成的对象。表征信息的目的就是要将比特流转变成更具意义的信息。表征信息实现这一目的的方法是描述格式、数据结构概念、哪种格式或哪种数据结构用在了比特序列中，由此，使得诸如字符、数字、像素、数组、表格等更有意义。它由结构信息和语义信息组成。

除了内容信息外，档案信息必须包含那种能在不确定的时期内，随着时间的推移而理解内容信息的信息。具有这种功能的特殊的信息对象，被称为保存描述信息。保存描述信息包括以下 4 类信息：

1）参考信息：是识别内容信息的信息。它确定一个或更多的机制，为内容信息提供指定的标识符。它还向外部系统（如分类系统、参考系统和注册登记系统）提供标识符，使它们清楚地查阅特定的内容信息。在 OAIS 参考模型中，虽然不是所有的，但大部分的参考信息都将复制到封装描述中，以方便用户存取自己感兴趣的内容信息。

2）背景信息：说明内容信息与它所处环境之间关系的信息。包括：为什么要创建内容信息、它与现存于其他地方的内容信息对象有什么样的关系等。

3）来源信息：说明内容信息历史的信息。包括：内容信息的起源或来源、自内容信息产生以来所发生的任何变化、自内容信息产生以来有些什么样的人保管过它。

4）固化信息：用于检测数据的完整性，或证实关键码，或检验关键码，以保证特殊的内容信息对象免于被不明不白地改动。针对具体的内容对象，固化信息为之提供特殊编码和错误侦察方案。固化信息并不包括完整性维护机制，这是由 OAIS 的基础服务部门提供的。封装信息是一种实际存在的或逻辑存在的信息，它将信息包中的组成部分捆绑或联系在一起，并在具体的媒体上形成一个可识别的实体。

描述信息是用来帮助用户查找、分析并定购其感兴趣的信息的。它通常来源于内容信息和保存描述信息。

打包信息（packaging information）是将内容信息和保存描述信息联系、封装和识别的信息。内容信息、保存描述信息通过打包信息构成一个信息包，三者绑定成一个整体。

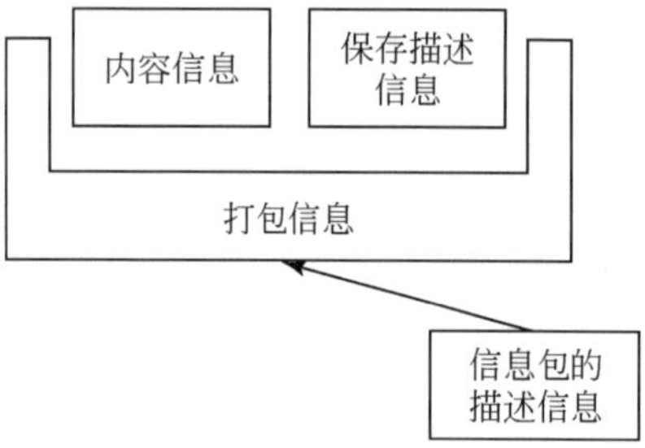

图 7-11　信息包的构成

描述信息（descriptive information）是描述信息包的特性和属性并帮助定位和检索用户所需信息包的信息。它们之间的关系如图 7-11 所示。

7.5.3.5　系统模型

采用基于 OAIS 参考模型的逻辑结构，构建可实现地质资料数字资源长期保存的系统体系结构。在该体系结构中定义了 6 个功能实体和 3 种信息包。图 7-12 描述了系统模型的框架结构。

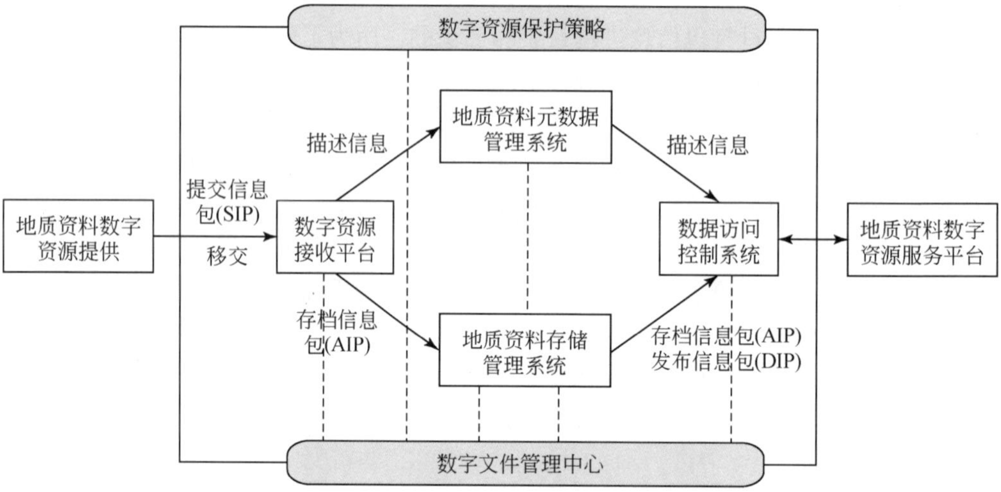

图 7-12　系统模型的框架结构示意图

系统模型中六个功能实体分别为：

（1）数字资源接收平台

这一实体提供的服务和功能是从信息生产者即地质资料数字资源提供方那接收提交的信息包（SIP），并且对内容进行准备，以便所提交信息能够在系统中进行存储和管理。数字资源接收平台的功能包括：接收 SIP 包、对子 SIP 包进行质量确认、生成符合资料系统数据格式和文件标准的存档信息包（AIP）、从 AIP 中抽取出描述信息以存入地质资料存储管理系统，并且协调对地质资料数字资源存储和数据管理的修改工作。图 7-13 所示为数字资源接收平台的功能描述。

（2）地质资料存储管理系统

这一实体提供的服务和功能是存储、维护和检索 AIP。存储管理系统的功能包括从数字资源接收平台接收 AIP，并将它们存储到永久存储系统之中、管理存储系统的组织结构、对存储有地质资料的媒体进行翻新、执行日常的维护工作和特殊的错误检查、提供灾难恢复能力、并且为数据访问控制系统提供 AIP 以实现地质资料数字资源的提取。该系统的功能结构如图 7-14 所示。

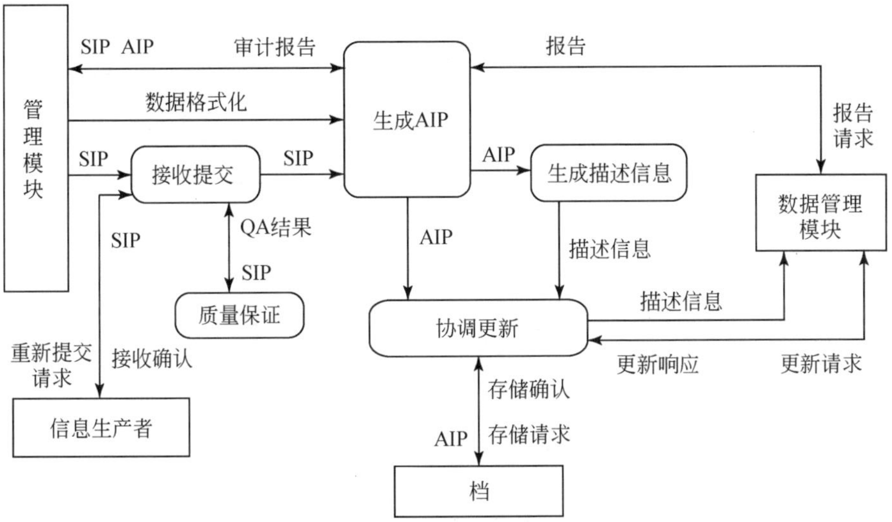

图7-13　数字资源接收平台

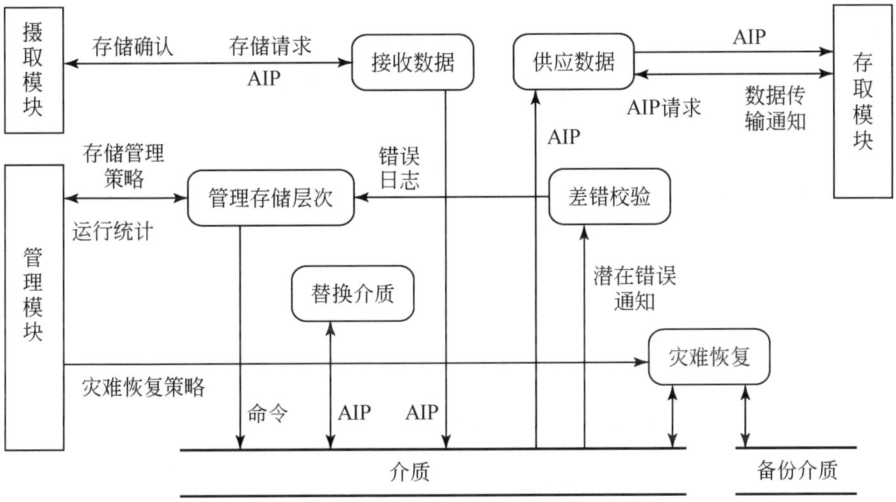

图7-14　地质资料存储管理系统

（3）地质资料元数据管理系统

这一实体提供的服务和功能是植入、维护和存取那些标识并记录地质资料馆藏的描述信息以及对整个系统进行管理的管理数据。

数据管理的功能包括管理地质资料数据库（维护数据库中概念模型及视图的定义，维护系统的参照完整性等）、执行数据库更新（装载新的描述信息或管理数据）、对管理数据提供查询功能以产生结果集，并从这些检索结果集中生成查询报告。地质资料元数据管理系统的功能如图7-15所示。

（4）数字文件管理中心

这一实体提供的服务和功能是对整体的地质资料数据库提供操纵管理。数字文件管理中心的功能包括与信息生产者进行商讨以决定提交协议，对提交进行审计以确保提交内容

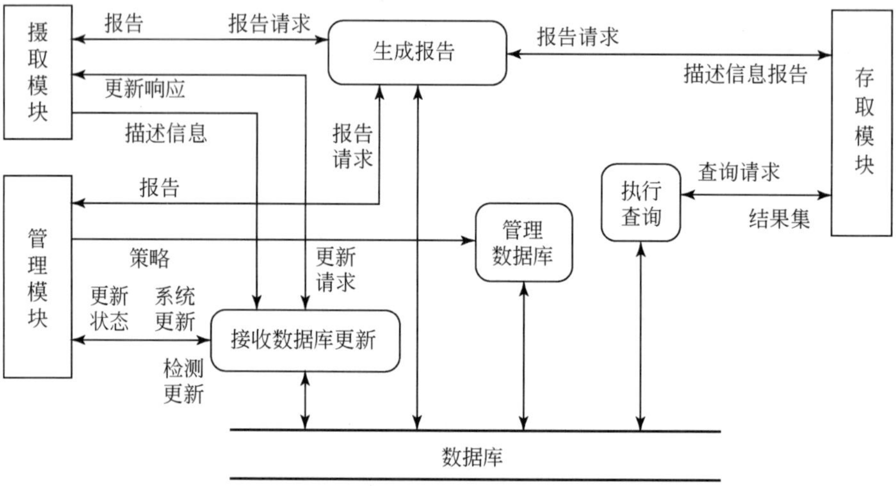

图 7-15　地质资料元数据管理系统

符合档案标准、对系统的软件环境进行配置和管理。它同样还包括一些功能：如监测并提高档案系统运作、详细记录、报告档案的内容，并且对档案的内容进行移植和修改。它也包括建立并维护档案标准和政策、提供客户支持、激发存储请求。图 7-16 所示为该实体的功能结构。

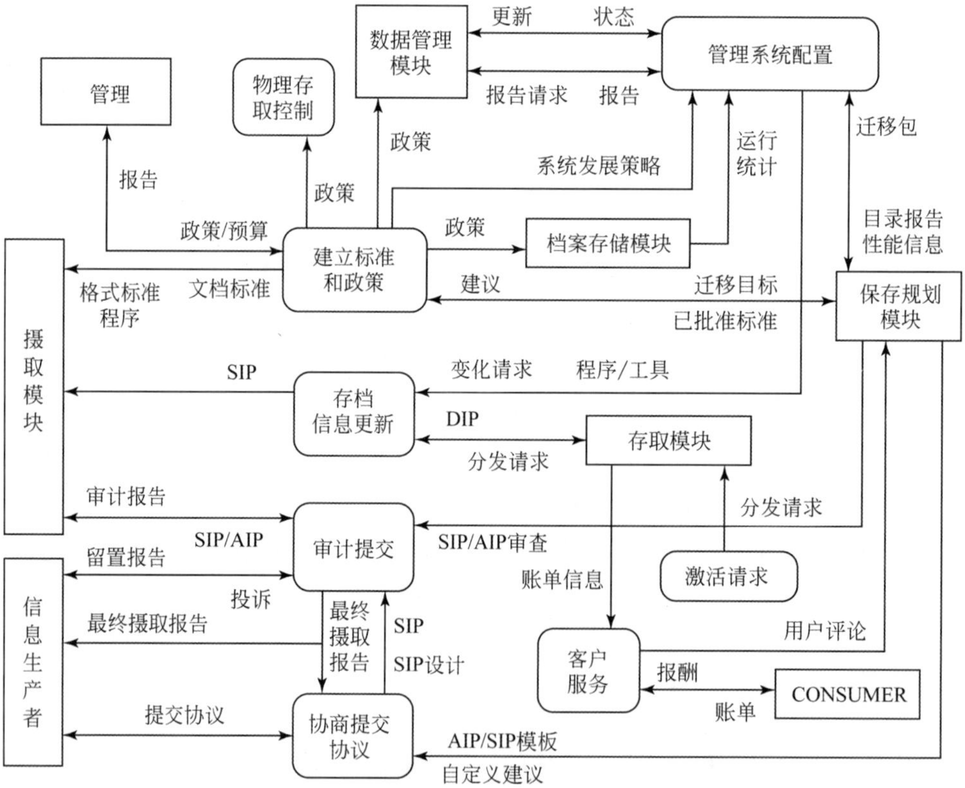

图 7-16　数字文件管理中心

（5）数字资源保护策略

这一实体提供的服务和功能是监测系统的环境，提供相关建议以确保在系统中存储的信息在一段时间之后，仍然能够被相应的目标用户（DC）所访问，即便是在原有计算环境都退化之后。保存计划包括的主要功能有对档案系统中的存储内容进行评估，并且周期地提供存档信息建议以移植当前的档案馆藏；对档案系统的标准和政策进行建议；监测技术环境和目标用户（DC）的服务需求及知识背景的变化。保存计划同样包括设计信息包（IP）的模板，提供设计帮助和相关评价以对这些模板进行专业化处理形成特定的 SIP 和 AIP。保存计划还包括开发详细的移植计划，开发移植软件原型系统和相应测试计划以实现管理移植目标。图 7-17 所示为资源保护策略的功能描述。

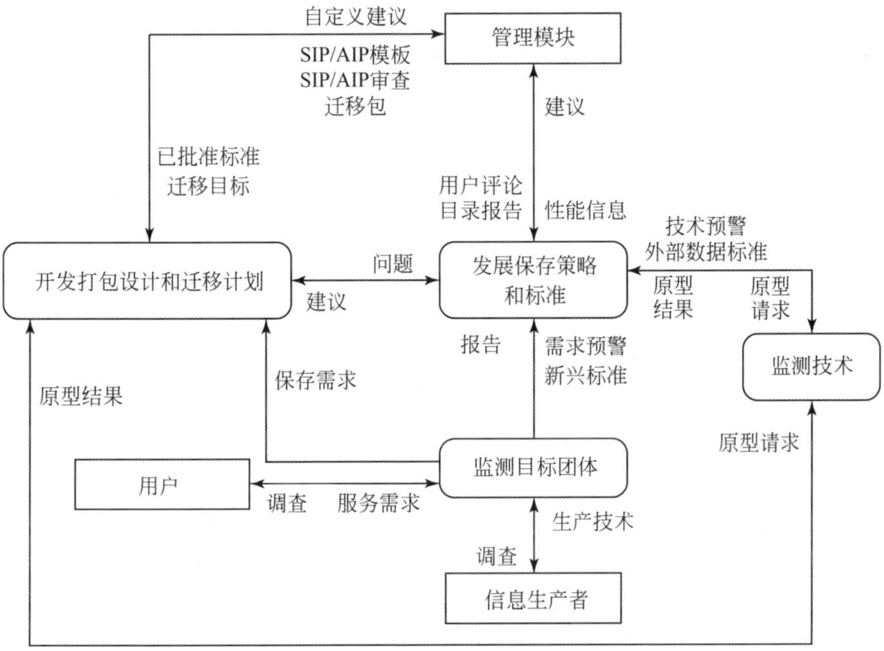

图 7-17　数字资源保护策略

（6）数据访问控制系统

这一实体提供的服务和功能是支持消费者，使消费者可以判定、了解、定位以及存取存储在系统中的信息，让消费者可以请求并接收信息产品。访问控制系统的功能包括与消费者进行通讯以接收请求，对于某些特别保护的信息进行管理控制以限制其访问，协调请求的执行以实现请求的完全响应，生成响应（分发信息包 DIP、结果集、报告）并且将这些响应传送给消费者。数据访问控制系统的功能结构如图 7-18 所示。

7.5.3.6　保存机制

计算机技术的快速发展、数据保存与读取方式的日新月异以及电子数据存储介质的短暂性都与 OAIS 长时间保存信息的目的相左。无论一个 OAIS 系统在当前信息保存方面做的怎样好，它最终都会因为其设备或技术的过时而需要将大部分的数据迁移到不同的媒体或

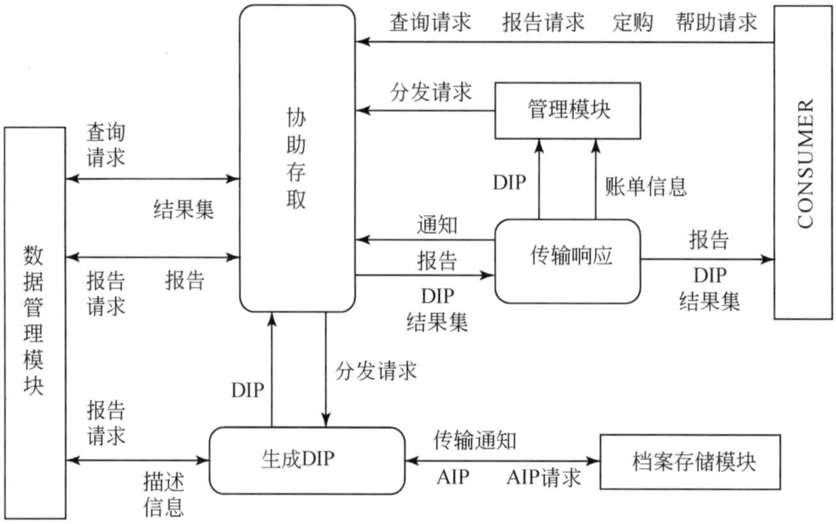

图 7-18　数据访问控制系统

不同的软件或硬件环境下来保证其数据的可访问性。当前的数据存储介质通常最多只能保存数据几十年，设备的老化可能会带来数据的不可逆转的损失。此外，技术的高速发展使得许多系统在建成几年后就很快过时，经济效益也随之大打折扣。

保存机制是在不断变化的环境下保证数据的长期存储与数据服务的长期可用性的管理机制。

保存机制为监控 OAIS 环境和提供建议服务，目的是为确保 OAIS 存储的信息能够长期被指定用户群存取——即使原来的计算机环境已经过时。其功能包括：为迁移当前的资料资源而评价档案内容，并且，定期地建议更新资料信息；为资料标准和政策提供建议；监控技术环境的变化；监控指定用户群的服务要求和知识库的变化；设计信息包模板并提供设计帮助和检验，以使这些模板专门用于 SIP 和 AIP 的特定提交活动中；设计详细的迁移计划、软件原型和检验计划，以实现“行政管理”的迁移目标。

保存机制的研究包括在数据长期保存活动中所用到的保存技术与保存策略。

数据长期保存的技术有复制、迁移、仿真和封装技术。

1）复制：从现有存储媒体上将数据拷贝到同类型或不同类型的新存储媒体上。这是长期保存中常用的一项基本方法。

2）迁移：根据软件、硬件的发展将数字资源迁移到不同的软件或硬件环境下，从而保证数字资源可以在发展的环境中被识别、使用和检索，以进行数字资源的长期保存。根据迁移条件的不同，迁移可以分为硬件迁移、软件迁移、载体迁移、版本迁移、格式迁移及访问点迁移。迁移技术被美国保护与存取委员会和美国研究图书馆组建的数字信息档案化特别工作组认为是解决技术过时问题的良策。目前，国际上许多人认为迁移是数字信息长期保存的必须和恰当的选择。

3）仿真：通过详细描述数字信息利用的各种技术参数和环境条件，使未来计算机系统可以模仿原始系统环境来读取和使用数字信息内容。仿真技术能避免数据丢失与功能失真等风险，是延迟技术淘汰的一种方法。

4）封装技术：封装技术是在对数字资源进行包装的过程中，将该数字资源所需的运行环境（包括硬件和软件），如动态链接库等一起打包，从而实现在其他环境下识别该数字资源，以进行数据的长期保存。基于封装技术的长期保存数字对象模型——VEO，其最大的特点是它不但封装了信息内容、元数据信息，还封装了认证及数字签名信息与方法，从而实现数字对象自我访问控制和安全管理。

数据长期保存的保存策略有按需迁移策略、风干保存策略、技术保存策略和格式管理策略。

7.5.3.7　互操作性定义

当用户使用多个类似本系统的 OAIS 时，用户可能会希望这多个保管机构的统一和相互合作，如：

信息用户希望：多个馆藏机构提供统一的检索工具以帮助用户定位信息，它们有共同的信息包描述方案、共同的 DIP 发布方案、全球统一的获取地址等。

信息生产者希望：不同馆藏机构提供统一的 SIP 以方便信息提交，并为提交的所有信息提供统一的储存库。

管理者希望：通过共享昂贵的软硬件来努力降低保存成本，通过增强多个存档机构的交互一致性来提高保存质量。

因此，对于馆藏机构来说加强合作是有利的，这种合作主要关注两个问题：一是技术层次上如何实现交互；二是管理层次上如何处理好合作与自治的关系。

OAIS 馆藏机构之间的交互可能有以下四种情形：

1）独立（independent）资料馆：指只服务于一个目标团体的独立资料机构。独立资料馆采用的信息包结构是双方在信息服务上的约定，信息包能为双方所理解，是共同商议的结果。尽管有些独立资料馆选择业界广泛应用的标准作为其信息服务标准，但这种选择的出发点并不是想要与其他资料馆进行内部合作，而更多的是基于现实需求与成本节约的考虑。

2）合作（cooperating）资料馆：两个或多个资料馆之间通过标准协议合作，比如一个档案馆可能是另一个档案馆的信息用户，这种情况下需要提供方档案馆的发布信息包（DIP）能作为接受方档案馆的提交信息包（SIP）被它接受和理解。合作的资料馆之间通常有相同的感兴趣领域，相互之间就此进行数字信息交换，同时可能共享相同的信息生产商。合作资料馆的必备条件是至少有一种提交信息包（SIP）和发布信息包（DIP）格式是合作资料馆之间都支持的，这也正是合作共享的前提。

3）联盟（federated）资料馆：在概念上以信息用户为导向，除本地用户，还存在全球用户，他们对多个 OAIS 资料馆的信息感兴趣，资料馆间通过一个或多个共同检索工具来实现信息共享。当然，本地用户在信息使用上可能优先于全球用户。

4）共享（shared resources）资料馆：指档案馆之间达成协议实现功能共享或整合。这里所提共享主要是为了共享昂贵的支援，如档案存储的分层文件管理系统、摄入和传播信息包的外围设备以及在 SIP，AIP 或 DIP 之间进行复杂转换运算的超级计算机。这样的功能共享与整合对共享资料馆的内部结构提出了很高的要求，使之与之前所讨论的互操作模式都大不一样。

7.6 地质资料信息服务两化标准规范服务产品研制

7.6.1 标准规范目录研究

（1）前期工作

广泛收集地质资料信息服务集群化产业化工作涉及参考的政策法规、标准规范1500余项，涵盖地质资料、保密、信息化、测绘（CH）、档案（DA）、地质矿产（DZ）、石油（SY）、有色冶金（YS）、交通（JTJ）、铁路运输（TBJ）、核工业（EJ）、土地管理（TD）、建筑工程（JGJ）等专业或行业。项目组组织有关行业专家对收集到标准逐条整理研究，并征求全国地质资料馆、两化联席单位、两化试点研究单位等近30个单位意见，经专家咨询、修改完善等形成“两化工作参考标准规范目录”并上报国土资源部。

（2）工作成果

2012年2月，国土资源部下发《关于印发〈地质资料信息服务集群化产业化工作参考标准规范目录（一）〉的函》（国土资储函〔2012〕2号），该标准目录共收录目录数据587条。每条目录数据包含5个数据项：①总序号（大流水排号）、②类序号、③标准及规范性文件名称、④标准及规范性文件编号、⑤时间。

所有标准分为地质资料管理、数据库建设、产品开发及服务、地质工作四大类，大类中又分为亚类和子类，亚类及子类中主要标准类别排序为“先国标、再行标”，相同的级别（类别）中按照发布时间从早到晚排列，如标准是成系列出现，则按照系列编号从小到大排列。

7.6.2 标准规范服务产品设计

以《地质资料信息服务集群化产业化工作参考标准规范目录（一）》（国土资储函〔2012〕2号）中标准规范为基础，开发标准规范服务产品，为推进地质资料信息服务集群化产业化工作提供利用。

开发产品注意三个原则：

（1）完整性

开展地质资料信息服务集群化产业化工作涉及面广，收集所有地质资料相关标准规范是开发产品的基础。

（2）更新性

标准规范的“更新性”是文献独有的特性，标准规范数据库的准确、及时直接影响了使用效果，需注重标准规范的更新。

（3）易用性

地质资料标准规范数量多，需开发一个简便易用产品，通过标准规范数据库建设提升资源的使用效率。

7.6.3　标准规范服务产品开发

制作标准规范光盘产品（图 7-19）。用户可以直接通过运行光盘产品进行检索和浏览数据，使用方便。

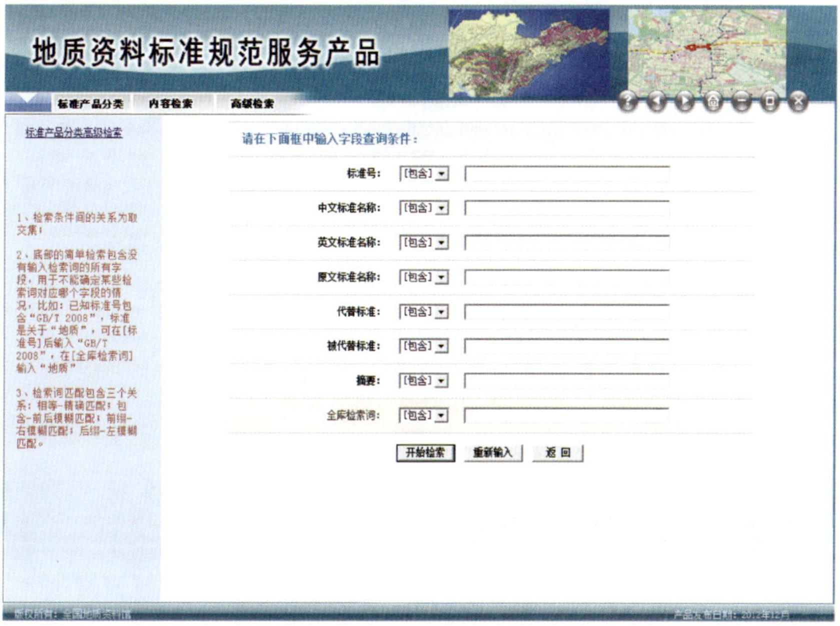

图 7-19　地质资料标准规范检索页面

7.6.3.1　光盘功能开发

（1）检索功能

光盘检索功能简单易用。用户可通过标准号、中文标准名称，另外可选择匹配模式为“包含”“相等”“前缀”“后缀”，各个字段之间的运算关系为“与”，最后单击“开始检索”按钮完成高级检索过程。

通过结果列表界面，进行二次查询。

返回结果如图 7-20。

（2）分类导航浏览功能

通过业务分类进行分类列表浏览，用户选择某个分类，该类别下的所有资源列表显示如图 7-21。

（3）标准规范详细信息

产品能够查询标准规范详细信息（图 7-22）。

（4）全文浏览功能

产品可以浏览题录信息、详细信息、全文信息。可选择工具栏中“放大”　“缩小”

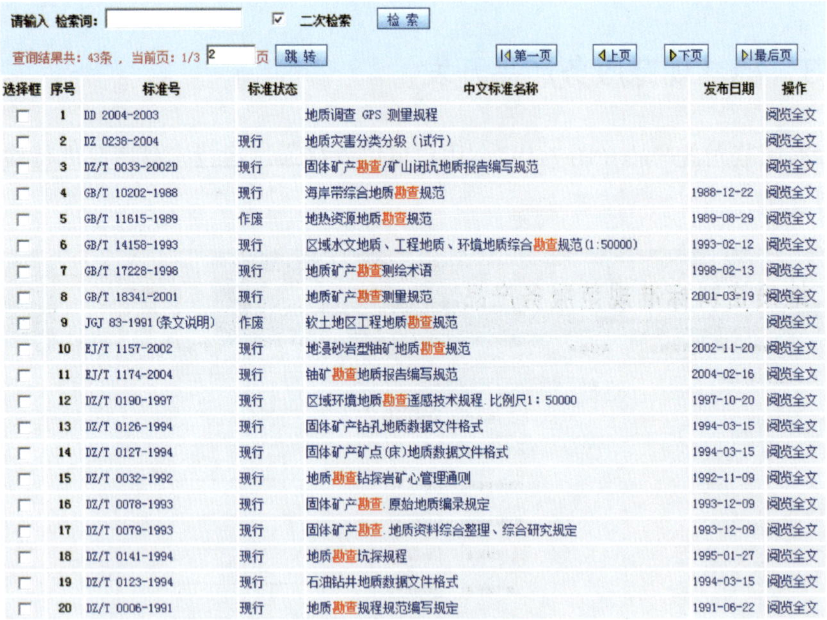

请输入 检索词： ☑ 二次检索 检 索

查询结果共：43条，当前页：1/3 2 页 跳 转 |◀第一页 ◀上页 ▶下页 ▶|最后页

选择框	序号	标准号	标准状态	中文标准名称	发布日期	操作
☐	1	DD 2004-2003		地质调查 GPS 测量规程		阅览全文
☐	2	DZ 0238-2004	现行	地质灾害分类分级（试行）		阅览全文
☐	3	DZ/T 0033-2002D	现行	固体矿产勘查/矿山闭坑地质报告编写规范		阅览全文
☐	4	GB/T 10202-1988	现行	海岸带综合地质勘查规范	1988-12-22	阅览全文
☐	5	GB/T 11615-1989	作废	地热资源地质勘查规范	1989-08-29	阅览全文
☐	6	GB/T 14158-1993	现行	区域水文地质、工程地质、环境地质综合勘查规范(1:50000)	1993-02-12	阅览全文
☐	7	GB/T 17228-1998	现行	地质矿产勘查测绘术语	1998-02-13	阅览全文
☐	8	GB/T 18341-2001	现行	地质矿产勘查测量规范	2001-03-19	阅览全文
☐	9	JGJ 83-1991(条文说明)	作废	软土地区工程地质勘查规范		阅览全文
☐	10	EJ/T 1157-2002	现行	地浸砂岩型铀矿地质勘查规范	2002-11-20	阅览全文
☐	11	EJ/T 1174-2004	现行	铀矿勘查地质报告编写规范	2004-02-16	阅览全文
☐	12	DZ/T 0190-1997	现行	区域环境地质勘查遥感技术规程.比例尺1：50000	1997-10-20	阅览全文
☐	13	DZ/T 0126-1994	现行	固体矿产钻孔地质数据文件格式	1994-03-15	阅览全文
☐	14	DZ/T 0127-1994	现行	固体矿产矿点(床)地质数据文件格式	1994-03-15	阅览全文
☐	15	DZ/T 0032-1992	现行	地质勘查钻探岩矿心管理通则	1992-11-09	阅览全文
☐	16	DZ/T 0078-1993	现行	固体矿产勘查.原始地质编录规定	1993-12-09	阅览全文
☐	17	DZ/T 0079-1993	现行	固体矿产勘查.地质资料综合整理、综合研究规定	1993-12-09	阅览全文
☐	18	DZ/T 0141-1994	现行	地质勘查坑探规程	1995-01-27	阅览全文
☐	19	DZ/T 0123-1994	现行	石油钻井地质数据文件格式	1994-03-15	阅览全文
☐	20	DZ/T 0006-1991	现行	地质勘查规程规范编写规定	1991-06-22	阅览全文

图 7-20　检索返回结果页面

选择框	序号	标准号	标准状态	中文标准名称	发布日期	操作
☐	1	DD 2004-2003		地质调查 GPS 测量规程		阅览全文
☐	2	DD 2008-2002	现行	滑坡崩塌泥石流灾害调查规范(1：50000)		阅览全文
☐	3	DZ 0238-2004	现行	地质灾害分类分级（试行）		阅览全文
☐	4	DZ/T 0133-1994	现行	地下水动态监测规程	1994/10/31	阅览全文
☐	5	DZ/T 0167-1995	现行	区域地球化学勘查规范.比例尺1：200000	1996/1/7	阅览全文
☐	6	DZ/T 0223-2011	现行	矿山地质环境保护与恢复治理方案编制规范	2011/7/7	阅览全文
☐	7	GB 50021-2001(2009)	现行	岩土工程勘察规范	2002/1/10	阅览全文
☐	8	GB/T 12950-1991	现行	地震勘探爆炸安全规程	1991/6/5	阅览全文
☐	9	GB 8537-2008	现行	饮用天然矿泉水	2008/12/29	阅览全文
☐	10	JTG/T C21-01-2005	现行	公路工程地质遥感勘察规范	2005/4/15	阅览全文
☐	11	GB 5084-1992	作废	农田灌溉水质标准	1992-01-27	阅览全文
☐	12	GB 5749-1985	作废	生活饮用水卫生标准	1985-11-16	阅览全文
☐	13	GB/T 9586-1988	作废	荧光数码显示管加速寿命试验方法	1988-06-29	阅览全文
☐	14	GB/T 9588-1988	作废	盖革-弥勒计数管测试方法	1988-06-29	阅览全文
☐	15	GB/T 10202-1988	现行	海岸带综合地质勘查规范	1988-12-22	阅览全文
☐	16	GB/T 11615-1989	作废	地热资源地质勘查规范	1989-08-29	阅览全文
☐	17	GB/T 12719-1991	现行	矿区水文地质工程地质勘探规范	1991-02-04	阅览全文
☐	18	GB/T 13727-1992	现行	天然矿泉水地质勘探规范	1992-10-07	阅览全文
☐	19	GB/T 14158-1993	现行	区域水文地质、工程地质、环境地质综合勘查规范(1:50000)	1993-02-12	阅览全文
☐	20	GB/T 14497-1993	现行	地下水资源管理模型工作要求	1993-06-19	阅览全文

图 7-21　分类导航浏览页面

“最佳适应”“宽度适应”“高度适应”等界面展现方式以适应用户的阅读习惯，还可使用“左旋转”或“右旋转”进行页面旋转（图 7-23）。

图 7-22　标准规范详细信息页面

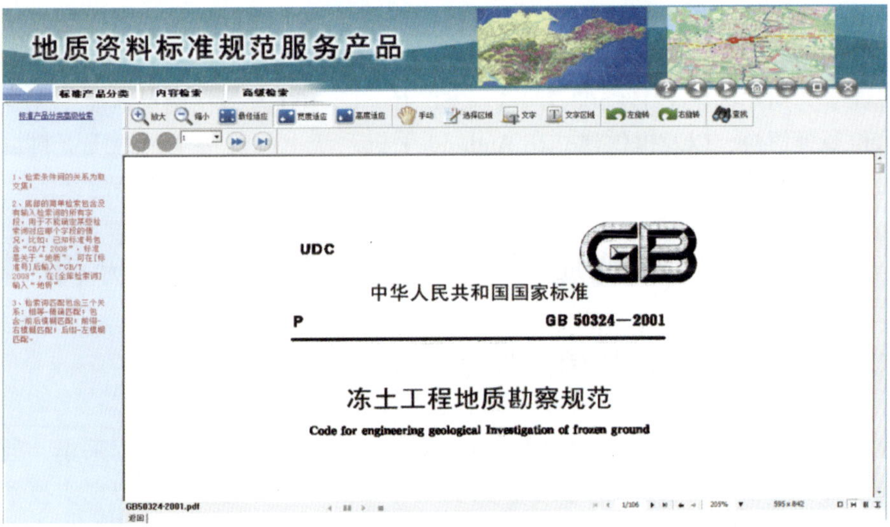

图 7-23　全文浏览页面

7.6.3.2　数据防扩散

为防止标准规范全文数据扩散，光盘产品对全文数据进行加密处理，确保达到如下效果：

1）用户不能从光盘中直接复制、粘贴全文 pdf 文件。

2）用户必须使用光盘产品中自带的 pdf 浏览器进行全文阅读。

第 8 章　地质资料信息服务集群化产业化关键技术研究

地质资料信息服务集群化产业化是通过充分运用信息化等技术手段，按照统一的规范和标准，对地质资料信息进行深度加工和整合，提高地质资料信息的集中度和关联度，形成分布式、多层次能满足不同需求的地质资料信息服务能力，推进地质资料信息服务产业发展。由此可见，推进两化的关键技术是信息技术，本章将地质资料信息化相关技术作为两化关键技术的重点研究内容，覆盖地质资料接收、保管、服务、地质资料数据库建设和数据共享全流程。在研究国内外地质资料信息化现状的基础上，提出了两化关键技术框架，对重要适用性关键技术进行研究，提出了相关技术应用建议。

本章通过对地质资料汇交、加工、保管、服务、发布等业务流程进行研究，提出以信息技术和资料管理为主体构建的地质资料信息服务集群化产业化关键技术体系框架，从资料汇集、加工、保管、服务、发布等方面研究了地质资料信息服务两化建设中涉及的主要关键技术，在地质资料信息服务中开展数据挖掘技术、地质图脱密技术、多比例尺矢量空间数据显示与互操作技术和移动技术应用示范，形成了地质资料目录数据挖掘方法、提出“删、留、替、转、插、分”六种地质图脱密方法，建立了基于 1∶25 万公众版地形图脱密技术流程。为用户提供了 1∶500 万、1∶250 万、1∶100 万多比例尺地质图无缝连接的分级显示和多级切换，以及提供建立在 Android 手机系统上的连接全国地质资料目录服务中心数据库的应用查询功能。对拓展地质资料信息服务方式具有重要借鉴意义。

8.1　国内外地质资料信息技术应用对比分析

8.1.1　国外地质资料信息技术应用分析

随着信息技术的迅速发展，其应用已经遍及地学工作各个领域的数据采集、处理、管理、成果输出全过程。大型数据库技术、大容量存储技术、可视化与虚拟现实技术、计算机模拟技术、网络通信技术、人工智能技术等已广泛应用于各类信息服务工作中，即信息采集、处理、管理与服务的全过程。

从 20 世纪 60 年代开始，发达国家经过近 50 年的努力，积累了基础地理信息类、基础地质类、矿产资源类、水资源、水质及水监测类、环境与灾害类、地球物理类、地球化学类、航片及卫星影像类、数据目录及元数据类等大量丰富的数据资源。当信息资源累积到一定程度后，各国开始以地学数据目录的形式扩大数据资源的应用范围及领域。目前国外有关科学数据共享主要以 e-Science 和 e-Research 等体系框架为技术核心，行业协会（包括政府、企业、学校和研究部门）也建立了自己社区的共享服务体系框架，例如美国为了协调统一地理空间数据的获取和存储，于 1994 年实施了“国家空间数据基础设施（NSDI）”。NSDI 被定义为采集、处理、发布、使用、维护和管理来自各级政府、私营与非营利机构和学术团体的地理空间数据所必需的技术、政策、标准、人力资源和相关活动的总和。它在数据生产者和数据使用者之间提供了一种关系基础和结构，其侧重点放在推动数据组织管理和共享的过程。美国实施 NSDI 的两个主要计划是：①开展国家地图建设（the national map），形成集成化的基础数据；②建立地理空间信息一站式（geospatial one-stop）服务，提供发现和浏览覆盖全美的地图资源和数据以及其他地理空间的服务。

以美国、英国、加拿大、澳大利亚等发达国家为代表，其加强地质资料信息资源管理与建设，充分利用网络技术，加强数据基础设施建设、数据库和空间数据库建设，科学数据挖掘、三维可视化、WebGIS 应用、数据集成与融合，全球定位技术（GPS）、无线通信（WAP）、移动通信（3G）、掌上电脑（PDA）、智能终端等技术在地质资料信息服务方面得到了广泛而深入的应用。尤其是美国、英国等发达国家重视系统规划信息化建设流程和规范，不断推进应用服务和信息共享，加强对信息资源的二次开发，提供基于知识的深层次服务，对地质资料信息服务信息化起到了重要的带动与促进作用。表 8-1 中对比分析了主要发达国家在信息服务技术方面的基本情况。

表 8-1　国外地质资料信息服务技术应用现状

	美国	英国	加拿大
服务方式	建立“地理空间信息一站式”服务（geospatial one-stop，GOS）	建立 OneGeology	建立“公共窗口”，把数据提供给广大用户，建立 GeoConnections 平台
服务手段	检索、阅览、下载和专业处理；数据挖掘、知识提取，推进海量数据创新性应用	网络地图服务；检索、阅览、下载和专业处理	数据集可视化参考；数据集的综合分析；检索、阅览、下载和专业处理
数据共享	元数据；数据融合与集成构建国家地图集；制定数据标准，确保数据集的一致性以及多元数据的整合与共享	元数据、建立英国标准地理数据库（UKSGB）网点、促进地学信息的集成	元数据；数据集成，构建国家地理信息集

在服务方式上，部分发达国家建立了一站式服务门户，注重网络服务及移动技术和智能设备对地质信息服务带来的改变。通过建立门户网站对外发布信息，并通过其与公众互动，同时将分散的各类网站综合到一个协调一致的目录下，根据用户需求开发集成政府的服务项目。随着功能不断完善，服务内容不断增加，一站式服务门户对改善这些国家的地质资料信息服务模式和服务形象都发挥了良好作用。

在服务手段上，各国地调机构的服务内容丰富多样，包括免费和付费两种形式，从单纯的地质信息提供到数据处理、应用软件、咨询、决策、技术支持及培训等多方面。用户可以在线检索、阅览、下载、订阅、购买各类地质图、报告以及出版物等地质资料数据。

在数据共享方面，发达国家通过建立相关元数据标准规范等，确保数据集的一致性，同时注重对基础元数据信息的收集和组织发布，加强元数据的集成与共享，强化更深层次的信息挖掘和数据加工工作，从而派生出更多元的信息服务产品。这些国家的政府机构大多只完成基础元数据的建设，数据产品大多数由专业的技术公司来产出。它们针对不同信息需求单位的特定要求，利用国家提供的基础数据，通过数据挖掘和可视化，数据分析和统计，文本聚类分析和学习，多学科数据综合对数据产品进行再加工，形成多样的地质资料信息产品。

8.1.2 中国地质资料信息服务对信息技术的需求

随着信息技术的不断深入应用，中国地质资料信息服务工作取得了显著进展。①积累了丰富的地质资料信息资源。据统计，1949 年以来，中国已累计投入地勘费近 7000 亿元，形成各类成果地质资料百万余种、原始地质资料数亿件、重要钻孔岩心数亿米，以及数千 TB 的数字化资源，为地质资料信息服务集群化产业化建设奠定了信息资源基础。②建立了地质资料信息管理服务制度。《地质资料管理条例》《国务院关于加强地质工作的决定》《全国地质勘查规划》《关于加强地质资料社会化服务的若干规定》等一系列法规和规范性文件，为地质资料信息服务集群化产业化建设提供了制度保障。③建立了专门的地质资料信息服务机构。全国形成了国家和省两级汇交管理体制，设立了各级政府所属的地质资料馆藏机构，中国地质调查局初步建成由发展研究中心、实物地质资料中心和六大区中心构成的地质调查资料管理和服务体系，开展了地质资料社会化服务工作。④具备了较成熟的地质资料信息服务技术能力。通过多项高科技攻关项目，突破了多项信息共享、数据集成、信息服务关键技术，实现了分布式数据、软件、硬件等资源的共享和协同，并成功进行了示范。地质大调查期间，全面整合了国土资源信息共享服务内容，充分利用现代信息技术，构建了国土资源信息共享平台和地质资料信息服务体系，建立了基于网络的国土资源数据集成管理与共享服务平台，可提供元数据目录服务、空间数据快速浏览服务、非空间数据共享服务等多类服务，为地质资料信息集聚、挖掘与共享服务提供了技术支撑。

通过与发达国家相关地质资料信息服务建设状况的对比分析，表 8-2 中总结了差距并提出了相关改进方式。在服务方式上，应借助网络技术、移动技术、信息技术进一步拓宽地质资料服务渠道和服务模式，为用户提供基于互联网的、移动互联网的和物联网的多样的信息服务。在服务内容及产品上，检索、浏览是数据服务的基本内容；通过付费服务促进数字产品服务的良性循环；在数据共享方面，消除数据信息的差异，减少资源收集、数据采集的重复劳动，把重点放在开发新的业务服务（产品）和应用服务（产品）上。在数字资源建设方面，需要加快数字化进程，实现对地质资料的数字化采集、存储、传输及安全控制的全流程管理。

表 8-2　地质资料信息服务对比分析表

	发达国家现状	中国现状	改进方式
服务方式	建立了统一的门户网站，可以进行成果目录的查询、元数据的查询。英国地调局建立了 OneGeology 服务平台、美国颁布了“地理空间信息一站式访问计划”、GeoViewer 是西澳大利亚地调局主要服务平台	中国地质资料社会化服务方式是传统与现代并存。近些年来，网络在线服务已取得一定进展，尚未建立一站式门户服务平台	借助网络技术、移动技术、信息技术进一步拓宽地质资料服务渠道和服务模式，为用户提供基于互联网的、移动互联网的和物联网的多样的服务。 相关技术：一站式服务、移动互联技术、物联网技术
服务手段	服务内容丰富多样，包括免费和付费两种形式，从单纯的地质信息提供到数据处理、应用软件、咨询、决策、技术支持及培训等多方面。提出各种信息服务参考模型，科学数据挖掘，地质体三维可视化，WebGIS 应用，数据集成技术，数据融合技术，信息化建设流程和规范	可提供目录服务、公开成果报告、部分地质数据的元数据服务、小比例尺地学图件及部分数据库数据的查询浏览和下载	集成整合各种地质资料信息，加大地质资料开发利用力度。丰富产品服务内容，拓宽产品服务形式，积极探索地质资料产品收费机制。通过付费服务，促进数字产品服务的良性循环。 相关技术：检索技术、数据挖掘技术、三维可视化技术、版权保护技术、服务聚合技术
数据共享	着力解决数据量大、多源、异构等问题。美国国家地质与地球物理数据保存计划提供元数据促进联网地球科学数据的快速搜索和查询。对于地质资料的管理，多个国家提出并实施统一规范，建立数据仓库的管理方式	初步建立地质资料元数据目录，数字资源建设基础扎实，实现了一定程度内的数据共享	消除数据信息的差异，减少资源收集、数据采集的重复劳动，把重点放在开发新的业务服务（产品）和应用服务（产品）上。促进两化建设。 相关技术：分布式共享、数据融合、数字产品统一标示符、元数据存储技术等

8.2　地质资料信息服务集群化产业化关键技术体系框架研究

地质资料信息服务集群化产业化关键技术框架是根据地质资料业务运行阶段而设计的关键技术架构体系，既包括地质资料管理与服务各个阶段需要的关键技术，又反映其相互关系，能够使管理者及研究人员根据推进两化需要确定采用和研究的关键技术，解决关键问题，推进工作。

8.2.1　两化关键技术体系框架设计思路和原则

8.2.1.1　构建两化关键技术体系框架的思路

以现代信息技术为基础，以地质资料信息服务为导向，以汇聚地质资料数据资源为核心，兼顾地质资料信息服务两化发展方向的要求，重点研究与地质资料信息服务相关的关键技术，深入分析地质资料信息服务业务流程的特点，重点考虑能够构建经济合理、安全可靠、简单实用、易维护、易扩展的技术体系框架的关键技术路线，分析关键技术的相互关联和应用接口，在此基础上，提出地质资料信息服务两化的关键技术体系框架。

8.2.1.2 构建两化关键技术体系框架的目标

结合两化建设的需求，根据关键技术体系框架的内容，对每个关键技术进行适用性和可行性分析评价，为地质资料信息服务集群化产业化提供技术支撑。

8.2.1.3 构建两化关键技术体系框架的基本原则

地质资料信息服务两化关键技术体系框架是从技术角度阐述地质资料两化技术体系的总体构成以及各组成内容之间的关系，既包括地质资料管理与服务各个阶段需要的关键技术，又反映其相互关系。技术体系框架要适应地质资料业务基本工作流程和两化工作需要，以方便管理者及研究人员根据推进两化的需要确定采用和研究的关键技术，为地质资料信息服务两化工作提供技术参考模型。因此，关键技术体系框架的设计需遵循以下原则：

专业性：列举的所有关键技术必须针对地质资料信息服务两化建设特定目标，而不是通用的 IT 技术，例如数据安全、数据压缩等。通用的 IT 技术，需要时可以直接应用。

实用性：列举的关键技术必须针对解决目前两化建设的瓶颈问题，并能够结合实际问题给出解决方案。

成熟性：列举的关键技术应该尽可能成熟，即目前已经有成功应用案例，或尽量做到可直接使用。

适用性：要充分考虑关键技术的经济效益和技术实施成本和时间等各种因素，要结合地质部门信息化的基础条件给出建议。

通用性：在选择基础设施、空间数据库、软件规范时，要考虑关键技术的通用性，为部门之间的数据交换和共享提供支持。

规范性：要尽量采用具有标准规范接口的组件技术，每个组件应该具有自组织和自维护功能，具有良好的封装特性，提高软件的生命周期。

公开性：考虑到涉密与版权问题，在地质资料可视化查询中，应该考虑空间数据的公开性。

可维护性：关键技术的实现应该具备分布式特征，可以实现远程安装、部署、更新和控制。

8.2.2 两化关键技术体系总体框架的构成

地质资料信息服务两化关键技术体系框架是根据地质资料信息服务业务流程而设计的关键技术架构体系，从技术实现角度，两化关键技术框架体系可划分为数据汇聚、资源共享、服务支撑、应用服务四个层次，以及政策法规与标准体系、通信与信息安全保障体系两大支撑手段（图 8-1），每个部分的主要内容及相互关系如下所述。

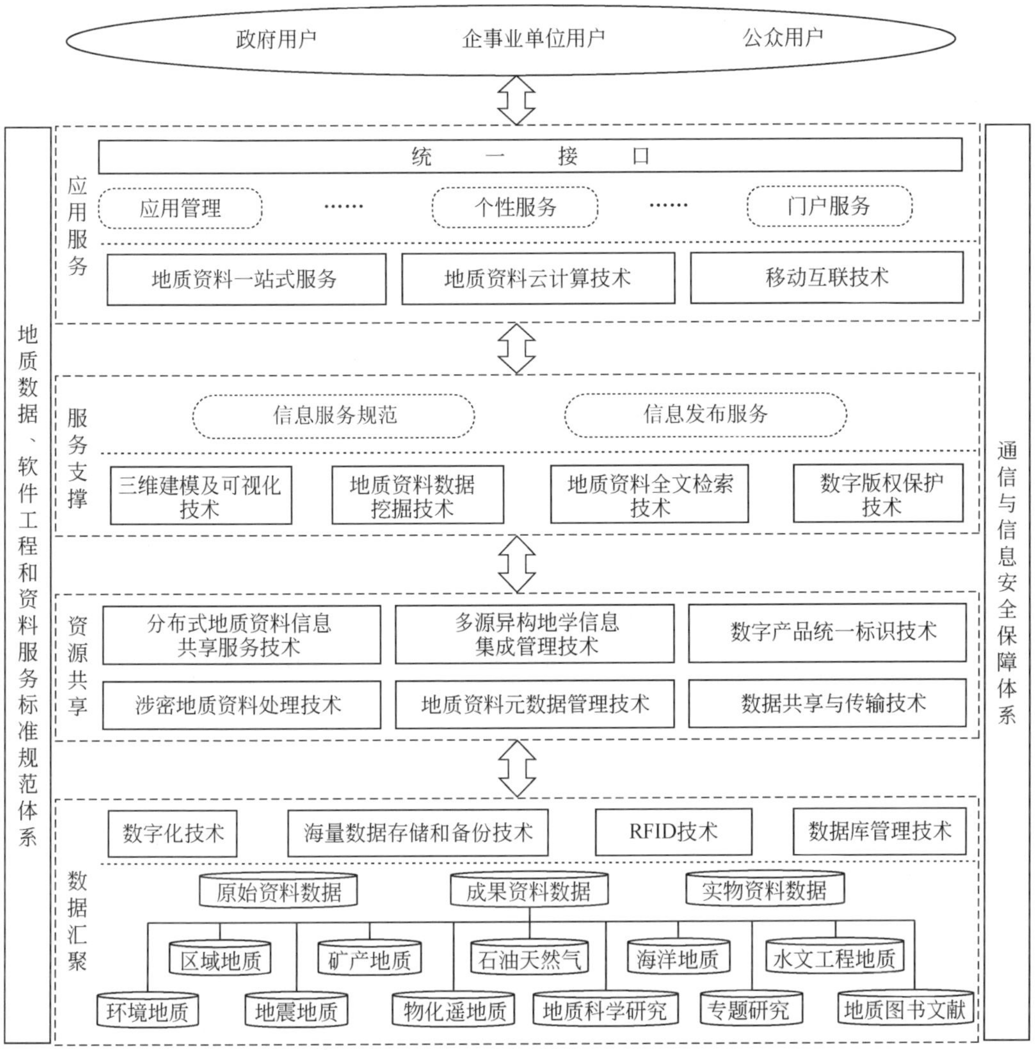

图 8-1　地质资料信息服务集群化产业化关键技术体系总体框架

8.2.2.1　数据汇聚层

数据汇聚层由各种地质资料数据和数据库及相关的软件和硬件组成，凸显了底层环境的支撑作用，为两化提供充足的数据资源。具体内容包括地质资料数据资源、数据处理、管理和分析等资源，以及用于地质资料数据保管、存储、传输和处理的软硬件设施资源。

数据汇聚层涉及的关键技术主要为数字化技术、海量数据存储与管理技术、射频识别（RFID）技术、数据库管理技术。数字化技术是资料信息化建设的重要基础性技术，是支撑地质资料信息化建设的关键；海量数据存储与管理技术重点解决海量数据资源的存储与高效管理问题，消除数据存取瓶颈，保障数据安全，提升数据管理水平；利用 RFID 技术通过对纸质资料实体建立电子标签，实现地质资料实体的全过程管理，降低成本并提高服务水平，提升地质资料库房现代化管理水平；数据库管理技术重点解决数据的统一组织和管理，按照规范结构建立数据仓库，实现对地质资料数据的处理、分析和理解。

8.2.2.2 资源共享层

资源共享层是充分利用已有数据资源，消除数据差异和信息孤岛，为实现信息共享和资源协同使用，主要是基于语义的描述与发现，实现语义共享和数据集成整合。数据集成是通过规范接口把多源、异构、多维、多学科的数据在逻辑上或物理上有机地重新组织，为用户提供全面的数据共享。涉及的关键技术包括分布式地质资料信息共享服务技术、异构数据集成管理技术、数字产品统一标识技术、涉密地质资料处理技术、地质资料元数据管理技术、数据共享与传输技术等。

分布式地质资料信息共享服务技术是通过建立有效的数据共享和管理机制，解决数据共享难题，减少重复投入，在更广泛领域内实现更多种类型（结构化和非结构化数据）的数据资源共享，为不同用户提供一个快速查询检索和交互的平台，降低系统集成费用。多源异构数据集成管理技术是将不同来源、不同尺度和不同精度的空间数据集成并融合在一起，解决跨平台共享问题，实现异构空间数据的交换和共享，为政府决策、专题研究和用户需求提供实用的基础信息和进行深度开发，更好地发挥各类数据的作用。数字产品统一标识技术的主要目的是唯一标识地质资料数字对象，以促进的资源的深度访问，保持数字对象在不同系统中的一致性。涉密地质资料处理技术主要解决地质资料的安全利用和公开使用问题，利用信息技术对保密地质资料进行处理，提高地质资料公开利用程度。元数据管理技术是采取有效的方法来描述、组织和管理海量数据，提高查询检索效率，是解决数据管理问题必须考虑的关键要素。数据共享与传输技术是面对海量的地质资料数据，探讨解决数据存储、在线快速浏览和实时传输等问题。

8.2.2.3 服务支撑层

服务支撑层提供丰富的地质资料单元服务和组合服务，为上层的应用服务提供服务产品和服务接口。服务支撑层的服务可以视为遵循协议和规范的一组操作接口，服务的实现体现在接口上，而接口实现的基础是服务规范。服务层应提供信息发布服务、公共管理服务、计算资源服务等多种功能，它们的主要差别取决于被封装的业务功能和服务对象。涉及的关键技术包括地质资料全文检索技术、地质资料数据挖掘技术、三维建模及可视化技术、数字版权保护技术、目录服务管理与发布技术以及相关信息服务、Web 服务规范等。

地质资料全文检索技术是综合了分词、索引、查询等技术而形成的技术体系，实现对地质资料中的任意内容信息查找，提高地质资料查全率，方便用户使用。地质资料数据挖掘技术是通过数据挖掘可以发现地质资料中隐藏的有价值的信息，建立各种资料之间的关联分析、分类聚类、预测分析，便于宏观决策，提高地质资料的利用率，促进数据产品的深度开发。三维建模及可视化技术是通过适当的数据结构建立相关地质特征的数学模型，将复杂的地质构造情况、地质体的形态以三维的形式表现出来，获得直观易懂的图形化数据服务，提供面向专业应用的服务。数字版权保护技术是保护在网络环境下数字化地质资料的知识产权，保护地质资料生产者的合法权益。

8.2.2.4　应用服务层

应用服务层提供多元化、多方位信息服务渠道，扩展延伸地质资料信息服务集群化模式，是以信息门户形式向用户提供面向不同方面的科研环境和公众服务平台。具体可以针对各种应用需求进行扩展，面向专业用户提供可定制的用户界面，编程模型、仿真工具、监控和管理等工具及 API，面向公众应用提供信息查询检索、数据浏览和下载等服务。

地质资料一站式服务是一种服务模式，通过集成整合服务流程或内容，以客户为中心，使原本需要跨部门、跨领域得到的地质资料信息能够经单一入口即可实现的方便快捷的服务模式。地质资料云计算技术是利用云计算技术实现地质资料信息资源配置动态化，需求服务自助化，以网络服务为核心，不断拓展地质资料信息服务方式。移动互联技术是利用智能移动终端将相关地质资料目录等信息推送到移动服务平台，并可根据用户需求定制服务和更新服务内容，提高用户获取信息的便捷性。

综上所述，从地质资料汇交、保管、服务业务流程来看，关键技术体系框架各组成部分之间不是孤立的，其业务关系和支撑业务运行的关键技术是相互关联，互为支撑的（图 8-2）。在数据汇聚方面，通过数字化技术将各类地质资料（包括纸质资料、原始资料、野外采集资料等）数字化；经过数据检查、校验和修复后，按照数据类别入库进行管理，同时需加强数据安全与质量管理，并对海量数据进行存储和备份。地质资料数据通过信息提取、整合和格式转换等形成地质资料元数据和各类专题数据，结合元数据和统一标识符技术形成地质资料唯一注册标识符，便于进行地质资料元数据的发布和查询及追根溯源。各类专题数据库通过融合集成、脱密形成更加的丰富主题数据库，对各类数据库实现版权（保护）登记，形成地质资料产品提供利用。由此在数据层面，形成一个集成整合后的多层次、多类别的地质资料数据集。

由元数据构成的元数据目录服务是目前数据共享服务的主要手段，它将为一站式服务提供服务导航，提供对各类数据的查询检索。信息检索是用户获取所需信息的主要方式，在其基础上进行数据挖掘将为用户提供更深层次的综合信息和数据产品。地质资料中涉及大量的空间数据，传统的二维展示方式已不能满足人们对空间数据的直观需求，各种地质资料数据集成后通过三维建模及三维可视化技术实现地质体的三维模型展示。结合特定的工作流、模型库、方法库和 SOA（REST）等聚合形成为主题数据集服务的综合服务，如城市地质、专项调查、重要成矿区带等，进行地质资料的深度开发，同时可衍生各类专题产品。通过建立数据共享服务平台，将各类数据产品通过 Web 服务发布到互联网，为各类用户提供服务。

8.3　地质资料数据挖掘技术研究

数据挖掘比较公认的定义是由 William Frawley 和 Gregory Piatetsky-Shapiro 等提出的：数据挖掘就是从大型数据库中提取出人们感兴趣的知识。这些知识是隐含的、先前未知的、对决策有潜在价值的。提取的知识表示为概念、规则、规律和模式等形式。这些规则蕴含了数据库中一组对象之间的特定关系，揭示出一些有用的信息，为经营决策、市场策

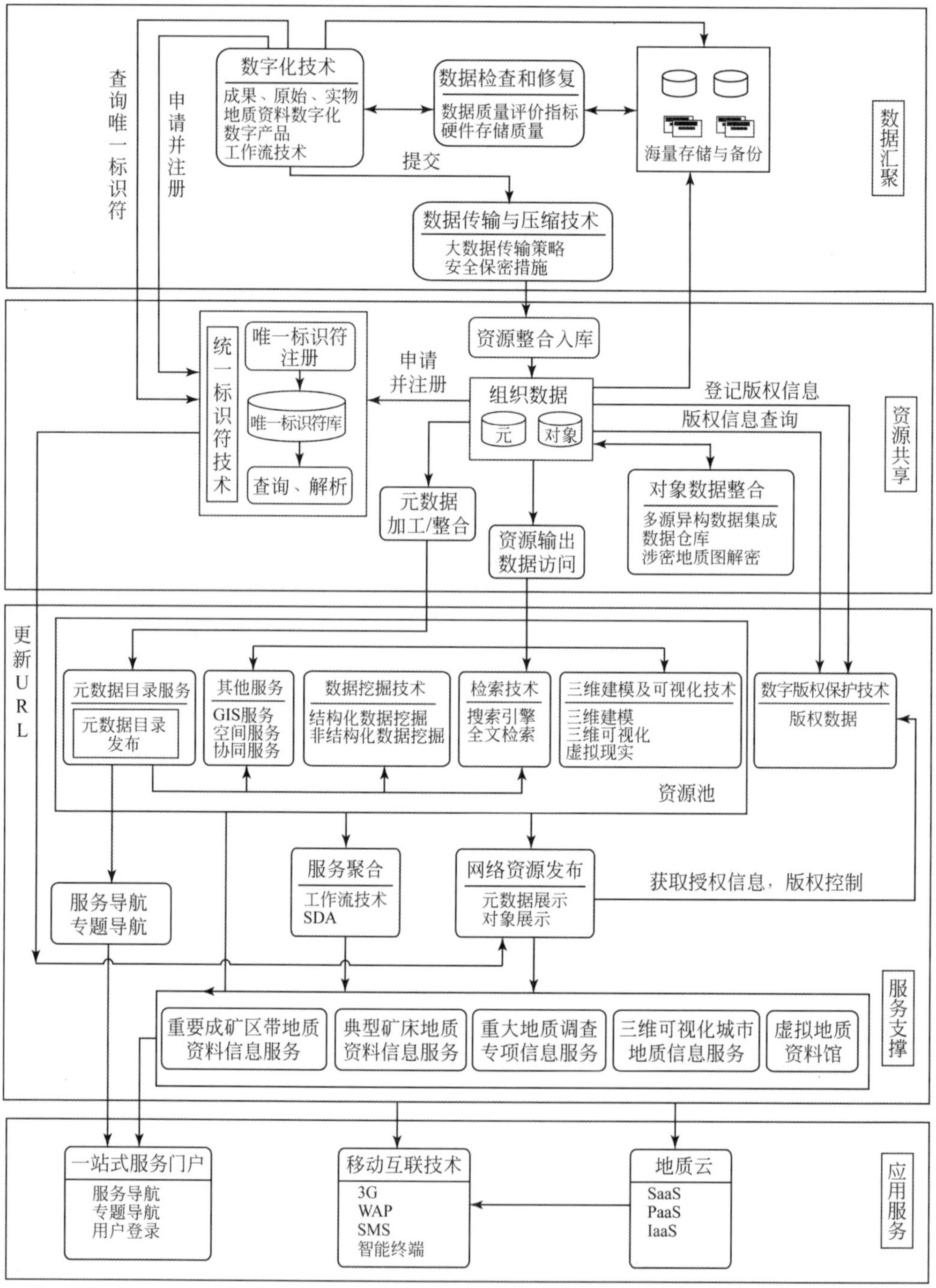

图 8-2　地质资料信息服务集群化产业化关键技术关系图

划和金融预测等提供依据。通过数据挖掘，有价值的知识、规则或高层次的信息就能从数据库的相关数据集合中抽取出来，并从不同角度显示，从而使大型数据库作为一个丰富可靠的资源为知识归纳服务。

8.3.1　地质资料非结构化数据挖掘研究

8.3.1.1　地质资料数据现状与特征

地质数据种类繁多，但是经过分析与抽象，主要可以分为图件、文档、表格这三种实体性数据和报告、分类两种概念型数据。

1）图件数据。包含纸介质图件（综合地质图、剖面地质图等）、电子图件（各类地测图件的扫描栅格文件、经 MapGIS 和 ArcGIS 等 GIS 软件矢量化的文件、遥感影像文件）等。

2）文档实体数据。包含纸介质文档（勘探报告、研究报告、矿权评估等）、扫描文档、电子文档、软件包等。

3）表格实体数据。指一切可用二维表格表示的数据（如测量控制点、钻孔位置等数据），通常有纸介质形式、电子表格形式、关系表格形式等。

4）报告。在地质矿山系统中常有大量的工程项目与研究项目的实施。工程报告、研究报告等各种报告则是这些项目的成果展现，报告的组成主要有文档、图件、表格，所以说报告是文档、图件、表格的集合体。

5）分类。将地质数据分成不同类别，图件、表格、文档或以独立形式直接归属于某类，或相互构成集合以报告形式归属于某类。

基于地质资料的非结构化数据挖掘就是利用先进的现代信息技术、中文文字处理技术、图像检索技术以及数据挖掘技术，在海量的、非结构化的、分布式的、多学科的地质资料成果电子文档和影像存储库中快速、有效、准确地提取有用的信息。实现电子文档和影像文件的智能查询、摘要提取、文档影像分类、聚类、关联分析。最终达到有效地交好、管好和用好地质资料成果信息的目的。

8.3.1.2　地质资料中非结构化文本信息提取技术解决方案

信息抽取可以看成一个输入/输出过程。输入的是未知文本信息。输出的是固定格式、无二意性数据（信息）。这些被抽取出来的数据可以直接显示给用户也可以存储于数据库或电子表格中以供随后分析访问。

（1）非结构化文本的信息提取

非结构化文本信息提取也可以看成这样的一个系统，它把信息搜索到的非结构化的信息进行结构化处理，变成表格一样的组织形式。输入信息抽取系统的是原始信息，输出的是固定格式的信息点。信息点从各种各样的文档中被抽取出来，然后以统一的形式集成在一起。至于哪些信息是相关的，将由系统设计时确定的领域范围而定。这就是信息抽取的主要任务。信息以统一的形式集成在一起的好处是方便检查和比较。传统的信息抽取技术着重于对特定类别的实体、关系和事件的识别与抽取。这局限了信息抽取技术在现实中的应用。当前信息抽取技术的一个重要发展方向就是面向开放领域的信息抽取，以及使信息抽取系统可以自适应地面对用户的要求。

(2) 地质资料的信息提取

在中国积累的地质文本资料中，地质文本的摘要、扉页和首页含有该文档的大量的有用信息。非结构化文本信息提取技术的解决方案的主要目的是自动提取信息搜索到的非结构化文本文件的摘要、扉页和首页相关信息，通过 ODBC 技术（开放式数据库互连技术），建立文本摘要数据库，输出文本摘要表，输出 BOM 表元件清单时实现聚类和汇总。重点要解决的问题主要有 pdf 文档的解析、识别和提取文件的摘要、扉页和首页相关文字信息，以及摘要表的生成。

地质资料的信息提取就是对目标搜索结果进行结构化的处理。提取文本信息中包含相关信息的部分，然后用结构化的形式存放在数据库或者其他存储设备中方便检查、比较和挖掘处理。例如在地质文档中提取与主题相关的报告的研究团队、研究时间、研究内容和研究地点等信息。并把这些信息用结构化的形式提供给用户或者用 GIS 把它们展示在地图上，这样既节约了地质工作者查找资料的时间，又能方便他们使用这些资料进行研究和比较。

针对以上的流程，基于开源软件对 pdf 文档进行解析，然后应用 GATA 软件对文本进行局部分析，再结合地质资料的特点和地质专家的知识编写模板匹配，最后用 java 实现以上几个过程并编写成相应的软件。

8.3.2 应用示范

地质资料信息结构化和半结构化数据挖掘是在多个专题数据库和基础地质数据库中挖掘有用的信息和知识。研究内容主要包括分布式环境下的结构化地质资料数据存取，及半结构化数据（如 XML 文件）和信息的提取与转换；复合地质资料查询语句的表示和优化；结构化和半结构化数据挖掘的模式提取、聚类学习、及统计方法等。并以地质报告文本资料为例研究信息提取的方法，如下：

文本数据挖掘主要包含数据预处理、中文分词和信息提取三个方面。

数据预处理部分：数据预处理过程只是对各种不同类型的文本文件中的文本信息进行解析处理，将解析结果以 TXT 格式进行存储。通常，待处理文档只会经过一次预处理并且通常也不需要参与实时处理过程，处理的结果将作为整个系统的中间结果供后续不同的处理使用。

中文分词部分：采用基于词典的方式实现分词处理，同时支持用户自定义词典的添加。由于本系统的处理对象是海量的地质资料数据，这就决定处理模块需要具有较高的处理速度，同时还应准确识别地质领域的专业词汇。而基于词典的分词系统刚好满足处理速度快的需求，另外，允许自定义用户词典添加便可轻松解决专业词汇识别的问题。中文分词处理部分效果如图 8-3。

信息提取部分：通常情况下的信息提取都是针对特定领域、主题或应用进行的。在实现过程中，也以这种方式为指导，针对不同主题和应用进行提取操作。

接下来，将已经实现的提取结果及期望的应用领域分别展示如下。

首先对待处理的地质资料文档情况进行简要说明。测试所用的 18 篇 PDF 文档总大小

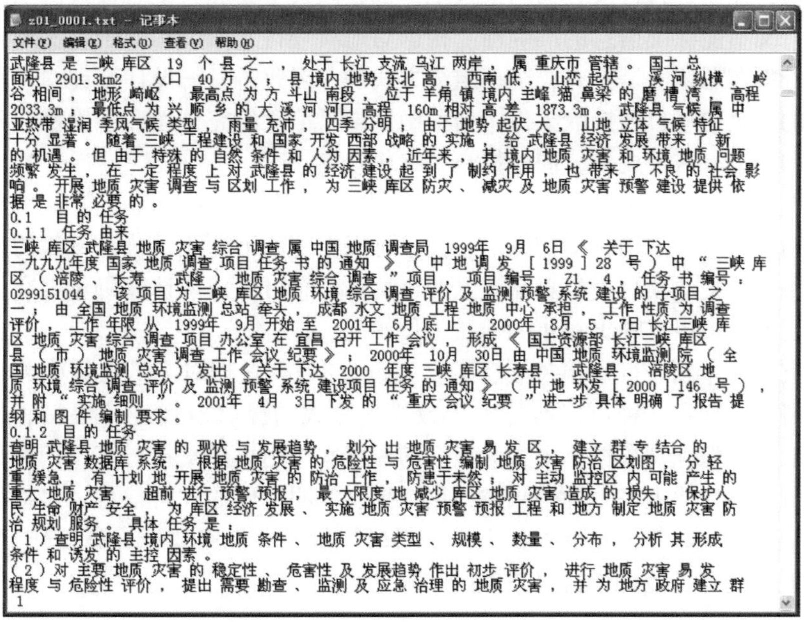

图 8-3　研究中文分词处理效果图

约在 240MB 左右，其类型主要为成果报告和部分区调报告。这些报告文档中对地质灾害的描述较多。因此，测试选用地质灾害为信息提取主题，以便可以有较多的测试结果被提取出来，可用于结果验证及技术改进。

自动提取生成待处理文档集合的目录索引信息，如图 8-4。其预期用途为：实现地质资料文档目录数据库的自动生成。另外，通过定时更新扫描目录索引信息来监测待处理文档集合的变化（定时扫描数据库中的目录索引信息要比定时扫描磁盘文件具有更高的效率）。

图 8-4　自动提取生成待处理文档集合的目录索引信息

长期以来，地质资料目录数据的录入工作都是以人工完成为主。这样做既浪费大量的人力和物力，又不能保证信息的准确性。根据对地质资料文档结构的研究发现，全国每年提交的地质资料在总体上是具有较统一组织方式的。因此，只需设计合理的提取模式便可实现较完整的目录信息自动提取工作。为了确保录入信息的完整性和准确性，只需再花费较少的人力和物力，减少成本，同时提高了工作效率。

另外，上图提取信息中的最后两项分别给出对应报告的项目起止年限和报告提交时间。根据这两项信息，采用自动信息汇总技术可以实现如下功能：统计每年的地质工作项目总数以及每年提交的项目报告总量，这两个统计信息可以用来计算每年欠交的项目报告数目，更重要的是可以反映出每年的地质工作情况。

以地质灾害为主题进行的相关信息提取，如图 8-5。根据对测试文档中关于地质灾害描述的对比研究，确定一种可以匹配大多数描述方式的提取模式进行相关信息的提取操作，并将提取结果保存到数据库中，为以后的深层次应用提供支撑。其预期用途：为地质灾害研究人员或对地质灾害主题感兴趣的用户提供简明扼要的灾害信息，包括所在报告编号、发生地、发生次数等，减少查找大量资料所需的时间，有效地提高工作效率。同时，也在一定程度上提升了地质资料服务部门的服务水准。

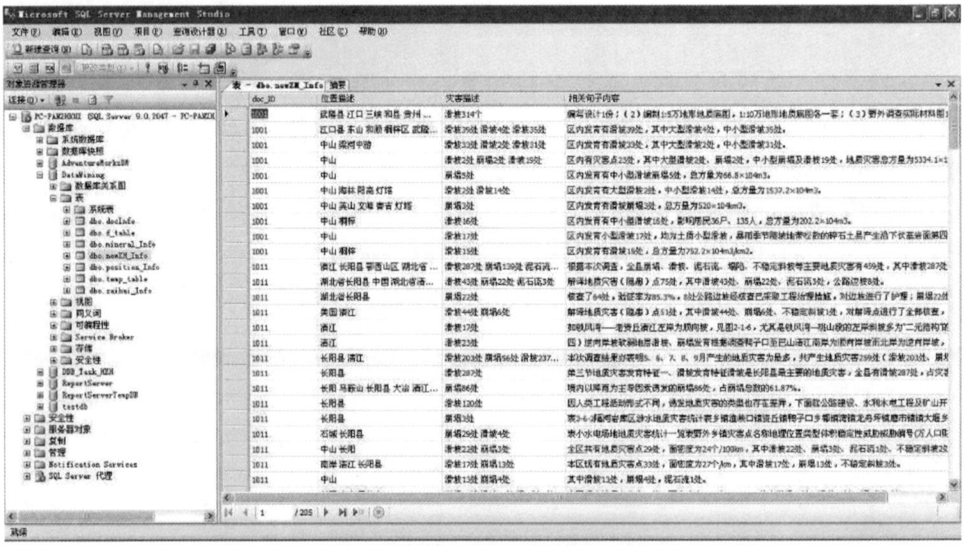

图 8-5　地质灾害相关信息的提取

8.4　涉密地质资料处理技术研究

随着信息技术、网络技术和多媒体技术在地图学领域的不断渗透，以及 GIS 技术的普及和应用，网络地图已经成为地图产品的重要组成部分。以数字地图形式为主的空间信息的可视化、网络化和中央存储管理化已不再拘泥于局域网内部使用模式，而是通过 Internet 向全社会提供快速、简洁和可靠的服务，已成为必然。

地质资料包括文字报告、附表、附件及各类地质图件，其中地质图是将各种地质体的界线、特征、产状、地质构造以及有意义的地质现象按一定法则绘制在地形图上的图件。它是展示地质成果的重要手段，也是地质勘查的重要依据资料。长期以来，由于地质图涉密密级的约束，并未公开广泛使用。1∶500 万、1∶250 万和 1∶100 万地质图主要是反映了中国区域地质调查和区域地质综合研究所取得的成果，它们为地质行业的工作部署、地球科学研究以及广泛地为社会服务，提供了翔实可靠的小比例尺公益性基础地质图件。

8.4.1 涉密地质图处理技术方法

涉密地质图件中大多数地质信息不涉密，主要是因为经纬度、等高线等地理信息属于保密范围。通过研究提出涉密地质图件脱密的六种处理方法。

（1）删

完全删除涉密地质图件中地理底图等涉密信息。

（2）留

在删除涉密信息的同时，对地质图中的部分可公开地理信息进行保留。

（3）替

删除涉密地质图件中地理底图等涉密信息，并用测绘局公布的 1∶25 万公众版地形图或者 1∶100 万地形图替换。

（4）转

利用测绘局的脱密技术将涉密地质图进行转化脱密处理。

（5）插

使用外置插件技术进行脱密处理。

（6）分

进行分区域服务，对非敏感区提供地质图公开服务。

8.4.2 1∶25 万公众版地形图替换技术研究

在六种处理方法中，替换方法较麻烦。因此结合当前 1∶25 万地质图数据库的应用现状与需求，按照 1∶25 万公众版地形图数据的保密要求，遵循地质数据的基本规范，进行 1∶25 万公众版地形图应用于地质图的公众服务研究。

8.4.2.1 数据基本情况

（1）1∶25 万公众版地形图概况

2010 年，中国首个 1∶25 万比例尺公众版地图成果由中国测绘科学研究院研发成功。1∶25 万地形图此前一直作为保密成果，只可为政府部门使用。

数据库构成

国家 1∶25 万基础地理数据库是 1∶25 万公众版地形图库的基础，是国家基础地理信息系统三个全国性空间数据库之一。在空间上包含 816 幅 1∶25 万地形图数据，覆盖整个国土范围。国外部分沿国界向外 25 公里采集数据（表 8-3）。

表 8-3　1 : 25 万公众版地形图数据库

数据库名称	单位	平均每幅数据量	总数据量	存储形式	存储格式	坐标系统与高程基准	备注
1 : 25 万公众版地形图数据库	经纬度	10MB	8GB	按照 1 : 25 万地形图分幅存储	ArcINFO Shapefile	西安 80 坐标系 1985 国家高程基准	地理坐标

1 : 25 万公众版地形图数据库以 1 : 25 万地形图的标准分幅，即：1°×1. 5°为最小基础地理信息的存储单元。地形数据库的数据根据内容和表述地理要素数据的结构特征分为 14 层，其中第 14 层是有关数据的描述性数据，不反映地理信息，其余的 13 层数据分别反映：水系（2 层）、地貌（1 层）、土地覆盖（1 层）、居民地（2 层）、交通（2 层）、境界（2 层）、特殊地物（1 层）、地理名称（1 层）以及地理格网（1 层）。

应用现状

1 : 25 万数据是国家基础地理数据库系列比例尺数据之一，属于中等比例尺的基础地理数据。其信息量适用于进行有关区域自然和社会经济地理的分析和研究，可为国民经济信息提供数字化空间平台，为国家和省级各部门进行区域规划、灾害监测、防洪抢险、环境保护、及宏观决策等提供信息服务。

1 : 25 万公众版地形图在青海玉树发生强烈地震后，得到了广泛应用。利用 1 : 25 万公众版地图数据库中的 12 幅地图成果，经过数据的提取、拼接、配置等一系列工作完成的图件，综合反映了玉树地区居民地、交通、地貌、及水系等地理环境状况，为抗震救援指挥工作提供了决策支持。

（2）1 : 25 万地质图空间数据库概况。

1 : 25 万区域地质图数据库的地质资料主要来源于近十多年所测得的 1 : 25 万区调报告、地质图及矿产图、修测区 1 : 20 万和 1 : 5 万区域地质调查成果及相关地质报告、科研专题报告及图件。

数据组织

数据按照 1 : 25 万地图标准分幅存储在图幅对应的文件夹中。与 MapGIS 要素类文件投影一致的已正式出版的地质图的扫描图像，文件格式为 msi，存放在 RASTER 文件夹中。MapGIS 文件包括北京 54 坐标系高斯-克吕格投影和经纬度两套数据，如果原图为 1980 年西安坐标系高斯-克吕格投影数据，也提供该坐标系数据，并在 readme 文件中有说明。MDB 文件夹存放 BASE_ FCLS. mdb、SYNTH_ FCLS. mdb、及 DSGMAP. mdb 三个文件，软件可转出基本要素类和综合要素类的 MDB 文件。

底图资料来源

1 : 25 万区调原则上要求统一使用测绘局发布的 1 : 25 万地形数据作为地理底图。但在 1 : 25 万区调工作开展伊始，个别省仍然使用了 1 : 10 万地形图作为地理底图。因此，最终成果地质图的地理部分未使用测绘局统一发布的 1 : 25 万地形数据，这主要影响到参与拓扑的面状水域和冰川、雪被等。

1 : 25 万地质图库的地理底图选择了与地质图读图和空间分析相关的地理要素。包括等高线（点、线）、交通（线）、居民地（点、区）、境界（线、区）、水系（线、区）五个地理图层文件，图层的命名和属性采用原 1 : 25 万地形图的命名和属性，图层的注释没有放入。

底图坐标投影及分幅

地理底图采用高斯-克吕格投影，按 6 度分带，基本资料所使用的坐标系，1985 国家高程基准。分幅以百万分之一国际分幅为基础，以经差 1 度 30 分、纬差 1 度分幅。经纬网格以经差 15 分、纬差 10 分组成。经线为直线，纬线为折线，每经差 15 分点为折点。直角坐标网格由整 10km 坐标线构成。底图图幅的分幅和编号按《国家基本比例尺地形图分幅和编号》进行。

8.4.2.2　数据预处理

数据预处理的工作主要是为地质图与地形图的套合做准备。由于 MapGIS 在地质工作中的应用相对 ArcGIS 更广泛，地质图及其他地质图件成果多为 MapGIS 格式，所以预处理的第一步就是将 ArcGIS 格式的地形图转换为 MapGIS 数据格式。第二步是图幅的接边工作，采用先接边再处理的套合方式可以节省工作量并避免可能遇到的重复性工作。最后要对预处理完的数据进行检查，保证预处理工作的质量。地形图库作为地质图的地理底图，数据预处理的对象为与地质图读图和空间分析相关的地理要素，包括等高线（点、线）、交通（线）、居民地（点、区）、境界（线、区）、和水系（线、区）五个地理图层文件。

8.4.2.3　替换脱密原则

替换脱密是指通过技术处理的办法，将秘密级测绘成果中包含的涉及国家安全的地理要素空间位置精度和属性内容进行处理后，转变为能够公开的测绘成果的方法。具体到地质图数据库当中，就是要结合测绘脱密的方法将地质图中与地理相关的位置精度和属性内容进行处理，转变为能够公开的地质资料成果的方法。

（1）地质相关地理要素表示处理原则

完全删除地图数据中涉密的地理要素及其属性信息。

天然水体和人工附属结构都是涉密的重要信息，因此应删除水库库容和大坝的高度、河宽、水深、流速、底质和岸质属性等。

居民地是重要的地物要素，从涉密角度看，保密单位的地理位置、分布特征、编制及部署均应进行保密处理，按不依比例尺的居民地符号式样表示或不表示。

交通运输条件是涉密的重要组成部分。陆地交通、水上交通、航空运输的详细信息对其影响非常重要：应删除交通枢纽的地理位置、分布和特征，删除桥梁、隧道的位置、长度、宽度、高度、性质、载重量、运输能力、周围地形状况等信息。

在任何形态的地形中，起着基础和主导作用的地形要素是地貌。地形景观与特征、图幅的最高点、主要山峰等制高点的地理位置及高程、冲沟比高、陡崖比高等影响较大的地貌信息应删除。

对潜力目标进行定位和破坏，已成为现代战争的一个重要特点。总体而言，国防工程中的地理位置、分布特征等属性，均不得在公开地图产品上表示。如三角点、独立天文点不表示，发电厂按不依比例尺的居民地符号表示，油、气井、变电所、油库、煤气库、涉及国防工程和军事设施的山洞不表示，高压输电线、油气管道不表示。

（2）地质相关地理要素空间精度处理原则

进行空间位置技术处理，以达到国家规定的可公开的空间位置精度。

将空间位置精度降至国家安全要求的范围以外，精度不得高于100米。

对特征点的处理原则：通过技术手段将特征点的几何精度弱化、图形特征钝化（折线曲化），降低特征点在数据几何精纠正过程中的精准作用。

8.4.2.4　替换脱密处理技术方法

对于地质图数据库中的地理要素脱密要从空间和属性两方面处理。对涉密的地物空间数据和属性数据都直接删除，并对选取要素的空间位置使用专业脱密技术进行位移和空间位精度随机干扰，使得脱密后的数据不易用一定的纠正方法恢复，避免要素泄密。

（1）数学变换干扰

1）投影转换。对数据进行重新投影，不采用原图的投影方式和相应坐标系统，转换后的投影参数和经纬网在地图上不表示。

2）图幅变换。利用数学控制网法先进行仿射变换模型处理，将所有需要脱密处理的数据拼接后生成TIC点，然后进行TIC点线性变化，该变化是随机进行的。该方法改变了地图的绝对坐标，是系统误差，使成图误差大于国家对公众版地图规定的100米要求。

3）误差随机干扰。由图幅变换产生的误差为系统误差，可被反向纠正过来。误差随机干扰指对图内均匀选择的100～200个点进行随机的误差干扰，将特征点偏移10～30米，移位的大小及方向以移位圆来控制。

（2）要素综合移位

虽然使用数学的方法进行脱密处理，但为了避免关键要素的泄密，使数据符合《公开地图内容表示若干规定》，要对空间数据有选择地使用，对不能表示的要素进行删减、综合、移位处理。通常采用单一节点移位，如果单一节点移位后引起图形规律的生硬变化，可进行联动圆内其他节点的移位或多个节点联动移位。

（3）特征点普化

特征点的判定应该依据几何形状、属性等级和分布。因此，对特征点的处理包括下面三个方面：

1）几何精度弱化。将特征点偏移10～30米，移位的大小及方向以移位圆来控制。移位圆是以特征点为圆心，半径为10～30米的圆形目标。半径大小可根据特征点所在目标的属性等级调整。

2）图形特征钝化（折线曲化）。将折线段图形变成光滑曲线。图形特征从以夹角（30°～150°）衡量转变成以曲率半径（5～10米）来衡量。钝化一般与移位结合使用，主要应用于拐弯处特征点的普化处理，该特征点一般先移位，然后再根据拐弯处图形特点进行钝化。

3）空间关系修补。空间关系的修补是修补特征点移位后与相邻目标原有的拓扑关系。单一特征点的移位必然会导致拓扑关系的不正确及空间关系发生冲突。如：沿河流一侧通行的道路，在道路特征点移位后，河流的相关特征也必须进行相应的移位，以免产生道路过河的错误。

（4）行政地理名称特殊普化。

脱密处理不仅要完全删除数据中含有的人防要素及其他涉密信息外，还要对地质图数据中所包含的行政地理名称信息等文字注记进行脱密处理。

8.4.2.5　坐标投影转换

（1）地质图整图变换。

整图变换的工作主要是针对1∶25万地质图坐标的处理，由于某些数据保密的原因，地质图数据的坐标都不是规范的经纬度坐标，而是经过变换的。经研究发现，此地质图中的坐标为原始经纬度坐标经平移变换使左下角坐标归零再放大某一倍数（此处为200）得到的坐标值，因此需要使用的投影变换方法为其逆过程。

方法步骤：

1）坐标变换。如其中某幅图的处理过程为：将地质图缩放［经度x坐标为：（106.5－105）/595.59＝0.002 519，纬度y坐标为：1/443.25＝0.002 256］。然后再平移［经度x坐标为：105，纬度y坐标为：27］。

2）参数变换。如点文件：部分数据点参数被缩小了100倍（变换出现错误，没反应。需要说明的是这个是MapGIS的一个bug，只有在同时选中点变换的时候点的参数变换才会生效，只选中点的参数变换不起作用。所以要先将坐标和参数都变换一次，再只还原点坐标变换就可以完成。）

（2）地形图投影转换

地形图部分为从ArcGIS转换过来的经纬度坐标，但与地质图中的坐标椭球参数不同，需要在MapGIS中使用投影变换工作进行处理。

8.4.2.6　数据套合

（1）地质图中的拓扑关系

拓扑学是几何学的一个分支，它不考虑研究对象的大小、形状，仅考虑点和线的个数。而在编制数字地质图中主要考虑拓扑等价性，即在拓扑变换下，点、线、块的数目仍和原来的数目一样。另外直线上的点和线的结合关系、顺序关系，在拓扑变换下不变，以及在拓扑学中曲线和曲面的闭合性质等。具体到编制数字地质图，矢量数据所涉及的主要是点、线、面等图形数据。

（2）底图替换套合情况

由于公众版地形图的空间坐标与原1∶25万地形图已有很大不同，而地质图原地理底图基本以原1∶25万地形图为基础，所以套合之后就会产生很多地理及地质相关的拓扑问题。如：弧线一致性错误、无效弧段和悬挂弧段、线面套合不一致、微小区、重叠区、Z字线、重叠点坐标、自相交错误、伪结点错误等。

在1∶25万地质图数据库中，表示的断裂类型有：正断层（包括实测和推测），逆断层（逆掩断层）、平移断层和性质不明断层（均包括实测和推测），以及上新世以来活动断层（也分别表示正、逆、平移等性质）。

断裂规模分为重要断裂和一般断裂，重要断裂包括板块结合带、板块俯冲带、板块逆冲带、地壳拼接带、岩石圈断裂、地壳断裂，基底断裂等。其他重要构造要素包括韧性剪切带、高压超高压变质带、构造窗和飞来峰等。

（3）不套合原因分析

拓扑不套合原因：

1）MapGIS 系统参数设置不正确。主要是对”结点裁剪搜索半径”的设置（10 ~ 8 或 10 ~ 9）。按照区域地质图建库技术要求，系统参数应设置在 10 ~ 9 以上。

2）遇结点未断开。在地质图拓扑建地质体时，各个地质界线之间应建立结点，一般在矢量化的时候就应该直接建立结点关系。“自动剪断线”的功能，会造成结点位置有位移的现象。

3）地质界线在接边处的处理不合理。

4）以水体边缘作为地质体某一界线时，没有与其相邻的地质界线建立结点关系。

5）由于矢量化时的错误导致。新老地层的接触关系不正确，如为避免出现压盖错误，地质部分正确的矢量化参考顺序为：断层→脉岩→第四系地层→侵入岩→火山岩→非正式地层→其他地层。在其他地层不存在重复利用的图形要素，可随意确定矢量化顺序。

（4）套合处理

拓扑处理后，应对各种专题地质体进行拓扑检查，对其中悬挂弧段查明原因，用删除或者结点平差的方法清除悬挂线，再对参与拓扑的文件添加到一起进行检查。这类检查产生的原因在于两个相邻的地质体间，弧段结点个数不一致，导致地质体间有裂缝。按照上述提供的建库要点，从源头上直接排除了将会产生不套合的原因，故在进行地质体拓扑错误检查时，是没有错误的，不存在线弧不套合的问题。

8.4.2.7 数据质量检查

数据质量的检查主要是为了保证最后成图的数据质量能满足地质图库服务的标准。在数据转换过程中存在部分信息丢失或数据不符合标准的问题，因此要对转换后的数据进行检查，包括拓扑检查、属性检查和数据完整性检查。

（1）利用计算机软件检查

1）在 MapGIS 输入编辑模块中应用“清除微短弧线和检查重叠弧线”功能，检查是否存在重复线元和微短线元，并判断其正确性。

2）应用“工作区属性检查”可以检查属性结构和属性字段的正确性，检查地质年代代码与地质代号、色标号、花纹符号一致性，检查岩石代码与地质代号、色标号、花纹符号一致性。

3）应用“区拓扑错误检查”和“线拓扑错误检查”检查拓扑关系，主要是水系、地层、岩体、地质界线等的拓扑关系。

（2）人工抽查

1）检查弧段和界线之间的套合关系，主要是水系和地层、断层和地层、断层和岩体、地层和岩体界线之间的套合关系。

2）通过在计算机上或打印出图检查地层之间、地层与岩体之间各图层的压盖关系。

3）在 MapGIS 软件中检查地质体的图面表示与属性内容是否一致，检查属性表内容与图元编号的对应关系。

4）检查水体、雪被与地质体界线是否重合。

5）检查接边关系和水系与等高线之间的关系。

8.4.3　适用性分析

在主要研究 1∶25 万公众版地形图应用于地质图脱密的方法，还初步对其他脱密技术方法的可行性进行了对比，提出了一些建议，为下一步工作提供指导。

1）“完全删除 1∶25 万地质图中地理底图等涉密信息”法的可行性。完全删除的方法从技术上来说简单易行，但实际服务过程中，用户普遍反映没有地理要素的地质图不好使用。

2）“留可公开地理信息”方法的可行性。在删除涉密信息的同时，保留可公开地理信息从技术上来说容易实现，但是无法确定哪些地理信息是公开，哪些地理信息涉密，处理结果还需要通过国家相关部门进行审核。

3）“用 1∶25 万公众版地形图替换 1∶25 万地质图的地理底图”方法的可行性。经过按图层删除地理底图、地质涉密信息去除、坐标转换、公众版地形图转 MapGIS、用公众版地形图替换地理底图、删除有关坐标要素等流程后，能够实现公众版地形图与地质图的大体套合。但存在拓扑紊乱、数据失真等问题。由此，我们认为：虽然此方法从技术上可以实现，但公众版地理底图对原地理信息进行了不规则变化，与地质图套合后数据严重失真，对比原地质图与公众版地形图有关要素的实际无定向偏差达 200～500 米。因此，替换后的成果不能准确表达地质实际状况，仅可供展示、浏览使用，难以应用于地质工作实际。而且数据拓扑关系处理复杂，需要破坏原地质图，工作量大。“用 1∶100 万地形图替换 1∶25 万地质图的地理底图”方法的可行性。此方法与“用 1∶25 万公众版地形图替换 1∶25 万地质图的地理底图”方法大体相同，技术上能够实现替换，但拓扑问题和数据失真现象更加严重，仅能满足简单展示浏览用。

4）“利用测绘局的脱密技术进行 1∶25 万地质图转化脱密处理”方法。此方法生成的数据基本没有拓扑及符号问题，因此不需要进行拓扑修复及符号设置等复杂的处理过程。就数据质量来说是几种方法中最好的，工作量也最小。但目前来看，存在以下问题：测绘局的脱密软件只有针对 ArcGIS 格式的版本，由于地质相关图件多为 MapGIS 格式。而且如果要将地质图的 MapGIS 数据转为 ArcGIS 也存在系统库转换等一系列问题，因此需要测绘局开发基于 MapGIS 的脱密软件。

5）“提供插件”方法。这种方法的思路大致为：为用户提供经过处理的公开数据，但同时提供类似数据狗的插件来还原处理的数据变成最真实的数据。此技术测绘局已有，在三峡地质灾害调查中进行了应用。

6）“分区域公开”方法。这种方法如前所述，很难界定非敏感区域，还需进一步与测绘局、国家保密局等单位进行合作讨论。

8.5 多比例尺矢量空间数据在线显示研究

通过开展多比例尺矢量空间数据跨越显示和操作技术研究，发布了现有的 1∶500 万、1∶250 万以及 1∶100 万地质图数据，实现用户在三个比例尺间无缝浏览、查询地质图数据。全国 1∶100 万、1∶250 万、1∶500 万的地质图，数据格式分别为 MapGIS 6.5 和 ArcView3.1。因此，能够做到将多种比例尺地质图数据整合，以统一的投影及格式存储，并利用 WebGIS 技术实现其在线浏览，为公众提供小比例尺地质图在线服务，方便用户的使用。

8.5.1 技术流程

8.5.1.1 总体设计

建设三层结构的提供全国小比例尺地质空间数据融合检索、查询、显示的 WebGIS 网站。按照三层逻辑的设计，可以将各层主要进行的工作任务描述如下（图 8-6）：

（1）数据层

使用的数据源是已经数字化的 1∶500 万、1∶250 万、1∶100 万全国地质图的 ArcGIS 和 MapGIS 文件，随后对地质图的处理工作也将在此两种文件上进行。为解决这种多源异构地质数据的处理和共享问题，将这两种空间数据以统一的 SDO_ GEOMETRY 格式存储在 Oracle Spatial 空间数据库中，利用其强大空间数据处理能力实现地质空间数据的查询和检索，实现多种数据源储存的融合，为今后数据源扩展奠定基础。

（2）逻辑层

利用 MapViewer 中间件对已经存入 Oracle Spatial 空间数据库中的三个比例尺地质空间数据进行编辑与定义，按照用户的浏览习惯定义各个图层的显示样式与方式，将三个比例尺地质数据库中的所有图层统一编辑为一个个独立的 FOI（用户兴趣特征）或 Tile（底图），打破三个比例尺的限制，实现三个比例尺内所有地质数据的既独立又统一的逻辑关系。MapViewer 通过对展示层 JavaScript API 的响应，从数据层选择符合要求的图层返回给展示层，实现地质数据的融合浏览。

（3）展示层

系统的展示层采用 JQuery 来控制 HTML 页面，并在 ExtJS 框架的基础上搭建展示界面，为用户提供优秀的操作与浏览体验。同时，在用户页面上实现了图层选择、距离测量、属性查看等一系列的功能，方便用户的使用。通过展示逻辑的设计以及 JavaScript API 的调用，控制地质体图层的无缝后台切换，同时搭配 Google Maps 优秀的地理底图，完成地质空间数据的融合展示。

通过对 Oracle Spatial +MapViewer 技术体系的应用，实现了三个比例尺地质数据的跨越展示，完成了地质空间数据储存、逻辑以及展示的融合。

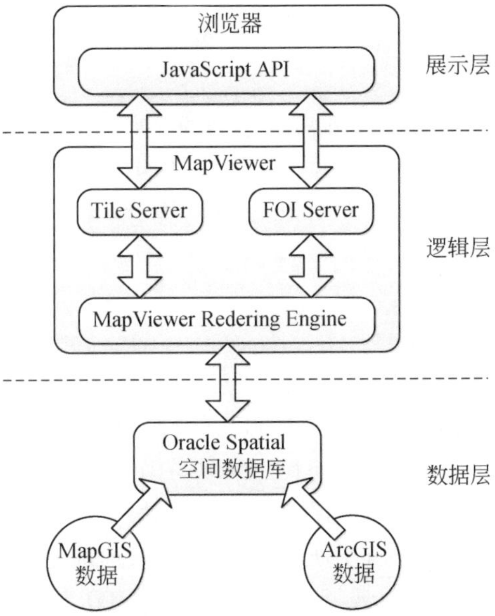

图 8-6　多比例尺空间数据在线显示系统结构

8.5.1.2　系统搭建

（1）软硬件配置

系统在一台戴尔台式工作站上完成开发。软件配置及开发工具如下：

操作系统　Microsoft Window7 SP1 64bit

数据库　Oracle Spatial11g

开发环境　Microsoft Visual Studio 2010

MapGIS 6.7：用于合并文件及地图文件格式转换。

ArcGIS 9.3：用户地图文件的投影坐标转换。

MapBuilder：MapViewer 自带工具，用于可视化定义地图样式、主题以及制作地图等。

（2）中间件及服务器部署

首先安装 Oracle11g 数据库、JDK 以及 WebLogic 服务器，然后在 WebLogic 服务器中部署 MapViewer 中间件服务，在 MapViewer 中配置 Oracle Spatial 数据源后即可开始编程。通过中间件访问数据库中的空间数据。

8.5.1.3　数据处理

数据预处理的目的是为三个小比例尺地质数据在网上实现按主题分图层发布与展示提供数据支持。由全国地质资料馆提供的 1 : 500 万、1 : 250 万和 1 : 100 万的地质图数据是 MapGIS 格式，且分比例尺分幅存放。1 : 500 万地质图数据分为 6 幅，总数据量为 35M；1 : 250万地质图数据分为 9 个图层，总数据量为 303M；1 : 100 万的地质图数据包括 64 个区，总数据量为 764M。为了便于数据的处理和发布，这些数据在导入到 Oracle Spatial 之前，需要经过以下四个步骤的预处理：分幅文件合并、数据格式转换、投影转换以及数据导入。

8.5.1.4　底图制作

地质图各个要素按其几何形状分为点、线和面状三种，各类要素采用不同几何形状、大小和颜色进行区分。以 1∶100 万地质图为例，地质图图式图例参考了我国《区域地质图图例》（GB958-99）和《地质图用色标准》（GB63901996），主要包括色标、子图、线型、填充图案。

8.5.1.5　系统展示

（1）图层选择

通过在界面上类似复选框的选择列表中进行选择，用户可以决定显示在地图上的信息的数量和主题。系统实现了 1∶100 万与 1∶250 万两个比例尺的融合跨越展示，见图 8-7。用户可以通过在左侧图层选择下拉框内选择两个比例尺中任意一个感兴趣的图层，配合需要的地质体图层共同浏览，被选择的用户兴趣图层将快速地呈现在地图区域，目前可以展示的图层有地质体图层、1∶100 万典型岩性图层、1∶100 万水坝图层、1∶100 万珊瑚图层、1∶250 断裂构造图层、1∶250 火山口图层、1∶250 同位素图层、1∶250 钻孔图层以及 1∶250 泉眼图层，共九个图层，日后将完善其余数据。

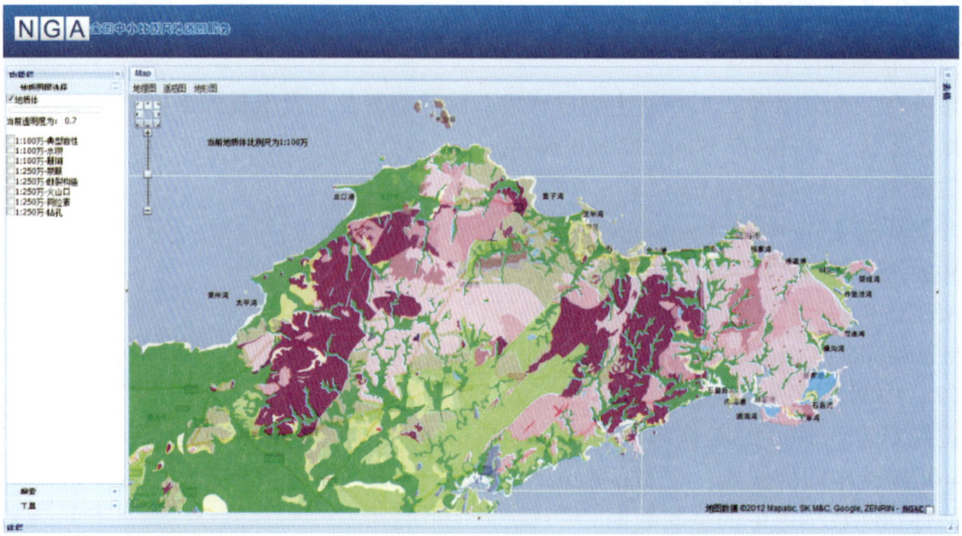

图 8-7　地质体图层展示界面

（2）搜索

Oracle Spatial 空间数据库具有强大的空间分析能力，系统基于此特性实现了基于空间位置的地质体图层搜索功能，并以图形的方式展现搜索结果。用户通过在界面左侧的搜索下拉框内指定搜索比例尺、搜索结果颜色、搜索字段、搜索内容以及搜索范围共五个参数的设定，系统会以屏幕中心的坐标为原点，搜索在指定半径内符合用户关键字的地质体，并将结果以图形的方式展现在地图上（图 8-8）。

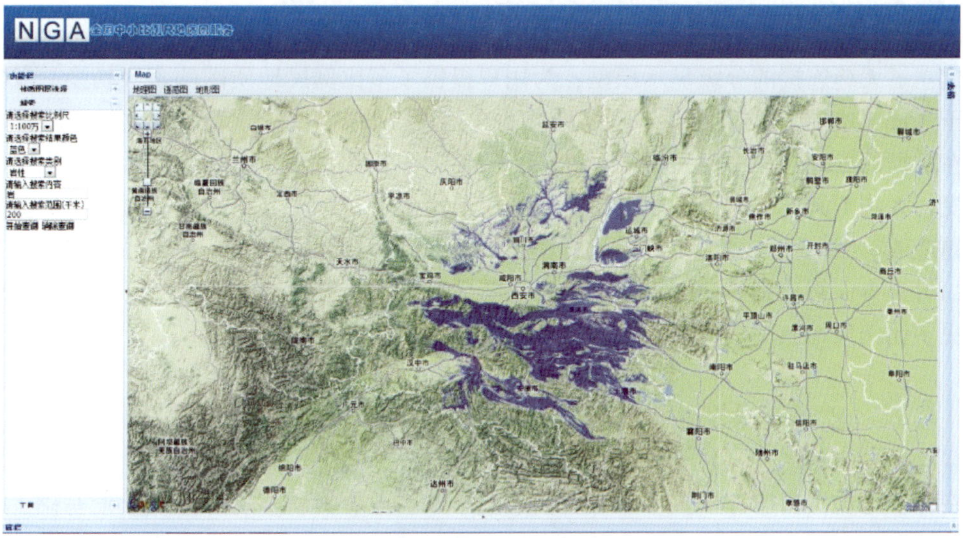

图 8-8　搜索参数设定与搜索结果展示

（3）属性展示

地质体图层是以底图的方式展示。用户只需鼠标左键单击地图上的区域即可获取该点的地质体信息，信息会在右侧信息框内展示（图 8-9）。

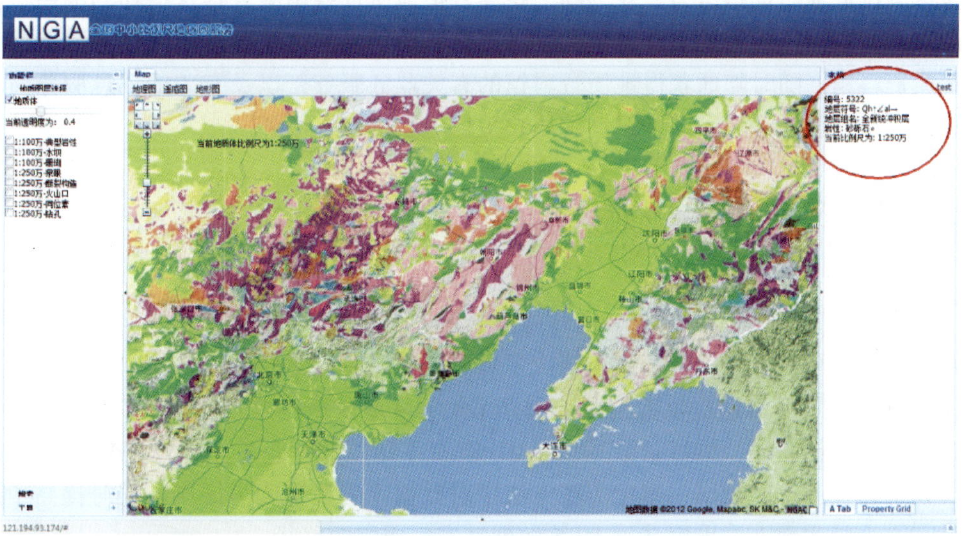

图 8-9　地质体信息获取

8.5.2　应用示范

基于 Oracle Spatial+MapViewer+WebLogic 完成了多比例尺矢量空间数据跨越显示的系统框架模型的建立。实现了三个比例尺地质空间数据的储存、逻辑定义以及展示的融合。

以 Google 提供的带等高线的地形图作为地理底图，对于 1∶500 万、1∶250 万、1∶100 万全国地质图，提取其中的表达地质构造的点、线、面图层，依比例尺分别制作三个级别图层，建立了无缝连接的分级显示模型，为用户提供了多比例尺地质图的多级切换，并实现了基于 Web 的地质图的发布，实现了地质图在客户端的浏览。

在数据的处理过程中，发现 1∶500 万的地质图在经过投影坐标转换后，发生了较大的形变，无法与其他比例尺地质图重叠，经过分析确定是由于其在数字化过程中的数据精度问题造成。因此，今后工作的重点，一方面将继续调整完善系统，加强系统展示层的友好性；另一方面解决则解决 1∶500 万地质图数据源的问题；同时增加更多的可用数据，实现更多比例尺地质图的整合，从而提供更加丰富的地质图在线服务。

8.6 移动技术在地质资料中的应用研究

在调研地质资料服务模式、地质资料表现形式、地质资料移动服务需求的基础上，试研发地质资料移动服务平台。该服务平台提供基于移动终端的内容检索服务，包括简单检索和高级检索，以便于用户在手机端对地质资料进行检索。目前，针对的移动终端设备主要是使用 Android 系统的智能手机。地质资料移动服务平台目的是能够充分利用现有的网络环境，以及数字资源环境，向用户提供融合互联网络和移动网络的服务，使传统的基于互联网的地质资料馆用户群及时转变为基于移动网络的地质资料馆的用户群，如野外工作者。也可以拉近地质资料馆与大众之间的距离，把地质资料馆服务推送给移动端用户，使广大的移动终端用户成为地质资料馆的移动用户，使广大的移动终端用户拥有一个移动的个人地质资料馆，随时随地获得地质资料馆的有关业务服务，以及有关的信息服务。充分利用移动网络的服务优势，向手机终端用户提供地质资料馆服务。

8.6.1 技术流程

8.6.1.1 系统架构

系统架构共分为三层，从下到上依次是数字资源层、检索层和用户接口层。系统架构图如图 8-10。数字资源层提供数据源。数据采集器从地质资料馆的数据库中采集数据，动态构建数据的存储路径，将每条数据以 XML 格式存储在数据仓库中。动态构建存储路径的优点是加速资源存取操作，避免传统方法中对数据库的大量读写操作，同时提高了系统并发性。在系统实现上，采用基于 MD5 散列动态生成资源路径。

检索层包含建立索引和检索两个重要的业务流程。检索索引的流程是对数据仓库中的数字资源进行数据分析，提取正文信息，对正文信息进行中文分词处理，同时去掉“停用词”和一些不能描述文档特征的词，最后形成索引加入到索引库中。检索的流程是将来自用户接口层的分词后的检索词交给检索器，检索器到索引库进行搜索，将得到检索结果返回用户接口层。

用户接口层提供基于 Web 的统一检索界面，接受来自用户的检索请求，将用户的检

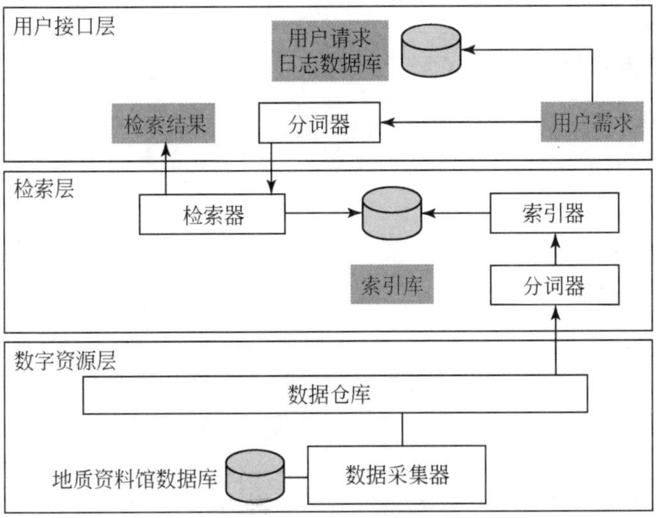

图 8-10　系统架构图

索请求记录到用户请求日志中，便于后续分析，比如对热点查询词的分析等。同时将用户提交的检索关键字进行分词处理，将处理后的检索请求交给检索器，并负责展示返回的检索结果列表。

8.6.1.2　客户端设计思路

查询条件：接收用户输入的查询条件，并按照 HTTP 协议，将请求数据发送到服务端。

结果渲染：解析从服务端返回的 JSON 格式数据，并且在客户端（智能移动终端）进行渲染，向用户显示检索结果。

历史记录：显示用户曾经查询过的记录，选择具体条目，可以进行具体详情的显示。

数据保存：在能够联网的情况下，将重要信息保存到本地 SD 卡，以供离线时查看。

8.6.1.3　服务器端设计思路

数据采集：连接地质资料馆的数据库，定期将数据采集到系统的数据仓库中，进行数据更新。

数据加工：对采集到的数据，基于地质资料的 ID 号进行 MD5 散列动态生成路径。

数据检索：通过搭建检索子平台来实现的。基于 Xapian 和 Xappy 以及 ICTCLAS 搭建全文检索系统。

数据传输：从海量的数据仓库中找到相关数据，以 JSON 的格式传回客户端。

8.6.1.4　功能要点

1）支持中英文全文检索，通过专业的全文检索引擎实现全文检索功能。

2）支持海量资源的发布，满足百万级以上的资源条目发布管理。

3）支持资源的更新，当地质资料馆的数据更新，及时更新本系统资源仓库。

8.6.1.5 检索功能描述

通过建立检索模块，为管理员和用户提供检索功能。可以按题名、行政区划、资料类别、工作程度等常用字段进行检索。检索结果将以列表的形式显示，分别列出数据的相关描述信息和数据内容。

主要有以下几种检索方式：

简单检索：在元数据中进行检索，多个位置出现，界面与主页结合，与检索结果结合。

高级检索：分检索域进行检索，进入专门的检索界面。进行多个检索条件（题名，行政区划，资源类别，工作程度、地质资料的档案号、内容提要）的逻辑匹配进行检索。

8.6.2 示范效果及应用设想

基于移动终端的地质资料目录检索服务是建立在 Android 手机操作系统上的应用查询工具，下图为示范查询界面（图 8-11）。使用 Android 平台手机的用户可以安装该应用程序，直接检索地质资料目录，方便快捷。继续开展移动终端的地质资料目录检索服务研究，进一步拓展地质资料信息服务方式与手段，对于提高地质资料信息服务水平具有重要促进作用。

图 8-11 地质资料目录查询移动服务应用示范

8.7　物联网技术在地质资料管理中应用的可行性研究

物联网的概念是在 1999 年提出的，物联网的英文名为：internet of things（IOT），也被称为 web of things，被视为互联网的应用扩展。应用创新是物联网发展的核心，以用户体验为核心的创新是物联网发展的灵魂。物联网是各种感知技术的广泛应用，是一种建立在互联网上的泛在网络，不仅提供了传感器的连接，其本身也具有智能处理的能力，能够对物体实施智能控制。物联网将传感器和智能处理相结合，利用云计算、模式识别等各种智能技术，扩充其应用领域。从传感器获得的海量信息中分析、加工和处理出有意义的数据，以适应不同用户的不同需求，发现新的应用领域和应用模式。

物联网从技术架构上来看，可分为三层：感知层、网络层和应用层。感知层由各种传感器以及传感器网关构成，例如：二氧化碳浓度传感器、温度传感器、湿度传感器、二维码标签、RFID 标签和读写器、摄像头、GPS 等感知终端。感知层的作用相当于人的眼耳鼻喉和皮肤等，它是物联网识别物体、采集信息的来源，其主要功能是识别物体，采集信息。网络层由各种私有网络、互联网、有线和无线通信网、网络管理系统和云计算平台等组成，相当于人的神经中枢和大脑，负责传递和处理感知层获取的信息。应用层是物联网和用户（包括人、组织和其他系统）的接口，它与行业需求结合，实现物联网的智能应用。

8.7.1　物联网的应用模式与案例

（1）对象的智能标签

通过二维码，RFID 等技术标识特定的对象，用于区分对象个体。例如在生活中我们使用的各种智能卡、条码标签的基本用途就是用来获得对象的识别信息；此外智能标签还可以用于获得对象物品所包含的扩展信息，例如智能卡上的金额余额，二维码中所包含的网址和名称等。

（2）环境监控和对象跟踪

利用多种类型的传感器和分布广泛的传感器网络，可以实现对某个对象的实时状态的获取和特定对象行为的监控，如使用分布在市区的各个噪音探头监测噪声污染、通过二氧化碳传感器监控大气中二氧化碳的浓度、通过 GPS 标签跟踪车辆位置、通过交通路口的摄像头捕捉实时交通流等。

（3）对象的智能控制

物联网基于云计算平台和智能网络，可以依据传感器网络用获取的数据进行决策，进行控制和反馈，改变对象的行为。例如根据光线的强弱调整路灯的亮度、根据车辆的流量自动调整红绿灯间隔等。

8.7.2　物联网技术在地质资料信息服务中的应用展望

物联网技术是将传感器和智能处理相结合，利用云计算、模式识别等各种智能技术，实现各种信息的共享服务。在地质资料管理中，应用物联网技术，将相关联的原始地质资料、实物地质资料以及成果地质资料实体介质进行标识，从而实现对资料实体的汇交、保管、利用等活动全方位一体化的监控，提高地质资料管理效率。随着技术的深入应用与发展，可逐步探索地质资料智能管理方法。

8.7.3 地质资料智能管理需求

由于地质资料的实体众多，在野外进行采集、仓储录入以及后期借阅的过程中，需要进行大量频繁的读取标识工作，因此对读取标识的速度以及便捷程度有着较高的要求，特别是速写速度，标签一进入磁场，阅读器就可以即时读取其中的信息，而且能够同时处理多个标签，实现批量识别。地质资料在入库储存后，在储存过程中，仓库作为智能的实体，需要能够自动监控仓库内的温度以及湿度，并在超出规定范围时及时报警，通知相关的人员进行操作。在实体随后的借阅以及转运过程中，也要能够实时地跟踪实体的移动轨迹，根据事先设定的时空区域，监控实体是否处于规定的时空区间内，在超出规定的时空区间时进行报警。同时为了保证实体的安全，在人为试图移除实体标识时，也要能够及时报警并通知相关人员。

8.7.4 地质资料管理智能仓库模型设想

地质资料管理智能仓库模型由两个系统组成，包括智能仓储系统以及业务流转系统。图 8-12 是地质资料管理智能仓库模型的示意图，新入库的各类地质资料在嵌入智能标识之后，即进入了地质资料管理智能仓库模型的管理范围中，通过智能仓储系统以及业务流转系统的控制，完成对地质资料在储存、转运、借出以及归还等各个状态的智能监控，使得地质资料管理工作更加的智能化、高效化和精确化。

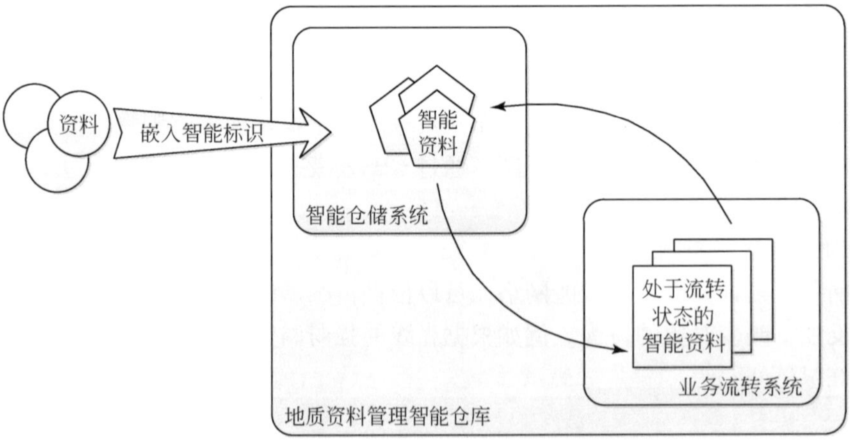

图 8-12 地质资料管理智能仓库模型示意图

（1）RFID 识别通信系统

RFID 识别通信系统是整个地质资料管理智能仓库模型的基础组成，是实现其他子系统的保障系统。对资料各个状态以及业务流程的控制都依靠 RFID 识别系统。例如，资料处于接触业务流程中时，资料要报告自身的位置以及接触的时间，而整个仓储系统要对该资料进行识别以及信息读取，这些识别以及通讯动作都需要 RFID 识别通信系统完成。

（2）智能仓储系统

智能仓储系统实现的则是对资料储存状态的监控。当资料进入仓库时，位于仓库入口的识别器可以自动的对进入的资料进行识别，包括资料的各项信息，然后根据其类别及数量，分配合适的存储位置。当资料处于仓储系统的监控之下后，仓储系统要对实体资料以及实体仓库的状态进行监控（例如温度、湿度等），当发生异常时，要能够及时地报警。当资料离开仓库时，位于仓库入口的识别器也要能够自动记录资料离开的时间、理由以及责任人，同时更新库存状态以备管理人员能够实时的了解仓库的库存状态。

（3）业务流转系统

业务流转系统是针对地质资料的借出、转运以及归还的业务流程而设计的。当资料需要进行上述三种业务时，管理人员可以选定相应的资料，并为其定制业务种类（借出、归还或是装运）、需要的业务时间（整个业务完成的时限）以及空间范围（允许的资料活动空间）。在设定好上述信息后就完成了一个业务流程的建立，此时业务流转系统将会全程监控资料的时间及空间状态。在资料超出其所被允许的活动时间及空间范围时及时地报警，以短信、邮件等形式通知责任人和管理员，从而实现对资料业务流程的监控工作。

基于地质资料管理智能仓库模型，可以实现地质资料管理的：

智能化——针对目前地质资料仓库传统的作业和管理方式，引进智能化的 RFID 技术，提高仓库的智能化程度。地质资料管理智能仓库模型可以自动的完成诸如资料储存位置分配，批量录入等动作，实现管理的智能化。

高效化——针对目前地质资料仓库工人手写操作单缓慢、货物出入库结束后再将纸张上的信息输入计算机系统的现状，使用 RFID 技术可以实现资料信息的自动读取。同时，地质资料管理智能仓库模型对资料储存以及业务流转的自动监控也能大量的减少人力劳动。

精确化——针对目前地质资料仓库以纸张作为信息载体、手工输入及核对信息的现状，实现对资料信息录入、业务监控流转的自动化保证了信息的准确性以及完整性。

8.8　云计算在地质资料信息服务中应用的适用性研究

经过十几年的建设，中国各个行业已经具有完备的信息化基础，行业客户需要云平台实现数据向服务的转化。但是当前行业信息化，还是以内部服务为主，只是解决办公效率的问题，而对社会、对大众提供的信息服务几乎是空白。在国家数据大集中、电子政务升级等政策下，各个行业机构迫切需要转化职能，对外输出服务，不断提升服务能力。同时，行业云建设具有成熟的技术和应用基础，经过三金工程、十二金工程、数据大集中等几个建设周期，税务、工商、能源等行业用户积淀下来大量异构的、相对封闭的海量数据，云计算可以将这些业务数据的巨大潜在价值释放出来。而且，从技术上看，行业应用的特点非常符合云计算的服务模式和技术模式。云计算就是将原本分散的资源聚集起来，再以服务的形式提供给受众。因此，采用云计算，不仅可以实现行业内数据共享，也可以帮助行业数据拥有者将数据转换为服务，提升业务价值。

“地质资料云”建设目标主要包括以下几个方面：业务模型上，全面实现新型业务流程的转变；在平台架构和技术形态上，实现高弹性、易扩展、高可用、统一管理调配、性价比好的 IT 服务资源平台；充分参考业界主流先进的软硬件、虚拟化、云管理平台，建设成为符合国际标准和行业标准、开放性的系统平台；在设计时，充分考虑将原来的硬件平台的纳入管理，以全面利用，实现投资保护（图 8-13）。

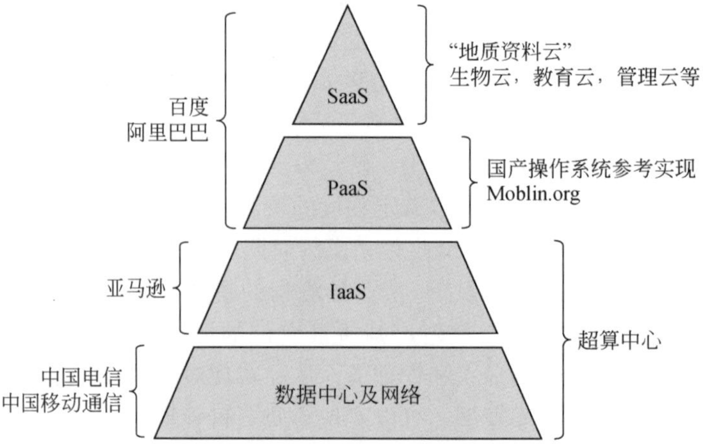

图 8-13　云计算服务交付模式

“地质资料云”的建设将推动地质资料信息服务多元化，通过信息叠加，提供信息服务和产品，使地质资料信息查询方便快捷，服务手段多元，服务能级明显提升。“地质资料云”主要包括三大类地质资料信息：成果地质资料、实物地质资料和原始地质资料，在地质资料产品加工的基础上为用户提供服务。如图 8-13 所示，“地质资料云”从交付模式的角度属于云计算软件即服务（SaaS），提供给用户的服务实际上是运行在云计算基础设施上的应用程序，包括各种地质应用软件和 SDK 产品加工组件等。可以在各种用户端设备上通过用户端界面访问。用户不需要管理或者控制底层的云计算基础设施，包括网络、服务器、操作系统、存储甚至单个应用程序的功能。

图 8-14 描述了“地质资料云”架构。主要有三大功能：①提供地质资料数据服务，即用户可以查询所需要的地质资料数据。②提供地质资料数据产品服务，即用户可以使用经过加工的地质资料数据产品，而不是原始的地质资料数据。用户也可以定制满足特殊需求的地质资料数据产品。③提供地质应用软件的接入服务，创建并提供相应的软件开发包，使得用户可以定制满足其需求的地质资料数据服务。

“地质资料云”的服务对象主要分四个层面：政府层面、国防建设层面、企事业单位层面和公众层面。根据不同层面的需求，定制相应的差异化和个性化的服务产品。政府层面主要服务于政府决策、国土规划和国土资源管理、城市建设、水务管理、海洋管理、环境保护管理、农林业管理等部门；国防建设层面主要为国防工程建设管理部门服务；企事业单位层面主要服务于规划、测绘、环保、地勘等科研院所及大专院校等，以及勘察设计、工程建设与建筑施工、生命线工程运营及维护为主；社会公众层面包括私营矿业公司，地学科普组织等。

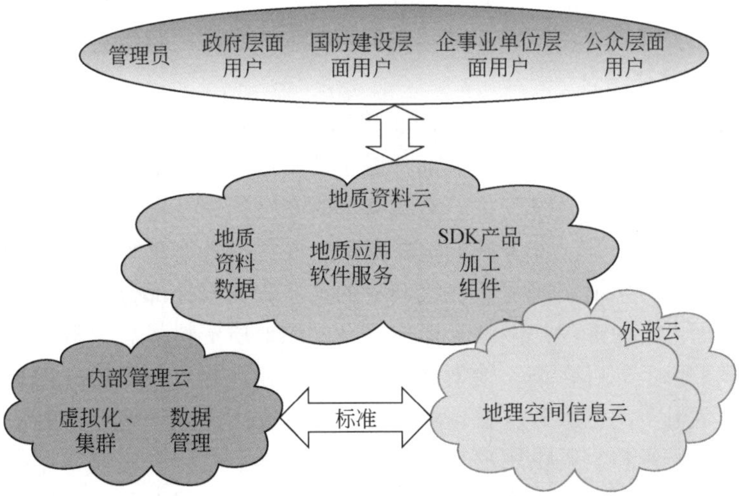

图 8-14　“地质资料云”架构

从服务内容和方向上，在政府层面，为规划和国土资源管理、城市建设管理、水务和海洋管理、环境保护管理、农林业管理方面提供决策支持；在国防建设层面，为海陆空部队营房和配套设施建设提供规划选址阶段的地质资料支持，为海防、空防及人防等国防设施建设提供地质调查与评价及监测服务，并为国防建设信息系统提供地质资料信息系统的支撑服务；在企事业单位层面，为勘察设计单位、科研院所及房地产开发单位和建筑施工单位等提供必要的基础地质信息、地质调查评价和技术服务等。

为满足不同的需求，按照地质资料的种类，“地质资料云”提供不同类型的服务产品。这些服务产品以能够反映该研究区所有的地质资料信息为主要内容，通过数据的汇集、整理、挖掘，分析该研究区的地质矿产状况和资源形势及发展趋势，为政府机构、专家学者、社会公众提供全面翔实的信息服务。

8.9　地质资料信息共享和传输技术研究

8.9.1　地质资料信息共享的特点

(1) 三级共享体系

地质资料在其产生、汇交、保管以及使用的过程中，可以以地质资料汇交为线索，形成三级共享体制。地质资料基层单位是地质资料的主要生产单位。基层单位在日常的生产活动中，产生了原始地质资料以及成果地质资料，这些资料大部分会以纸质的形式汇交给上一级的地质资料保管单位，形成地质资料的第一级共享。省级地质资料馆是成果地质资料、原始地质资料、实物地质资料的保管地点，同时将重要的成果资料汇交给上一级单位形成第二级共享机制。全国地质资料馆是全国重要成果地质资料保管地点，来自全国各地、各个行业的重要成果地质资料最终形成统一的共享信息向全国的地质资料用户提供地质资料服务，形成了第三级共享。其中，有些特殊的行业，如石油、核工业等具有单独的地质资料保管部门，并且规模庞大，其地质资料单独向全国资料馆进行汇交。

（2）在线离线共享结合

地质资料的在线离线的共享形成“两步走”。即，前期以离线为主、后期在线离线相结合。现阶段来说地质资料中有相当一部分属于涉密信息，不能直接在外网上直接提供服务，所以共享的形式以离线共享为主。离线共享时在全国馆及各省馆的资料借阅处进行服务，用户可以查询所有公开、非公开的地质资料，并凭借涉密地质借阅证书复制数据、查询浏览、获取、打印、申请定制等。在线共享的地质资料服务部分侧重全国统一的地质资料服务平台，在国土资源部门户网站上形成一站式的地质资料信息集群化共享服务统一出口，使用户在该平台上即可查询、检索到所需地质资料，并可获得公开的地质资料。离线地质资料服务侧重电子阅览服务，在馆藏单位内网电子阅览室环境中，针对不能在外网环境下提供服务的地质资料，提供用户查询、浏览、复制、打印、定制等服务。内外网服务通过离线方式进行数据更新和交换。内网电子阅览服务系统提取可在外网服务的数据，以离线方式交换到外网地质资料共享服务系统，不断丰富和更新外网服务系统的数据内容，使得内外网服务相互配合，形成统一的服务体系。

在未来地质资料共享的建设中，地质资料的在线共享将成为主要的共享手段。在不远的将来，随着虚拟专用网络（VPN）技术的成熟，一些不是非常敏感的地质资料（如普通的区域地质调查数据）的共享可以搭建在安全的 VPN 平台之上。而敏感的地质资料（如核工业的地质资料）依然采用离线共享方式。

最终阶段，当建立了地质资料专线网络之后，无论是敏感或非敏感的地质资料都可以通过专线网络进行在线共享。

（3）多层次服务

不论是外网还是内网服务，用户对地质资料服务的需求都是相似的。通过调研提炼，根据用户对地质资料的需求可将地质资料信息集群化服务大致分为地质资料元数据服务、地质资料专题服务、地质资料全文服务三个层次。

地质资料元数据服务，是指用户可通过该服务查找所需地质资料目录和元数据，了解数据的内容、范围、时间、馆藏单位以及取得方式等基本信息。从而得等到地质资料的获取渠道。

地质资料专题服务，是指将现有的全文资料服务打包为专题产品。这些产品既可以提供给最终的数据终端用户，可以直接对自己感兴趣的地质资料进行利用，而不用理会其他地质资料当中的冗余数据。也可以方便一些第三方的地质资料数据服务公司进行重新整合，为终端用户提供定制的地质资料服务。

地质资料全文服务，是指对于具有《涉密地质资料证书》资质的法人提供全文拷贝、下载服务。这些被复制的地质资料全文，既可以在科研单位直接用于研究，也可以由第三方进行加工生产形成地质资料产品提供给用户，形成能够被用户方便快捷使用的地质资料产品。

8.9.2　文件传输方式研究

（1）B/S 文件传输模式

B/S（browser/server，浏览器/服务器）模式又称 B/S 结构。它随着 Internet 技术发展兴起，是对 C/S 模式应用的扩展。在这种结构下，用户工作界面是通过 IE 浏览器来实现的。B/S 模式最大的好处是运行维护比较简便，能实现不同的人员，从不同的地点，以不同的接入方式（比如 LAN，WAN，Internet/Intranet 等）访问和操作共同的数据；最大的缺点是对企业外网环境依赖性太强，由于各种原因引起企业外网中断都会造成系统瘫痪。

各政府机构、企业内部及各单位间会存在大量文件数据信息需要传输处理。文件的传输需求存在以下特点：①传输网络多种多样。如单位内部局域网、Internet、拨号网络、单位专线网、卫星网等，不同网络的传输速度及延时情况不同。②文件业务特性的不同决定传输方式不同。如文件大、密级低、实时性要求不高的文件适合于 Internet 的 FTP 传输方式；而实时性要求高、密级高的文件比较适合于专线网的消息中间件传输方式。③大多数的文件传输不仅是单纯地传输文件，而是与业务处理环节相结合，且随着业务的发展需要扩展出新的业务。见表 8-4。

表 8-4　B/S 模式在各种网络中的表现

评判标准	公用网络	内部网络	VPN 网络
传输速率	波动性大	稳定、快	较稳定、快
断线率	高、不适合传输大文件	低	较高、不适合传输大文件
可靠性	低	高	较高
安全性	低	高	高

（2）C/S 模式文件传输

C/S（client/server，客户机/服务器）模式又称 C/S 结构，是 20 世纪 80 年代末逐步成长起来的一种模式，是软件系统体系结构的一种。C/S 结构的关键在于功能的分布，一些功能放在前端机（客户机）上执行，另一些功能放在后端机（服务器）上执行。功能的分布在于减少计算机系统的各种瓶颈问题。目前大多数应用软件系统都是 C/S 形式的两层结构，由于现在的软件应用系统正在向分布式的 Web 应用发展，Web 和 C/S 应用都可以进行同样的业务处理，应用不同的模块共享逻辑组件；因此，内部的和外部的用户都可以访问新的和现有的应用系统，通过现有应用系统中的逻辑可以扩展出新的应用系统。这也就是目前应用系统的发展方向。

（3）两种模式在不同网络环境下的表现

通常在使用互联网的时候可以根据几个主要标准来评判网络质量。它们是速率、断线率、可靠性、安全性。速率是指资料上行与下行过程中每秒传送的字节数。断线率是指在传输过程中的连接中断情况。可靠性是指文件传输过程中的误码率等。安全性是指文件在传输过程中是否会被监听、转移、拷贝。

C/S 模式传输在不同环境下的表现如表 8-5。

表 8-5 C/S 传输模式在不同网络环境下的表现

评判标准	公用网络	内部网络	VPN 网络
传输速率	波动性大、速度较快	稳定、快	较稳定、快
断线率	较高	低	较低
可靠性	较高	高	较高
安全性	较低	高	高

从以上的对比可以看出，专线网络不管是利用 B/S 模式或是 C/S 模式传输文件，都能够达到很理想的效果。并且能够确保地质资料在传输的过程中的安全性。但是，专线网络的建设成本高，建设周期长。建立 VPN 网络是一种折中的传输环境，它的多项指标都接近专线网络的水平，并且通过数据加密技术、用户身份及设备认证技术保证了地质资料传输的安全性。由于其物理网络连接仍然使用了公用网络的物理线路，所以在建设 VPN 网络的过程中，大大地节省了硬件设施的建设费用，并且建设周期相对较短，可以在短时间内投入使用。公用网络的在线共享与传输，是在现阶段一直使用的技术。但是由于公用网络的各种网络条件复杂，使得其只能实现部分非敏感资料的共享。

第 9 章　地质资料数据中心建设研究

数据中心是数据集中存储和管理的中心，是信息化社会的 IT 基础设施，作为机构信息系统的运行中心、测试中心和灾备中心，承担着机构的核心业务运营、信息资源服务、关键业务计算、数据存储和备份，以及确保业务连续性等重要任务。在互联网大背景下，各行业业务数据类型正在发生着巨大的变化，数据中心是互联网当前及未来发展的方向。随着 IT 架构正在经历从“以网络为核心”向“以数据为核心”的转变，大量数据的绿色存储被提升到前所未有的位置，存储系统作为 IT 架构核心组成的地位得到空前强化，成为了海量数据存储的基础载体。如何高效地管理数据中心的数据，轻松实现对数据的访问，同时又能保证数据的安全是所有数据中心管理者关心的问题。

在地质资料管理与服务领域，地质资料数据中心建设是适应信息社会日益增长的对地质资料信息资源综合管理、服务的需求。运用现代信息技术对数字地质资料信息进行收集、加工、存储、组织管理，并通过各种网络平台提供公共地质资料信息服务和共享利用的地质资料信息集成管理系统，这是推进地质资料信息服务集群化产业化的重点工作之一，是构建集服务体系各节结群的关键。

9.1　地质资料数据中心建设的目标和原则

9.1.1　地质资料数据中心的作用

建设地质资料数据中心，有利于提高各级地质资料馆的工作效率和现代化水平，有利于确保地质资料永久存储与安全保管，有利于促进公共地质资料信息服务能力拓展和实现地质资料的社会共享。作用具体体现在以下四个方面。

（1）地质资料数据交换平台

通过数据中心来进行跨系统和跨平台的数据交换，是在互相关联的多系统、多平台并存的情况下，一种最有效和便捷的数据交换方式，可以极大地降低系统的复杂度，实现系统的松散耦合。

（2）地质资料数据共享平台

地质资料数据通过数据中心来存储和维护，可以保证不同业务系统之间所共享的公共数据的同步，保持数据的统一性和唯一性。

（3）地质资料决策支持平台

将不同业务系统日常数据的处理结果存储在数据中心，并对这些数据进行全方位的多维分析和处理，既构成了地质资料决策支持信息，又可以通过数据中心方便、快捷地提供给相关决策者。同时，随着时间的推移，逐渐积累的各类数据构成了地质资料“数据仓库”的基础。

(4) 地质资料数据服务平台

公共服务是两化工作的重点目标之一。数据中心作为地质资料数据服务的平台，为服务的创建、发布、查找、访问、合成以及服务工作流及其优化提供了统一的平台和运行环境。

总之，地质资料数据中心的建设将为促进对地质资料的分析研究及对资料内容的新理解。深度开发并充分利用地质资料，广泛开展更好地社会服务，从而大力推进地质资料信息服务集群化产业化建设的发展。

9.1.2 地质资料数据中心的建设目标

紧密依靠国家和当地信息化基础设施建设环境，充分利用各种各类网络资源，以先进的信息技术为手段，集成建设适应本部门一定时期内地质资料信息管理需要的网络平台，开发符合功能需求的信息系统，推动库存地质资料数字化、增量资料电子化，整合各级信息资源和服务资源，逐步实现对地质资料信息资源的网络化管理以及分层次多渠道提供地质资料信息资源利用和社会共享服务，推动地质资料信息服务集群化产业化发展。

地质资料信息资源建设、提供地质资料信息利用和社会共享服务，是一项长期任务，应分阶段推进，有步骤地实现。

9.1.3 地质资料数据中心的建设原则

地质资料数据中心建设应遵循“统一领导、统一规划、统一标准、统一建设、信息共享、面向服务”的指导方针，坚持“统筹规划、循序渐进，项目带动、重点突破，需求导向，合理适用、稳步实施，保证安全、易于扩充”的基本原则，积极推进，务求实效，推进规范化、标准化建设，建立互联互通、功能强大的地质资料数据中心。在建设的过程中应遵循以下几项原则。

(1) 统筹规划、循序渐进

国家、省级、大区级数据中心建设过程中，应当根据地质资料信息服务集群化产业化发展的基本要求和总体战略部署，综合考虑自身信息化发展水平、技术力量、资源规模、基础工作水平、资金投入等因素，确定总体布局和实施步骤。

(2) 项目带动、重点突破

实施项目带动战略，支撑和带动地质资料数据中心整体建设和发展。将数据中心建设分成若干子项目，以项目带动数据中心建设及推进各项工作的开展，有利于集中人力物力有针对性地解决数据中心建设过程中的核心、关键问题，有利于各级数据中心的资源和技术共享。

(3) 需求导向

地质资料数据中心建设应以需求为导向，着眼于专业机构、党政机关、社会公众在线利用地质资料信息资源的需求，推动地质资料信息资源的共享。应当按照信息安全等级的要求，采取相应的安全保障技术方法，配备必要的软硬件设施，建立健全安全管理制度，完善灾难恢复服务机制，确保地质资料数据中心建设和运行的安全。

（4）合理适用、稳步实施

要重视前期调研，进行可行性研究，各级数据中心应参考国家数据中心的指导意见，借鉴兄弟中心的建设经验，结合自身业务情况，提出创新性高、应用性强的功能需求，以确保系统开发和项目建设的合理性、适用性。在项目实施过程中，相关部门的业务人员应全程参与，及时研究和发现问题，纠正偏差。

（5）保证安全、易于扩充

坚持采用现代信息技术中的成熟技术，保证地质资料数据中心的安全性、可靠性、可扩充性、易维护性和开放性。要真正体现以数据为中心的建设思想，要从技术上保障数据中心的稳定、安全、经济运行。

9.2　地质资料数据中心总体结构

9.2.1　地质资料数据中心拓扑结构

地质资料数据中心由国家数据中心、区域数据中心和行业数据中心组成，其拓扑结构如图 9-1 所示。

（1）国家数据中心

国家地质数据中心是中国地质资料管理体系的重要组成部分，它侧重在当代信息技术支撑下，以数字信息或归档资料的数字化映射为主要工作对象，进行接收检查、描述整理、组织存储、加工服务、共享交换等工作。对内受国土资源部和中国地质调查局委托，接收与检查全国的地质调查资料，建立与国内各级地质资料部门的横向联系，开展资料数据利用、知识共享和其他信息交换工作。对外是地质资料方面与世界交流的窗口，代表国家建立与世界各国地质资料部门间的资料数据交换与合作共享工作。

（2）区域数据中心（大区、省级）

区域数据中心是连接国家地质数据中心与行业数据中心的桥梁，在国家数据中心的领导下接收与检查该区域的资料，建立与国内各级地质资料部门的横向联系，开展资料数据利用、知识共享和其他信息交换工作。

（3）行业数据中心

结合本行业的特点在上级中心领导下接收、加工并检查该区域的资料，开展资料数据利用和其他信息交换工作，开展数据的向上级数据中心提交工作。

9.2.2　地质资料数据中心建设内容

地质资料数据中心建设内容主要包括以下六个方面：

1）根据中心的基础数据、今后一定时期内数字地质资料增长规模以及数据中心各项管理和服务共享的需求，完成数据中心基础设施建设，包括基建设施、基础网络架构、基

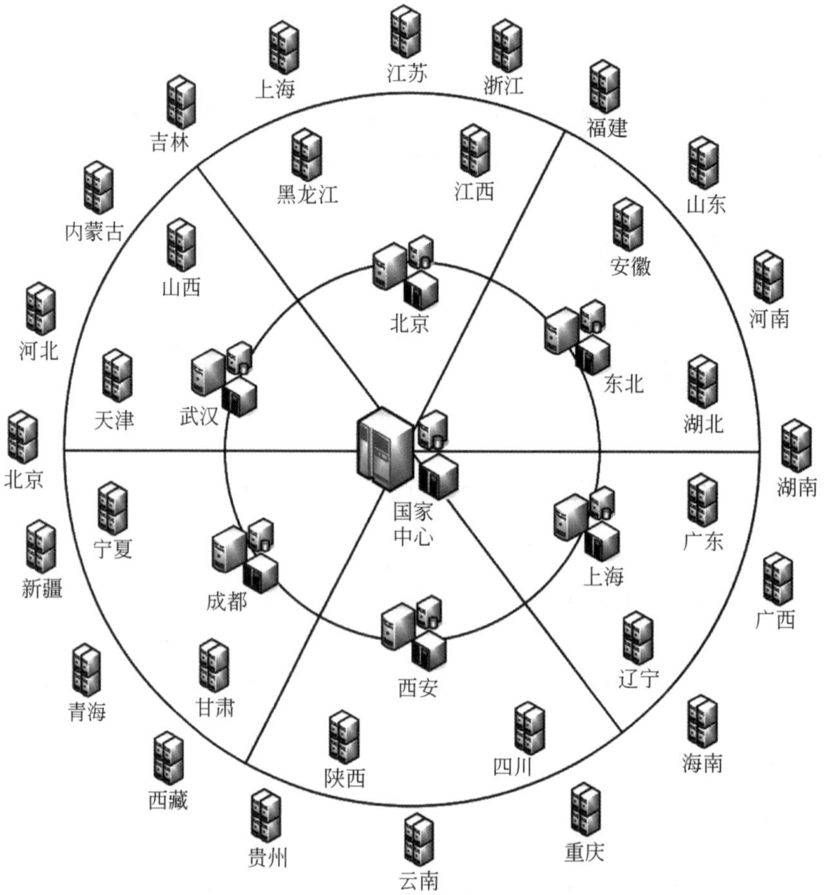

图 9-1　地质资料数据中心拓扑结构

础软硬件设备等。

2）开发或应用具备“收集、存储、组织管理、加工、共享、服务”功能的地质资料数据中心信息系统，实现地质资料管理的自动化、网络化，实现各级地质资料数据中心之间的数据集成、交换及产品开发，实现地质资料信息的社会共享服务。

3）全面推进地质资料基础数据库建设，逐步实施传统媒介地质资料的数字化转换，建立档案级与文件级目录数据库，依据一定策略采集地质资料电子文档元数据形成地质资料元数据库，积极推进电子文件的接收和管理，建立各类地质资料资源库群。

4）应用先进技术和相关管理手段，有效管理和组织地质资料，保证地质资料信息资源的可靠、可信且长期可用，减少地质资料信息对软硬件的依赖性，从而使地质资料档案具备传统档案所具有的原始性、凭证性和长期可读性。

5）运用多种技术手段，针对不同共享服务对象，通过不同渠道，实现地质资料信息资源分层共享和增值服务，方便、快捷地满足各类用户的共享服务请求。

6）配套建设地质资料数据中心安全保障体系，确保数据中心信息系统安全和地质资料档案数据的安全。

按照逻辑关系，可将地质资料数据中心的建设内容划分为五大部分：基础设施、数据及数据组织、业务处理、共享服务、安全保障体系。

（1）基础设施

支撑数据中心运行的载体和物质基础，包括数据中心机房、电子阅览室、配套办公场地等基建设施，基础网络设施，系统运行所需的软硬件设备。

（2）数据及数据组织

依据统一的标准规范、时空模式，按照逻辑统一、物理分散的技术原则，形成由目录数据与元数据库、电子文档数据、国家与区域地质数据库、资料数据产品数据库和情报数据库等构成的数据库体系。

（3）业务系统

地质资料数据中心的主要业务对象就是归档资料及其对应的目录数据和元数据，以及衍生的数据产品。

数据中心核心业务及其流程包括：归档地质资料的形成、归档地质资料汇交与检查、归档地质资料整理与著录描述、归档地质资料长期保存处理、归档地质资料服务加工、数据目录共享与交换、归档地质资料数据服务。

（4）共享服务

各级地质资料数据中心本着“集成共享、独立运营”的原则，提供一致的共享交换平台并发布服务，利用各种方式、途径向各类用户提供地质资料信息共享服务。国家级数据中心将根据国土资源部和中国地质调查局的授权，代表国家与全球其他地质矿产组织机构建立资料数据共享、交换关系，开展国际合作，建成全球地质资料信息中心。

（5）安全保障体系

安全保障体系建设是地质资料数据中心建设的基础工作，数据中心的安全包括地质资料数据的安全和信息系统及网络平台的安全。数据安全就是要保证数字地质资料信息的可靠、可用、不泄密、不被非法更改等，系统及其网络平台安全就是要保持系统软硬件的稳定性、可靠性、可控性。从具体工作角度看，安全保障系统包括环境安全、系统安全、数据安全和应急计划四大部分。

9.3　基础设施建设

各级数据中心在基础设施建设过程中，要结合自身情况和业务发展需求，合理规划，要考虑投入成本，同时兼顾工程质量、系统性能和发展需求，综合考虑基建设施、网络系统、软硬件系统的设计与构建。

9.3.1　基建设施

基建设施包括数据中心机房、数字阅览室、配套办公场地等方面。

9.3.1.1　数据中心机房

数据中心机房是中心设备、系统集中管理和运行的场所，应提供一个满足计算机系统、网络设备以及配套设施安全、可靠、正常运行并能延长设备使用寿命的要求，且符合国家相关法规、标准、规范的技术场地。数据中心机房设计与施工的优劣将直接关系到机房内设备系统是否能稳定可靠地运行，是否能保证各类信息通信的畅通可靠。

数据中心机房环境必须满足各种计算机设备以及工作人员对温湿度、洁净度、噪声、电磁干扰、振动、防静电、防漏、电源质量、防雷接地、安防等要求，此外还要能够给机房工作人员提供一个舒适、典雅的工作环境。规划设计机房应考虑装修工程、配电工程、空调工程、弱电工程、消防工程等各方面的要求。

（1）系统设计、施工参考的重要标准

建筑装饰部分参照标准：

《电子计算机机房设计规范》GB 50174-93

《计算站场地技术要求》GB 2887-89

《计算站场地安全技术》GB 9361-88

《防静电活动地板通用规范》SJ/T 10796-2001

《通信机房静电防护通则》YD/T 754-95

《电子计算机房施工及验收规范》SJ/T 30003-93

《建筑设计防火规范》GBJ 16-87

《建筑内部装修设计防火规范》GB 50222-95

《民用建筑工程室内环境污染控制规范》GB 50325-2001

电气部分参照标准：

《电子计算机场地通用规范》GB/T 2887-2000

《电子计算机房设计规范》GB 50174-93

《计算站场地安全要求》GB 9361-88

《民用建筑电气设计规范》JGJ/T 16-92

《工业与民用供电系统设计规范》GBJ 52-82

《低压配电设计规范》GB 50054-95

《通用用电设备配电设计规范》GB 50055-93

《建筑物防雷设计规范》GB 50057-94

《通信机房静电防护通则》YD/T 754-95

空调通风参照标准：

《电子计算机机房设计规范》GB 50174-93

《建筑设计防火规范》GBJ 16-87

《采暖通风与空气调节设计规范》GBJ 19-87

弱电系统参照标准：

《电子计算机房设计规范》GB 50174-93

《智能建筑设计标准》GB/T 50314-2006

《安全防范工程程序与要求》GA/T 75-94

《建筑与建筑群综合布线系统工程设计规范》GB 50311-2007

《民用闭路监视电视系统工程技术规范》GB 50198-2011

《通用布线系统信息技术欧洲标准》EN 50173

《建筑与建筑群综合布线系统工程施工与验收规范》GB 50312-2007

《工业企业通讯接地设计规范》GBJ 79-85

消防报警系统参照标准：

《电子计算机机房设计规范》GB 50174-93

《建筑设计防火规范》GB 50016-2006

《气体灭火系统施工及验收规范》GB 50263-2007

（2）总体布局

数据中心机房应包括以下的功能布局：主机房、监视区、操作间、配电室、UPS 电气间、配电室、数据容灾间等。

1）主机房

放置各类主机设备及机房专用恒温恒湿空调。

2）监视区

监视系统及设备的运行状态。

3）操作间

系统操作及管理人员的工作场所。

4）备份介质存储间

专门存放各种存储介质的空间，实现数据备份和异地存储。

5）UPS 电气间

放置 UPS 不间断电源设备。

6）配电室

放置总配电柜、照明和地插配电箱、空调配电柜等。

7）数据容灾间

放置数据容灾设备。

（3）配电系统

包含设备供电、机房照明、电源插座、防雷接地等，配电系统是数据中心机房整个工程的重点，负荷等级按一级负荷设计。机房供电不间断，质量稳定无干扰。配置大容量不间断供电电源系统，机房总配电从建筑物的总配电柜单独引回路进入机房。低压系统配电采用 TN-S 系统。低压配电柜采用定做的专业配电箱，该配电箱根据国家、国际标准设计制造，全部采用专用汇流排连接，结构紧凑、防火等级高。所有配件均采用优质产品，设置自动切投装置，关键设备平时用 UPS 供电，在 UPS 发生故障或维护断电时，自动切投装置应在极短的时间内自动将输入切投到市电供电。考虑到维护方便，应将市电配电和 UPS 配电集中设置于大配电柜，考虑到将来设备的扩充，各开关屏均设置备用回路。各种电器元件、自动空气开关、熔断器、接触器等应符合设备负载电压和电流的要求。

（4）空调系统

机房中的设备在运行中散热量大而且集中，此外，计算机设备及网络设备 24 小时不间断运行，所以主机房需要设置恒温恒湿机房专用精密空调，要求湿度调节达到 A 级机房的标准要求，同时要考虑以后的增容问题。监视间、操作间及其他辅助用房采用中央空调或采用舒适型空调，但监视间和操作间需增加通风系统。

(5) 安防系统

1) 视频监控系统。选择性能优越的闭路监控、防盗报警设备组成智能化程度高的闭路监控系统，对机房区域实施灵活而严密的监视，达到进入机房就能实现全程跟踪的目的；当有非法侵入信号产生时系统能够自动报警、录像并实现与门禁系统的联动。采用配置大容量硬盘，能够支持十天的不间断录像硬盘录像机，搭配外置的刻录机，能够将录像资料转录到光碟里。硬盘录像机基于 TCP/IP 结构，具有 16 路视频输出接口，可以是通过 IP 网络和传统监视器两种方式浏览。

2) 门禁系统。选择智能化程度高的、性能优越的门禁系统和设备，灵活而严密地控制机房内的各重要出入口通道，拥有各持卡人进出记录等一系列管理信息，具有报警接口，当有非法侵入信号产生时可强行关闭相应的门。这样一来，既方便了持卡人，又利于新型管理模式的运行；既满足了当前的功能需求，又考虑了正在发展的科技需求，为工作人员提供一个安全、方便、舒适、智能的工作环境。

3) 设备检查系统。机房空调系统在制冷过程中有冷凝水析出，为避免万一漏水给机房内设备带来不良影响，应在空调设备下方设置漏水感应带和自动报警系统对空调机房漏水实行实时监控。火灾是计算机房可能遇到的各种灾害中发生概率较大、危害较大的一种，而且它造成的损失将是十分巨大甚至是无法估计的。为解决好机房的防火问题，除在机房设计、施工时采取相应的防范措施外，同时还必须设置火灾自动报警系统和自动灭火设施。

9.3.1.2 数字阅览室

数字阅览室可分为涉密和非涉密阅览室两种。涉密数字阅览室针对专门用户，提供在线浏览、阅读涉密地质资料及其产品；非涉密数字阅览室针对公众用户，提供在线浏览、阅读非涉密共享地质资料及其数据产品。

数字阅览室的建设要求和指导意见如下：

1) 国际级地质资料数据中心的数字阅览室应提供不少于 60 套在线阅读终端，省和大区数据中心可根据自身情况酌情调整；有条件的数据中心可适当配置适应新媒体在线阅读的终端设备，如用于三维虚拟场景的数据头盔、用于三维虚拟场景交互的数据手套等。

2) 非涉密数字阅览室与数据中心外网连接，涉密数字阅览室与数据中心内网连接。内网与外网物理隔离。涉密数字阅览室不提供互联网连接，并禁止用户离线拷贝。为保障数据阅读的流畅，应为数字阅览室终端提供足够的带宽。

3) 电子阅览室的室内装修、灯光、空调及消防设施应遵循公共机房及其他公共场所的相关标准及规定。

9.3.2 网络系统

网络系统是数据中心的骨架，是数据中心内部、数据中心之间、数据中心与用户之间数据交换的纽带，可靠的网络系统是数据中心高效运行的基础。

根据安全和涉密数据管理的需要，数据中心网络系统应包括内网和外网两套局域网，内外网物理隔离，按照国家保密要求建设。

内网用于运行内部办公系统、涉密地质资料的存储管理，通过路由器接入国土资源信息专网，实现国土资源信息共享和交换。

外网通过防火墙接入国际互联网，为社会提供地质资料信息服务。

综合布线采用以太网，主干采用千兆光纤，终端采用百兆到桌面，以保证今后较长时期内满足数据快速传输的需要。

网络是连接所有数据中心 IT 组件的唯一通用实体，构建坚实的网络基础设施将为数据中心的管理与运行提供保障。通常来讲，业务可分为多个子系统，彼此之间会有数据共享、业务互访、数据访问控制与隔离的需求，根据业务相关性和流程需要，需要采用模块化设计，实现低耦合、高内聚，保证系统和数据的安全性、可靠性、灵活扩展性、易于管理。数据中心基础网络设计原则为分区、分层和分级设计，如下所述。

（1）数据中心分区设计原则

分区，即把面向用户的整个 IT 系统按照关联性、管理等方面的需求划分为多个业务板块系统，而每个系统有自己单独的核心交换、服务器、安全边界设备等，需要逐级访问控制。良好的逻辑分区设计与安全域划分成为数据中心网络的必备基础。通常情况下可以把数据中心的服务器与业务系统分成内网区（intranet）、外联区（extranet）和互联网区（internet），并在此基础上对业务流程进行深入细化。见图 9-2。

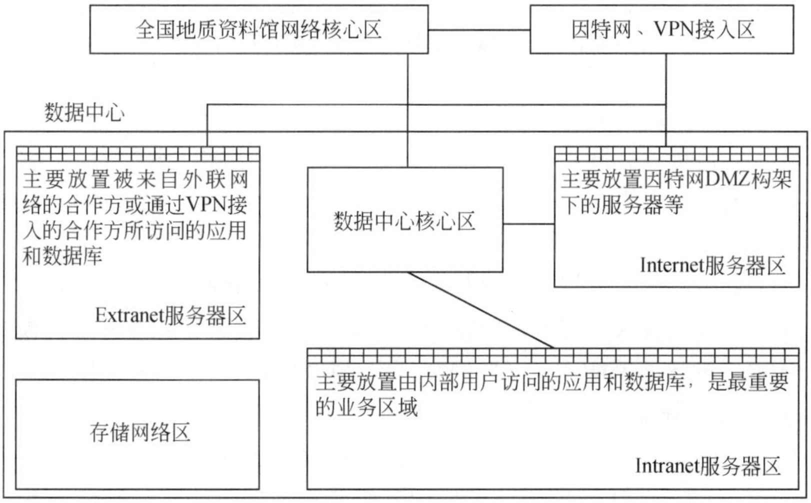

图 9-2　数据中心分区设计示意图

内网区：企业内部访问的数据中心区域，通常称为内网区，对外部网络不可见。

外联区：企业提供给合作伙伴访问的数据中心区域，通常称为外联区；通过 VPN 接入实现对服务器群的访问和不同企业的隔离。

互联网区：企业提供给 internet 用户访问的数据中心区域，也常称为 DMZ 区。外部用户通过公网访问，一般就是放在企业门户网站的服务器群。

(2) 数据中心分层设计原则

数据中心层次化设计包括网络架构分层和应用系统分层两个方面。在当前网络及安全设备虚拟化不断完善的情况下，应用系统分层可完全通过设备配置来实现逻辑分层，不影响网络的物理拓扑。分层的主要根据是内外部分流原则，把数据中心网络分成标准的核心层、汇聚层和接入层三层结构。服务器与业务系统之间的流量大部分在单个功能分区内部，不需要经过核心层；分区之间的流量才经过核心层，而且在每个分区的汇聚层交换机上做互访控制策略会更容易、对核心的压力会更小、故障影响范围更小、故障恢复更快。网络各层的职责大致定义如图 9-3。

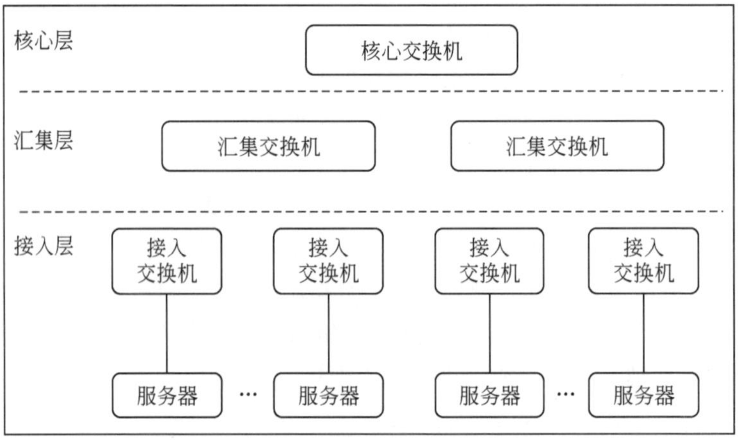

图 9-3　数据中心网络架构分层示意图

核心层：主要负责的是数据的交换与路由，不负责处理。该层主要提供多个数据中心汇聚模块互联，并连接园区网核心；要求其具有高交换能力和突发流量适应能力。

汇聚层：主要负责的是数据的处理、选择和过滤等操作，要求能对外提供高带宽接口。

接入层：主要负责的是数据的接收与发送，负责端到端的链路建立和释放。要求支持高密度千兆接入、万兆接入；接入总带宽和上行带宽存在收敛比和线速两种模式；基于机架考虑，1RU 更具灵活部署能力；支持堆叠，更具扩展能力；上行双链路冗余能力。

(3) 服务器接入分级设计原则

目前的应用访问架构已经逐步由传统的客户机/服务器 (C/S) 架构向浏览器/服务器 (B/S) 变迁，B/S 的应用访问架构要求采用三级的服务器架构，从整体来看包括三个层次，见图 9-4。

Web 接口级层：负责应用界面的提供，接受客户端请求并返回最终结果，是业务系统和数据的对外界面。如 IIS、Apache 服务器等。

应用级层：负责数据的计算、业务流程整合，如常见的 WebLogic、J2EE 等中间件技术。

数据级层：负责数据的存储，供业务系统进行读写和随机调用。如 MS SQL Server、Oracle 9i、IBM DB2 等。

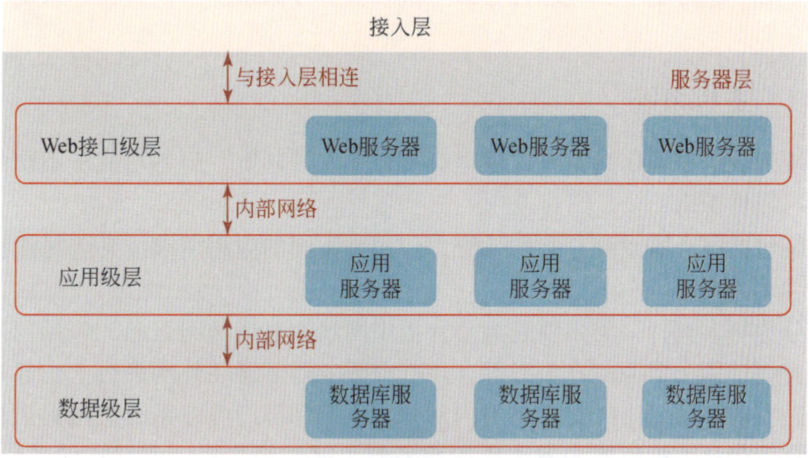

(a)纵向结构

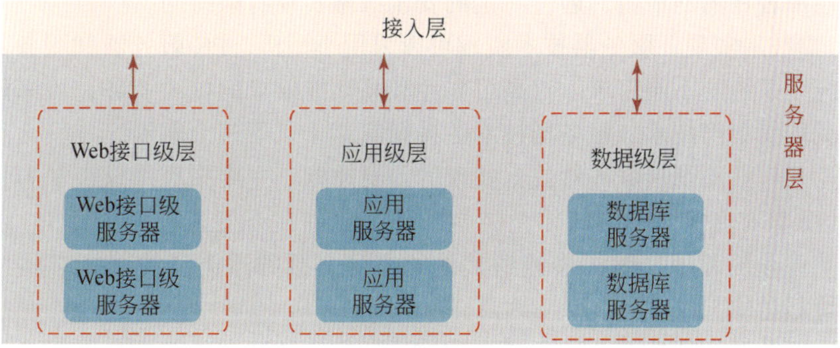

(b)扁平结构

图 9-4　三级的服务器架构

三级之间通过交换网络的互联，层层的安全保护，形成结构清晰的易于部署的服务器接入架构。三级之间的互联又分成纵向和扁平两种结构。

纵向结构的特点是客户请求计算结果必须逐层访问，返回数据也要逐层原路返回。纵向结构清晰、管理简单，但效率比扁平结构要低一些。

扁平化结构的特点是数据层服务器会将结果直接返回给客户，不需要再由接口层服务器进行处理，所以也管这种结构叫三角传输。与纵向结构相比，扁平化结构最大的好处是可以减少服务器的网卡接口数量，从而节省投资。然而其缺点是没有清晰的层次，部署维护的复杂度就会相应提升。

总体来说，当前数据中心实际组网建设中，这两种方式都不占据绝对优势，选用哪种结构完全取决于规划者的考量重点。

9.3.3　软硬件系统

数据中心的硬件设备与平台软件是整个系统的支撑，是数据中心正常运作的保障；构建可靠、高效、高成本效益的硬件系统并和软件系统紧密配合是整个系统良好运行的基础。在数据中心实施方案中，应综合考虑主机系统、存储系统、平台软件系统及辅助设备的选用。

9.3.3.1 主机系统

主机系统为数据中心信息系统提供运行平台和支撑环境，为各功能子系统的可靠、安全、高效运行提供保障。

主机系统包括服务器系统和终端系统，应根据不同的应用需求，灵活配置和部署。

(1) 服务器系统

服务器分为两大类，一类主要是为公众提供网站和查询访问服务，包括门户网站、地质资料目录查询、国土资源信息服务等，该部分服务器部署在外网平台上，通过安全的方式接入互联网实现互访。第二类主要为内部公共系统和部门业务系统应用提供数据存储和查询访问支持，包括数据库服务器、应用服务器、网站服务器、内部邮件系统服务器等，这部分服务器部署在内网平台，通过一定的安全策略实现有限访问。

1) 服务器技术实现。服务器技术实现可以采用小型机、PC 服务器和服务器集群技术来满足各种应用系统的不同需求。对高可靠性和高性能要求的核心业务，可采用服务器热备集群和负载均衡集群技术。服务器技术的选择应基于以下三个原则。

兼容性：兼容性原则是服务器技术实现的首要原则。主要指应用软件兼容性，由于小型机和 PC 服务器有着完全不同的体系结构，部分软件在开发过程中用到 PC 服务器或小型机系统中某些系统调用，无法移植到其他的系统。服务器类型的选择必须与软件的开发、使用环境相适应。

安全性：服务器的硬件安全性主要表现在设备运行的稳定性和部件的冗余性，在这一点上小型机要高于 PC 服务器。数据层服务器是业务系统的核心，在整个系统中起着重要的作用，因此在不违背兼容性的前提下对于关键性业务应优先考虑使用小型机作为数据库服务器。

高可用性：地质资料数据中心业务系统从事重要的应用，这些应用要求实现不间断的数据服务。数据库服务器应采用群集的方式运行，保证不会由于意外情况宕机，保证业务连续性。

2) 常用的服务器部署。地质资料数据中心常规服务器部署有：数据库服务器、地质资料图文浏览服务器、档案管理服务器、备份服务器、文件服务器、信息服务服务器等，应根据业务需求采用单个服务器、服务器集群、热备集群方案。对于单个服务器的部署，对容易发生故障的部件配置冗余模块，如配置双网卡、镜像系统盘、配置冗余电源和冗余散热风扇，从而保证单台服务器达到很高的可用性。

数据库服务器：部署在内网平台提供数据存储与查询功能，建议采用高档 64 位小型机集群，有条件的话采用服务器热备集群以确保高可用性。

地质资料图文浏览服务器：部署在内网平台，提供地质资料图文浏览服务，建议采用高档 PC 服务器集群。

地质资料产品加工服务器：部署在内网，用于地质资料数据产品加工，建议采用高档 PC 服务器集群。

档案管理服务器：部署在内网，为资料馆提供电子档案管理、查询等服务，建议采用中档 PC 服务器。

备份服务器：部署在内网平台，用于数据备份的管理与控制，建议采用中档 PC 服务器。

文件服务器：部署在内网平台用于文件的共享与交换，建议采用中档 PC 服务器。

国土资源信息网应用服务器：部署在外网，用于提供国土资源信息服务，建议采用高档 PC 服务器集群。

门户网站及信息网服务器：部署在外网，用于提供门户网站和地质资料查询等公众信息服务，建议采用高档 PC 服务器集群，有条件的话采和服务器热备集群和负载均衡集群以确保高可靠性和可用性。

（2）终端系统

终端系统主要用于数字化资料采集、数据处理工作站、系统测试与维护、系统与安全管理、办公自动化终端、电子阅览室终端。终端系统根据其用途，可采用图形工作站或普通 PC 机。

9.3.3.2　存储系统

存储系统是存储和管理数据的重要平台，是数据中心其他功能子系统正常运行的中心和交换枢纽。在数据中心建设过程中，应根据各级中心的数据量和共享用户数量等需求，合理配置，以保证数据中心合理安全的存储容量和较快的网络传输速度。

综合考虑扩充性、访问性能及数据安全性，建议数据中心存储系统采用 SAN 存储架构，并配备数据库服务器、文件存储器、备份服务器、异地容灾中心等构成的独立的、高可靠、易扩展的存储服务平台。

SAN 是一个独立于服务器网络系统之外的高速存储网络，这种网络采用高速的光纤通道作为传输媒体，以 FC 协议作为存储访问协议，将存储子系统网络化，实现了真正高速共享存储的目标。

（1）存储设备

综合使用磁盘阵列、磁带机及磁带库作为存储设备，磁盘阵列用于集中的、大容量数据的在线存储和访问，如：用户馆藏中央存储、数据验收整理、数据加工处理、在线数据共享服务等环节。磁带机与磁带库用于不同数据环境下的数据备份。

磁盘阵列作为在线数据的存储设备，其性能的好坏、可靠性的高低都直接决定了存储系统的性能表现。配置磁盘阵列时，应从性能、可靠性、扩展能力等方面综合评价。

此外，为保证数据的安全，必须对磁盘阵列进行安全性设计：

1）采用高可靠性的独立冗余磁盘阵列（RAID）保护技术：为保证数据存储的安全，磁盘阵列必须提供多种 RAID 保护技术，如 RAID 0、1、5、1+0 等，尤其对故障率相对较高的 SATA 磁盘采用双盘校验的 RAID 技术，将由于磁盘故障导致数据丢失的可能性降低到最小。

2）采用具有高可靠性的磁盘阵列：采用主流的高性能磁盘阵列，采用双控制器配置的磁盘阵列，系统关键部件没有任何单点故障，保证设备具有 99.999% 的可靠性。

（2）数据备份

地质资料数据中心中的数据是核心，数据的安全性关系到整个系统能否正常的运行。为了充分保护数据，应配置一台专用的备份服务器进行数据备份，保护系统中其他服务器中的重要数据。备份服务器上安装备份系统的控制管理中心，数据库服务器和应用服务器上分别安装备份客户端和数据库备份模块，在备份服务器的统一控制下定时、自动地实现备份。

存储介质方面可采用二级备份模式，采用虚拟磁带库作为在线热备份的存储介质，同时配置物理磁带库实现数据的磁带存储并用于数据归档。

（3）数据容灾系统

数据的集中就带来了风险的集中，因此必须考虑机房火灾等各种灾难对数据安全造成的威胁，建设数据容灾系统势在必行。

根据数据容灾建设的一般要求，必须在异地机房建设一套与子午工程数据中心基本一致的存储系统，保证当灾难发生时，重要数据能够在异地有一份保存。

容灾中心可以采用与存储系统相同的架构，用磁盘阵列的远程数据复制功能来实现重要数据的异地容灾，并通过磁带库实现异地数据备份。但配置的档次和性能要求可低于在线的存储系统。

9.3.3.3 其他辅助设备

包括日常工作中所必需的辅助设备，包括辅助终端设备、数字化设备及三维虚拟化终端。

辅助终端设备包括输入、输出设备，通常是指独立工作的计算机、打印机、复印机等。

数字化设备包括扫描仪、数码照相机、数码摄像机、非线性编辑系统等。

三维虚拟化终端包括，用于三维虚拟场景浏览的数据头盔，用于三维虚拟交互的数据手套等设备。

9.3.3.4 平台软件系统

软件系统包括平台软件、数据库系统软件、GIS 平台以及其他软件。它们部署运行于服务器系统和终端系统中，是数据中心应用系统的运行环境和支撑平台，平台软件系统的性能和可靠运行是整个系统可靠运行的基础。

（1）系统平台

需要高可靠性运行的存储系统、核心数据库服务器，建议配置 UNIX 操作系统。对大负荷、高扩展性要求的应用系统服务器或服务器集群，以及系统管理、安全管理、研发管理、测试、文件管理、其他数据库等服务器，主要配置 Windows 操作系统。对办公终端、图形工作站、开发、测试及维护终端、数字阅览室终端等设备，主要配置 Windows 系统。

（2）数据库平台

数据库系统首先满足数据存储和管理的需求，并充分考虑技术和管理成本；其次应注意操作系统和应用软件对数据库系统的支持；再次要考虑其开放性和扩展性，为将来系统的升级和迁移免除后顾之忧。

核心数据库应采用性能优越的大型关系数据库，如运行于小型机和UNIX系统的Oracle数据库，Windows系统上以Microsoft SQL Server为主。

（3）GIS平台

GIS平台主要使用ArcGIS和MapGIS。其中，ArcGIS主要用于空间数据存储、发布与交换数据产品的生产，少量用于数据收集、加工处理与应用服务系统开发。MapGIS主要用于数据收整、检查与加工处理，特别是用于基本数据产品生产和应用服务系统开发。此外，ERDAS软件用于遥感数据处理。

（4）其他商业产品

根据数据采集、管理和产品加工等方面的需要，配置其他一些系统软件和工具软件，如数据仓库、数据交换、OCK、格式转换、非线性编辑、全文检索等方面的软件，用于扫描、识别、开发虚拟三维建模等方面的商业产品。

9.4　业务系统建设

地质资料数据中心的业务系统负责资料的接收和验收工作，并负责馆藏资料的保管和利用，建立地质资料索引目录库，开展地质资料的共享、借阅服务及纸质资料数字化等工作。

全国数据中心接收来自于地调局六大区、省级数据中心转交及项目承担单位直接汇交的地质资料。省级数据中心接收项目承担单位的汇交资料，并向全国数据中心转交。

各级数据中心负责对所收的资料验收、入库；提供相应的场地和设备对接收入库的资料进行保管和备份；依据相关政策制定对公开性资料及涉密资料的共享和借阅制度，实现对馆藏资料的检索、借阅、复制加工等服务。

业务系统包括资料收集、资料整理、资料管理、数据服务、综合管理，共五个部分。

9.4.1　资料收集

地质资料数据中心收集所辖各级单位的地质调查资料，包括电子文档和实物资料，对汇（转）交资料进行验收。

全国地质资料数据中心的资料报送单位包括全国31个省级资料馆、地调局六大区所、中国石油天然气集团公司和中国海洋石油总公司等大型国有企业、项目承担单位（地勘单位）等。各省级数据中心的资料报送单位主要包括中国石油天然气集团公司和中国海洋石油总公司等大型国有企业、项目承担单位等。

资料收集包括资料报送子系统和资料验收子系统，共两个子系统。

（1）资料报送子系统

资料报送子系统接收各汇交单位的汇（转）交资料，实现资料报送和资料接收的流程管理。资料报送子系统支持在线和离线两种方式的资料报送。

1）离线报送。离线资料报送的地质资料一般包括纸质资料和光盘数据两种载体。报送子系统需要执行电子资料导入、查重等处理流程。

2）在线报送。在线资料报送通过在线方式接收资料汇（转）交单位传送的电子资料，执行查重等处理流程。同时由汇交单位移交相应的纸质资料。与纸质文件对应电子文件的移交和接收之前，应要求和督促立档单位建立正确无误的对应关系，并保证纸质文件与电子文件内容的一致性。

资料报送子系统通过对资料报送单位、报送人、报送单、报送内容的管理，实现资料报送及过程管理的信息化。报送子系统还应具备对报送资料的统计功能和欠交资料列表统计等功能。

（2）资料验收子系统

地质资料数据中心对接收的地调资料，需要进行规范性整理及合格性检验，验收合格后才能执行后续的资料整理和入库工作。

资料验收子系统通过对验收任务、验收内容、验收任务分配、验收人员、验收报告单、验收问题的管理，实现地质资料验收及过程管理的信息化。资料验收子系统还应提供对资料验收情况的统计功能。

验收未通过的资料，需要报送人重新报送补充替换资料。通过验收后，向报送人发放汇交凭证和报送单回执。

（3）参考标准与规范

《数据交换接口标准》

《元数据标准》

《互联网数据中心信息安全管理系统技术要求》YD/T 2248-2011

《电信网和互联网信息服务业务系统安全防护要求》YD/T 2244-2011

《电子文件归档与管理规范》GB/T 18894-2002

9.4.2 资料整理

地质资料数据中心收集各汇交单位汇交的地质资料并验收通过后，需要对所接收的各类资料进行整理、比对、分类、编目、著录、元数据提取、入库、资源库建设等操作，对实物资料逐步开展数字化工作。使无序信息有序化，并实施有效控制。

资料整理包括资源整理子系统、著录子系统、地质资料资源库建设、资料档案数字化，共四个子系统。

（1）资源整理子系统

在对信息资源进行有序、有效管理之前，必须进行整理，包括分类、元数据提取、联合编目、价值鉴定、开放审查等。应当将数字地质资料信息进行有序排列。当前国家尚未制订针对数字地质资料信息分类的规则，在数据中心建设中，可以参照传统载体资料的分类、排序方式，结合数字地质资料信息的特点，确定数字地质资料信息的合理分类方案。

电子文件或数字化地质资料信息发布利用之前，必须进行开放利用的鉴定工作，并通过技术检查，譬如清晰度、准确性、完整性检查，以便让利用者有效检索、阅读和理解数字档案信思。

地质资料信息发布到网络时，要根据不同的网络传播范围、用户范围、使用方式等对地质资料信息进行处理。对涉及国家机密、知识产权或个人隐私及其他敏感信息的地质资料信息，应当按照国家法律法规要求，进行划控处理。涉密信息只能在涉密网发布；内部信息只能在内网（包括政务网和数据中心局域网等）使用；开放信息可以在公众网发布。

（2）著录子系统

著录子系统采集地质资料的目录性信息和元数据信息，并导入到目录数据库及元数据库中。大区及省级地质资料数据中心还需要将采集的目录数据和元数据汇交到全国数据中心。

著录子系统通过对资料案卷、资料文件、汇交资料、转交记录的管理，实现资料著录管理的信息化。

著录子系统还应该能够按照多种条件对资料案卷和资料文件进行检索，同时能够按照资料构成、资料涉密情况对资料案卷和资料文件进行统计。

（3）地质资料资源库建设

采取数据库技术，运用计算机及相关技术设备管理庞大复杂的数字化地质资料信息，建设地质资料资源库。地质资料资源库包括目录数据库或元数据库、内容数据集等。

目录数据库是数字地质资料资源管理的基础，它是将反映数字地质资料特征的规范数据，依照一定的字段要求存入计算机中，通过系统的排序等处理，形成由计算机检索的目录数据体系。目录数据库建立的方式主要有两种基本，一是通过传统载体和实物资料数字化采集，一般是通过人工录入建库方式建立；二是通过接收电子文件方式形成的数字地质资料，通过档案管理系统自动采集生成或从数字档案元数据库中提取而形成，经过数据整理规范审核与补充完善后建立。

数字地质资料元数据是保证数字档案可靠和可用的一项重措施。元数据库建设按照数字地质资料元数据采集规范要求建立。元数据采集方式主要是通过对电子文件或数字地质资料的背景、结构和管理过程信息进行自动生成和适当人工添加而形成。

内容数据集是数字地质资料资源建设的主体，它是通过数据库、数据仓库等技术方法将地质资料全文按照一定的分类、排序方式排列形成的集合。内容数据一般通过与目录数据挂接方式实施有效管理。随着信息技术，特别是检索技术的发展，将来也会采用其他技术方法对内容数据进行有效管理。对于由电子文件归档形成的电子档案，其内容数据还应与其元数据建立持久有效的联系，防止非法修改，采取技术措施，确保其可靠和可用。

（4）资料档案数字化

对传统载体及实物资料的数字化是现阶段数字档案资源建设的一个重要途径。实物数字化工作是一项系统工程，涉及档案保管、保护、整理、鉴定、转换、存储、利用等多个环节，应当统筹规划，分步实施。应当通过数字化工作，对数据中心的各种资料进行全面的梳理，为数字化工作提供高质量的资料来源。

数字化加工一般采取自主加工和委托加工两种方式进行。自主加工是档案馆自行配备数字化加工设备，自行组织人力开展数字化加工。这一模式适用于少量重要、核心实物资料的数字化加工。委托加工是将应数字化的实物资料，委托专业公司实施加工。这一模式效率相对较高，投资相对节省，普遍适用于各类档案的数字化加工。档案馆所委托加工的公司必须是具有相关保密资质的专业公司。

（5）参考标准与规范

《纸质档案数字化技术规范》DA/T 31. 2005

《中国档案机读目录格式》GB/T 20163-2006

9.4.3 资料管理

资料管理包括纸质资料和电子文档两个部分。纸质资料采用库房加密集架的方式进行保管，库房安装有电子门锁等安全设施，对出入库人员有完整的记录。电子文档采用Raid-5的硬盘阵列加服务器的方式进行在线存储，对电子文档的存取通过操作系统的权限进行控制，只有具有超级权限的管理员可以对电子文档进行修改。

对电子文档还通过光盘、硬盘、磁带等方式进行离线备份管理，确保电子文档安全。

资料管理还包括对馆藏资料进行实物账登记、资料出入库以及提取归还、复制加工等相关操作要进行登记，并定期进行库存资料清点，及日常的安全、卫生等检查工作，确保资料的安全。

资料管理系统包括电子资料管理子系统、资料保管子系统和数据备份子系统。

（1）电子资料管理子系统系统

电子资料管理子系统通过对电子卷、电子文档、电子文件、电子文件格式、电子文件第三方软件、电子文档用户组、电子文档用户及电子文档用户操作日志的管理，实现了电子文档管理的信息化。

电子卷是进行在线电子文档存取的基础信息。电子文档用户组按照资料的密级来创建，包括公开、国内、内部、秘密、机密、绝密六种。电子目录通过所对应资料的密级来指定用户组。设置了用户组的电子目录只允许该用户组内的用户进行存取，未设置用户组的电子目录被认为是公开的，可被任何用户存取。

每种电子文件都要明确其电子文件格式，需要指定特定的第三方软件支持及其运行环境与版本要求，例如DOC类型需要Microsoft Word，PDF需要PDF Reader等。对电子文档的存取需要用户进行登录后才能进行。管理系统需要记录电子文档用户对电子文档操作过程的日志记录，并提供日志管理和检索功能。

电子资料管理子系统还应为资料收集、资料整理、产品加工、数据服务提供高效、可靠的数据存储环境，以方便它们对电子资料的有效、快捷访问。提供集中、统一的存储控制和管理系统，实现安全和策略管理，并提供对底层存储系统状态的实时监控。

（2）资料保管子系统

保管子系统通过对库房、库房温度与湿度、密集架、资料架、资料装具、资料盒的管理，实现资料保管的信息化。

每个库房都安装有多组密集架，每组密集架包括若干排资料架，每排资料架上摆放多个资料盒。资料盒是装有资料文件的资料装具，资料文件装盒需按装盒规范进行。

资料保管子系统实现对库房、密集架、资料架、资料装具、资料盒的增加、删除和修改操作管理。对资料盒实现提取、归还、上架等管理，资料的提取和归还以盒为单位。此外资料保管子系统还应具有资料入库情况统计功能。

（3）数据备份子系统

数据是地质资料数据中心的核心，数据的安全性关系到整个系统能否正常的运行。为了充分保护数据，应配置一台专用的备份服务器进行数据备份，保护系统中其他服务器中的重要数据。备份服务器上安装备份系统的控制管理中心，数据库服务器和应用服务器上分别安装备份客户端和数据库备份模块，在备份服务器的统一控制下定时、自动地实现备份。

存储介质方面可采用二级备份模式，采用虚拟磁带库作为在线热备份的存储介质，同时配置物理磁带库、光盘系统或磁盘系统实现数据的物理备份与数据归档。

在条件允许的情况下，数据中心应建设容灾中心，以防范火灾等灾难对数据安全造成的威胁。容灾中心要求在异地机房建设一套与数据中心基本一致的存储系统，保证当灾难发生时，重要数据能够在异地有一份保存。容灾中心可以采用与存储系统相同的架构，如磁盘阵列的远程数据复制功能来实现重要数据的异地容灾，并通过磁带库、光盘或磁盘实现异地数据备份，但配置的档次和性能要求可低于在线的存储系统。

数据备份子系统应提供可配置的支持不同存储介质（如磁盘阵列、磁带库、光盘等）的数据自动迁移功能及数据快速恢复功能，以实现异地、异质备份，防止硬件故障或逻辑故障导致数据丢失。同时提供数据备份状态的实时监控。

9.4.4　数据服务

数据服务面向数据用户提供在线共享服务及离线的借阅服务。除了向一般用户提供地质资料查询、浏览、共享等基础服务外，还提供针对专门用户的专题或定制产品加工服务。在不同的网络环境下，针对不同服务对象，严格按照涉密等级、内容分类、授权控制的要求提供服务。

数据服务包括共享服务子系统、借阅子系统和产品加工子系统。

（1）共享服务子系统

数据共享服务应当根据地质资料信息的共享需求和网络条件，分别通过公众网、政务网、局域网等建立在线数据共享服务窗口提供。系统应能实现地质资料查询、资源发布、信息共享、工作交流、统计分析等功能。

数据共享服务子系统包括：门户网站、负载均衡、数据查询与浏览、服务发布、服务管理等功能模块，具体要求如下。

1）提供方便用户访问共享服务的门户网站，实现用户注册、目录/元数据查询、数据预览、数据浏览、数据下载、标准数据处理、客户反馈及交流等功能。同时面向计算机系统提供标准网络服务。

2）在不同网络环境下，配置管理策略，针对不同服务对象，严格按涉密等级、内容分类、授权控制的要求提供服务。

3）为保障门户网站能够适应不断增加的用户数量，并能提供不间断服务，建议采用服务器集群和双机热备技术架构。

4）能够运用最新检索技术方法满足用户对地质资料进行快速、准确、全面的查询要求。

5）管理人员能够通过网络平台或特定载体发布地质资料信息和共享资源。

6）为管理人员和用户提供在线交流、意见反馈、远程指导、远程教育。

7）能够进行地质资料访问量统计、分布分析、舆情分析等相关工作。

（2）借阅子系统

地质资料数据中心面向数据用户提供窗口式借阅和电子阅览室借阅两种模式。窗口式借阅子系统通过对借阅人员、出入馆登记、借阅单、借阅内容、加工单、加工内容的管理，实现资料借阅及管理流程的信息化。

电子阅览室在提供地质资料在线查询、浏览等基础服务的基础上，提供交互式操作、小型阅研服务等扩展功能。

借阅子系统还应具备提供地质资料利用情况，用户情况及其资料借阅状态的统计分析与报告的功能。

（3）产品加工子系统

产品加工子系统在现有基础地质资料的基础上，实现地质资料整理、面向各类服务的数据服务产品加工。产品加工包括基本资料数据服务产品的加工和专题服务产品的加工。

产品加工包括：任务调度、产品加工、产品模板管理、系统管理等功能模块。具体要求如下。

1）支持基本资料数据服务产品加工，根据服务请求和例行加工要求，实现数据综合、涉密底图替换、多比例尺数据融合等数据产品加工。

2）根据行业用户的特殊需求，实现专题服务产品的加工处理。

3）定义产品加工的标准模板，根据加工模板实现例行加工处理，支持产品的定制和模板的维护。

4）为满足用户数量的增加和数据量的持续增长，采用服务器集群架构，以支持处理能力的动态扩展，同时要配置基于负载的任务调度策略。

5）提供对产品加工模板、任务调度策略的管理和维护，提供对产品加工状态和负载情况的实时监控。

9.4.5 综合管理

通过综合管理，实现日常办公及业务实施的管理，监控数据中心各业务系统的运行状态，监控数据中心存储系统、软硬件系统及平台的运行状态，确保数据中心的正常运行。

综合管理包括安全保障子系统和办公子系统。

（1）安全保障子系统

安全保障子系统通过系统状态的实时监控和预警功能，辅助保护数据中心的数据安全和系统安全，保障地质资料数据的可靠、可用、不泄密、不被非法篡改或使用等，保持系统软件和硬件的稳定性、可靠性、可控性，确保数据中心各业务系统的稳定可靠运行。

安全保障子系统包括：系统状态监视、业务流程监视、数据安全审计、系统预警等功能模块，具体要求如下。

1）提供系统状态监视功能，实时或准实时监控核心设备和重要应用系统的状态，包括负载情况、网络流量、存储容量、数据访问、运行进程、用户行为等方面的状态，并提供历史记录查询。

2）提供业务过程监视功能，实时或准实时监控资料收集、资料整理入库、产品加工、资料管理、数据服务等业务过程及其状态。

3）根据配置的安全策略和调度策略，审计数据安全状态，对非正常状态提供即时预警功能，预警信息持久保存并可查询。

（2）办公子系统

办公子系统实现日常办公及业务实施的信息化管理。

办公子系统通过对单位、部门、岗位、人员、公文、设备、项目、项目参与部门、项目参与人员的管理，实现日常办公及业务实施管理的信息化。

9.5　共享及服务系统建设

9.5.1　基本原则

鼓励各级地质资料数据中心统一开发或购置成熟的地质资料管理系统和共享服务软件，减少重复开发，降低应用成本。

共享服务系统开发应当遵循整体性、开放性、稳定性原则。

1）整体性。系统应考虑所配备和购置的软硬件及其网络平台环境，选择恰当的开发工具和技术路线，正确处理各子系统或模块的关系，形成一个整体。

2）开放性。系统应能够随着信息技术的不断发展和地质资料管理的最新要求而具有兼容性和拓展性。

3）稳定性。系统开发应采用先进、成熟、稳定的技术，保证系统的稳定、可靠和安全。

9.5.2　共享服务系统建设内容

地质资料数据中心应根据不同服务对象和不同地质资料服务范围建立相应的服务系统。一般包括。

1）基于局域网面向数据中心工作人员和电子阅览室人员的数据中心内部服务平台。局域网地质资料服务平台是数据中心建设的基础平台。局域网地质资料服务平台应当具备电子资料传输、交换、存储、安全防护的功能，承担资料汇集、数据管理、数据存储、产品加工等功能，满足日常地质资料业务管理和提供利用服务的需要。

2）利用当地政务网建设的面向本级党政机关各单位的电子文件资料和档案信息共享平台。能够为政务网用户提供在线资料查阅利用、地质资料业务指导和其他地质资料工作服务，实现党政机关的地质资料信息资源共享和资政服务工作。

3）利用公众网建设的面向广大社会公众的公共地质资料信息服务平台。是数据中心实现公共地质资料服务和地质资料信息资源社会共享的有效途径之一。它依托公众网，通过数据中心网站满足公众查阅、浏览、下载等需求。该平台还可采取必要的安全措施，实现各级数据中心的信息交流。

图 9-5 表示了国家级、地区级和省级数据中心网络拓扑结构。用户可以直接访问国家

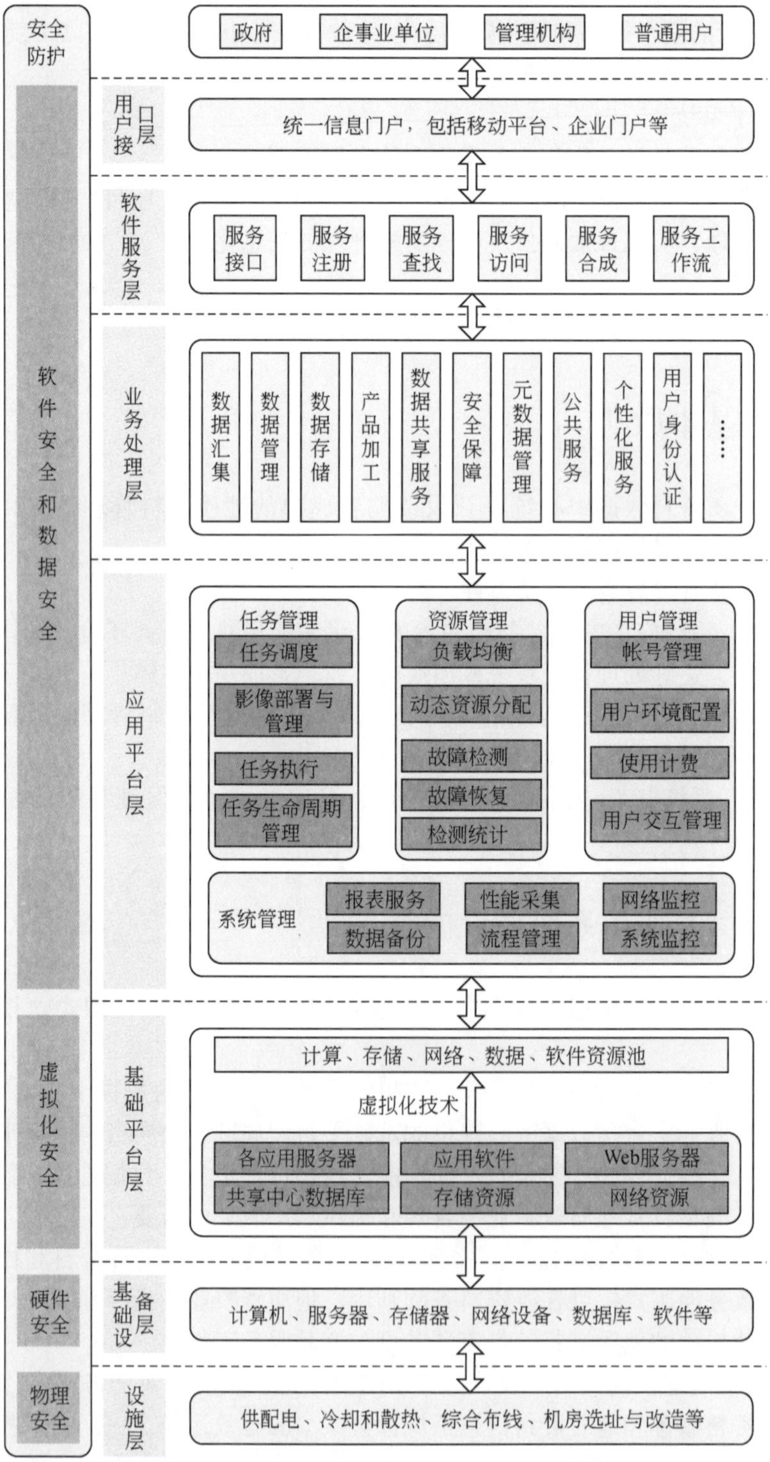

图 9-5　地质资料数据中心共享和服务平台框架结构

数据中心、也可以直接访问地区或省数据中心、以获取所感兴趣的资料。国家（地区）数据中心有所有地区（省级）数据中心的地质资料数据目录信息。考虑到容量的限制和查询效率等问题，国家（地区）数据中心可以没有所有地区（省级）数据中心的地质资料数据。当需用到地区（省级）数据中心的地质资料数据时，可从地区（省级）数据中心传送数据到国家（地区）数据中心。国家数据中心与各地区数据中心相连，地区数据中心与各省级数据中心相连，网络连接可以是 DDN 专线、VPN 通道、或互联网。数据中心可以按其级别结构组成一个阶层状网络，其缺点在于数据的传输可能效率不高。另外一种方案是数据中心可组成一个混合式 P2P 网络，以实现数据的查询和传输。数据中心间数据传输可以通过多种协议进行，视具体应用的要求而选择。

9.6　安全保障体系建设

安全保障体系建设是地质资料数据中心建设的基础工作，数据中心的安全包括地质资料数据的安全和信息系统及其网络平台的安全。数据安全就是要保证数字地质资料信息的可靠、可用、不泄密、不被非法更改等。系统及其网络平台安全就是要保持系统软硬件的稳定性、可靠性、可控性。

安全保障体系建设主要通过两方面途径实现。一是按照信息安全等级保护的要求，采用相应安全保障技术方法，配备必要的软硬件设施。数据中心系统一般要求达到二级（系统审计保护级）以上安全保护标准。数据中心系统集成商应具备相应的保密资质，并严格按照有关安全保密规范要求进行项目设计、系统开发和项目施工。建设和监理单位应当加强项目建设过程中的档案信息的安全保密工作。二是建立健全数据中心安全管理制度，并严格遵照实施。

从具体工作角度，安全保障系统包括环境安全、系统安全、数据安全和应急计划四大部分。

9.6.1　环境安全

环境安全包括三个方面，安全规划、环境安全保障和监控系统。

1）安全规划是在建设期间制定的对需要环境安全的情况进行统计分析，统一规划各个地点环境安全的标准、统一标志和行为准则，确定保障环境安全的具体措施。

2）环境安全保障是在硬件方面保障系统设备的工作环境，主要是数据中心机房的安全防护。数据中心机房要有符合保密和安全标准的监控系统和消防系统，机房要与工作区域有效隔离，有严格的进出和操作控制制度，有专人负责。系统外围环境如：电力、温度、湿度等应有特别保障。不因为环境问题而导致系统发生意外。

3）机房安防系统主要包括：闭路视频监控系统、门禁及控制系统和设备监察系统。

9.6.2　系统安全

为了更为有效地保证系统运行和通信安全，根据立体安全防护体系理念来制定安全策略。具体包括网络和系统主机安全、软件系统安全。

（1）网络和系统主机安全

1）安全策略：根据系统运行实际情况制定安全策略，明确指出被保护的主体及原因，明确指出安全工作的具体职责，提供解释和解决可能出现的问题的基准。根据对系统进行风险评估取得的各种数据以及量化结果，设计适合于子午工程数据与通信系统应用的可行的安全解决方案。

2）安全评估：通过网络安全扫描，进行模拟攻击实验和安全审计，以发现系统各服务器的各种TCP/IP端口的分配、开放的服务、服务软件版本和这些服务及软件呈现在互联网上的安全漏洞。网络安全扫描技术与防火墙、安全监控系统互相配合，为网络提供很高的安全性。

3）访问控制：利用防火墙技术，根据功能、保密水平、安全水平等要求的差异，制定和实施相应的安全隔离策略，将网络进行分段隔离，实现更为细化的安全控制体系，将攻击和入侵造成的威胁限制在较小的子网内，提高网络整体的安全水平。

4）病毒过滤：部署一个有效的安全网关防护系统解决蠕虫病毒、垃圾邮件和非法内容。

5）安全信道：当各级数据中心之间、汇交单位和数据中心之间通过互联网交换数据时，应通过VPN等技术手段建立虚拟私有网络，通过加密通道、数据加密后传输等技术手段，保证整个网络数据传输的安全性、保密性、可靠性和可管理性。

6）入侵检测：部署入侵检测系统，对来自于外部网络的攻击试探进行预警并采取相应的封禁行动。同时入侵检测还会记录网络攻击的相关信息，以便有关部门进行追查。

7）安全审计：安全审计管理主要是针对来自内部的越权操作进行审计。拒绝越权操作并记录相关信息，以便有关部门进行追查。

（2）软件系统安全

采用针对系统情况开发的工具软件结合专业计算机信息安全保护软件对操作系统和应用软件的安全漏洞、系统配置进行全面、深入的安全检测，及时发现安全漏洞和安全隐患。对软件系统权限和配置文件的完整性进行检测，对软件系统的开放端口、服务程序进行检测，了解软件正在开放的端口和提供的服务，并进行完整性检测。软件系统需要严格的身份认证机制和信息加密措施，确保软件系统的安全性和保密性，防止从事非授权的操作。基于应用模型，注重安全管理、安全制度建设和事后的审计追查。关注正常应用间的数据通信交流情况，提供监控预警。

9.6.3 数据安全

保障数据安全可通过对关键数据的容错容灾建设，保证应用系统的连续性和可用性。

1）数据容错和备份：为了充分保护数据，应配置使用一台专用的备份服务器进行数据备份，保护系统中其他服务器中的重要数据。

2）数据容灾：根据数据容灾建设的一般要求，必须在异地机房建设一套与数据中心基本一致的存储系统，保证当灾难发生时，重要数据能够在异地有一份保存。

数据安全保障系统：通过数据安全保障系统监控的系统状态监视、业务流程监视、数据安全审计、系统预警等功能模块，实施数据安全和系统安全的保障工作。

9.6.4　应急计划

系统安全体系的应急计划包括安全防护机制、安全检测机制和安全恢复机制。它严格按照上述环境安全、系统安全和数据安全的要求进行安全标准化的制定，在系统建设中不断完善，并通过项目的组织机构贯彻实施。项目管理人员应根据项目实施的情况计划和组织应急计划的检查和演练。

9.6.5　参考标准和规范

《信息安全技术计算机信息系统安全保护等级划分准则》（GB 17859—1999）
《信息安全技术信息安全应急响应计划规范》（GB/T 24363—2009）
《信息安全技术信息安全风险管理指南》（GB/Z 24364—2009）
《终端计算机系统安全等级技术要求》（GA/T 671—2006）

9.7　湖南地质资料数据中心建设试点

湖南省在两化试点基础上，为满足地质资料数据管理、应用和服务的需求，编写了《省级地质资料数据中心建设指南》。主要包含以下方面的内容。

1）对数据中心建设所涉及的术语进行解释和定义。

2）省级地质资料数据中心运行和服务模式。说明了地质资料数据内容、数据类型和数据来源；涉密数据和非涉密数据的运行模式；数据中心的（内、外网）服务模式。

3）数据中心基础设施建设。数据中心机房建设内容及其依据的有关国家有标准；内外网服务器的设置安装及有关参数配置；针对地质资料数据数据量大小等特点对存储系统选型及提出有关参数要求；网络系统建设及网络、数据安全设置。

4）地质资料数据管理平台建设。内网管理所涉及的数据管理、数据浏览、数据更新、数据交换、数据服务；外网平台总体框架设计，数据服务、数据更新等操作要求。

5）数据中心数据集成管理。包括将已建成的各类地质资料数据按照统一要求整合并通过统一的管理平台进行集成管理和提供服务；制定了数据整合及数据入库等基本要求。

6）数据中心运维管理。制定了数据中心日常运行维护管理的基本制度、人员配备及相关应急预案等。

在此指南基础上建成了湖南省级数据中心，实现了全省地质资料数据的统一管理。

9.8　安徽合肥市地质资料数据中心的建设经验

安徽省依托两化项目试点工作，结合“合肥城市地质调查”“庐枞、铜陵深部矿调试点”“运漕等五幅立体地质填图试点”和“矿产资源潜力评价”等项目，探索建立合肥市地质资料数据中心。地质数据中心定位于地质数据的采集、管理和共享服务，及时保存最新地质调查成果。可以成为向外提供服务的窗口和渠道，为城市建设与管理部门决策提供地质信息支持；也可以通过地勘单位内部局域网向各部门提供资料信息支撑。

合肥市地质资料数据中心建设借助 GIS、WebGIS、三维可视化技术、计算机网络和数据库技术，不仅实现了地质资料数据的高效存储管理，为社会公众提供智能检索、查询和浏览。而且可以对地质信息进行可视化分析，挖掘出隐藏在属性数据中的有用信息，根据不同用户的需求随时提供快捷、高效的“一站式”服务，为工程建设、规划管理等提供决策支持。

合肥市地质资料数据中心服务平台主要由三个层次构成（图 9-6）。

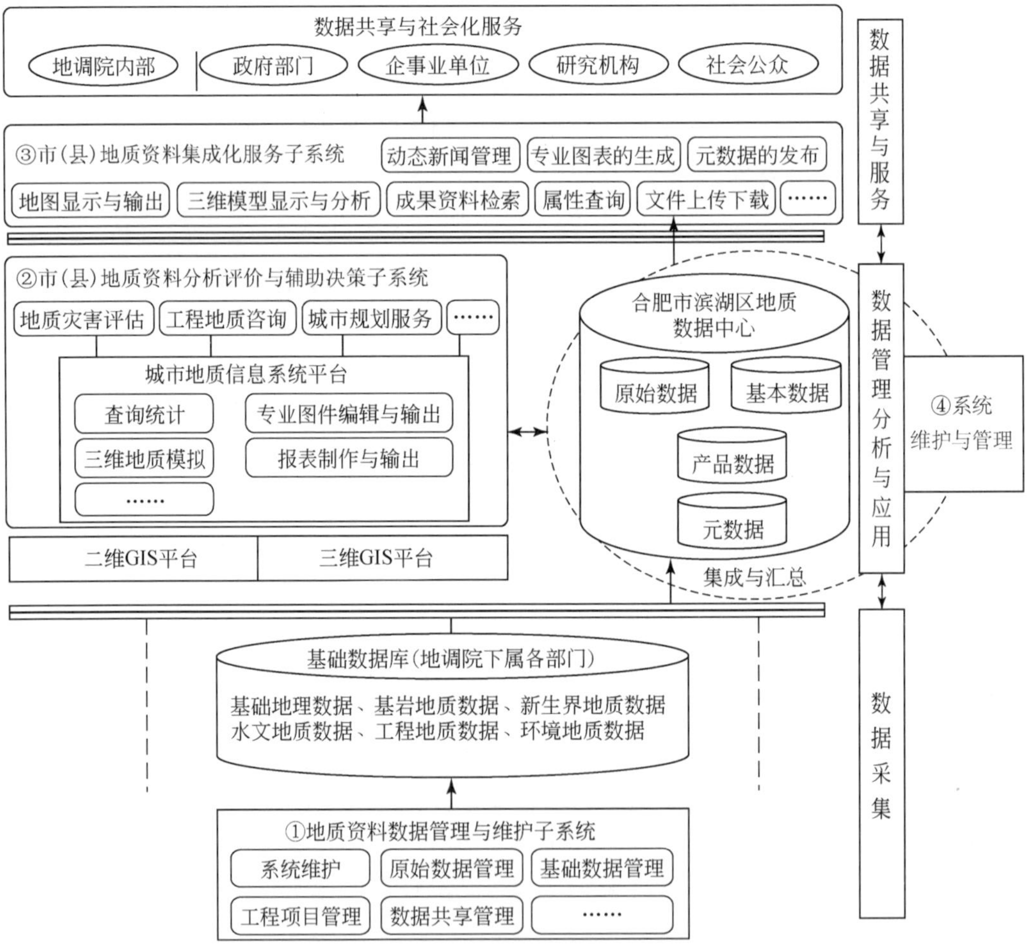

图 9-6　合肥市地质资料数据中心总体架构图

底层是基础数据的采集获取。通过对地质资料数据管理与维护子系统实现各种基础数据的获取与管理。基础数据种类包括：基础地理数据、基岩地质基础数据、新生界地质数据、水文地质数据、工程地质数据、环境地质数据等。通过地质信息数据录入与管理系统实现基础数据库的数据录入和一般管理，满足各种数据表格的数据录入更新、图形自动生成或导入、多功能的数据查询、数据统计与报表生成、多种时序曲线的生成，数据信息的多功能输出，元数据管理等功能。

中间层是综合数据的管理与分析应用。一方面，实现基础数据库到综合数据库的数据集成和管理功能。包括空间数据调用维护、元数据管理、数据转换（格式和内容）、操作管理（配置和权限等）。综合库中存放的数据类型主要包括原始数据、基础数据、产品数据和元数据。另一方面，实现三维地质体建模及分析应用，建立工程地质、水文地质、基础地质三维结构模型和地面沉降曲面模型等，并能将三维模型和分析应用的成果数据保存到综合数据库中。

上层是面向地调院内部、政府部门、企事业单位、研究机构、社会公众的数据共享与社会化服务体系。通过用户授权方式实现不同用户服务的差异性。在实际操作中可以划分为内部涉密数据共享和社会化非涉密数据信息服务两个层面。提供的功能包括数据的查询检索、专题图表制作、三维模型发布、多功能输出等。

数据中心搭建了集成开发平台。集成平台是集“基础”与“应用”为一体的综合开发与应用平台，既是一个“资源管理器”又是一个“系统开发器”。“资源管理器”管理“数据资源”和“功能资源”两大资源。数据资源通过数据仓库管理；功能资源通过功能仓库管理。“系统开发器”采用柔性设计理念，使系统能够被快捷地搭建出来，并且能适应需求的变化，迅速做出调整，真正实现了“零编程、巧组合、易搭建”的可视化开发（图9-7）。

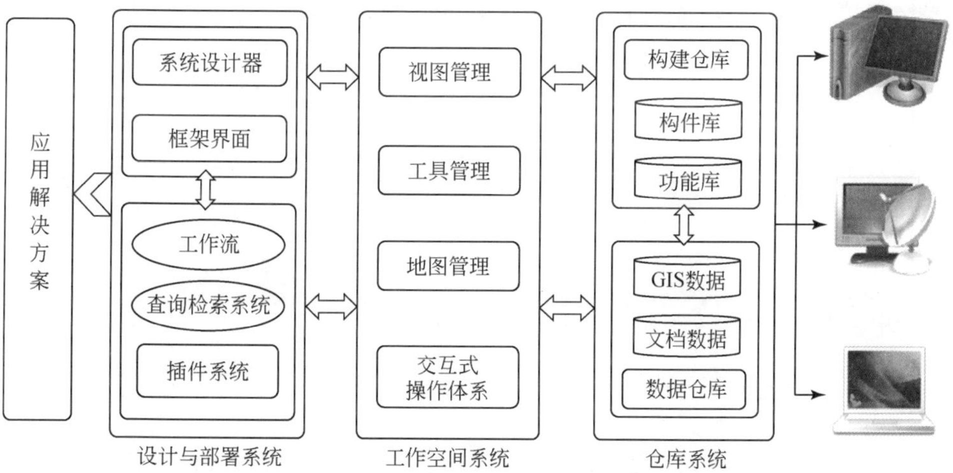

图9-7　合肥数据中心集成开发平台框架示意图

基于MapGIS K9平台的数据中心是管理和组织各种GIS数据（如MapGIS 6X、MapGIS K9、ArcGIS数据等）、各种数据库数据（Oracle、SQL、Access等）、各种文档数据（如WORD、PDF、EXCEL、ACCESS等）的集成框架。它通过目录配置、可视化配置和搭建，充分利用功能仓库和数据中心服务，基于功能仓库已有的资源并针对具体业务开发相应业务插件，从而配置、搭建出具体业务的应用系统的解决方案，通过运行设计的解决方案，实现多源异构数据的统一管理。

9.9 北京市地质资料数据中心的总体框架研制

北京市地质资料数据中心是一个集成的数字化工作环境，针对地质资料数据管理、服务工作提供软件技术支撑。建设地质资料数据中心，就是建设地质资料馆的地质资料管理与服务平台，需要不同层次的架构来保证建设可行。北京市地质资料数据中心在相关标准与规范体系和组织与安全支撑体系下，构建了数据中心的总体框架，包括五个层次架构，即基础支撑层、数据层、应用支撑层、应用层和用户层（图 9-8）。

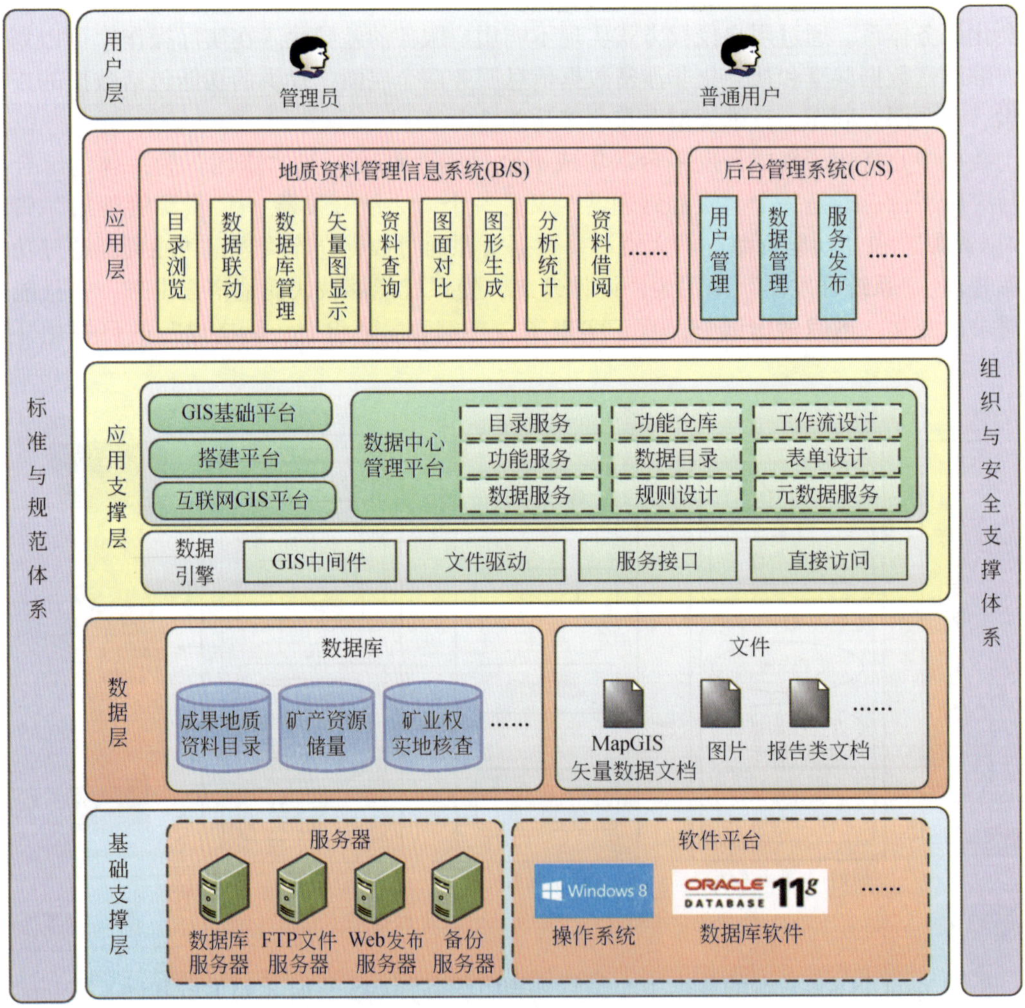

图 9-8　北京市地质资料数据中心总体框架示意图

第 10 章　地质资料信息集群服务体系建设

建设地质资料信息集群服务体系，提供地质资料信息的共享是地质资料信息服务集群化产业化重点工作。集群服务体系由集群组织、集群网络节点、集群系统、集群数据组成。本章总结了集群体系建设情况，尤其是系统研发与部署、数据发布及体系建设成果。对进一步完善全国集群服务体系有示范及支撑作用。

10.1　地质资料集群服务组织建设

中国地质资料服务机构主要为：部省两级地质资料馆、地调系统资料馆、地勘单位资料馆（室）。近年来，由于两化集群服务体系建设的思路，服务组织得到了拓展，通过油气和海洋的原始和实物地质资料委托保管，33 家油气地质资料托管机构、2 家海洋地质资料委托保管机构纳入到了集群服务体系中来。中国部、省两级地质资料馆共 33 个，包含全国地质资料馆和国土资源实物地质资料中心两个国家馆以及 31 个省级馆；委托保管单位资料馆是指国土资源部授权进行原始和实物地质资料委托保管的 35 家油气、海洋地质资料管理部门；地调系统资料馆主要为六大地调中心资料管理部门；行业地勘单位资料馆包括地矿、有色、冶金、煤炭等行业系统地勘单位的地质资料馆（室）。这四类馆藏机构收整、保存了中国大约 90% 以上的成果地质资料以及相当数量的实物和原始地质资料。截至 2011 年年底，全国部省两级地质资料馆藏机构成果地质资料的馆藏总量达 402 704 种，以矿产地质、环境地质和水文地质三类资料为最多，占全部汇交成果地质资料的 87. 2% 。

从地质资料的保管现状看，由于历史原因，中国地质资料数据分散，保存于不同的馆藏机构和行业部门，缺乏互联互通，集成化程低；从地质资料的服务利用看，呈“各自为战”的局面，难以提供有效的、集群式的检索服务。况且服务及产品体系尚不健全，缺少应用网络技术所建立的现代化管理与检索平台，尚不能满足快速增长的资源保障、环境保护、工程建设和防灾减灾等工作的需求，难以满足公众对地质资料信息的了解、获取需求。

为加强集群服务体系组织建设，通过地质资料管理年报、半年报的编制，地质资料信息报送、地质资料馆长会、地质资料服务联创齐争、区域地质资料联盟等会议的召开，建立健全组织，提升行业凝聚力和服务能力。通过这些工作，取得了显著成绩。

当前，地质资料的服务方式主要有网络服务和窗口服务两种。服务模式以网络检索查询、数据下载、窗口复制加工、重点工程专题服务和社会民生应急支撑等为主。2011 年，全国各级地质资料馆藏机构通过传统服务窗口为 4 万多人次提供了地质资料服务，提供地质资料达 19 万份次（332. 4 万件次）。同时，网络服务能力日趋增强，全国地质资料服务网站点击总量超过 400 万次，网络服务方式逐渐占据地质资料服务的主导地位。在地质资料网络服务中，目录数据服务处于主体地位，大多数的馆藏机构都通过电子阅览室及网络提供目录查询检索服务。

10.2 地质资料信息集群服务模式研究

10.2.1 地质资料信息集群服务技术研究

针对馆藏地质资料集中式和分布式两种模式，探索出面向数据资源、面向功能服务、面向业务流程的并行架构体系下地质资料信息节点集群服务模式。通过节点凭据认证、资料发现、信息传输、数据聚合、关系表存储、松散对等、信息重构、检索发布等技术手段，实现了地质资料信息集群服务数据中心与节点群架构之间的信息集结、跨域部署、信息推送、定制访问等功能，提供了集群软硬件环境和前后台服务通道的可嵌入式访问接口，随着节点群覆盖范围不断扩大，能显著提高地质资料的社会影响力和公共服务能力(图10-1)。

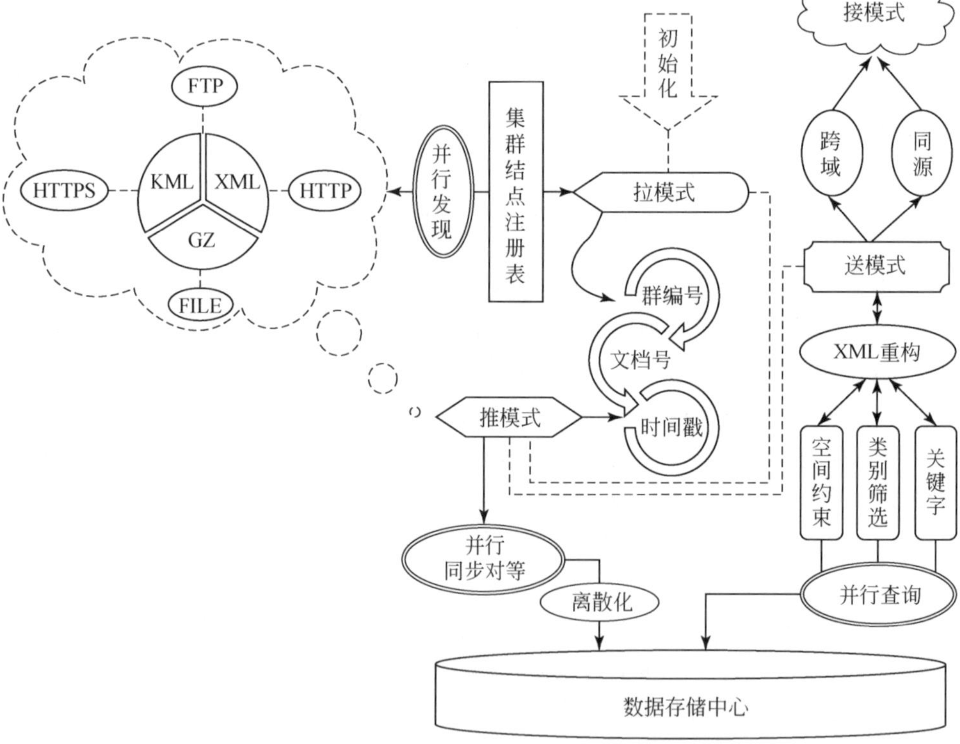

图10-1 地质资料信息集群技术实现原理

10.2.2　地质资料信息集群服务模式研究与构建

针对地质资料多级分散存储管理状况，可采用“数据物理分布、服务逻辑集成”的集群服务模式（图 10-2）。

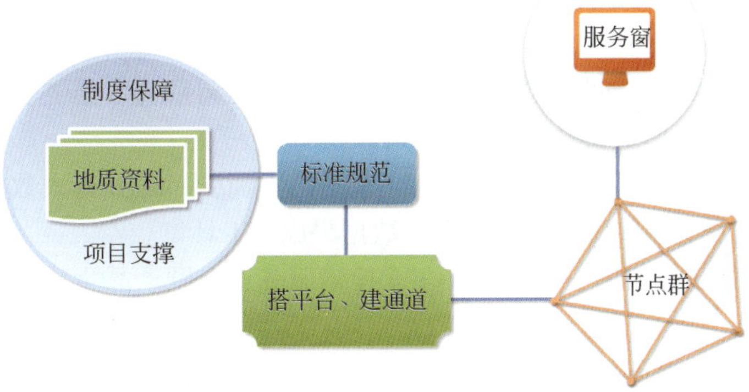

图 10-2　地质资料信息集群服务模式示意图

数据物理分布：地质资料数据由全国、各省及各委托地质资料馆藏单位管理和维护。地质资料馆藏单位根据地质资料汇交相关管理办法接收地质资料数据，负责地质资料数据的整理、保管、日常维护、数字化、数据库及管理系统开发建设、地质资料服务系统部署应用等工作。地质资料信息集群化服务模式保持数据的分布状态，充分利用地质资料馆藏单位对地质资料管理和维护的力量，在现有的地质资料基础上，通过提供分布式服务的方式提供馆藏地质资料共享服务。

服务逻辑集成：地质资料共享服务平台是一个分布式服务系统，该平台集成来自各馆藏单位的各类地质资料共享服务系统（包括主动公开数据、依申请公开数据、定制服务数据等），形成统一发布平台，形成逻辑上统一的全国地质资料服务平台，使用户感觉不到数据的分布，实现全国地质资料数据的统一服务。

“数据物理分布”保证了地质资料数据管理、更新维护和产品制作的能力，充分利用地质资料馆的人员和技术力量，保证地质资料的及时更新维护。同时，也保障了专业的地质资料产品的制作能力。“服务逻辑集成”为地质资料服务提供了统一的公共服务平台，为用户提供地质资料元数据和数据的统一查询、浏览以及产品数据的定制服务，用户可以不用关心地质资料所在位置，可以通过地质资料集群服务系统一站式获取全国的地质资料数据服务。

地质资料信息“集群”应在各项管理职能全面到位的前提下，由地质资料汇交、管理和服务制度护航，遵循统一的标准规范，围绕地质资料分布式和集中式馆藏现状，针对地质资料信息多元异构数据聚合，以“节点群”为集结单元，通过网络共享平台面向不同的用户群体开展跨区域协同服务，可逐步形成服务边界模糊、访问状态漂移、信息流转有序的地质资料“信息云”联合体。

在切实履行地质资料汇交制度的基础上，通过构建集群节点体系等技术手段建立大区与省级之间的高效服务和对等通道，实现地质资料信息共享发布与联动服务，向外界呈现无缝窗口。

地质资料信息集群服务模式从总体架构层面，可以概括为“两级体系，五层架构”。按照全国地质资料管理与服务职能体系的不同，针对地质资料信息服务互联互通、集群共享的总体要求，整体架构由主中心和分中心两级体系构成。主中心（全国地质资料馆）与分中心（各级馆藏机构）互联互通，共同对外提供不同层次的数据。

从总体上可分为五个层次，见图 10-3：

1）数据层：包括馆藏机构数据、委托机构数据、地调系统数据等多源异构的地质资料数据库，以及相关地质资料共享数据。

2）支撑层：位于数据层与应用层之间，包括两方面，一是分布式数据集中与同步技术等技术支撑，二是实现多源异构地质资料数据集成的工具集。

3）应用层：构建数据集中与发布、多元检索服务、专题产品生成等多元多维度的数据管理与服务功能。

4）门户层：集群服务系统是以主中心为总出口，以 HTML 页面和接口实现客户端与服务端系统之间交互操作。

5）外围运管层：建立运行机制，研究标准规范，构筑安全体系，确保系统的顺畅运行。

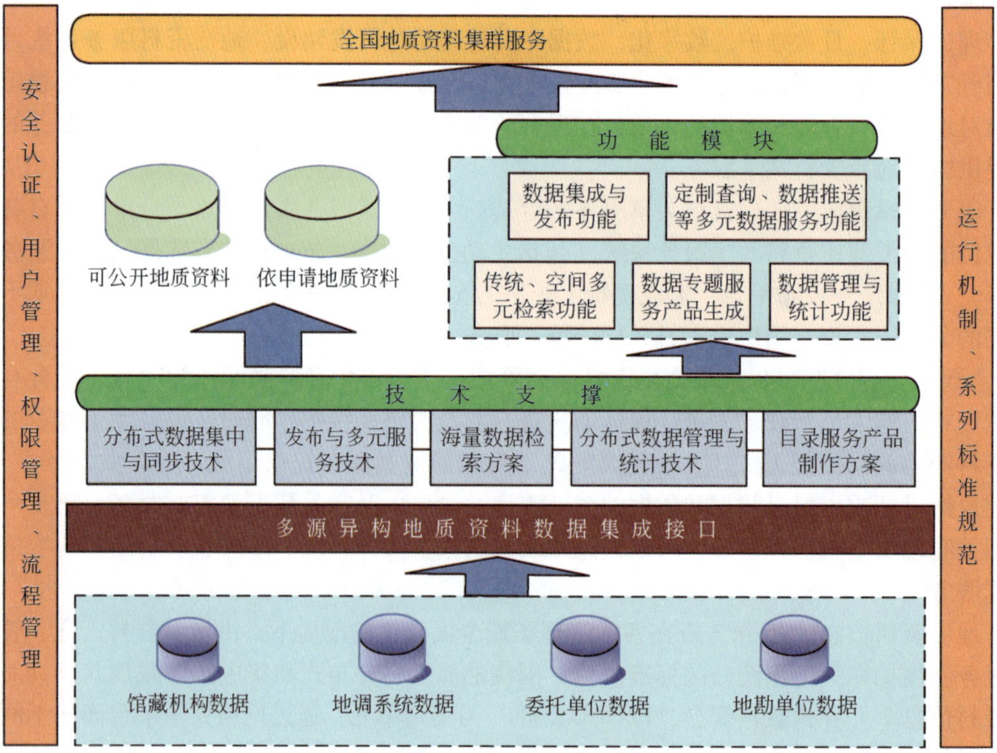

图 10-3 集群服务模式整体架构示意图

10.3　地学空间信息检索子系统的研建

地学空间信息检索子系统针对地质资料分布式馆藏现状，通过网络通道构筑广泛参与、广域覆盖、互联互通的节点群，可呈现地质资料信息分布式运维、协同式聚合、集群式共享的联合组网形态和服务模式；具备向社会公众提供地质资料基于空间信息的检索的服务机制；能为专业人员提供交互制图环境、能为跨行业应用提供嵌入式接口。

10.3.1　统架构思想与模块构成

“地学空间信息检索系统”架构围绕地质资料集群、运行环境集群、业务方法集群三方面展开，以“群”为数据汇集、功能对接、信息发布单元。

每个群可独立部署并延伸成节点体系，群与群之间、群与节点架构之间实现数据同步。群边界对外界访问而言呈模糊或透明态，用户无需关注节点部署位置，无需了解数据如何分布，但系统管理员必须十分清楚节点群的布局以及地质资料文档远程存放链路，应熟练掌握节点群注册表的组网原理。

在“地学空间信息检索系统”中，“群”由前台门户聚合器和后台服务接口两大部分组成，随着部署范围不断扩大、节点数量不断增多，可呈现出分布式运维、协同式聚合、集群式共享的网状或树状组网形态。见图 10-4 和图 10-5。

图 10-4　集群节点网状形态示意图

检索系统各模块构成及耦合关系见图 10-6。

10.3.2　系统功能组成

“地学空间信息检索系统”功能综述如下：

1）针对地质资料信息集中式和分布式馆藏现状，能提供可定制、可延伸、可跨域的多级组网能力，为构建广泛参与、广域覆盖、互联互通的地质资料信息节点群提供运行支撑；

2）实现了集群式地质资料信息发布服务；基于空间约束、关键字匹配、类别筛选、

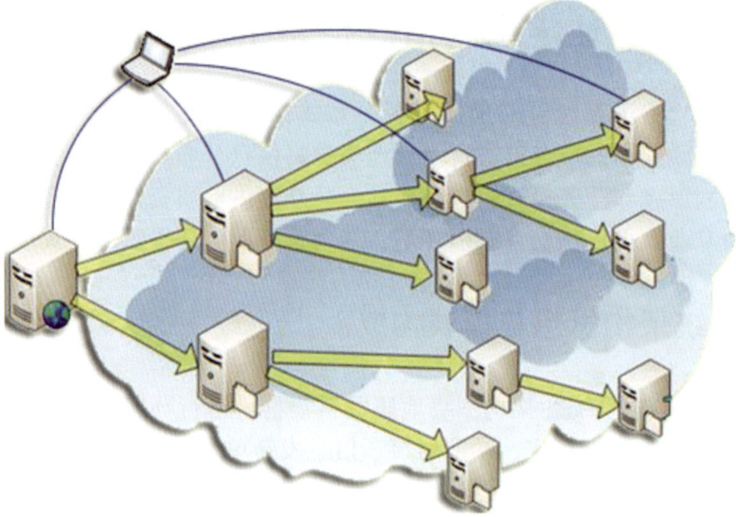

图 10-5　集群节点树状形态示意图

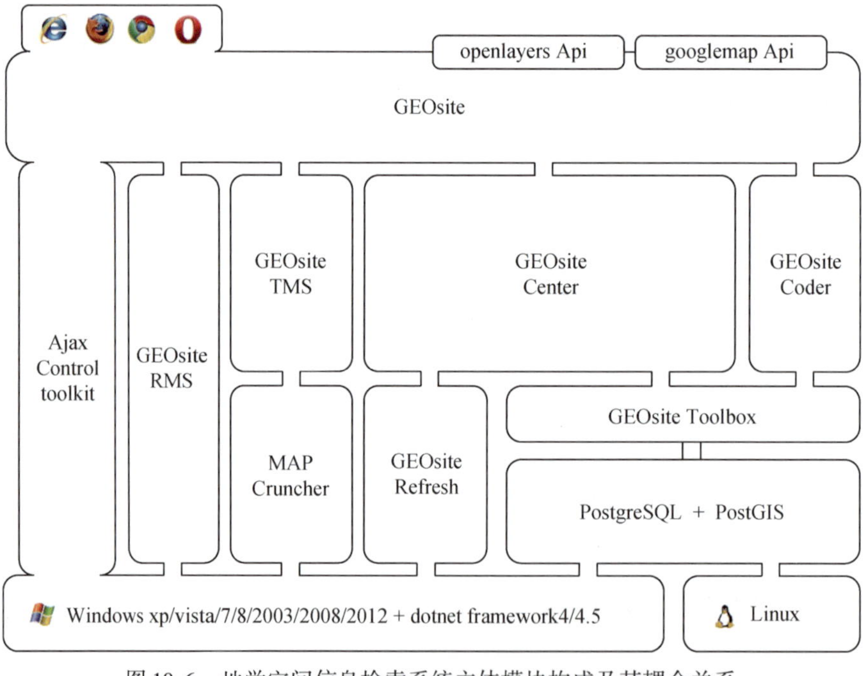

图 10-6　地学空间信息检索系统主体模块构成及其耦合关系

组合条件查询的地质资料信息检索服务；二三维一体跨比例尺“一张图”可视化交互操作环境。系统功能概要如图 10-7 所示。

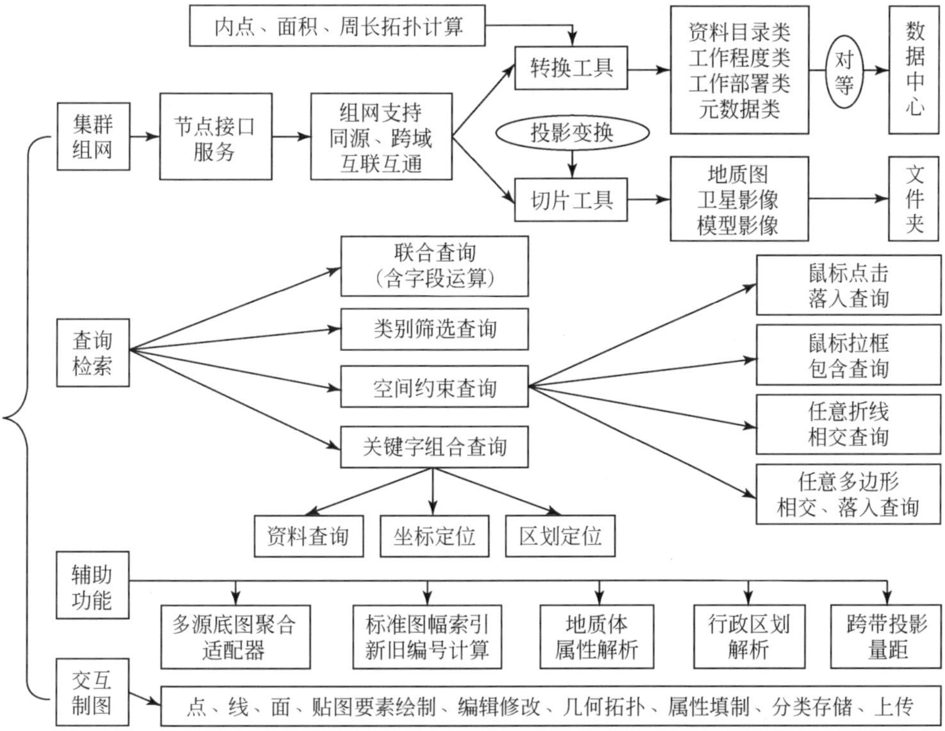

图 10-7　地学空间信息检索系统功能概要图

10.3.3　系统试点成果

在该系统集群节点部署与地质资料信息发布方面，参照“地学空间信息检索系统使用手册”，西安地调中心组织新疆、陕西、宁夏、湖南、湖北、山东、上海、安徽、北京、四川、青海等省（区、市）进行了安装部署，重点针对如何组建节点群、如何进行组网、如何制备数据源、如何实现同步对等、如何发布等环节进行了多次培训和远程协助。

目前，西安、新疆、宁夏三个节点联合发布的矢量型地质资料信息包括遴选后的目录数据库 6050 档；栅格型数据包括全国 1∶250 万地质图；全国 2.5 维 DEM 地势模型影像图；青藏高原寒武纪、奥陶纪、泥盆纪古地理图；全国水工环“十二五”工作部署图。西安地调中心向地质体编码库推送了全球 1∶3500 万比例尺地质图数据库和全国 1∶250 万地质图数据库，供节点群远程解析接口调用。

西安节点向外界提供的访问地址如下：

http：//219.144.130.58/geosite-前台门户

http：//219.144.130.58/geositecenter-集群数据中心服务接口

http：//219.144.130.58/geositecoder-地质体编码解析服务接口

http：//219.144.130.58/geositetms-栅格影像切片服务接口

http：//219.144.130.58/geositerms-集群架构控制器

ftp：//219.144.130.58-软件下载服务

10.4 全国地质资料目录服务中心子系统研建

全国地质资料目录服务中心子系统以全国地质资料目录数据为基础，以多源异构目录数据资源的整合集成和建立信息共享与服务系统为主线，以目录数据资源积累、标准体系建设、网络基础设施等为基础支撑，建立权威的地质资料目录及数据信息共享服务平台。

10.4.1 总体设计原则

全国地质资料目录服务中心要以面向公众服务（尤其是检索服务）为宗旨，建立联动式共享服务机制，搭建高效、快捷、灵活、实用的地质资料目录集群服务框架，实现地质资料由传统的信息汇集型向现代的集群服务型转变。目录服务子系统遵循以下原则：

（1）数据分布、服务统一原则

结合地质资料目录数据量大、位置分散等特点，根据数据“谁拥有、谁管理、谁发布、谁授权”的原则，通过分布式服务技术手段，搭建逻辑上统一的数据服务平台，使用户可以通过一站式的服务门户，实现对主中心和若干分中心的统一查询浏览和下载定制服务，达到“各中心自由检索，依资源所在地不同开展服务”的目标。

（2）易部署、易管理、易维护原则

分布式应用系统的部署、管理和维护工作不仅包括全国地质资料馆，还涉及各省级地质资料馆、地调系统资料馆、委托保管单位资料馆、行业系统资料馆等，位置分散，工作量大。因此，系统研建应综合应用各种手段，提高对不同软硬件运行环境的适应能力，降低对部署人员的技术水平要求；要提供简洁、易用的系统管理工具，便于对系统用户、数据、运行环境的实时监控和管理。

（3）快速服务、多层次服务原则

对于不可以在网络上服务的数据资料，以目录形式提供服务；对于可以公开进行服务的数据，开展目录服务的同时，提供数据在线浏览和数据下载服务；对于需要申请才能服务的数据，提高数据申请定制需求，从而实现多层次服务。在服务渠道上，结合网上服务和资料馆服务。通过网上服务可以定位资料位置，通过资料馆服务，可以获取网络无法直接公开的数据资料，从而实现多渠道服务，能够使用户快速地查询浏览各类地质资料。

（4）数据可扩展、功能可拓展原则

目录服务中心建设不但应考虑现势数据管理，更应该考虑下一步地质资料相关业务的发展趋势。为保证新增加的数据能够方便地进入系统并对外服务，系统研建应保持可扩展性和可配置性，不但能够将现有的各类数据进行管理和查询，而且可以方便地将新增的数据类型纳入管理范围，并可进行定制化的服务。

（5）标准为先、安全为要原则

没有标准规范作为指导，就难以开展资料数据的整理和入库工作，也难以实现地质资料数据统一化、规范化服务。因此目录服务中心建设必须标准先行，以标准来规范数据整合、系统开发和系统上线后的服务工作。同时，系统在数据的发布审核、申请流程及后台管理上面要充分考虑，保障安全。

10.4.2　建设技术路线

在既有研究基础上，对现有地质资料目录数据资源开展全面梳理，收集并了解现有馆藏、委托保管、地调、行业等地质资料目录数据资源的类型、特点、保存、管理及服务现状；明确用户分类，调研用户需求，开展地质资料目录服务中心的总体设计；研究建立地质资料数据共享与服务的运行保障机制；建立并完善目录中心建设需要的相关标准规范，进行关键技术研究；开展目录集成数据库建设，针对不同目录数据来源，开发相应的数据接口，在目录数据集成整合基础上，扩充、完善系统功能，形成多元的目录数据服务，提供多形式的目录服务产品，实现地质资料目录数据的在线及离线服务。总体技术路线流程如图 10-8 所示。

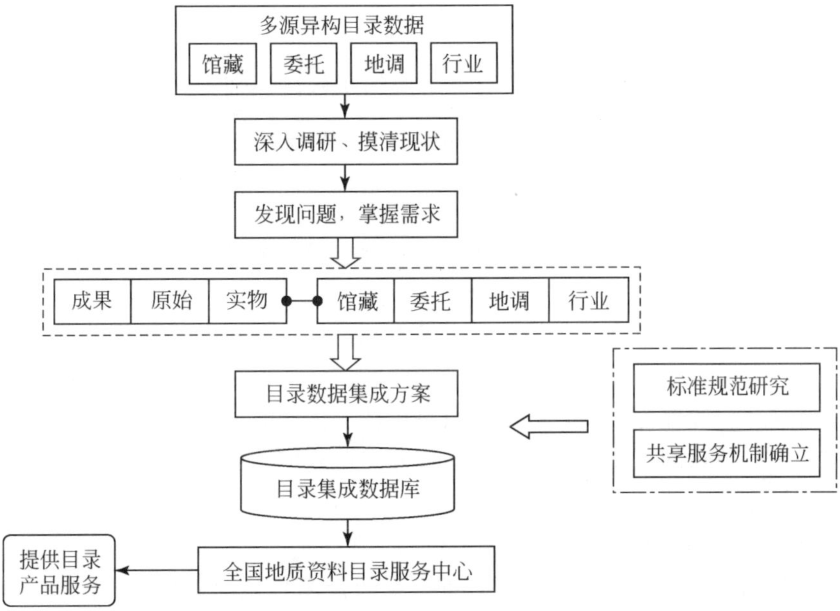

图 10-8　目录服务中心子系统总体技术路线流程图

10.4.3　系统功能设计

全国地质资料目录服务中心提供给六大区地调中心、全国各省馆、委托馆、行业地质资料馆依据自身配备的系统与全国地质资料馆进行联合编目的工具，并通过网络进行信息交换与动态更新；全国各类地质资料馆藏机构通过地质资料目录服务中心系统开展目录检索服务。

目录服务中心整体的功能架构如图 10-9 所示：

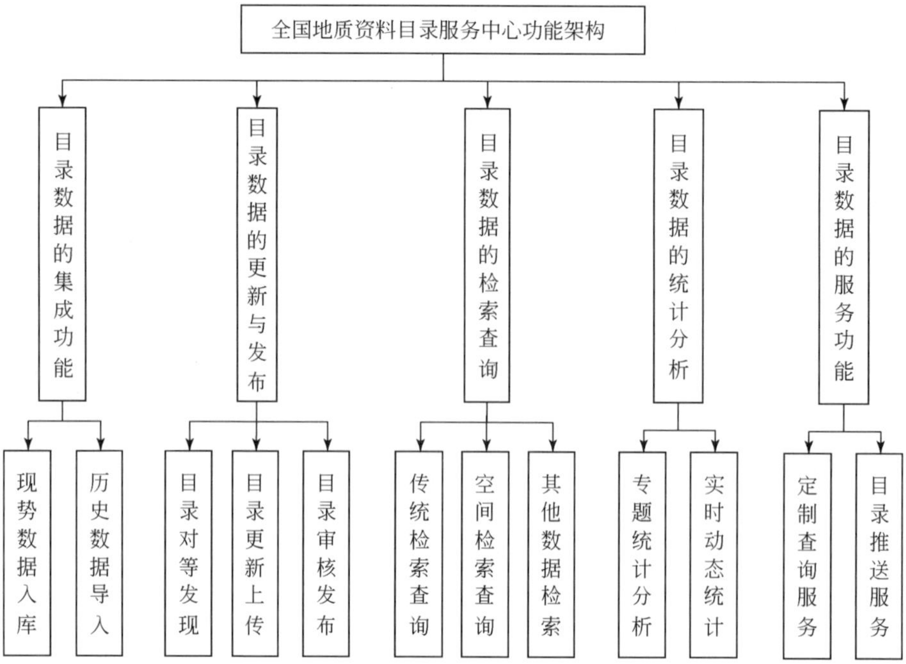

图 10-9　目录服务中心系统功能架构示意图

（1）目录数据的联合编目

通过著录、套录和数据导入方式，实现案卷级目录与文件级目录的联合编目。

（2）目录数据的更新与发布

目录数据的更新与发布主要包括目录对等发现、目录更新上传和目录审核发布三个功能模块。其中，对等策略主要针对节点群采取间歇式异步嗅探技术，使分布式集群架构与数据存储中心保持一致并提高检索效率；目录更新上传功能用来完成单节点下新增目录数据通过网络向中心节点的更新上传；目录审核发布功能用于各节点，著录、上传或接收到目录的审核与发布。

（3）目录数据的查询检索

针对目录数据的查询检索分为传统查询、空间查询和其他数据检索三种方式。其中，传统查询可分为简单查询、模糊查询和高级查询三种情况；而空间查询可进行数图联动，反映地质资料目录关联工作区域所在的位置；另外，可通过分布式的检索方式针对其他地质资料数据进行检索。

（4）目录数据的统计分析

从所属馆藏机构、工作程度、时间序列等方面，针对目录数据开展专题统计分析，汇总统计数据，并发布最新上传的目录数据。

（5）目录数据的服务功能

针对汇聚的目录数据资源，根据用户的需求，开展多种方式的服务提供，包括接受用户定制的查询服务，以及根据用户需求，定制目录推送服务等。

10.4.4　目录服务中心系统建设成果

目前，在对三类馆藏机构现有目录数据进行集成研究的基础上，完成了实物、成果、原始三类，案卷级和文件级两层，DBF 系统、石油委托保管系统、ED-Maker 系统三个系统的目录数据集成工具的研发，并以全国地质资料目录服务中心原型系统为载体，完成了 93 万余条地质资料目录数据的发布。

在全国地质资料目录服务中心子系统发布的数据中，主要包括以下几个方面的数据：

（1）实物、成果、原始三类目录数据：成果目录资料共计 341 728 条；实物目录资料共计 4278 条；原始目录资料共计 237 922 条；

（2）案卷级、文件级两层目录数据：案卷级目录资料共计 583 928 条；文件级目录资料共计 347 268 条；

（3）馆藏机构目录数据：各省级馆藏机构（33 个），共计约 34 万条；地调中心（6 个），共计约 3500 条；委托馆藏机构，共计约 24 万条；

（4）支持 DBF、石油委托保管、ED-Maker 三个系统的目录数据的发布。

10.5　地学文献信息集群服务成果

地学文献信息集群服务取得主要成果有以下几方面：

1）通过网络信息调研、到局属和地勘行业单位实地调研、问卷调研等方式，了解了地学文献信息服务的现状与存在问题，结合国内外文献信息服务发展趋势和图书馆实际情况，制定了地学文献信息集群化服务方案。对于今后图书馆开展地学文献信息服务提供参考。

2）开展了资源汇聚与智能信息检索技术研究，制定了地学文献资源汇聚技术路线。开展了地学文献专有格式、移动服务终端选型、数字版权管理等相关技术研究，确定了适用于地学文献信息服务的移动终端，为地学文献信息后期制作提供了依据与参考。

3）开发了移动服务平台。开发一套基于 Android 移动操作系统，适用于平板电脑便于移动获取地学文献资源的移动阅读书城应用程序。同时实验性地开展了西北地区地学文献专题数据采集，并通过移动服务平台对外试验服务。

10.6　实物地质资料集群服务成果

（1）研究了实物地质资料服务体系与产品体系

研究了实物地质资料服务体系内涵，初步提出了服务体系框架，论述了服务体系各组成部分（子体系）的内在联系；重点研究了实物地质资料服务产品构成，分析了各种服务产品的特点及其层次关系，为开发实物地质资料服务产品，建立并不断完善实物地质资料服务体系提供了理论与技术方法支持。

（2）初步进行了实物地质资料服务产品开发

在开发基础服务产品的同时，研究探索大标本信息提取以及实物地质资料信息集成方法，启动专题服务产品开发工作。主要包括：编制了实物地质资料馆服务指南；编制了国家实物资料馆（国土资源实物地质资料中心）实物地质资料目录；进行了实物地质资料著录；开展了大标本描述与信息提取；开展了青藏高原 1∶25 万区域地质调查以及重要成矿区带实物地质资料信息集成研究，编制了青藏高原 1∶25 万区域地质调查实物地质资料服务集成方案以及实物地质资料目录；编制了 19 个重点成矿区带馆藏实物地质资料目录及分布图。

（3）完善了实物地质资料成果展厅与大标本园建设

完善了实物地质资料成果展厅、科普长廊、大型矿石标本园。展厅陈列内容：52 个典型矿山代表性岩心、标本及说明；2 个“金钉子”柱状样及 30 件标本；37 件矿物标本。科普长廊陈列了 238 件矿物晶体标本与古生物化石标本。标本园陈列了 79 个矿床的 138 件大型矿石标本。这些展示成为国家实物地质资料馆对外服务的窗口。

（4）开展实物地质资料的三维建模和展示

开展实物地质资料三维信息数字化采集、建模和展示研究工作。开展三维数字实物地质资料馆（数字实物展厅）的建设是实物地质资料信息服务的重要内容。有助于向公众提供虚拟的网上数字实物展厅，真实展现高精度的岩石标本三维模型，让公众能更详细地了解到岩石标本的外部纹理、结构特征等文字无法很好描述的特征（图 10-10）。

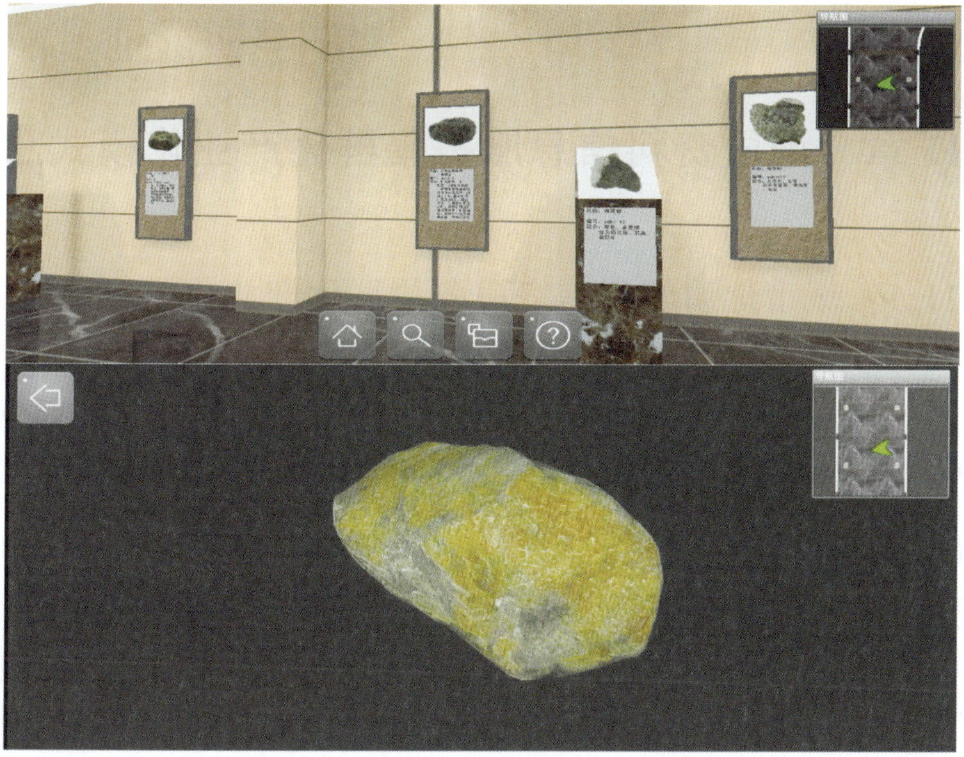

图 10-10　岩石标本三维全景展示与数字标本厅

第11章　地质资料信息服务集群化产业化模式总结

11.1　城市地质资料信息服务集群化产业化模式总结

地质资料信息服务集群化产业化是国土资源部在总结上海市经验的基础上提出来的。如何将其经验推而广之，使各种类型的城市都能够推进两化，服务于城市发展，是研究的重要内容。本章总结了上海、湖北、安徽、北京、福建五省（市）作为城市地质资料集群服务试点单位取得的成果与经验，构建了适应不同层次不同类型城市的两化模式，针对城市地质信息系统建设指南提出了相关建议，以期对全国城市两化工作的顺利开展提供借鉴。

11.1.1　上海市——海岸带大型城市地质资料集中管理和统一服务模式

依托上海市城市地质信息服务和管理系统建设工作，研究提出大型城市地质资料集中管理和统一服务模式及其技术方法体系。开展社会化服务产品体系、工程地质资料汇交标准研究，试点开发地质资料信息服务产品。

11.1.1.1　形成了工程地质钻孔信息化工作流程

由于工程地质勘察资料来源不一，格式、内容迥异，要实现海量工程地质钻孔数据入库的标准化、规范化，就需要制定一套工程地质钻孔建设技术流程，把数据的收集、处理、集成、建库及质量检查等各个工作环节和过程都置于标准规范的约束之下，这对减少重复工作，提高建库效率和建库精度具有重要意义。

通过试点区数据库建设实践，不断探索，形成了一套上海市工程地质钻孔数据库建设技术流程。该流程包括工程勘察资料编目、工程地质钻孔数据录入、数据入库检查、工程勘察资料汇交等四个工作环节（图11-1）。在试点数据库建设过程中，不断对该流程进行总结完善，编制了《工程地质勘察数据库建设技术要求》。该成果可为全国建立工程地质数据库提供借鉴与参考。

（1）工程勘察资料编目

主要进行资料可利用性分析、重复资料查找、预设档案编号、更新资料目录库等前期工作。针对每份收集的工程勘察资料，首先检查工程勘察资料的可利用性，然后与现有数据库进行比对，核对资料数据是否重复，最后，通过预设档案编号方式，及时将收集的资料更新到资料目录库。

（2）工程地质钻孔数据录入

主要进行钻孔坐标查找、钻孔信息录入等工作。在该环节，数据录入需要按照规定对数据进行自检、互检，并填写相应责任表单，提交上海地质资料馆。

（3）数据入库检查

由上海地质资料馆组织人员对数据进行抽检和复检，并填写相应责任表单，复检合格后，方能提交数据入库。同时进行数据质量评述。

（4）工程勘察资料汇交

数据汇交方及时按有关要求进行资料整理，将工程勘察报告纸质文档及电子数据汇交至上海地质资料馆。上海地质资料馆同时与数据汇交方进行工作量统计。

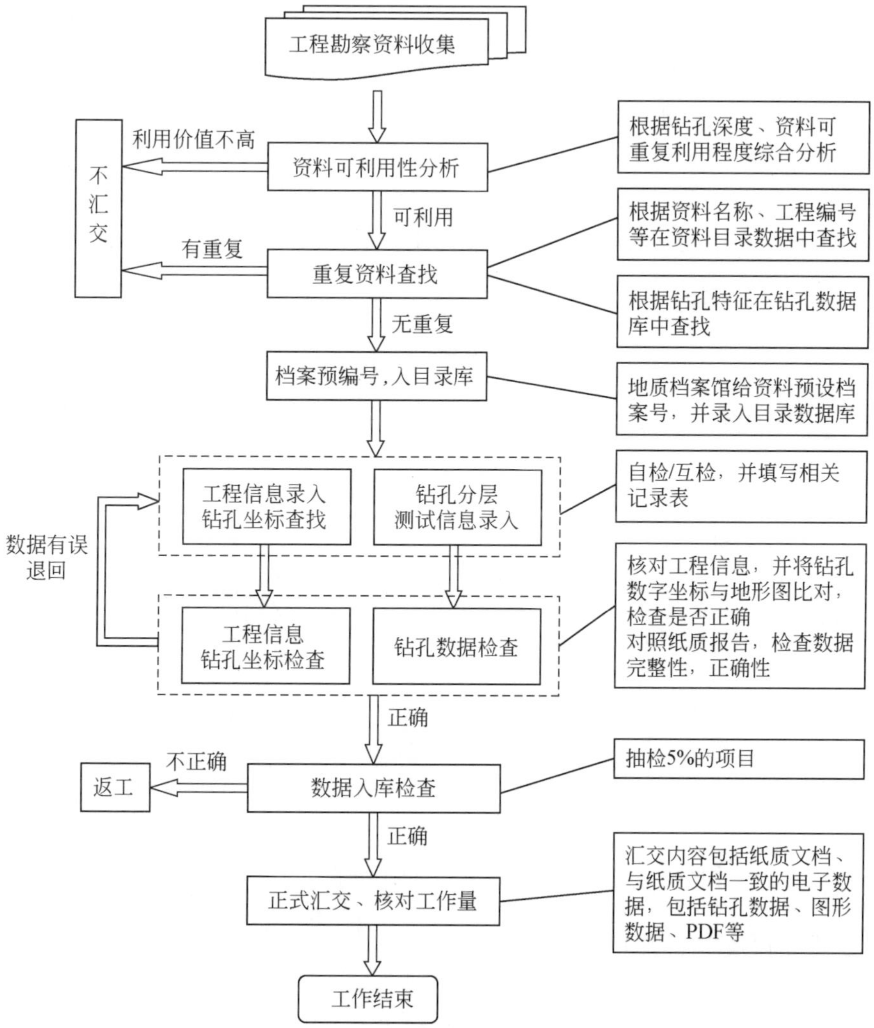

图 11-1　工程地质钻孔数据库建库工作流程图

11.1.1.2 开展了城市地质信息服务和管理系统建设关键技术研究

（1）工程地质场地分层和原始分层标准化

大量的原始钻孔进入数据库之后，为了建立钻孔的标准分层，需要对原始钻孔进行标准化。原始分层标准化工作量非常大，如果全部依赖人工来进行，周期会很长，会有很多重复性的工作。为此，开发了钻孔原始分层的标准化工具，辅助专业人员进行钻孔标准化。标准化后的钻孔直接录入到数据库中，可进行后续的地质业务流程分析。

（2）多项目数据管理

为了将地质资料中心的数据应用到实际工作中，需要对数据库建设工作流程进行梳理，增加多项目数据管理功能，实现新增项目数据的快速入库及多方面的应用。

（3）区域地面沉降模型三维可视化仿真

伴随着地面沉降监测网的不断完善，防治手段的不断更新，监测成果如何在地面沉降计算及预测中得到应用，防治成果如何通过现代化信息手段进行表现，均对地面沉降模型可视化提出了迫切需求。利用现代信息技术和手段建立了区域地面沉降模型三维可视化仿真系统，以满足管理需求。目前，地质资料信息已应用于上海市地面沉降防治的日常管理之中，并在地面沉降控制实践中发挥了重要作用，具体应用步骤如图 11-2。

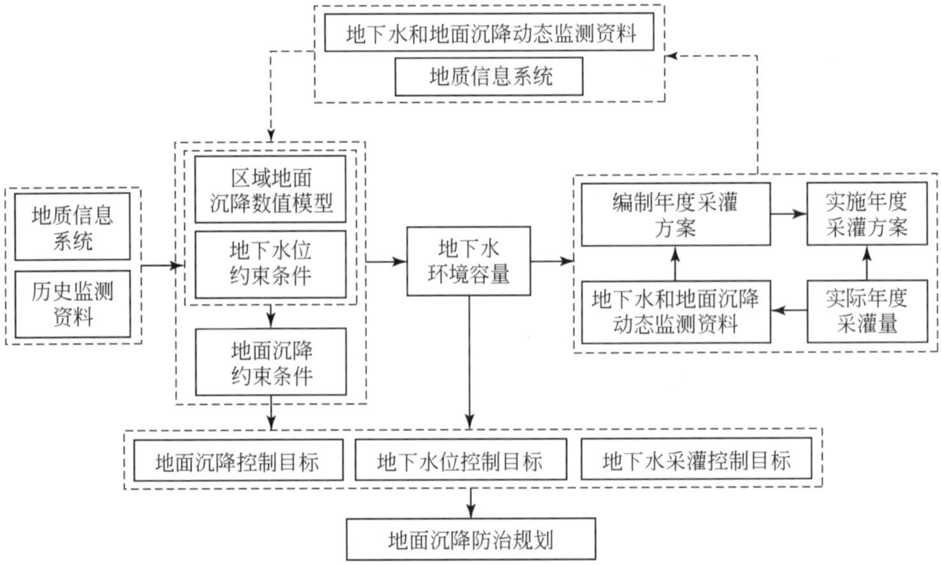

图 11-2 地质资料信息服务于地面沉降防治工作流程图

（4）三维建模技术方法研究

针对一期三维建模效率与精度不高的问题，将平面地质图作为约束条件，利用地表河流数据、地形图、地貌图、钻孔数据、隐伏地层平面分布图、地层剖面图、地层的标准层序表等多源数据建立三维地质模型。

11.1.1.3　编制了《三维可视化城市地质信息服务和管理系统建设指南》

在归纳总结“上海城市地质信息服务和管理系统”一期与二期建设经验的基础上，完善了《三维可视化城市地质信息服务和管理系统建设技术指南》。该指南分为三部分：①分类与代码；②数据库结构定义标准；③城市地质信息系统建设指南。该指南可为建立三维城市地质信息系统提供标准规范。

11.1.1.4　形成了地质资料信息服务于城市规划的技术标准

通过围绕地质信息服务于新城规划、镇级城市总体规划、控制性详细规划等不同类型的试点，开展城市规划领域地质资料信息服务需求调研工作，不断征询专家意见和用户反馈意见，开发针对性的地质资料信息服务应用产品。

总结探索了地质工作在城市规划领域的服务内容和服务方式，制定了地质资料信息为城市规划服务的技术标准和工作流程。

11.1.1.5　建立了上海市地质资料信息服务集群结点

通过上海地质资料共享平台与三维可视化地质资料信息平台的建设，完成了二百余类地质图的制作与发布，建立了百余类地质数据的元数据库，建立了上海市地质资料信息服务集群结点，为政府部门、企事业单位与社会公众提供地质资料信息服务。

11.1.2　北京市——山前冲洪积大型城市分布式地质资料管理及一体化显示

11.1.2.1　建立了分布式的地质资料信息管理模式

根据北京市地质资料分散的特点，开展地质资料数据集成标准和数据 ETL（数据提取、转换、加载）研究，进行地质资料共享服务框架研建探索，在此基础上提出了北京市地质资料部分集中部分分布式管理模式。一方面加大资料汇交管理力度，另一方面，对难以汇交的地质资料进行“尊重产权、分布自治、领域共享”的原则，从根本上保证了各自数据的所有权，并实现数据共享的目的。

11.1.2.2　建成了大型城市地质资料管理及一体化显示原型系统

成功地将市国土局、市信息资源管理中心等原始数据提供单位的 11 类、30 项实验数据有机地集成到该原型系统内，初步实现了多个单位（不限数量）的各专题多个服务的动态注册、加载、解析、聚合、一体化融合可视化。为数字城市地质信息平台与北京市国土资源综合监管平台、北京城市地质信息管理与服务系统、地下水环境监测系统等信息系统互联互通提供行之有效的技术方法，为数字城市地质奠定了基础，为数字城市地质信息平台的建设提供了有利参考。

11.1.3 安徽省合肥市——湖滨型城市地质资料信息集群化产业化模式

11.1.3.1 提出市（县）级城市《地质资料服务与管理系统建设技术指南》

在资料整理和标准化过程中，结合数据库建设中出现的各种问题，开展数据库建设标准研究。根据已有资料，按照全面、系统并适度超前的原则，提出适应合肥市乃至安徽全省实际的地质资料数据库建设建议与意见。形成了《县（市）级地质资料服务与管理系统建设技术指南（建议稿)》。

11.1.3.2 研究建立基层地勘单位地质资料信息多元化服务机制

从基层地质队伍及其资料室的现状出发，在组织框架、硬件环境、专业平台方面进行了系统研究，提出了适合一般地勘单位的地质资料信息服务机制。这一新的机制可以促进地勘队伍的地质资料从封闭走向开放，从单一的对内业务支撑到多元的地质技术服务。从而在地勘队伍的转型中，地质资料及基于其上的服务成为联结地勘队伍与市场环境的关键节点。

11.1.4 湖北省黄石市——矿业城市地质资料集群化产业化建设经验

湖北省黄石市是中国重要的铁、铜、水泥生产基地，矿产资源丰富。依托矿产资源开发利用，黄石市从一个江边小镇，逐步发展成为生机勃勃的区域中心城市，城市建设速度不断加快。多年的地质勘查、矿产开发和城市建设，形成了丰富的地质、矿产、物化探、水文、工程、环境、市政建设、科研等地质资料，具有重要的开发利用价值。在此基础上，开展矿业城市地质资料两化建设有重要意义。

11.1.4.1 收集整理地质资料

收集地质资料目录 10 303 份、收集整理地质资料 909 份、录入地质钻孔 1800 个、数字化地质图 292 张、地质资料扫描 13 000 页。

11.1.4.2 建设黄石市城区地质资料管理服务系统及数据库

1）黄石市地质资料管理服务系统主要分为资料服务、矿政服务、城市建设服务和系统维护四部分（图 11-3)。体现出市地质资料数据中心的主要工作和职能，每个部分都具有数据组织、数据录入、数据检查、数据维护、信息查询、统计分析、编辑等功能。

2）设计了地质资料（及目录）数据管理数据表、借阅归还表字段、地质资料复制表字段、地质科普知识服务表字段、地质科普活动表字段、地质科普讲座表字段、探矿权表字段、采矿权表字段、储量数据表字段、矿区范围数据表字段、地灾隐患数据表字段、成矿远景区数据库表字段、矿床矿体数据表字段、岩矿鉴定数据表字段等。

3）建立了成果地质资料目录数据库，实现了地质资料目录检索和地质资料电子浏览一体化。

4）初步建立了三十多种标准数据库表，组织了数据，建立了试点数据库。

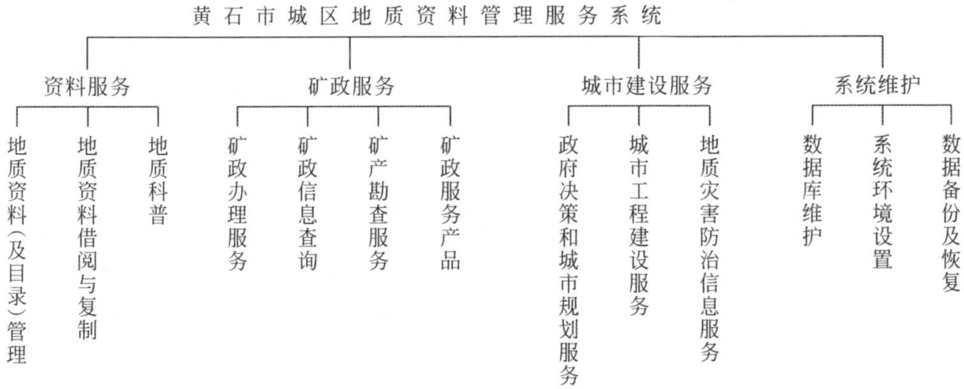

图 11-3　黄石市城区地质资料管理服务系统构架

11.1.4.3　探索地质资料信息服务集群化产业化工作方法

（1）技术路线

技术路线是：地质资料收集→地质资料分类、建立地质资料目录数据库→地质资料整理、编码→建立标准数据库→地质三维建模和可视化→地质资料、数据、模型的管理、统计、分析评价、应用。

（2）技术方法

不同的工作阶段和工作内容，技术方法各有特点。

系统平台的选择与二次开发。所选的平台系统应具有二次开展功能。

在局域网内建立工作平台，安装 8 个工作节点，共用 1 个服务器和 1 套 MapGIS 三维全功能系统硬件加密锁（Windows 版）。

系统总体设计。划分地质资料服务、矿政服务、城市建设服务、系统维护四大部分。

地质资料目录及地质资料收集。持地质资料单位清单和地质资料清单，按收集项和收集内容进行系统收集。

地质资料的分类。分为 11 大类和 22 类。

地质数据的分类。根据地质资料信息服务集群化的要求，结合黄石市城区地质特点，将历史地质资料中的地质数据分为 11 类，计 100 多个数据类型。

地质资料数据标准化。划分了黄石市城区标准地层单元和工程地质岩性单元。

数据的标准化。主要是数据坐标、数据单位、比例尺等的标准化。

数据库建设。根据标准规范，建立地质资料目录数据库、原始数据库、标准数据库。

地质三维建模和可视化。采用系统数据自动建模法和剖面建模方法。

地质资料、数据、图形、模型的管理和分析评价。数据分析评价分为数据质量控制和数据的功能展示。

地质资料信息共享与服务。地质资料、信息、数据共享平台的建设；地质资料信息服务产品研发；产品信息服务。

(3) 集群化要分步分阶段进行。要收集齐地质资料，建立好数据库，实现对地质资料、数据、模型的平台有效管理、分析评价和开发。

11.1.5 福建省平潭新区——海岛型城市地质资料信息集群化建设经验

11.1.5.1 地质资料信息服务集群化数据建设

建设平潭地质资料电子档案数据库，集成基础地理框架、区域性地质调查成果、地质矿产勘查成果、广义地质调查成果、工程地质钻孔数据于一体，为服务平潭地方提供地质资料信息集群化数据库（图 11-4）。

11.1.5.2 地质资料电子档案服务平台建设

将 2012 年度收集整理归档的 193 份地质资料电子档案分成七大类，进行统一的编目、入库，实现平潭地质资料的电子档案管理服务。

11.1.5.3 地质资料信息网络发布服务平台建设

建设 193 份地质资料的元数据卡，上传至地质资料信息网络发布服务平台，面向社会大众，通过关键字、行政地名、地理坐标、成果年限等多信息组合模式，实现平潭地质资料目录的检索查询。

11.1.5.4 地质资料三维可视化服务应用试点研究

试点研究重点建设工程的地质钻孔资料，建设近地表 50 米的地质三维空间，在此基础上集成相关信息，如区域调查、重力、航磁、矿产勘查、生态地化分布等，同时还可与卫星影像、DEM 叠加显示，形象生动地展示平潭地质三维空间为平潭的发展建设提供可参考的地质资料延伸成果。

11.1.6 《城市地质调查数据库与信息系统建设指南》试用问题分析

《城市地质调查数据库与信息系统建设指南》（以下简称《指南》）是开展城市地质工作的重要依据，在上海、北京、合肥、黄石、平潭等城市地质资料两化试点研究中，发现其存在一些问题需要完善。

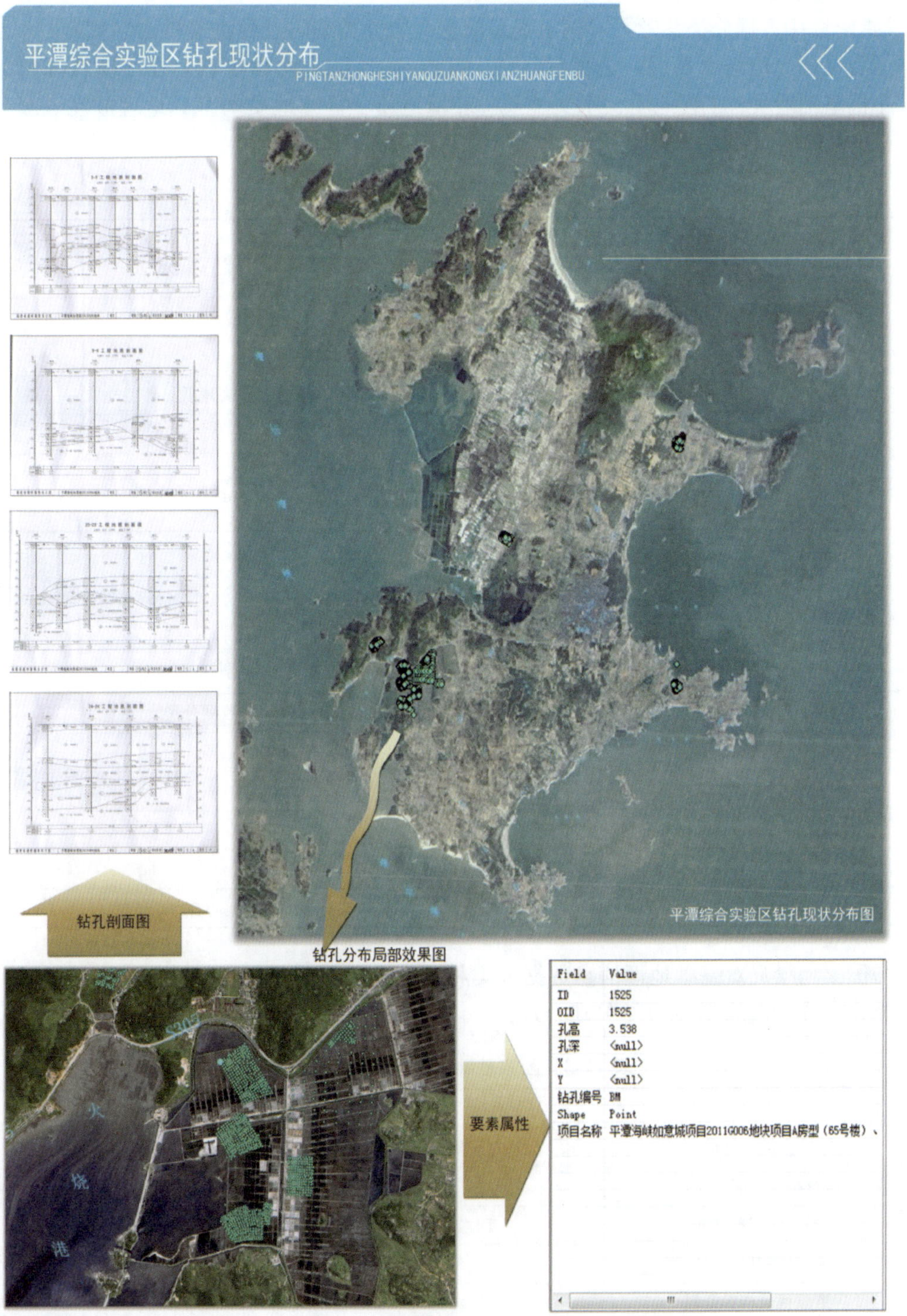

图 11-4　平潭地质资料信息、集群化数据库界面演示图

（1）城市地质数据分类的颗粒度不一致

《指南》中数据分类参考了《国土资源信息高层分类编码及数据文件命名规则》（以下简称《高层》），但与《高层》分类有差别。例如，一级分类的粒度不一致（表11-1）。《指南》中把基础地质、工程地质、水文地质、环境地质、资源地质与基础地理放在一级分类中，是不合适的。

表11-1　《指南》与《高层》数据分类的区别

《高层》中数据一级分类	《指南》中数据一级分类
基础地理	基础地理
遥感信息	
土地	
地质	基础地质、工程地质、水文地质、环境地质
海洋	
	地质资源
	其他

（2）地理数据的分类不一致

《指南》中地理数据与《高层》中地理数据的分类不同（表11-2）。

表11-2　《指南》与《高层》地理数据分类的区别

《高层》中地理数据分类	《指南》中地理数据分类
控制点	DLG
地形（地理）图	
	DEM
	DRG
	DOM

与国家测绘局对基础地理信息数据分类相比，也存在着差别（表11-3）。因此，可认为《指南》中对地理数据分类欠缺合理。

表11-3　国家基础地理信息数据分类

一级分类	二级分类
国家测绘基准	三角点、水准点、1985国家重力基本网、GPS控制点
航空影像与卫星遥感	正射影像、影像控制点、土地覆盖等
基础地图数据库	DLG数据库、DEM数据库、DRG数据库、DOM数据库
基本比例尺地形图	1∶100万地形图、1∶50万地形图等
馆藏目录档案资料	
专题地理信息应用	

针对上述问题，提出在数据库环节增加“确定城市地质调查数据库内容”等建议。

城市地质调查数据库建设内容的确定是数据库标准制定的前提，在《指南》中只较粗略地介绍了城市地质调查数据涵盖的地质调查中所涉及的所有类型的数据源，包括基础地质、工程地质、水文地质、环境地质、地质资源、地球物理、地球化学勘查以及遥感地质数据等。数据内容应更加明确。

数据库内容的确定可包括两个部分，一是确定数据库内容的基本原则；二是确定数据库数据信息分类。

1）各城市在试用过程中，均自行对数据库内容进行了确定及分类，如上海和北京，分别见表 11-4 和表 11-5。

表 11-4　上海城市地质调查数据库建设内容

上海城市地质调查数据分类	上海城市地质调查数据内容
城市基础地理数据集	系列比例尺地形图（OLG、DRG）、遥感影像
基础地质调查数据集	区域基础地质调查数据，地球物理勘探数据，土壤地球化学调查数据，区域水工环地质调查数据，常以矢量图、栅格图、属性表、文本等形式表达
工程建设勘探数据集	与工程建设相关的地质勘探数据，包括：工程钻孔分布图，钻孔分层数据，钻孔柱状图，钻孔剖面图，钻孔野外测试成果，钻孔室内测试数据等
地面沉降监测数据集	地下水开采、地下水位、土层分层变形、水准点标高、地下水水质监测数据、地面沉降等值线图，地下水位变化等值线图，以及各种生命线工程，如轨道交通、城市高架道路、桥梁、城市燃气管道、防汛墙等的沉降监测数据、GPS、InSAR、自动化监测地面沉降数据
地下空间利用信息数据集	图纸资料、矢量化的地下构筑物空间信息数据、三维地下构筑物模型数据
河口海岸地质环境变化数据	遥感影像资料、地形图、动态监测资料、河口海岸地区工程建设资料

表 11-5　北京城市地质调查数据内容

专题	数据内容
城市三维地质结构调查	新生界地质调查：各种地质剖面，基础钻孔、物探、古生物化石鉴定、孢粉分析、年龄测定 工程层地质调查：工程地质钻孔资料、原位测试（轻型动力触探、圆锥重型动力触探、标准贯入试验、现场剪切波速试验）、室内土工试验、地下水的补给排泄条件、地表水与地下水的补排关系 基岩地质调查：地质剖面，钻孔（地热井钻孔和揭穿新生界的水文钻孔资料进行收集整理）、物探、古生物化石鉴定、孢粉分析、年龄测定等资料，尤其是收集地热勘查钻孔和测井资料。地球物理信息、地球化学信息、钻孔岩屑信息、岩石物性资料、化学分析数据、岩屑（岩心）实物资料
城市活动断裂及地壳稳定性调查	主要是活动构造的定位及活动性数据，包括：人工地震、可控源音频大地电磁测深、高精度重力勘探、大地电磁测深、地球化学探查、地球物理探测、槽探、钻探、微地震监测、大地水准测量、大地三角测量资料以及 GPS 监测资料、跨断层位移监测资料及地震资料、古地震、历史地震、现代地震资料及其震害分布和遗迹、北京地区现今地应力测量资料、震源机制解释资料、地应力的动态监测资料、年龄测定

续表

专题	数据内容
水土地球化学环境调查	土壤地球化学环境调查：地质构造和地貌特征、地质灾害（泥石流、滑坡）资料，以往的土壤地球化学调查的成果资料；土壤样品测试分析；遥感解译（地貌、土壤类型及土地利用情况、城区及各区县土地利用的时空变化情况和植被的时空分布情况） 地下水环境调查和评价：气候、水文、各水系水体环境功能以及水质状况、地层岩性、包气带厚度与结构；地下水监测资料，现有饮用水源（地表水、地下水）保护区范围；地下水类型、补给、径流和排泄条件、地下水环境对照值；土壤和植被状况；地质构造和地貌特征，潜水水位、水质和水温特征；地下水环境背景值、浅层地下水和深层地下水主要开采层进行补充水质调查；农业污灌区的分布及污灌水源，以及地表水体的历年水质监测资料 城市垃圾处置现状及地质环境调查：重点对城市垃圾处置现状（工作内垃圾处置地点、数量、处置量、城市垃圾填埋深度及采取的防护措施、垃圾场附近地形地貌、地层结构、岩性及地质构造，附近的经济、社会、人文、社区及城市公共设施建设）垃圾处置场地的地点、数量、处置量、填埋深度及采取的防护措施
地下水和地热资源潜力评价	地下水资源评价：物探、地热勘查和动态观测资料、含水层系统结构及空间分布、补、径、排研究、地下水开采量资料及地下水动态观测资料 地热资源潜力评价物探、地热勘查和动态观测资料、热储系统的结构及空间分布

2）建议在《国土资源信息高层分类编码及数据文件命名规则》的基础上，对城市地质数据进行分类，进一步补充完善。

3）建议对《国土资源信息高层分类编码及数据文件命名规则》的数据分类进行扩充时，应引用《标准化工作导则信息分类编码的基本原则和方法》（GB 7027-86）。

4）《指南》中的城市地质数据分类应为线分类法，其原则应为《标准化工作导则信息分类编码的基本原则和方法》（GB 7027-86）。

应当注意的是：在线分类中，由某一上位类划分出的下位类类目的总范围应与其上位类类目范围相等。当某一个上位类类目划分成若干个下位类类目时，应选择一个划分基准。同位类类目之间不交叉、不重复、并只对应于一个上位类。分类要依次进行，不应有空层或加层。

11.2 矿产勘查地质资料信息服务集群化产业化模式总结

矿产资源永远是地质工作主题，同样是地质资料信息服务的重中之重，为配合国土资源部开展的“双保工程”和“地质找矿突破战略行动”，部署开展了不同层次不类型的矿产勘查地质资料信息服务集群化产业化试点。本章总结了青海、鞍山、山东、湖南矿产勘查两化试点取得的成果与经验，构建了适应不同层次不同类型矿产勘查的两化模式，提出了《矿产勘查地质资料信息服务集群化产业化工作指南》，以期为全国矿产勘查两化开展提供借鉴。

11.2.1　青海省——重点勘查区以基础地质为主的地质资料信息服务集群模式

试点研究通过对馆藏钻孔基本信息的清查，清理出 8556 个钻孔地质资料，摸清了馆藏资料中的钻孔数量和分布情况，据此建立了馆藏钻孔资料信息分布图，形成重点成矿带钻孔资料目录，并按照《固体矿产钻孔数据库建库工作指南》《水文地质钻孔数据库建库工作指南》《煤田地质钻孔数据库建库工作指南》建立了字段属性表；研发“地质资料信息服务集群化产业化试点研究服务系统”，探索出了一条可行的以数据为中心的管理方式，特别是对图形和数据的整合方法的研究，实现了文、图、表三位一体的智能查阅和输出；在已有地质资料目录数据库的基础上，收集整理了景忍——野马泉铁铜铅锌重点成矿带资料 617 种，同时对收集的资料进行了数字化和数据格式转换整理，开发试点区地质资料信息检索图册，编制试点区地质资料系列图件，并建立了重点勘查区系列成果地质资料信息数据库，实现地质资料数据的集中统一管理；提升地质资料工作的社会地位和影响力，不断满足经济社会发展对地质资料日益增长的需求，充分体现地质资料的社会效益和经济效益。

11.2.2　鞍山市——整装勘查区以深部找矿为主的地质资料信息服务集群模式

为了进一步探索地质资料在市县级试点的集成管理，研究地质资料怎样为矿政管理、地勘单位找矿等工作提供有效的数据支撑，鞍山市国土资源局承担“地质资料信息服务集群化产业化试点研究”的工作任务。依托鞍山市铁矿地质资料服务集群化产业化试点，挑选并重点收集了 1954 年以来在鞍山地区开展的、有代表性的铁矿地质勘查报告、物探资料总结报告、矿产资源评价报告等地质资料 53 份，同时还收集了矿区地质图和矿床地质图等多幅图件。对鞍山式铁矿的地质背景、成因等进行了系统的总结，并对齐大山铁矿床等重点矿床的地质特征、储量、未来潜力等展开了详细分析，为后续找矿提供参考。开展地质资料综合集成，建立了涵盖地质、储量动态监测、矿产、矿权等相关地质资料试点数据库及管理系统，初步建立了鞍山市国土资源局地质资料馆，为地方找矿规划部署和矿政管理提供支撑，推进地质资料管理向市县延伸。

试点研究工作使用 MapGIS 地理信息编辑软件，对收集到的鞍山市铁矿相关的资料进行了数据加工与转换，初步加工形成了 1∶5 万的《鞍山地区矿业权分布图》《鞍山地区矿产资源分布图》《鞍山地区铁矿整装勘查综合图》《鞍山地区典型（大中型）铁矿床分布图》《鞍山地区铁矿找矿远景规划图》《鞍山地区铁矿重要成矿预测图》《鞍山地区重点铁矿预测区航磁异常图》《鞍山地区地质构造与矿业权图》《鞍山地区铁矿地质工作程度图》和《鞍山地区铁矿地质资料分布图》。

11.2.3 山东省——典型矿床多元地质资料数据集群模式

本项目依托山东省胶东地区金矿地质资料信息集群化产业化试点，开展重要矿区多元数据集群化管理、数据整合及服务产品体系研究。

试点研究工作全面收集了胶东地区金矿矿区基础地质资料（地层、构造、岩浆岩）、物化探资料、勘查资料、各类样品的测试资料、科研院所的研究资料等，对重点矿区进行剖析、总结、归纳，研究其成矿模式、类型，建立成矿模型（图 11-5），开展了典型矿床地质资料信息服务集群化、社会化服务产品体系建设、地质资料为矿业开发服务等研究。建立了山东省胶东地区金矿地质资料信息管理系统、重点矿区岩性数据库和山东省服务集群节点，提供动态管理矿产资源储量信息服务，形成了服务于社会的地质资料信息二次开发产品，指导金矿预测和深部找矿，供社会的不同层次进行查询。

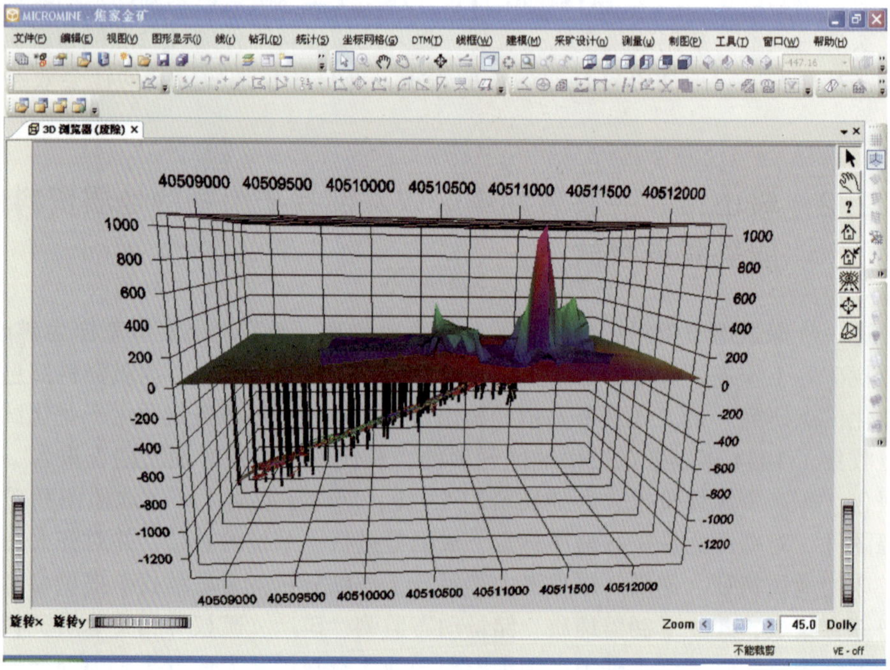

图 11-5 焦家金矿三维地质模型示意图

11.2.4 湖南省——典型矿集区以矿政管理与深部找矿为主的地质资料信息服务集群模式

开展了湖南省坪宝地区铅锌多金属矿地质资料信息服务集群化产业化试点工作。通过多种方式全面收集了坪宝地区范围内的黄沙坪、宝山、大坊、上银山、柳塘岭五个矿区从普查至勘探阶段（包括危机矿山资料）矿山原始地质资料和成果地质资料，对收集到的资料进行分类和整理；开发完成了地质资料集群与信息共享服务平台，并按要求将分类整理后的资料上传至地质资料信息共享服务平台；建立了坪宝地区地质资料全文数据库、勘探工程数据库、钻孔数据库、二维空间地质数据库、矿区三维空间地质模型（图 11-5）和坪宝地区五个矿区三维空间地质数据库（图 11-6）；编写了《省级地质资料数据中心建设指南》和《湖南省矿区地质资料信息服务集群技术指南》；最终开发了三维数据库找矿模型、成矿元素异常与已知矿床关系分布图等服务产品。

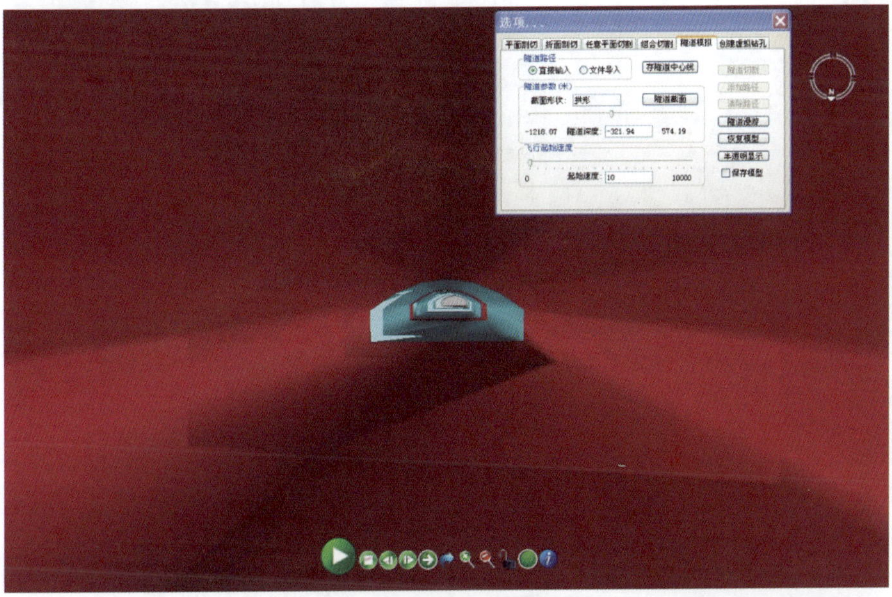

图 11-6　黄沙坪矿区三维空间地质体模型任意路径模拟隧道漫游

在坪宝地区开展地质资料信息服务集群化产业化试点研究工作，综合运用 GIS 技术、数据库技术、网络技术、数据交换技术等先进手段，整合不同时间段、不同数据格式的各类地质资料信息，建立研究区的全文、钻孔、二维空间、三维空间数据库，实现多元、异构数据的统一检索、查询、浏览及基于海量、综合数据的定制产品开发，为研究区内找矿勘探、矿山生产及矿政管理提供快捷、有效的服务。

11. 2. 5　《重要成矿区带地质资料信息集群化产业化指南》研究

在汇总湖南、山东、青海地质矿产两化研究的基础上，编制形成了《重要成矿区带地质资料信息集群化产业化指南》，以指导全国开展地质矿产两化工作。其主要目标是在利用大型数据库系统、GIS 等现代计算机技术，对重要成矿区带的区域地质、水文地质、工程地质、环境地质、地质资源、地球物理、地球化学、遥感等多专业的地质资料进行集成和综合，建立重要成矿区带地质资料空间数据库管理和应用的服务系统，实现信息管理、更新维护、检索查询、分析评价、成果显示、图形显示等功能，开展数据集群管理与服务。该标准在明确重要成矿区带地质数据分类，数据、图元命名编号规则和空间坐标体系的基础上，设计了数据字典，研究制定了数据整理与建库工作流程，提出了数据采集、入库、检查、质量控制等要求。

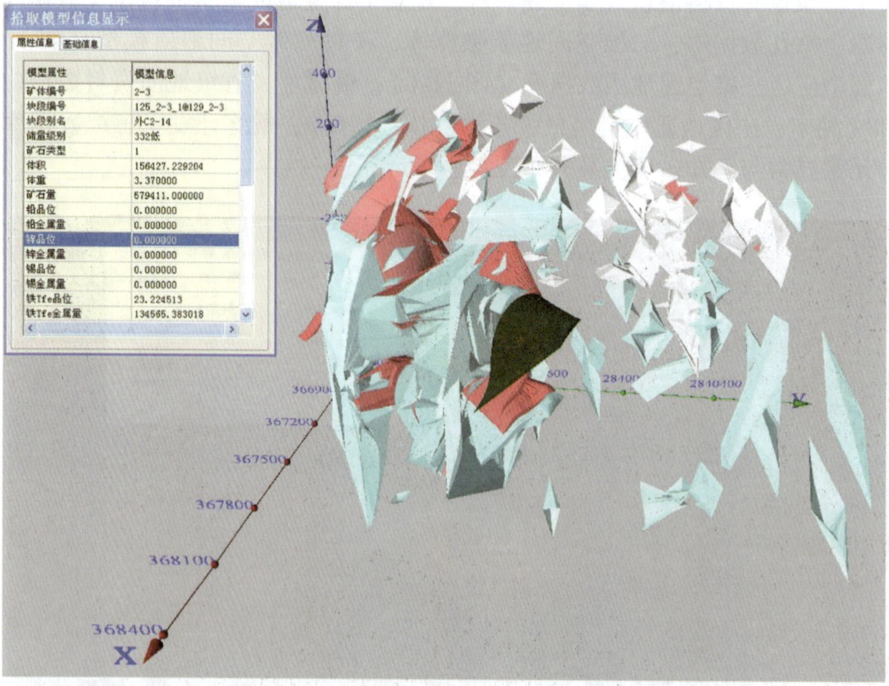

图 11-7　黄沙坪矿区矿体三维空间数据库

11.3　结　　论

通过两化试点工作，明确了两化的内涵与外延，研究了关键技术和标准规范，形成一套集群化产业化的工作方法和流程，研制了资料汇聚、产品开发、集群服务的机制和模式；依托目录中心和汇交监管平台，构建了全国统一的网络汇交与服务体系，丰富了资料馆藏，及时开展了社会化服务，取得了丰硕成果。

1）全面掌握发达国家地质资料管理与服务发展趋势，研判中国开展两化面临的形势。

2）首次厘清了两化的内涵与外延。研究制定了推进两化建设的总体框架。明确了两化的基本思路、目标任务和重点工作，提出了集群化、产业化工作部署方案，提出了地质资料服务产品体系框架与地质资料服务产品的发布及定价机制，构建了五重地区服务产品的基本模式，为全面推进两化建设提供了基本思路，为国土资源部两化工作方案出台提供业务理论支撑，成为新的引领地质资料管理与服务上台阶上层次的抓手。

3）首次构建了两化关键技术框架，明确了两化工作涉及的关键技术。开展了移动服务、多比例尺矢量空间数据显示与互操作技术、地质图脱密、地质数据“推拉接送”共享、异构数据统一描述与一体化管理、地质资料数据挖掘等应用示范。对新媒体技术、云计算、物联网等前沿性关键技术在两化工作的适用性进行探索，为全国推进两化提供技术支撑。

4）首次研建了两化标准体系框架。研究提出了从资料收集、信息化加工、数据库建设到数据更新维护、产品开发全过程的系列示范标准规范。研究了地质资料数字化、地质资料联合编目、地质数据长期保存、数字地质资料馆、馆藏机构达标评级等标准规范的通用标准，编制了地质资料信息服务集群化产业化工作参考标准规范目录，促进两化工作的标准化开展。

5）开展了城市地质资料信息两化试点，覆盖滨海三角洲沉积、湖滨沉积、山前冲洪积、矿业开发等不同类型、不同规模的城市。针对港口、地铁运营、城市供水等需求开发服务产品，开展服务，建立了城市地质信息服务城市发展的新模式，提出了《城市地质信息系统建设指南》修订建议，为城市两化提供支撑。

6）开展了重要成矿区带、重点勘查区、典型矿床的矿产地质两化试点，形成了《重要成矿区带地质资料信息服务集群化产业化工作指南》，为矿政管理、矿产勘查部署、矿产开发提供支撑。

7）研究了联合对外部的服务模式，研发了目录中心和空间检索服务系统，构建了国家、区域、省市、地勘单位参加的，集中与分布相结合的地质资料集群服务体系。

8）研究形成地质资料汇聚机制，建立并运行了全国统一的地质资料汇交监管平台，实现了三大类的地质资料一体化管理与服务。

9）开展了地质资料数据中心研究，形成了《地质资料数据中心建设指南》，指导湖南等省完成试点建设。

参考文献

丁克永，吴小平，颜世强，等 . 2013. 加拿大地质资料管理与服务现状 . 中国矿业，(9)：73-76.
顾小清，李雪 . 2008. 信息化科学研究及其教育应用综述，开放教育研究，14 (4)：15-21.
国家测绘局发展研究中心 . 2008. 美国地质调查局地理科学研究战略综述 . 测绘发展研究动态，(5)：1-4.
国土资源部储量司 . 2003. 地质资料管理工作手册 . 北京：地质出版社 .
国土资源部矿产资源储量司 . 2011. 推进地质资料信息服务集群化产业化 . 北京：地质出版社 .
贺冰清，颜世强 . 2009. 地质资料信息服务集群化产业化理论研究 . 地质资料动态与参考，(7)：1-8.
贾文珏，周舟 . 2012. 地质资料信息集群化共享服务平台关键技术研究 . 国土资源信息化，(5)：3-4.
姜作勤，马智民，杨东来，等 . 2007. 地质信息服务体系框架研究，中国地质，34 (1)：173-178.
连健，王黔驹，颜世强 . 2013. 全国地质资料目录服务中心总体设计研究 . 中国地质，(5)：1675-1682.
全国地质资料馆 . 2008. 第六届全国地质档案资料学术研讨会文集 . 北京：地质出版社 .
全国地质资料馆 2010. 第七届全国地质档案资料学术研讨会文集 . 北京：地质出版社 .
全国地质资料馆 2012. 第八届全国地质档案资料学术研讨会文集 . 北京：地质出版社 .
王黔驹，吴小平，连健，等 . 2013. 地质资料信息服务集群化产业化标准体系框架的构建 . 中国矿业，(9)：49-52，128.
吴小平，王黔驹，颜世强，等 . 2013. 地质资料信息服务集群化产业化关键技术体系框架研究 . 中国矿业，(9)：58-62.
许百泉，颜世强，王黔驹，等 . 2013. 英国地质资料管理与服务跟踪研究 . 中国矿业，(7)：58-62，72.
严光生 . 2012. 中国地质资料管理与服务进展情况分析 . 中国矿业，21 (1)：14-16
颜世强 . 2011. 地质工作信息化与资料社会化服务可持续发展战略研究项目报告 . 北京：中国地质调查局发展研究中心 .
颜世强，连健，丁克永，等 . 2013. 地质资料内涵与特征分析 . 中国矿业，(7)：45-48.
颜世强，连健，王黔驹，等 . 2013. 地质资料服务在地质找矿中的应用研究 . 中国矿业，(5)：24-27.
颜世强，庞振山 . 2010. 青藏高原地质资料开发利用与服务项目报告 . 北京：中国地质调查局发展研究中心 .
姚华军，贺冰清，曹献珍 . 2009. 推进地质资料信息服务集群化和产业化的研究 . 中国国土资源经济，(9)：4-7.
中国地质调查局 . 2006. 中国地质调查局地质调查技术标准（DD2006-06）——数字地质图空间数据库 .
周进生，张凤麟 . 2011. 国外地质资料社会化服务研究 . 北京：中国大地出版社 .
BRIN S，PAGE L. 1998. The anatomy of a large- scale hypertextual Web search engine. Computer Networks，30 (1-7)：107-117.
Claire Gosson. 2006. The Evolution of the Atlas of Canada，1906-2006. Cartographica：The International Journal for Geographic Information and Geovisualization，41 (3)：259-265.
Erl T. 2006. SOA 概念、技术与设计，王满红等译 . 北京：机械工业出版社 .
Kramers E R. 2008. Interaction with Maps on the Internet A User Centred Design Approach for The Atlas of Canada. Cartographic Journal，45 (2)：98-107.
Micheal Middleton. 2006. Scientific and Technological Information Services in Australia. AARL，37 (2) .
Moody D W，Kays O. 1972. Development of the U. S. Geological Survey Bibliographic System using GIPSY. Journal of the American Society for Information Science，1/2：39.
Tang Y，He K T，Xiang Z，Zhang Y B，et al. 2004. NGG：A Service-Oriented Application Grid Architecture for National Geological Survey. GCC 2003，LNCS 3032：196-199.